城市地下管网工程

彭述权　李　沛　陈国良
樊　玲　李地元　彭万军　编著

·长沙·

图书在版编目(CIP)数据

城市地下管网工程 / 彭述权等编著. --长沙：中南大学出版社，2024.11.

ISBN 978-7-5487-5979-9

Ⅰ. U17

中国国家版本馆 CIP 数据核字第 202408NH55 号

城市地下管网工程

CHENGSHI DIXIA GUANWANG GONGCHENG

彭述权　李　沛　陈国良
樊　玲　李地元　彭万军　编著

□**出 版 人**　林绵优
□**责任编辑**　伍华进
□**责任印制**　李月腾
□**出版发行**　中南大学出版社
　社址：长沙市麓山南路　　邮编：410083
　发行科电话：0731-88876770　　传真：0731-88710482
□**印　　装**　长沙市宏发印刷有限公司

□**开　　本**　787 mm×1092 mm 1/16　□**印张** 19.25　□**字数** 503 千字
□**互联网+图书 二维码内容**　图片 3 张
□**版　　次**　2024 年 11 月第 1 版　□**印次** 2024 年 11 月第 1 次印刷
□**书　　号**　ISBN 978-7-5487-5979-9
□**定　　价**　58.00 元

前 言

城市给水、排水、供气、供热、供电、通信等基础设施是城市生命线工程系统，对于保障城市运行和维持生产生活具有重要作用。其管网投资巨大且多数埋于地下，备受重视，被称为城市地下管网工程。城市地下管网工程也是城市地下空间利用的重要类型。

本书包括城市地下管网工程规划、设计、施工和运营维护管理等方面，内容较为丰富，根据城市地下管网工程的时间维度，采用先规划、后设计、再施工、最后运维管理的逻辑结构。本书适合城市地下空间工程专业高年级本科生或相关专业研究生使用。

本书共分为7章。第1章为绪论，主要介绍城市地下管网对城市社会经济发展的重要影响，分析古代、近代和现代城市地下管网的演化过程和未来发展趋势。第2章为城市地下管网概述，介绍城市给排水、燃气、热力、电力和通信管网材料类型、组成、布置和敷设形式。第3章为城市地下管网工程规划，主要讲述给排水、燃气、热力、电力、通信管线布置和规划综合，以及城市地下综合管廊规划。第4章为城市地下管网水力与热力分析，主要讲述给水、排水、燃气和热力管网的管网平差以及管道热力分析方法。第5章为城市地下管道结构静力分析与设计，主要讲述城市地下直埋管道、地下综合管廊框架结构、隧道结构以及架空管道的静力计算分析方法及其结构设计方法。第6章为城市地下管网工程施工原理，主要讲述城市地下直埋管道敷设非开挖技术原理，以及现浇、预制和装配叠合式地下综合管廊本体明挖法原理，城市地下综合管廊本体盾构法施工原理。第7章为城市地下管网运维管理与技术，主要介绍城市地下管网运维模式、城市地下直埋管道运营维护管理过程中管道缺陷检测及其非开挖修复更新技术原理，以及城市地下管网工程BIM/GIS集成技术、数字孪生技术等数字化运维技术。

本书由中南大学资源与安全工程学院彭述权教授完成第1章、第5章的撰写和全书统稿工作；中交天津港湾工程研究院有限公司李沛高级工程师撰写第2章；中南大学资源与安全工程学院樊玲副教授撰写第3章；中南大学资源与安全工程学院博士研究生陈国良撰写第6章；中南大学资源与安全工程学院李地元教授撰写第4章；中国建筑第五工程局有限公司彭万军高级工程师撰写第7章。感谢研究生常彩云、李月、李明晰、谢梦星和王彩琴，以及武汉岩土所博士生郑铸颜收集相关资料、检查部分文字和绘制书中全部插图。感谢中南大学出版社伍华进老师及其他老师为本书出版付出的辛苦劳动。本书出版获得中南大学资源与安全工程学院“双一流”学科建设经费支持，在此表示感谢。

由于知识水平有限，书中难免会有不恰当的地方，请批评指正，方便后续改进，不胜感激！

目 录

第1章 绪论 …… (1)

1.1 城市地下管网工程作用 …… (1)

1.2 城市地下管网发展历史与趋势 …… (4)

习 题 …… (12)

第2章 城市地下管网概述 …… (13)

2.1 城市地下管网组成 …… (13)

2.1.1 城市地下给水管网 …… (13)

2.1.2 城市地下排水管网 …… (20)

2.1.3 城市地下燃气管网 …… (24)

2.1.4 城市地下热力管网 …… (28)

2.1.5 城市地下电力管网 …… (29)

2.1.6 城市地下通信管网 …… (33)

2.1.7 城市地下综合管廊 …… (34)

2.2 城市地下管网布置形式 …… (37)

2.2.1 树状管网 …… (37)

2.2.2 环状管网 …… (40)

2.3 城市地下管道敷设形式 …… (42)

2.3.1 直埋敷设 …… (42)

2.3.2 地下综合管廊敷设 …… (42)

2.3.3 隧道敷设 …… (43)

2.3.4 架空敷设 …… (43)

2.3.5 沟槽及排管敷设 …… (44)

习 题 …… (45)

第3章 城市地下管网工程规划 …… (46)

3.1 城市地下管网规划概述 …… (46)

3.1.1 规划影响因素分析 …… (46)

3.1.2 规划内容及步骤 …… (46)

3.2 城市管网设计需求量及管径计算 …… (47)

3.2.1 城市给水管道设计用水量 …… (47)
3.2.2 城市排水管道设计流量 …… (51)
3.2.3 城市燃气管道设计流量 …… (54)
3.2.4 城市热力管道设计流量 …… (57)
3.2.5 城市管道管径分析 …… (62)
3.2.6 城市电力负荷及导线截面 …… (62)
3.2.7 城市通信需求量及管孔数 …… (64)
3.3 城市地下管网管线布置 …… (67)
3.3.1 城市地下给水管线 …… (67)
3.3.2 城市地下排水管线 …… (68)
3.3.3 城市地下燃气管线 …… (69)
3.3.4 城市地下热力管线 …… (70)
3.3.5 城市地下电力管线 …… (71)
3.3.6 城市地下通信管线 …… (72)
3.3.7 特殊地质条件下管线布置 …… (72)
3.4 城市地下管线规划综合 …… (74)
3.4.1 城市地下管线规划综合原则 …… (74)
3.4.2 城市地下管线定位 …… (79)
3.4.3 城市地下管线验算 …… (81)
3.5 城市地下综合管廊工程规划 …… (84)
3.5.1 综合管廊系统布局 …… (84)
3.5.2 管线入廊及布置 …… (84)
3.5.3 综合管廊断面规划 …… (86)
3.5.4 管廊定位 …… (87)
3.5.5 附属设施规划 …… (87)
习 题 …… (89)

第4章 城市地下管网水力与热力分析 …… (90)

4.1 地下管道内流体水头损失计算 …… (90)
4.1.1 地下管道内流体基本性质 …… (90)
4.1.2 沿程水头损失 …… (91)
4.1.3 局部水头损失 …… (93)
4.2 地下管网水力模型建立 …… (95)
4.3 树状管网水力模型分析 …… (97)
4.4 环状管网水力模型分析 …… (101)
4.4.1 环状管网水力模型建立 …… (101)
4.4.2 解环方程求解环状管网 …… (103)
4.4.3 解节点方程水力分析方法 …… (110)
4.5 城市地下燃气和热力管网热力分析 …… (111)

习 题 …… (115)

第 5 章 城市地下管道结构静力分析与设计 …… (116)

5.1 城市地下管网工程结构设计方法 …… (116)
5.2 城市地下管网结构荷载 …… (117)
5.2.1 土压力 …… (117)
5.2.2 围岩压力 …… (120)
5.2.3 围岩弹性抗力 …… (124)
5.2.4 静水压力和水浮力 …… (125)
5.2.5 车辆压力 …… (125)
5.3 城市直埋管道结构静力计算与设计 …… (127)
5.3.1 直埋管道受力分析 …… (127)
5.3.2 给排水直埋圆形管道结构设计 …… (131)
5.3.3 燃气直埋圆形管道结构设计 …… (133)
5.3.4 热力直埋圆形管道结构设计 …… (137)
5.4 城市地下综合管廊框架结构静力计算与设计 …… (139)
5.4.1 考虑弹性基础梁地下闭合框架受力分析 …… (139)
5.4.2 城市地下综合管廊框架结构选型 …… (147)
5.4.3 城市地下综合管廊矩形框架结构截面设计 …… (148)
5.5 城市综合管廊盾构隧道结构静力计算与设计 …… (157)
5.5.1 盾构隧道结构静力计算 …… (157)
5.5.2 隧道衬砌管片设计 …… (169)
5.6 架空管道结构静力计算与设计 …… (172)
5.6.1 架空管道受力分析 …… (172)
5.6.2 城市给水架空圆形钢制管道结构设计 …… (175)
5.6.3 城市热力架空圆形管道结构设计 …… (177)
习 题 …… (178)

第 6 章 城市地下管网工程施工原理 …… (179)

6.1 城市地下直埋管道敷设非开挖技术 …… (179)
6.1.1 导向钻进技术 …… (181)
6.1.2 水平顶管技术 …… (187)
6.2 城市地下综合管廊本体明挖法施工 …… (192)
6.2.1 城市地下综合管廊明挖基坑工程施工 …… (192)
6.2.2 城市地下现浇综合管廊本体结构施工 …… (201)
6.2.3 城市地下预制拼装综合管廊本体施工 …… (204)
6.2.4 城市地下装配叠合式综合管廊本体施工 …… (206)
6.3 城市地下综合管廊本体浅埋暗挖法施工 …… (209)
6.3.1 城市地下综合管廊本体浅埋暗挖法施工原理 …… (209)

6.3.2 城市地下综合管廊本体浅埋暗挖法施工技术 …………………………… (210)
6.3.3 城市地下综合管廊本体浅埋暗挖法施工工艺 …………………………… (211)
6.3.4 城市地下综合管廊浅埋暗挖法施工案例 ………………………………… (215)
6.4 城市地下综合管廊本体盾构法施工 …………………………………………… (217)
6.4.1 城市地下钢筋混凝土综合管廊本体盾构法原理 ………………………… (217)
6.4.2 城市地下综合管廊盾构施工设计 ………………………………………… (220)
6.4.3 城市地下综合管廊盾构施工主要工序 …………………………………… (222)
6.4.4 城市地下综合管廊本体盾构法施工案例 ………………………………… (224)
习 题 …………………………………………………………………………… (224)

第7章 城市地下管网运维管理与技术 …………………………………………… (225)

7.1 城市地下管网工程运维管理模式 …………………………………………… (225)
7.1.1 政府运维 ………………………………………………………………… (227)
7.1.2 政企混合运维 …………………………………………………………… (228)
7.1.3 政府特许运维 …………………………………………………………… (228)
7.1.4 运维资金保障制度 ……………………………………………………… (230)
7.2 城市地下直埋管道缺陷检测与维护技术 …………………………………… (232)
7.2.1 管道缺陷检测技术 ……………………………………………………… (232)
7.2.2 管道评估方法 …………………………………………………………… (244)
7.2.3 管道非开挖修复更新技术 ……………………………………………… (254)
7.3 城市地下管网工程运维数字化技术 ………………………………………… (266)
7.3.1 城市地下管网工程智能巡检和健康监测技术 …………………………… (267)
7.3.2 城市地下管网工程 BIM/GIS 集成技术 ………………………………… (268)
7.3.3 城市地下管网工程数字孪生技术 ………………………………………… (273)
7.3.4 城市地下管网工程运维案例 ……………………………………………… (274)
7.4 城市地下综合管廊管理 ……………………………………………………… (276)
7.4.1 综合管廊管理 …………………………………………………………… (276)
7.4.2 综合管廊附属设施管理 ………………………………………………… (278)
习 题 …………………………………………………………………………… (280)

附 录 ………………………………………………………………………………… (281)

附录1 公共建筑生活用水定额及时变化系数…………………………………… (281)
附录2 生活热水用水定额表……………………………………………………… (283)
附录3 夏季空调冷负荷指标统计值……………………………………………… (285)
附录4 饱和蒸汽管道流量选型表………………………………………………… (287)
附录5 变量符号汇总表…………………………………………………………… (288)

参考文献 ……………………………………………………………………………… (300)

第1章　绪论

1.1　城市地下管网工程作用

城市给水、排水、供气、供热、供电、通信等基础设施系统是保障城市运行和维持生产生活的重要基础设施，称之为城市生命线工程系统。城市地下管网工程是敷设于城市地下的给水、排水、供气、供热、供电、通信管网及其附属设施，是城市生命线工程系统的重要组成部分。缺乏城市地下管网会导致现代城市无法提供干净的生活生产用水，无法及时排出生活生产污水及雨水，无法满足城市运作所需的燃气、热力和电力等能源需求，也无法满足现代通信要求，从而导致整个城市瘫痪。即使城市地下管网部分缺失或失效，也会带来广泛的社会困难和经济损失。

城市地下给水管网承担着供应居民、商业和工业用水的重要任务。通过给水管网，水源可从水厂输送到各个居民区、商业区和工业区，满足居民日常生活和生产的用水需求。城市水源受污染或给水管道破坏，就有可能导致给水系统无法正常运行，城市居民无法获得安全的饮用水，影响居民的生活和公共卫生。历史上发生过多次城市给水中断事故，均造成较大的社会不良影响。例如，2020 年 1 月 2 日新闻报道上海市发生给水管道爆裂(图 1-1)和 2024 年 8 月 17 日加拿大发生给水管道爆裂(图 1-2)。

图 1-1　2020 年上海市发生给水管道爆裂

图 1-2　2024 年 8 月 17 日加拿大发生给水管道爆裂

城市地下排水管网负责排放、处理污水和雨水。如果排水系统缺失或破坏，污水就无法被有效收集、处理和排放，可能导致污水外溢，进而造成环境污染，增加疾病传播的风险；雨水不能及时排除，有可能导致城市内涝，甚至引发城市水灾。19 世纪 30 年代，欧洲主要城市伦敦和巴黎曾暴发霍乱疫情，夺去数以万计的生命。其中一个重要原因就是这些城市缺乏完善的排水系统，城市污水直接排放到河流中，污染城市水源，加速疾病的传播，促进疫情暴发。1861 年，英国伦敦发生泰晤士河污染事件，城市臭气熏天，居民怨声载道。其中的主要原因是城市污水长期直接排入泰晤士河。此后，欧洲国家普遍开始重视并大量修建城市地下管网，特别是地下排水管网建设，城市卫生水平得到显著提高。相对而言，我国城市地下排水管网建设时间晚，北京、武汉、郑州、长沙等城市都曾遭受严重的城市内涝灾害，造成严重的财产损失和人员伤亡，对社会造成不良影响。

城市地下燃气管网主要用于输送天然气等气体。若燃气管网遭受破坏，可能导致燃气供应中断，居民和企业无法正常使用燃气，进而影响居民取暖、烹饪等基本需求以及企业正常生产。此外，管网破坏还有可能引发严重的爆炸事故，造成人员伤亡，对社会造成较大影响。例如，1984 年 11 月 19 日墨西哥首都墨西哥城近郊燃气爆炸事故导致几千人伤亡，并伴有大规模的建筑物崩塌；1992 年 4 月 22 日年，墨西哥瓜达拉哈拉市因地下燃油管道泄漏至污水管道内，发生污水管道爆炸，导致大量人员伤亡，经济损失巨大；2014 年 8 月 1 日中国台湾高雄燃气爆炸事故导致多栋建筑物倒塌，造成 32 人死亡、300 余人受伤(图 1-3)。2022 年 9 月 26 日，由俄罗斯经波罗的海向德国等欧洲国家输送天然气的“北溪”管道发生爆炸泄漏，导致天然气输送中断(图 1-4)。

图 1-3 中国台湾高雄燃气爆炸事故

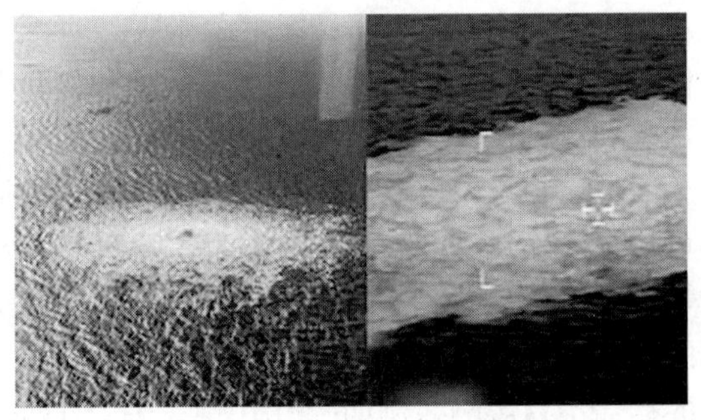

图 1-4 “北溪”天然气管道爆炸

城市地下热力管网通过蒸汽、热水等热媒介质将城市锅炉房和热电厂所产生的热能集中输送给城市居民和工厂等热用户。其作用为减少能源浪费和损失，提高能源利用效率，为城市居民和企业提供稳定、高效、环保的供热服务。然而，一旦热力管网发生爆管事故，可能会导致严重后果，如供热中断、路面塌陷和人员伤亡等。例如，2011 年 3 月 16 日北京四道口地热管道爆炸事故(图 1-5)；2014 年 12 月 12 日甘肃酒泉供热管道发生爆裂，致使供热中断，影响范围较大，对大量居民的生活造成影响(图 1-6)。2016 年 8 月 11 日，湖北当阳电厂高压蒸汽管道爆裂致 21 死 5 伤的安全事故。

城市地下电力管网将电力从发电厂或变电站输送到各个用户接入点，为城市居民和企业提供稳定可靠的电力供应。然而，管道老化、设备故障、绝缘层故障、外力破坏或施工等因素可能会导致电力中断、火灾、设备损坏等严重后果，给城市电力供应和居民生活带来严重影响。例如，2012 年 7 月 30 日印度德里发生电力管网故障事故，导致该城市多个地区的电力中断，数百万居民生活和企业生产受到影响；2023 年 8 月 15 日，巴西电网发生大面积停电事故，对人民生产生活造成严重影响；2016 年 12 月 8 日美国加利福尼亚州发生地震，引发电力管网断裂和管道破裂，导致该城市多个地区电力中断。

图 1-5 北京四道口地热管道爆炸

图 1-6 甘肃酒泉供热管道爆裂

城市地下通信管网用于传输电话、互联网和其他通信信号，为城市居民和企业提供高速、稳定、安全的通信服务，在信号传输、网络接入、通信保障和安全方面发挥着重要作用。然而，受地震、水灾、建筑工程施工等外力影响，城市地下通信管网可能发生管道破裂、线缆和设备损坏等问题，导致通信中断和网络故障。例如，2013 年 2 月 18 日，2021 年 12 月 27 日，广州分别发生了 66 条和 92 条通信光缆受损事故，导致众多企业、居民用户以及移动基站通信中断。

现代城市地下管网工程具有管线种类繁多、更新换代速度快和技术复杂等特点。不同类型的管道埋深具有差异化，且由不同部门进行建设、管理与维修。传统的管线直埋及其维修更新方式导致路面反复开挖，从而导致城市道路出现“拉链式”现象(即市政道路反复挖填，导致道路不断“开膛破肚”，见图 1-7)，进而给社会和经济带来巨大影响。随着我国经济建设的发展和城市人口的增长，城市规模不断扩大，城市地面土地资源与浅层地下空间紧张，道路交通拥挤，城市基础设施相对不足，进一步加剧直埋管道敷设和当下更新修复方式的不利影响。

图 1-7 管线更换开挖拉链式道路

将上述 6 种(给水、排水、燃气、热力、电力、通信)城市管线全部或部分集中于一个地下工程空间进行统一管理，并配备通风、供电、排水、通信、监控预警、灾害防护以及标示等辅助设施的工程称为城市地下综合管廊。作为 21 世纪新型城市市政基础设施建设现代化的一个重要标志，城市地下综合管廊具有集约度高、运维方便的特点，能够提高地下空间利用率，解决城市地下管网埋设空间紧张的问题，避免因管网工程施工、维护和更新而给城市交通和居民生活带来不便。此外，城市地下综合管廊还具有科学性强、技术先进的特点，能够最大限度地减少给水中断、燃气泄漏和爆炸等事故的发生，提高管道的可靠性和安全性。

1.2 城市地下管网发展历史与趋势

我国在地下管网领域拥有悠久的探索历史。建造了众多著名的古代城市地下管网工程，如坎儿井、紫禁城地下排水管网和江西赣州古城福寿沟等。

在我国西部地区和世界上其他沙漠地区，年蒸发量通常超过降雨量，这些地区依靠高山雪水融化补充的地下含水层作为水源，形成一种特殊的农业浇灌和居民生活的地下给水系统，被称为坎儿井。我国新疆的坎儿井历史悠久，已有超过 2000 年的历史，共有 1700 多条，总长达 5000 km，是全国重点文物保护单位，主要分布在吐鲁番地区，见图 1–8(a)。伊朗目前有 22000 条坎儿井在使用，总长度达 274000 km。

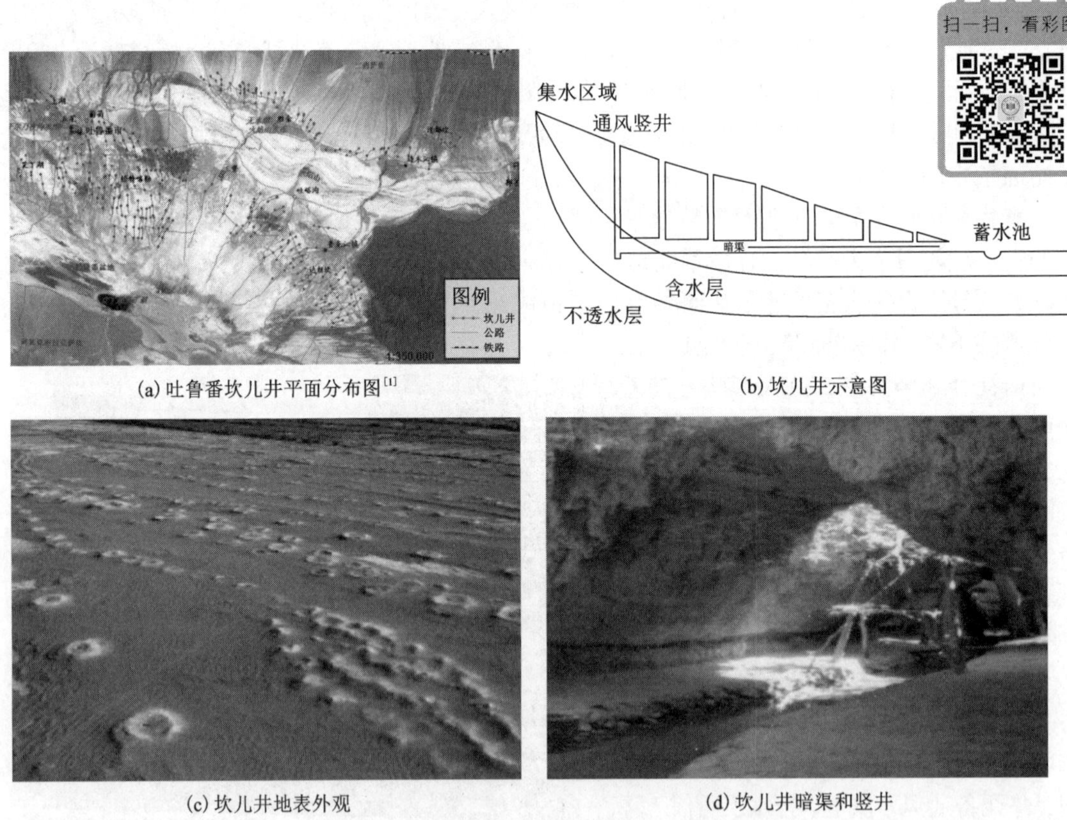

(a) 吐鲁番坎儿井平面分布图[1]

(b) 坎儿井示意图

(c) 坎儿井地表外观

(d) 坎儿井暗渠和竖井

图 1–8 我国吐鲁番坎儿井地下给水系统[1]

坎儿井包括竖井、地下渠道、地面渠道和涝坝(小型蓄水池)等设施，见图 1–8(b) ~

图 1-8(d)。在春夏季，新疆高山冰雪融水渗入戈壁滩下形成含水层。坎儿井以地下含水层作为水源，每隔 20~30 m 挖掘一竖井，井深从几米到几十米不等。在井底开凿暗渠，使各个井相互连通，引流直下，最终通向遥远的绿洲。涝坝是调节水量的蓄水池，井口为直径约 1.0 m 的圆形或 1 m×0.7 m 的矩形，用于开凿和维护时进行出土和通风。暗渠是一种地下输水管道，高约 1.7 m，宽约 1.2 m，可有效减少水分蒸发和方便工人通行。在施工过程中，通常使用木棍定位法或油灯定位法确定暗渠的走向。地层主要由砂砾和黏土胶结土组成，因此竖井和暗渠的开挖不容易塌方。

北京故宫，旧称为紫禁城，位于北京中轴线的中心。故宫核心建筑为太和、中和及保和三大殿，故宫南北长 961 m，东西宽 753 m，占地面积约 72 万 m^2，建筑面积约 15 万 m^2。故宫内有超过 70 座宫殿，共有 9000 余间房屋，四面被 10 m 高的城墙环绕，城外有一条 52 m 宽的护城河。故宫共有四座城门，南面是午门，北面是神武门，东面是东华门，西面是西华门，见图 1-9。

故宫拥有完善的地下排水系统，自建成至今 600 余年来，从未遭受水患。故宫的整体设计与北京的地形相协调，北高南低。北门神武门和南门午门的高程分别为 46.05 m 和 44.28 m，高差为 1.87 m，利用这一地形可巧妙引导雨水由北向南流动。最终，雨水通过沟渠从东西两侧流入护城河。故宫的地下排水系统收集地面的雨水，通过螭首、地面排水孔、明沟和暗渠将雨水排向宫殿东南端的内金水河。整个排水系统纵横交错、四通八达，见图 1-9。

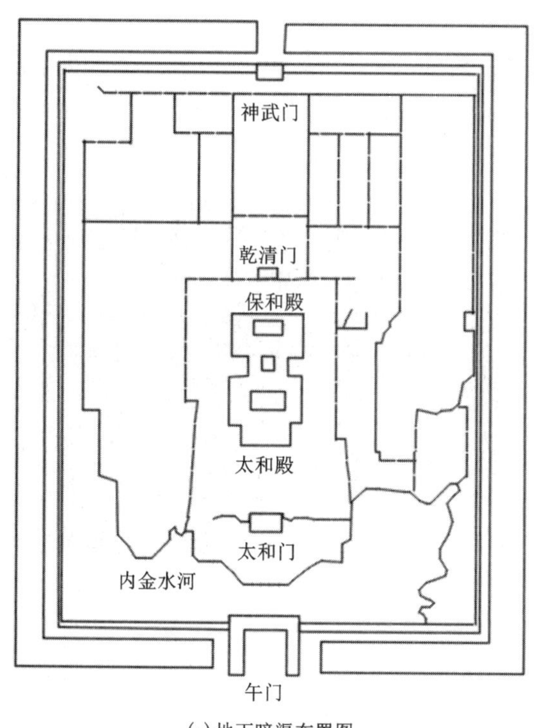

(a) 地下暗渠布置图

(b) 螭首

(c) 钱孔状地面排水孔、明沟

图 1-9 古代紫禁城地下排水系统

江西赣州古城位于章水和贡水交汇处，三面环水，地势呈中间高、四周低的龟背形，容易遭受洪涝灾害，见图 1-10(a)。北宋熙宁时期(1068—1077 年)，赣州古城福寿沟排水系统建成，由南北向排水的寿沟、东西向排水的福沟、与福寿沟相连的众多储水池塘以及四周城墙组成，见图 1-10(b)。福寿沟宽约 90 cm，高约 1.5 m，采用马蹄形的全红砖和青砖石拱券结构，具备良好的排水能力。地下相互连通的池塘可暂时储藏多余的雨水，确保城内不会发生内涝。福寿沟四周城墙高 7.0 m，城墙上的排水孔高 0.6~1.6 m，宽 0.6~1.0 m。赣州古城地面上铜钱状的排水孔具有引导雨水排入福寿沟、过滤和装饰功能，详见图 1-10(c)。

(a) 福寿沟地形图

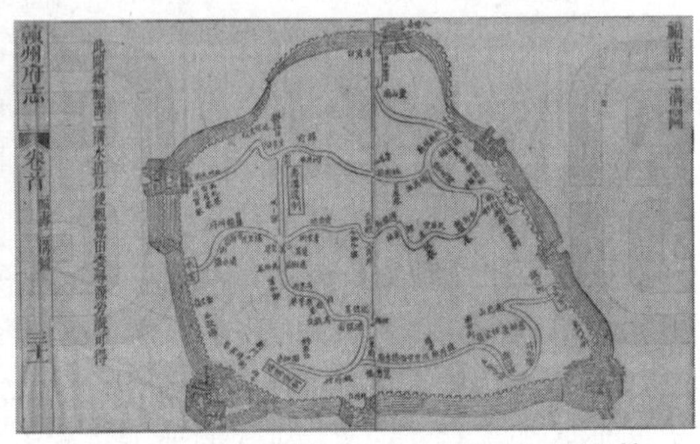
(b) 清代同治《赣州府志》中的福寿二沟布置图[2]

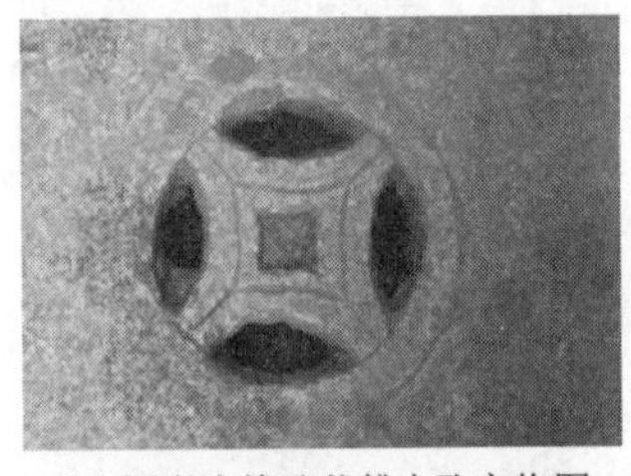
(c) 福寿沟钱孔状排水孔实物图

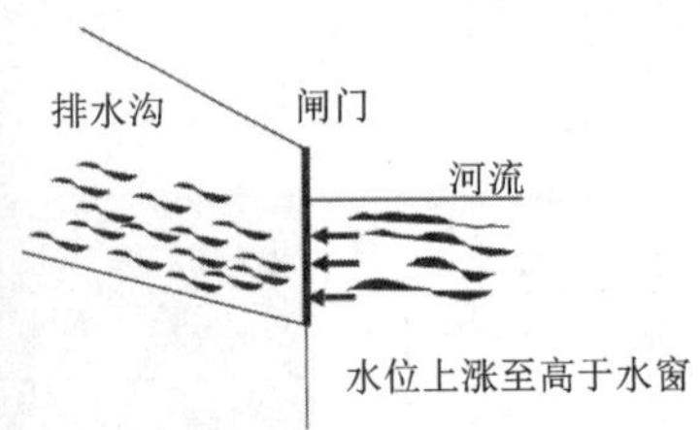

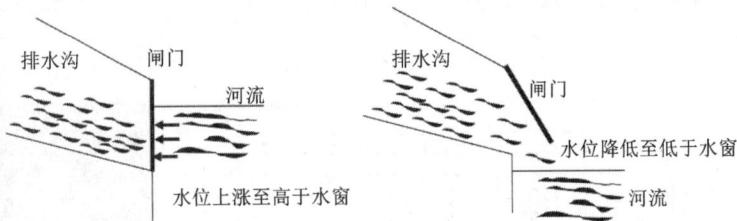

(d) 水窗原理

(e) 水窗实物图

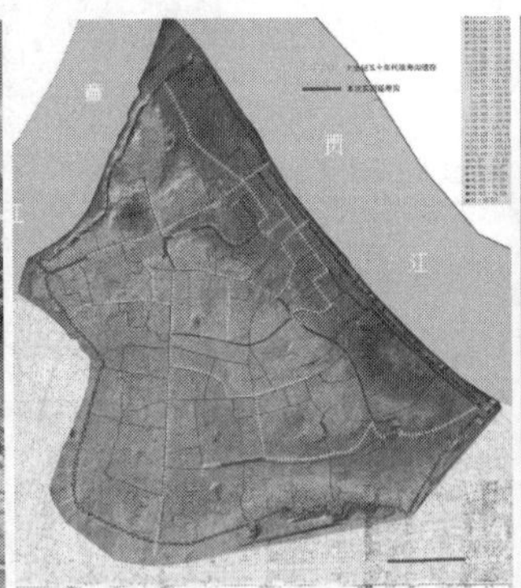
(f) 清代绘制的福寿沟排水系统

(g) 仅存福寿沟实物图

图 1-10　江西赣州福寿沟排水系统[3]

扫一扫，看彩图

北宋刘彝对赣州古城福寿沟排水系统进行修缮，并在城墙中设计水窗，进一步完善排水防洪功能。水窗原理见图 1-10(d)。水窗是一种简单但科技含量高且富有想象力的排水关键部件，其作用类似于单向阀。古代使用木质水窗，中华人民共和国成立后改为圆形铁质水窗，见图 1-10(e)。当城内积水高于章水和贡水时，排水孔会打开，使城内积水排入章水和贡水中。当城内积水低于章水和贡水时，排水孔会关闭，使章水和贡水无法进入城内。清代绘制的福寿沟排水系统见图 1-10(f)，其总长约为 12.6 km，集水面积达 2.7 km^2。然而，在中华人民共和国成立后的城市化进程中，福寿沟遭受大量损坏，目前仅存约 1.8 km，见图 1-10(g)。

近现代著名的城市地下管网包括英国伦敦、法国巴黎和日本东京的地下排水系统。近代工业革命开始后，伦敦成为世界上第一个发展城市地下排水系统的城市，其排水系统被认为是世界七大工业奇迹之一。伦敦的地下排水管道总长度超过 2000 km，用于收集、处理污水，并将处理好的污水排入泰晤士河下游。伦敦早期的地下排水管道见图 1-11(a)。2016 年，伦敦开始修建直径为 7 m 的超级圆形地下排水管道，全长 25 km，大部分位于泰晤士河流底部深约 65 m 的位置，见图 1-11(b)。该超级管道连接已有的 34 条污水管道，收集这 34 条污水管道的污水并输送至 Beckton 污水厂进行处理。

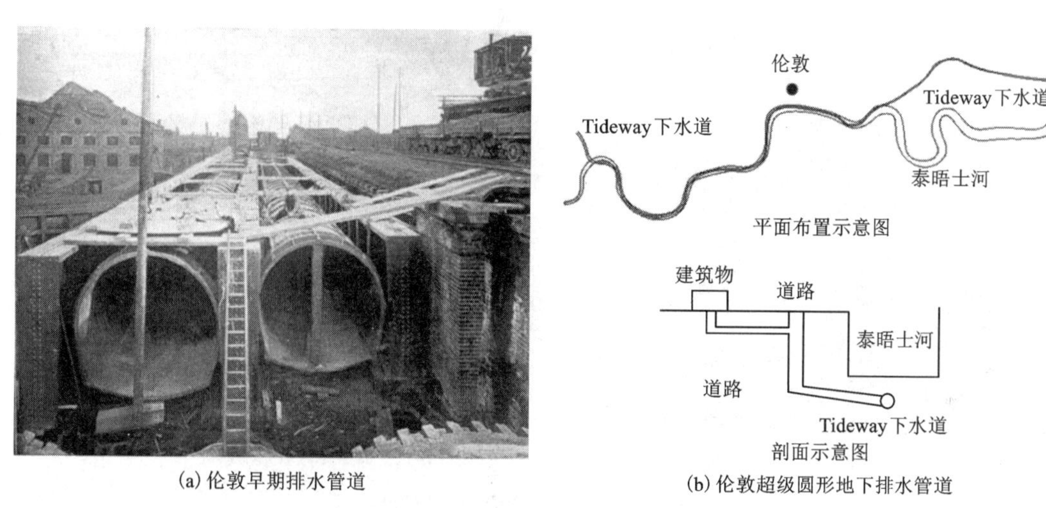

(a) 伦敦早期排水管道　　(b) 伦敦超级圆形地下排水管道

图 1-11　英国伦敦地下排水管网

法国巴黎的地下排水系统最早可追溯到 1370 年，当时建造了第一条与溪流相连的石砌拱形地下排水管道。随着工业革命的推进，1894 年，巴黎建成一个更加完整、封闭的排水系统。截至 1999 年，巴黎的地下排水系统已经实现对城市污水和雨水的完全处理。巴黎地下排水系统被认为是世界上最复杂和功能最完善的排水系统。目前，巴黎地下排水系统的总长达 2300 km，截面类型多种多样(早期和近期的截面形状见图 1-12)，同时配备 2.6 万个井盖、6000 多个地下蓄水池以及木球、清淤船和挖斗等清淤设备，具备强大的排水防涝功能。如今，巴黎地下排水系统的一部分区域已被辟为博物馆，成为世界上唯一开放参观的地下排水系统，每年吸引大量的游客参观。

东京(旧称江户)位于东京湾南岸，市内有江户川、中川和大落古利根川等河流，见图 1-14(a)。除破坏力极强的大地震外，对东京影响最大的是台风和大雨引发的洪水。历史上，日本东京经常遭受洪水的袭击，导致严重内涝和巨大伤亡。为解决这一问题，1992 年至 2006 年期间，日本修建了世界上规模最大、最先进的东京圈排水系统。这一系统的建成使得

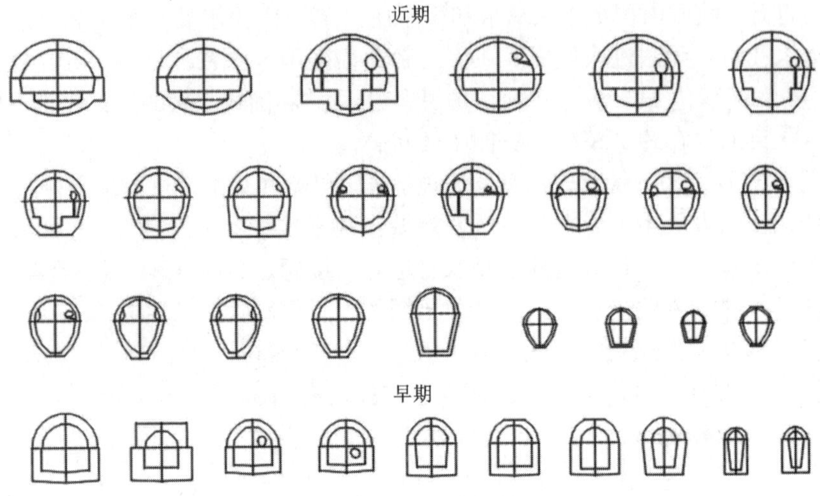

图 1-12　巴黎地下排水管道截面类型

(a) 巴黎地下排水管道清淤木球

(b) 巴黎地下排水管道清淤船

图 1-13　法国巴黎地下排水管网

东京受洪灾影响的房屋数量和城市内涝面积减少 95%以上。

东京圈排水系统的工程原理是通过 5 个巨型竖井和地下隧道将江户川、仓松川、幸松川、中川和大落古利根川等河流连接起来，利用调压水槽调节水压，将雨水及时排入东京湾，见图 1-14(b)。该系统的地下隧道总长 6.3 km，内径 10 m，埋深约 50 m；竖井高度达 65 m，最大直径为 32 m；调压水槽长 177 m，宽 77 m，高约 20 m，其内部由 59 根直径约 3.5 m 的钢筋混凝土柱支撑，见图 1-14(c)。调压水槽内装有 4 台由航空发动机改装而成的高速排水装置，单台功率达到 14000 马力，最高能以 200 m^3/s 的流量将多余的水排入东京湾，见图 1-14(d)。

世界各国城镇化进程中，人口向城市聚集的趋势明显，促进经济发展的同时也导致日益严重的城市资源和环境紧张问题。因此，城市市政公用设施的地下集约化发展成为城市现代化基础设施建设的必然选择。一般来说，城市地下空间的开发与国家和城市的人均 GDP 密切相关。随着人均 GDP 的增加，地下空间的开发强度也会增加。当人均 GDP 较低时，地下空间的开发强度相对较低。当人均 GDP 处于某个区间时，地下空间的开发强度会迅速增加，

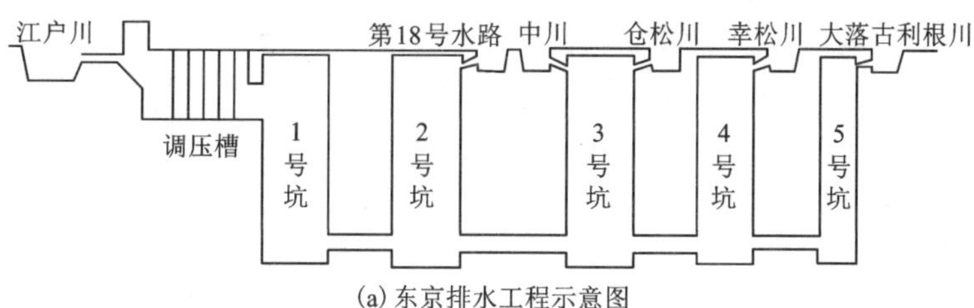

(a) 东京排水工程示意图

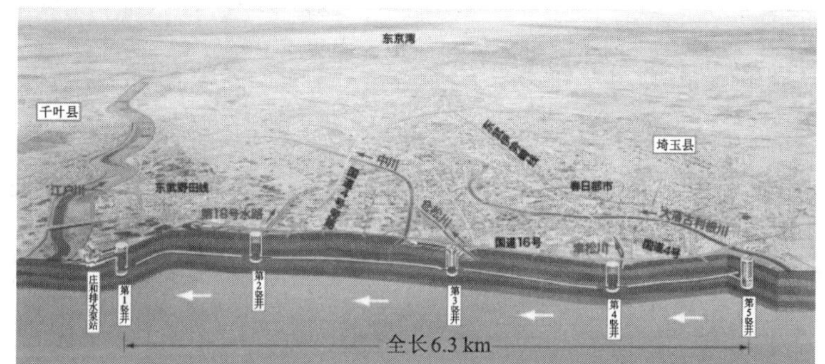

(b) 排水原理示意图（三维图）（数据来源：日本江户川河川事务所）

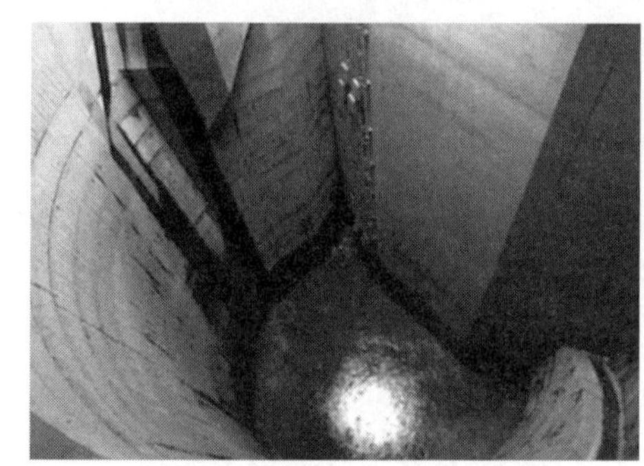

(c) 竖井内部图

(d) 调压水槽内部图

图 1-14 东京圈排水系统

这被视为黄金发展期。而当人均 GDP 超过某个值时，地下空间的规模保持相对稳定，开发强度会降低，从而使地下空间的开发走向集约化发展道路。

城市地下综合管廊是我国城市地下空间集约化开发的重要形式之一，其发展趋势符合上述规律。在 19 世纪早期，法国巴黎首先在地下排水管道中加入热力、燃气、电信等其他管道，开创城市地下综合管廊的先河。随后，英国、日本、美国、新加坡等国家也相继发展城市地下综合管廊。伦敦经典的城市综合管廊横截面见图 1-15。1926 年，在关东大地震后的东京复兴建设中，日本开始修建城市地下综合管廊。该综合管廊容纳给排水和燃气管道、电力和通信管线，承担几乎所有市政公共服务功能，具有较高现代化程度。20 世纪 90 年代末新加坡制定地下空间开发详细规划，规定地下 130 m 以内的地下空间开发类型。在地下 20 m 以内主要建设给水和供气管道构成的综合管廊。在地下 40~130 m，建设电缆隧道、油库和水库等与城市地下管网相关的设施。其他深度包括人员活动较大的地铁、商场等设施。因此，可认为地铁站、地下商场、地下停车场是当时新加坡地下空间开发的主要形式，而城市地下管网工程是其未来城市地下空间开发的主要形式。21 世纪初，新加坡修建滨海地下管廊，距地面 3 m，全长 3.9 km，可容纳给水管道、通信电缆、电力电缆，甚至垃圾收集系统。我国很多城市也面临着人多地少情况，与新加坡类似。因此，可预见城市地下管网工程将会成为未来城市地下空间开发的主要形式，有巨大的发展潜力。

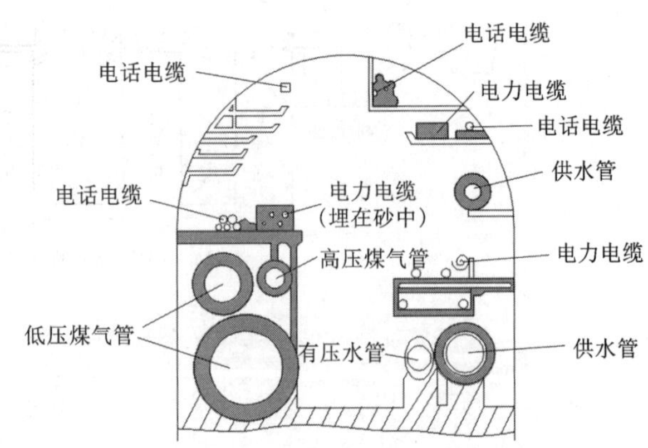

图 1-15　伦敦综合管廊横截面示意图

我国首条城市地下管廊建于 1958 年，位于北京天安门广场下，全长为 1000 m，截面尺寸为 3 m×4 m，用于容纳电力和电信线缆。此后，上海浦东张杨路人行道地下管廊于 1994 年建成，全长 11.2 km，截面为 5.9 m×2.6 m 的矩形，用于收容燃气、通信、给水、电力等管线。该管廊为我国第一条较具规模的地下运营管廊，见图 1-16。再后，我国首个投入最大、建设长度最长、辐射面积最广、纳入管线最多和施工难度最高的管廊是珠海横琴城市地下综合管廊，建于 2010 年至 2013 年，全长 33.4 km。管廊内设有通风、排水、消防、监控等辅助设施，并由控制中心进行全智能化控制和运行，见图 1-17。苏通 GIL 综合管廊是我国第一条穿越长江的综合管廊。该管廊用于容纳电力和电信线缆，建于 2016 年至 2019 年，该管廊全长约 5.54 km，采用内径为 10.5 m、外径为 11.6 m 的圆形截面，上覆土层厚度 15~50 m，图 1-18。

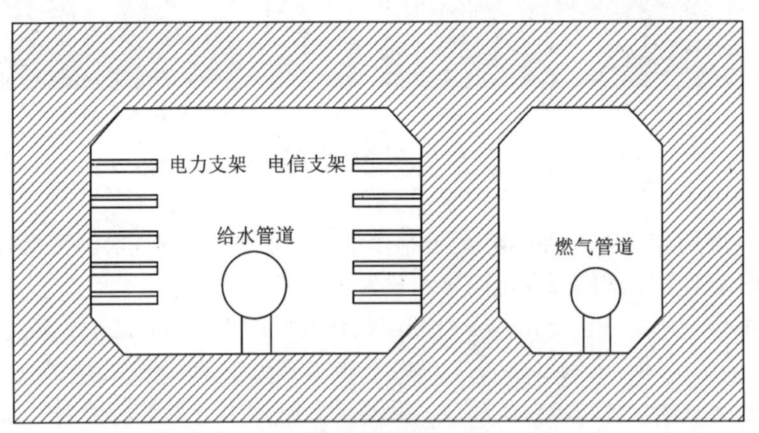

图 1-16　上海浦东张杨路人行道地下管廊

近年来，我国积极推进城市地下综合管廊建设，总体上遵循“规划先行、适度超前、因地制宜、统筹兼顾”的原则，充分发挥综合管廊的综合效益。截至 2023 年，我国城市地下综合管廊总长度已超过 8000 km。但仍存在总体规模偏小、推广普及率低、管理不完善、投资主体无统一规定、管理协调困难、运营亏损、运营模式非优化、配套法律法规不完善等问题。这些问题阻碍了综合管廊的可持续发展。

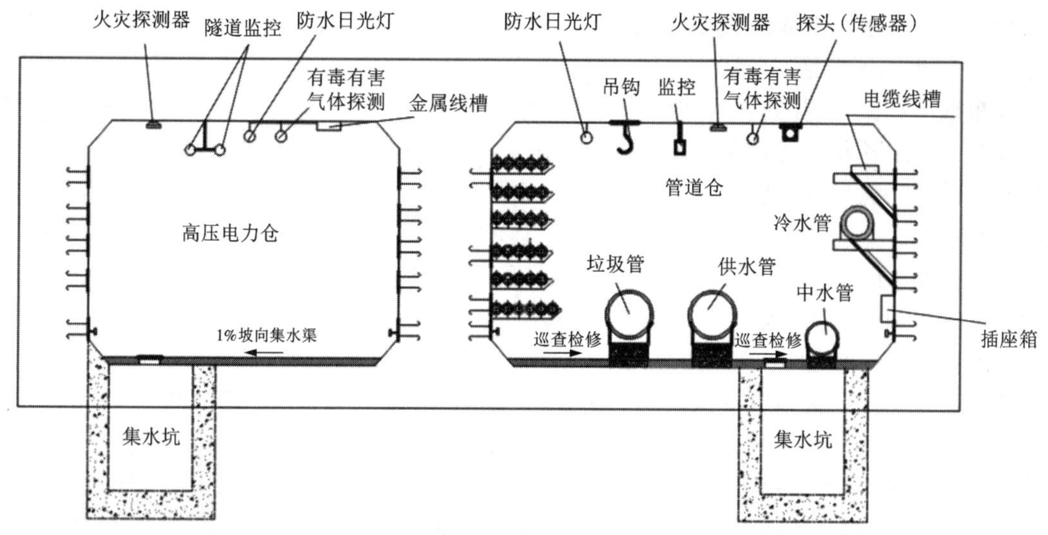

图 1-17 珠海横琴城市地下综合管廊

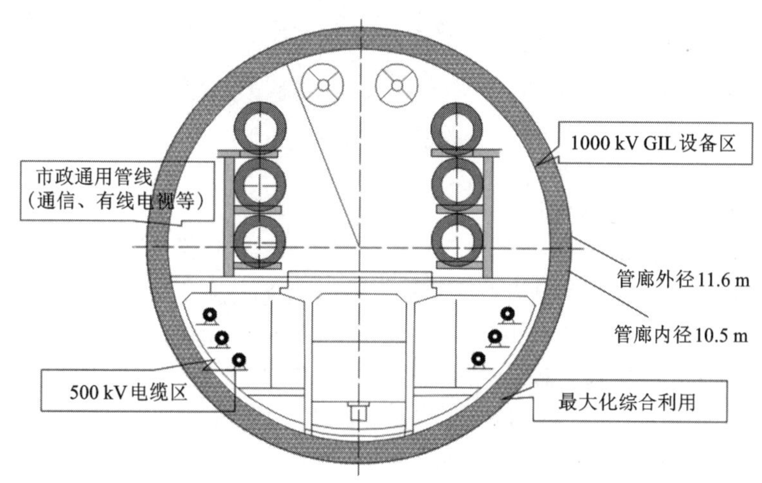

图 1-18 苏通 GIL 综合管廊

总的来说，发达国家在综合管廊建设方面起步较早，至今发展过百年，技术及系统日趋完善，积累了丰富的管理经验，运营收益合理，相关法律法规配套完善。相比之下，我国人均 GDP 较少，城市地下综合管廊建设起步较晚。未来，城市地下综合管廊将走提升品质和内涵式发展的道路。智能化将成为城市地下综合管廊一个重要的发展趋势，可结合地理信息系统(GIS)、建筑信息模型(BIM)等技术，实现三维化的信息表达、信息化的管理和运行，通过大数据多平台共享处理和实时监测，提高运维效率。

城市给水发展的一个趋势是区域给水。区域给水是一种更大范围内，更高质量的给水模式，旨在提高给水水质，增强给水安全性，合理配置水源、水厂，统筹规划管理不同地区的水厂与管网，形成更大的、更多层次的给水网络。如大巴黎给水系统是由 14 个地方当局的给水系统组成的一个互联网络，可为大巴黎 400 万左右居民提供高质量、可靠的给水服务，保障城市的正常运行和居民的生活需求。日本大阪依托当地地理环境，建成由琵琶湖、淀川两大水源以及三个净水厂组成的大型给水系统，有效提升日本大阪的给水水质。我国预计将在21世纪中叶进入区域给水阶段。

城市地下物流系统(亦称为城市地下货运系统)是近年来逐渐发展起来的一种新型智慧物流系统，它在城市居民生活和物流运输之间建立紧密的联系。传统的公路、铁路、航空和水路运输已无法满足城市物流需求，地下物流系统成为第五类运输和供应系统。根据运输形式，城市地下物流系统可分为隧道运输和管道运输两种。前者是将货物装入舱体，采用无人驾驶自动控制、集成多种新技术(如线性马达和物联网技术)控制的电动有轨车辆或自动驾驶车辆进行远距离的货物运输[4, 5]，见图1-19。后者采用管道气体负压力作为动力直接运送货物，适用于小件货物近距离运输如城市小区货物收集和城市小区近距离的垃圾运输等。城市地下物流系统有助于提高货物运输效率，减少交通堵塞，促进城市可持续发展。

2016年，瑞士开始筹划并实施首个现代城市地下物流系统，该系统由一条总长450 km的隧道组成，用于运输包裹和货运托盘。随后法国、意大利、英国和美国等国家也开始研究地下物流相关技术，包括地下磁悬浮轨道运输技术、地下无人轨道运输技术、地下真空管道技术。我国也高度重视地下物流技术发展，如上海市建设一条连接港区和物流园区的城际集装箱运输专线，雄安新区及青岛城区也分别结合综合管廊和既有人防设施建设城市地下物流系统。

图1-19 现代城市地下物流系统

城市给水、排水、燃气、热力、电力和通信等地下管网工程，对我国城市的发展产生深远的影响，从古代的坎儿井给水工程、江西赣州古城福寿沟和北京故宫完整的地下排水系统，到近现代上海浦东张杨路人行道地下管廊、珠海横琴城市地下综合管廊和苏通GIL地下综合管廊。这些工程已成为现代城市发展水平的重要标志。

未来，城市地下管网工程的功能将进一步完善和智能。这些工程可能会采用更先进的技术，如智能感知和自动化控制技术，以提高管网的运行效率和安全性。充分利用大数据和人工智能，可实现管网的智能管理和优化，从而更好地满足城市居民的需求。此外，为应对更加复杂和多样化的需求，城市地下管网工程还需引入新的技术和设计理念，以更好地适应生产力发展水平和新形态需求。

习 题

1. 从建造背景和历史、工作原理、建造规模、建造材料、设计和施工技术、截面类型、技术特点等多方面分析紫禁城、福寿沟、日本东京排水系统、巴黎地下管网工程。

2. 城市地下管网工程的作用有哪些?

3. 从建造背景、作用、建造规模和材料、设计和施工技术特点以及未来发展角度，分析城市地下综合管廊。

第2章　城市地下管网概述

城市地下管网(道)可根据其性能与用途、布置形式、敷设方式和建造材料进行分类。

根据性能与用途，城市地下管网分为城市地下给水管网、城市地下排水管网、城市地下燃气管网、城市地下热力管网、城市地下电力管网及城市地下通信管网。以上各种管网组成各不相同。根据布置形式，城市地下管网可分为树状管网和环状管网。城市地下管道按照敷设方式分为直埋、地下综合管廊、隧道、架空、沟槽及排管等。

根据建造材料，城市地下管道分为钢管、铸铁管、混凝土管、钢筋混凝土管(包括管沟、管廊)、石棉水泥管、塑料管等。管道管径通常以mm为单位。钢管(镀锌或非镀锌)、铸铁管的管径用公称直径DN表示。无缝钢管、焊接钢管(直缝或螺旋缝)、铜管、不锈钢管等的管径用外径D×壁厚表示(如$D108\times4$、$D159\times4.5$等)。钢筋混凝土(或混凝土)管、陶土管等的管径宜以内径d表示(如$d230$、$d380$等)。塑料管的管径按产品标准的规定进行标注。

2.1　城市地下管网组成

2.1.1　城市地下给水管网

城市给水是城市居民生活和工业用水及城市公用事业的重要组成部分。城市给水系统是一个由给水管网、取水构筑物和水处理构筑物组成的综合系统，旨在满足城市的日常生活需求、工矿企业的生产需求以及消防需求。该系统可细分为给水管网、取水和给水处理工程等。具体见图2-1。城市地下给水管网由给水管道及其连接、配件(包括消火栓和阀门)和附属构筑物组成。

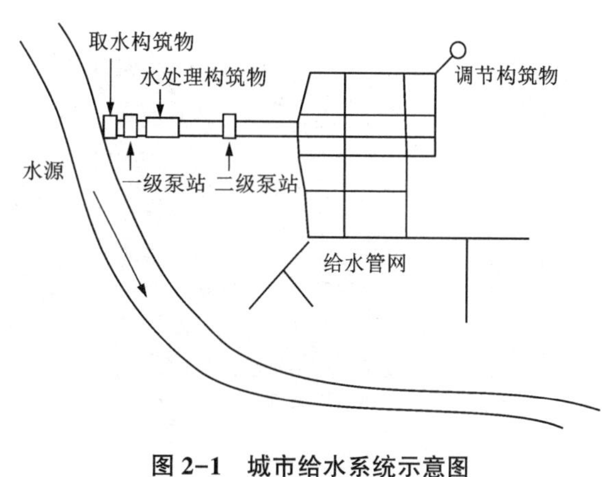

图2-1　城市给水系统示意图

1. 给水管道及连接

根据管径大小，给水管道分为直径小于100 mm的给水管道和直径大于100 mm的给水管道。前者可选用硬聚氯乙烯(UPVC)管和钢管；后者可选用铸铁管、混凝土管、钢筋混凝土管、预应力混凝土管和工程塑料(ABS)管等。钢管给水管道常用焊接、螺纹连接(又称丝扣连接)和法兰连接，见图 2-2。直径小于 50 mm 的钢管以及直径小于 100 mm 的镀锌钢管通常采用螺纹连接。法兰连接可分为平焊法兰、对焊法兰、松套法兰和螺纹法兰。压力低于 2.5 MPa 的给水管道可采用平焊法兰连接。对于有色金属管或不锈钢管给水管道，常采用松套法兰连接。高压管或镀锌管给水管道可采用螺纹法兰连接。

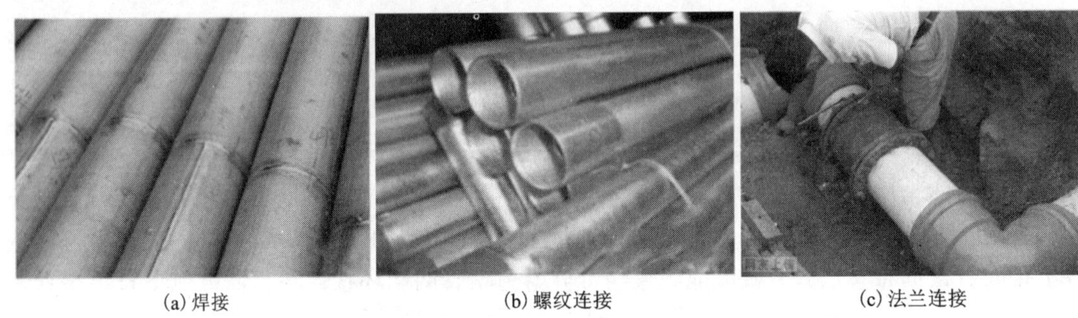

(a) 焊接　　(b) 螺纹连接　　(c) 法兰连接

图 2-2　钢管给水管道连接

混凝土管给水管道采用承插连接、普通套管连接以及承插式套管连接，见图 2-3。混凝土管道承插连接分为石棉水泥接口、三合一水泥接口、膨胀水泥接口、青铅接口、压紧法兰橡胶圈接口、机械柔性接口(K 型)和刚性套管橡胶圈接口。塑料管道则一般采用胶黏和热熔连接，见图 2-4，其中塑料给水管道一般采用热熔连接，见图 2-4(b)。

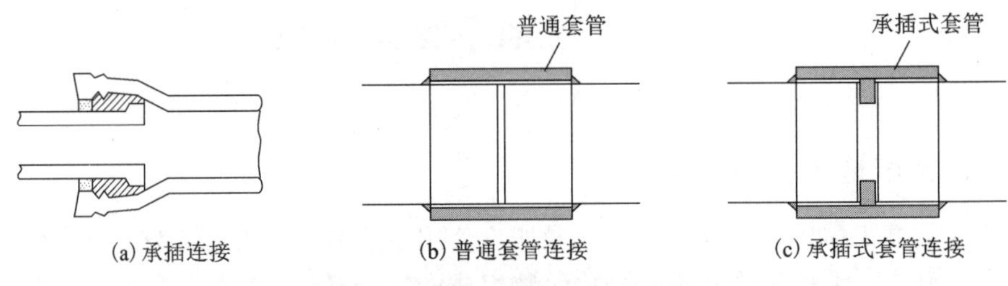

(a) 承插连接　　(b) 普通套管连接　　(c) 承插式套管连接

图 2-3　混凝土管给水管道连接

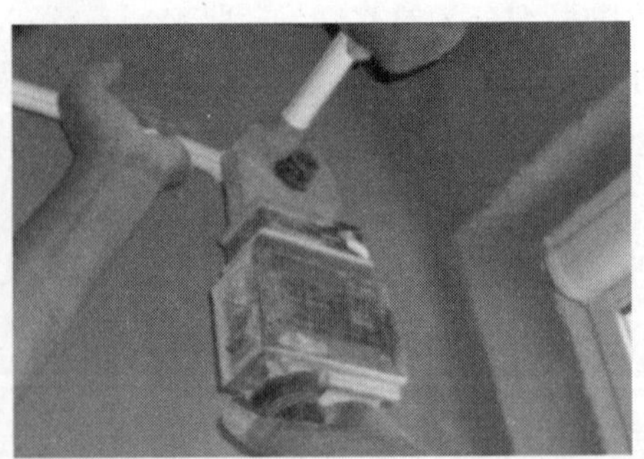

(a) 胶黏连接　　(b) 热熔连接

图 2-4　塑料管道连接

2. 管道配件

1) 消火栓

消火栓是一种固定式的消防设施，主要作用为控制可燃物、隔离助燃物以及消除着火源。为满足火灾发生时灭火用水需要，通常在城市给水管道上布置消火栓。一般来说，消火栓布置在使用方便、易于寻找的地点，尽量靠近十字路口或街道旁边，并且与车行道的距离不应超过 2 m，距建筑物外墙保持在 5 m 以上。若地上式消火栓与建筑物外墙的距离无法满足 5 m 的需要时，可考虑适当缩短距离，但不得小于 1.5 m。两个消火栓之间的距离不应超过 120 m，连接消火栓的供水管的直径不应小于 100 mm，并且要连接到管道上。

2) 阀门

阀门是流体输送系统中的重要控制部件，具有多种功能，包括控制介质流动方向、调节介质流量大小、调节管道压力、管道吹扫或泄压、维修或替换管道部件时进行管道或部件的隔离等，对于给水管道，阀门可调节水流量或水压力。

阀门通常由阀体、阀芯与阀座、阀杆与驱动装置、阀盖和填料盒等部件组成。阀体作为介质流通的通道，承受介质压力并强制关闭阀门。通常采用丝扣连接、法兰连接和焊接连接来连接阀门与管道。阀芯与阀座是阀门的主要工作部件。阀座一般被固定在阀体内，通过密封垫圈、螺纹等与阀体连接，形成介质流通的主要密封部位。阀芯与阀座的接触部分称为密封面。在阀门关闭时，密封面能保证阀门的密封性。密封面形态一般分为平面、锥面和球面。根据密封面形态，阀门密封一般可分为平面密封、锥面密封和球面密封，见图 2-5。平面密封是平面与平面之间的一种密封方式，优点是结构简单、制造加工成本低、易于拆卸维修，适用于中低压液压系统。然而，在高压液压系统中采用平面密封可能会导致漏油现象，影响密封的可靠性。锥面密封是锥面与锥面之间的一种密封方式，具有很好的抗冲击特性，适用于高压液压系统。实际应用中，锥面密封的漏油情况较为罕见，能够确保密封性和可靠性。尽管在制造和加工过程中，锥面密封要求严格、成本较高、难度较大，但在高压液压系统中锥面密封的应用是不可替代的。球面密封是球面与球面之间的一种密封方式，具有良好的自适应性和耐磨性，同样适用于高压液压系统。

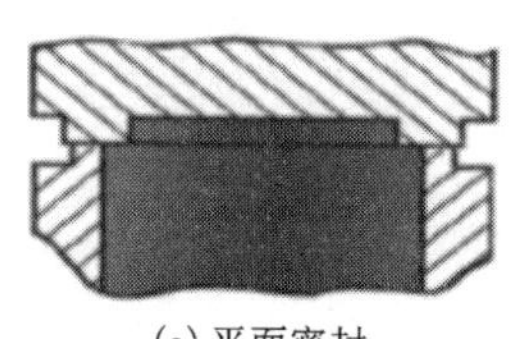
(a) 平面密封

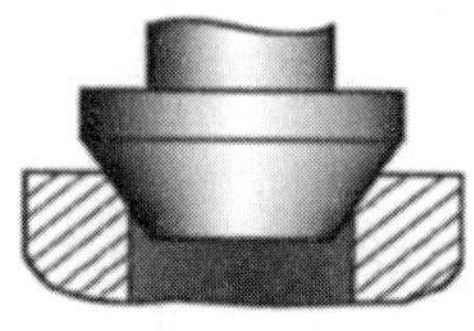
(b) 锥面密封

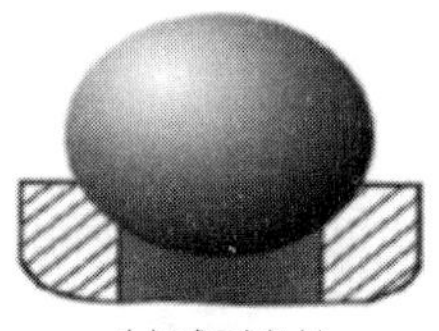
(c) 球面密封

图 2-5　阀门密封

阀杆的主要作用为传动驱动力、驱动阀芯运动、实现阀门的开关调节，具有良好的强度、刚度和耐磨性。阀杆通过驱动装置来驱动，进而驱动阀芯运动，实现阀门的开关动作。驱动方式主要为螺纹旋转驱动。

阀盖的主要功能是精确定位阀杆，确保阀杆能够正常地传动开关。此外，它还具备一定的密封功能，以防止内部流体的泄漏。阀盖与阀体之间的连接方式包括丝扣连接、法兰连接以及利用介质压力进行自我密封等多种方式。

填料盒的主要作用是保证阀盖和阀杆之间的密封，从而避免介质泄漏。当软质填料被压盖挤压时，它会紧紧地压在阀杆和填料盒壁上，保证密封的可靠性。

阀门基于其在开关过程中阀芯相对阀座的运动方式可分为球阀、蝶阀、截止阀、闸阀和止回阀。在选择阀门时，应充分考虑输送液体的性质、阀门功能、尺寸、阻力损失、温度与压力以及阀门材质等多个因素。

球阀是一种球形阀芯绕其中心线旋转的阀门，见图2-6，具有流体阻力小、开闭力小、结构简单、制作方便、体积小、不需要较大空间、密封性能好等优点。蝶阀是一种圆盘状阀芯绕阀座内的轴线旋转的阀门，见图2-7，具有流体阻力小、开闭力小、结构简单、制作方便、体积小、不需要较大空间、密封性能好等优点。

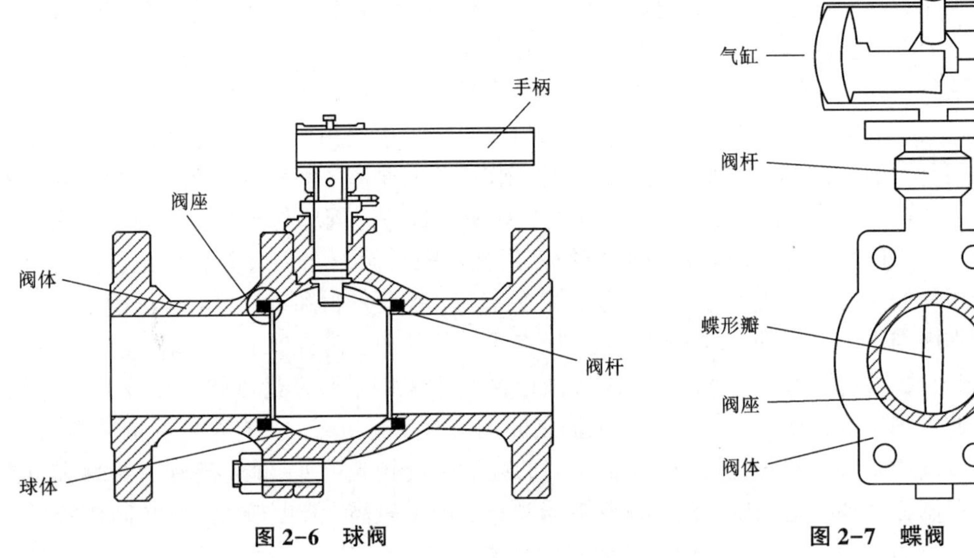

图2-6　球阀

图2-7　蝶阀

阀门开关过程中，阀芯沿阀座面法线移动，称为截止阀，见图2-8。截止阀的特点是流体阻力较大、结构简单、制作方便、开启高度小、体积较小、密封面摩擦力比闸阀小、耐磨。阀门开关过程中，阀芯垂直阀座面法线移动，称为闸阀，见图2-9，其优点是流体阻力小、开闭力小、结构简单、制作方便，但其体形较大，具有开启高度大、需要较大空间、密封面容易擦伤等缺点。止回阀是一种阀芯绕阀座外的轴线旋转的阀门，密封性较差，见图2-10。

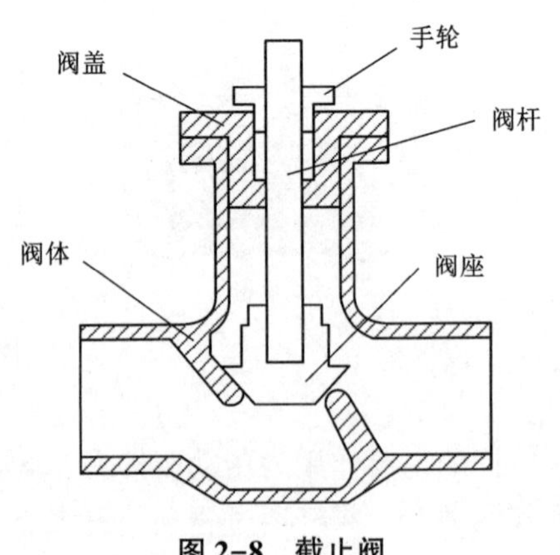

图2-8　截止阀

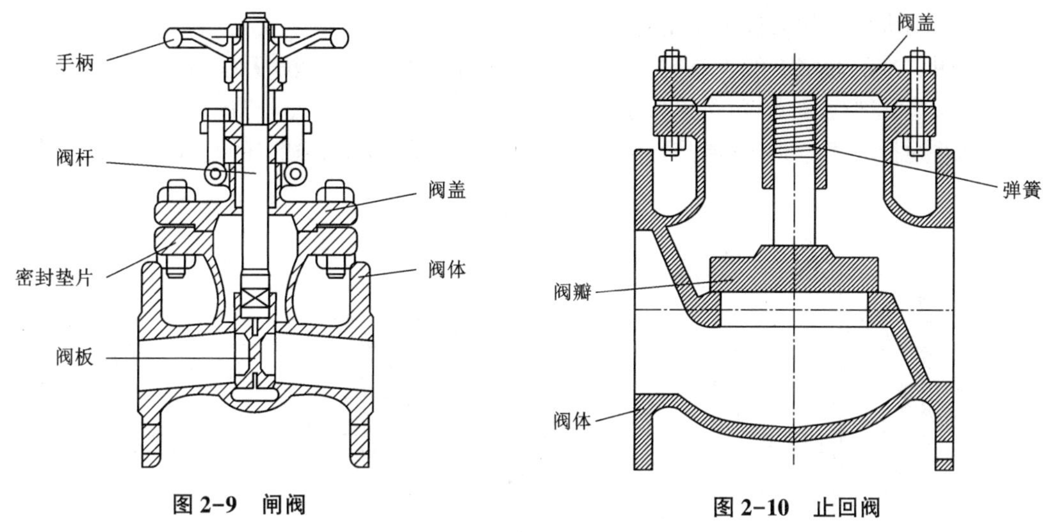

图 2-9　闸阀　　　图 2-10　止回阀

3. 附属构筑物

附属构筑物包括阀门井和支墩，通常以砖、石或钢筋混凝土为建造材料。阀门井指用于安装管网中的阀门及管道附件的构筑物，呈圆形或方形。其水平大小和埋深分别由安装拆卸和操作阀门所需要的最小尺寸以及管道埋深确定。支墩指用于支承承插连接管道的弯管处、三通处、水管尽端的盖板上以及缩管处的接口的构筑物。支墩具有承受接口处拉应力、防止接口松动、减少管道接口漏水等作用。

此外，给水管网中的水是通过取水构筑物从水源取水，经过水处理构筑物处理后，进入管网中的。取水水源可分为地表水(包括江河、湖泊和海洋等)以及地下水(包括浅层地下水、深层地下水和泉水等)。取水构筑物是从天然或人工水源中取水，并将水送到水处理构筑物的设施，通常由进水间(进水室和吸水室)和泵房组成。根据取水构筑物不同，取水方式可分为固定式(岸边式、河床式和斗槽式)和活动式(缆车式、浮船式)等几种形式。

岸边式取水是直接从岸边进水口取水。根据进水间和泵房的相对位置，分为合建式和分建式两种，见图 2-11(a)和图 2-11(b)。合建式岸边取水指由进水间和泵房联合构成的整体构筑物进行取水的方式。合建式岸边取水适用于地质条件较好的河岸。分建式岸边取水是进水间与泵房分开建设的取水方式，适用于工程地质条件较差的河岸。

河床式取水指利用进水管将取水头部伸入江河水体中进行取水。与岸边式取水相比，河床式取水增加取水头部和进水管。根据进水管的进水方式不同，分为自流管河床取水、虹吸管河床取水和直接吸水河床取水三种，见图 2-11(c)～(f)。河床式取水适用于河床稳定、岸坡平缓、地质条件较好的河流。

斗槽式取水指在岸边式或河床式取水构筑物之前，在岸边用堤坝围成或在岸内开挖而成的斗槽中取水，见图 2-11(g)。斗槽可促进水中泥沙沉淀，能较好地减少泥沙进入取水口。缆车式取水指利用建造于岸坡上的卷扬机房调整泵车位置，从江河水体中取水。缆车式取水构筑物由泵车、坡道、输水斜管和卷扬机房组成，见图 2-11(h)。浮船式取水指置于水体中的浮船采集河、湖或水库内水的取水方式，见图 2-11(i)。与缆车式取水相比，浮船式取水的泵房位置随水位变化而自适应变化。

从水源取来的原水一般含有粒径为 1~100 nm 的胶体粒子和粒径为 100~10000 nm 的细微悬浮物，需要进行混凝、沉淀和加氯气消毒处理。混凝处理指在城市用水或城市污水中添加絮凝剂并搅拌，使水中胶体粒子和细微悬浮物聚集，并形成絮凝体的过程。常用的絮凝剂

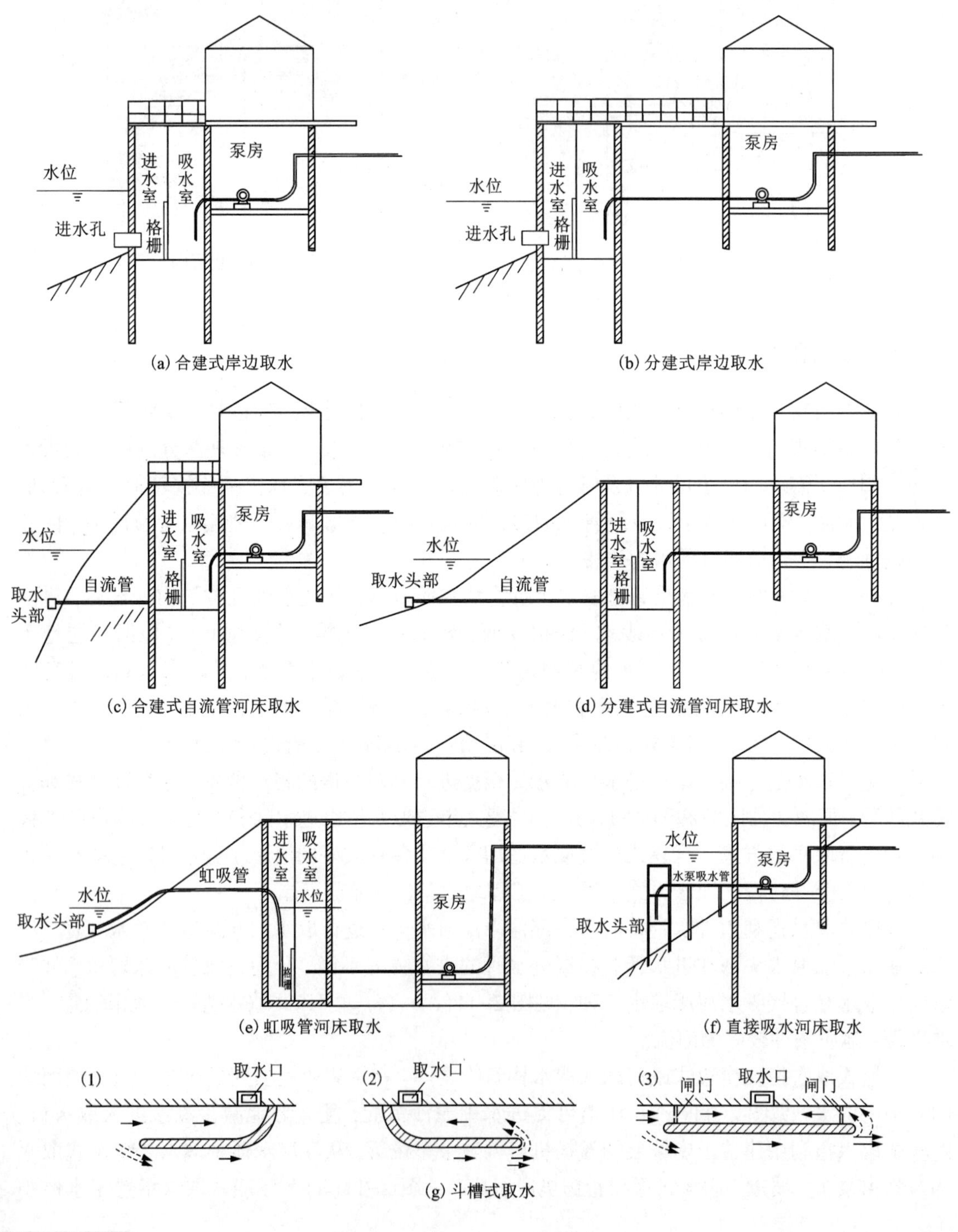

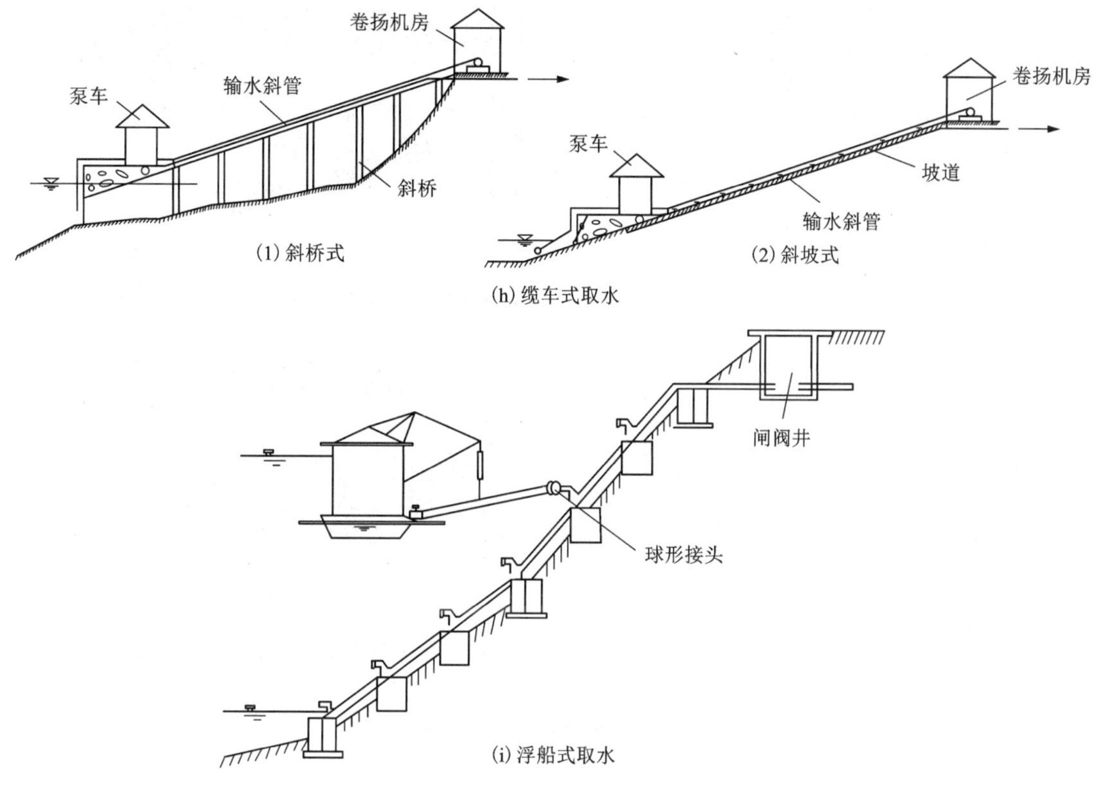

图 2-11　取水构筑物示意图

包括聚合氯化铝(PAC)、硫酸铝等铝盐，三氯化铁、硫酸亚铁和聚合铁等铁盐，以及聚丙烯酰胺(PAM)、骨胶、活化硅酸等助凝剂。絮凝体具有强大的吸附能力，能吸附悬浮物、部分细菌和溶解性物质，使其体积增大而下沉。常用的混凝方式包括折板混凝和隔板混凝，见图 2-12。折板混凝主要运用折板的缩放或转弯造成的边界层分离而产生附壁紊流，增加液流相对运动，起到搅拌作用，以缩短絮凝时间，提高絮凝体沉降性能，见图 2-12(a)(b)。隔板混凝通过水流在多道隔板形成狭长回转的廊道中曲折前进，出现水流转向，从而产生搅拌作用。隔板混凝又可细分为往复式隔板混凝和回转式隔板混凝，前者水流转向角度为 180°，后者水流转向角度为 90°，分别见图 2-12(c)～(f)。然后再通过人为控制沉淀池中的水流速度小于絮凝沉淀速度，使絮凝体与水分离沉淀。

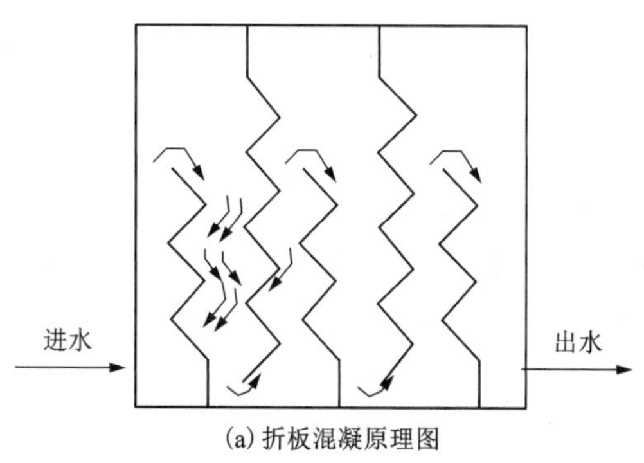

(a) 折板混凝原理图

(b) 折板混凝实物图

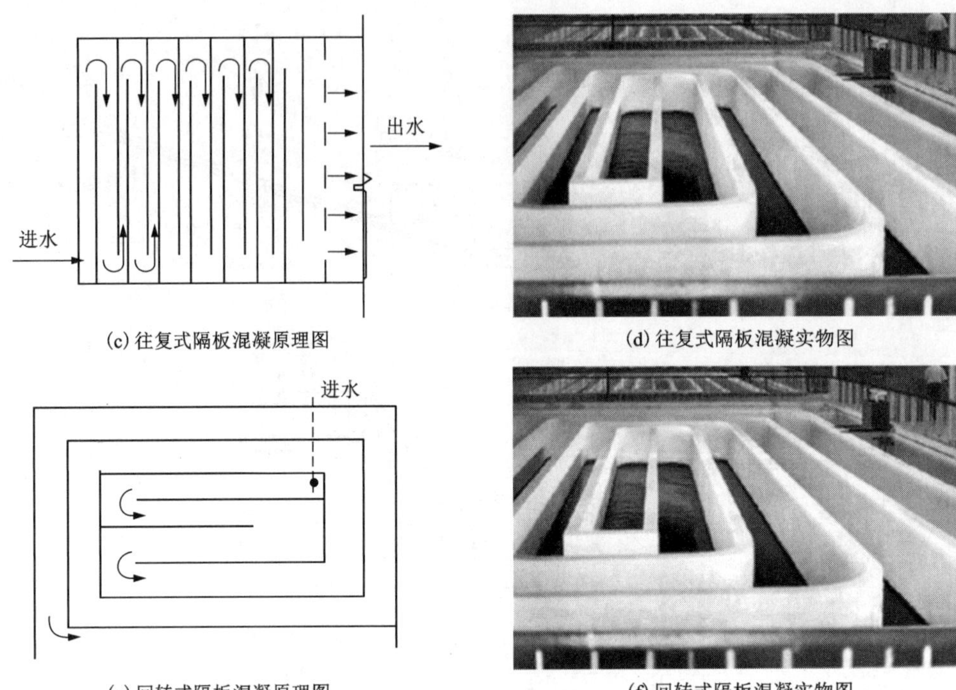

(c) 往复式隔板混凝原理图

(d) 往复式隔板混凝实物图

(e) 回转式隔板混凝原理图

(f) 回转式隔板混凝实物图

图 2-12 常见折板混凝和隔板混凝

2.1.2 城市地下排水管网

城市污水是生活污水、工业废水和雨水的总称。生活污水是居民日常生活中排出的废水。工业废水是工艺生产过程中排出的废水和废液。城市排水指城市排水系统收集、输送、处理和排放城市污水的过程。排水制度指处理和排放生活污水、工业废水和雨水的方式，分为分流制和合流制两种形式，见图 2-13。分流制排水制度是将仅有雨水或仅有工业废水和生活污水的城市污水利用管道进行排放的制度。其优点是可对污水进行全面处理，排水管道的水力条件较好，并且可根据需要进行分区建设；缺点是降雨初期的雨水仍然会对水体造成

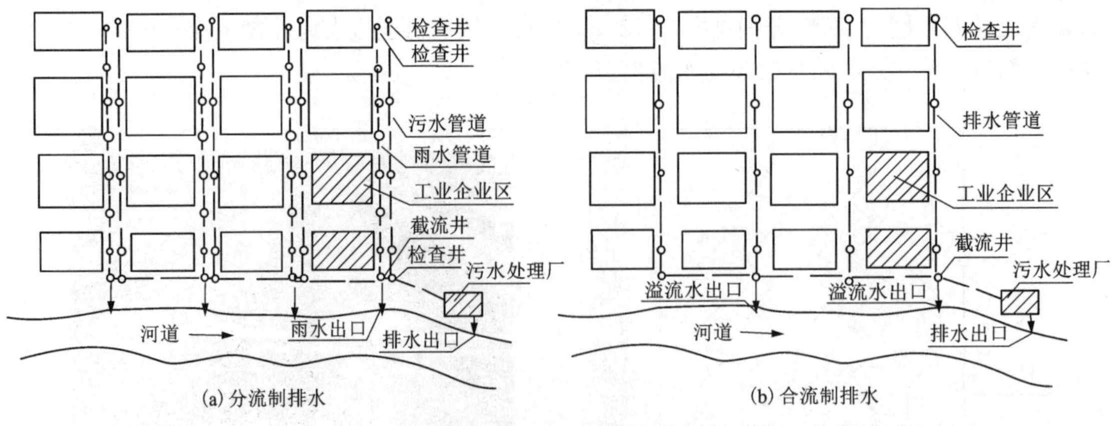

(a) 分流制排水

(b) 合流制排水

图 2-13 城市污水排水制度

污染。合流制排水制度是将混有雨水、工业废水和生活污水的城市污水利用管道进行排放的制度。其优点是可减少管道建设的成本，缺点是生活污水和雨水的混合可能导致污水处理难度增加。我国目前新建的城镇和工矿区大多采用分流制排水。大城市的排水功能较为复杂，需要对生活污水、工业废水和雨水分别进行处理和排放。此外，为预防极端暴雨导致城市内涝，许多大城市正在修建地下雨水排水隧道系统，从而有效降低雨水积聚和排放压力，提高城市排水能力，降低内涝风险。

城市排水系统主要由城市地下排水管网和污水处理厂组成。城市地下排水管网工程由排水管道和附属构筑物组成。

1. 排水管道

在大城市排水管道的建设中，排水管道通常采用钢筋混凝土隧道、混凝土管道和塑料管道等，见图 2-14。钢筋混凝土隧道具有排水量大、抗震性能好等优点，但造价较高，在选择材料时需充分考虑经济因素。相比之下，混凝土管和钢筋混凝土管则具有价格相对较低的优势，并且可就地取材，适用于排除雨水和生活污水。此外，塑料管具有重量轻、成本低、耐腐蚀等特点，适用于小型排水系统。

(a) 钢筋混凝土隧道

(b) 混凝土管道

(c) 塑料管道

图 2-14　城市排水管道实物图

2. 附属构筑物

城市地下排水管网工程附属构筑物包括检查井、跌水井、水封井、溢流井、跳跃井、冲洗井、潮门井、雨水口、出水口等，见图 2-15。检查井用于清理和检查，由井座、井身、井盖和相关配件等构成。跌水井指设有消能设施的检查井，用于减少水流冲击力和能量，防止管道损坏。水封井指设有水封，防止燃烧、爆炸沿污水管网蔓延扩展的检查井，用于在管道中形成水封层，阻止火焰或爆炸气体通过管道传播。溢流井指能够控制过水流量的检查井，用于调整流量并控制溢流，以防止管道超负荷。在晴天流量较少时，溢流井可截流混合污水进入污水处理厂，以减少溢流情况。在雨天流量大时，部分混合污水会溢流入水体。跳跃井指实现半分流制排水的检查井。冲洗井是一种具有冲洗排水管道装置，防止管道淤塞的检查井。潮门井指装有防潮闸门的检查井，可防止潮水或河水倒灌进排水沟道。雨水口指用于收集雨水的构造物，通常设置在雨水管渠或合流管渠上。出水口是一种用于排放管道污水的构造物。

城市污水常含有粒径大于 200 nm 的悬浮固体、粒径 1 ~ 200 nm 的胶体、粒径小于 1 nm 的溶解态固体、有机污染物、富营养污染物、酸碱盐污染物以及微生物等，需经过污水处理厂进行处理。一般情况下，污水处理厂会对城市污水进行三级处理，见图 2-16。

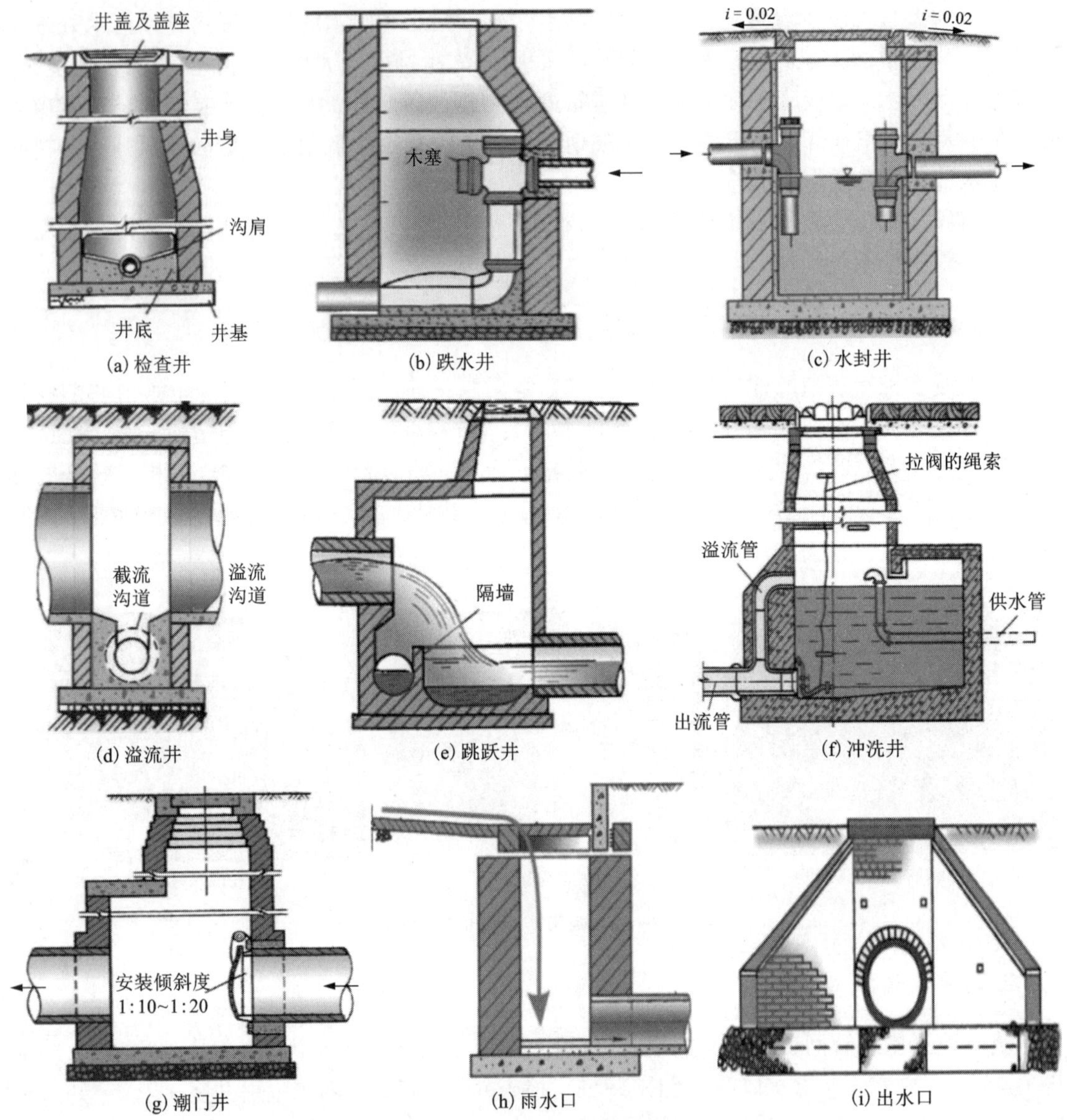

(a) 检查井　(b) 跌水井　(c) 水封井

(d) 溢流井　(e) 跳跃井　(f) 冲洗井

(g) 潮门井　(h) 雨水口　(i) 出水口

图 2-15　排水管道常见构筑物

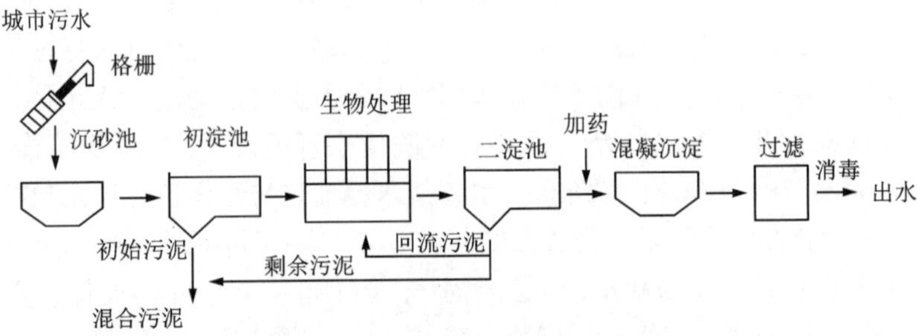

图 2-16　城市污水三级处理流程示意图

一级处理主要包括调节、格栅拦截、沉砂与沉淀，见图 2-17。调节指根据污水的水量、水质和 pH 等参数进行调控，以确保后续处理不受污水高峰流量或浓度变化的影响。格栅内部有一组或多组平行的金属栅条与框架，倾斜安装在进水渠道内，用以拦截去除 3 mm 以上的悬浮物。沉砂指砂粒沉降速率大于水流速率时，砂粒与水分离的过程。曝气设备有利于去除附着在砂粒上的有机物。沉淀指向污水中添加絮凝剂，形成絮凝体，从而降低污水中的悬浮固体浓度。

(a) 调节池　(b) 格栅室　(c) 曝气沉砂池　(d) 辐流式沉淀池

图 2-17　城市污水一级处理构筑物

二级处理是在一级处理的基础上，采用生物化学方法及沉淀方法，如曝气和发酵，来去除水中 1 mm 以上的悬浮物、胶体和溶解态有机污染物。曝气是通过向废水中充气或机械搅动的方式，增加废水与空气接触的面积，以维持需氧菌的生长，从而消耗废水中的有机物。发酵指微生物在无氧或有氧条件下，通过新陈代谢活动，大量消耗废水中的有机物。相应的曝气池和发酵反应容器见图 2-18。

三级处理则是指采用混凝、微生物等方法去除污水中的氮和磷，吸附重金属离子和无机物的过程。混凝指向污水中投加药剂并搅拌，使胶体失去稳定性，形成微小颗粒，进而形成较大的颗粒并沉淀。微生物除氮是利用微生物的硝化和反硝化作用，将污水中的氨转化为氮气。微生物除磷是利用好氧条件下的聚磷菌吸收污水中的溶解性磷酸盐，并在后续的沉淀过程中将其沉淀和分离。此外，三级处理还可利用吸附剂吸附污水中的重金属离子和无机物，进一步净化水质。

(a) 曝气池

(b) 发酵反应容器

图 2-18　城市污水二级处理构筑物

2.1.3　城市地下燃气管网

燃气是一种易燃易爆的混合气体，包括人工煤气、天然气、液化石油气和可燃冰等。城市燃气是指为城镇居民、工业企业和事业单位提供的各种气体燃料，包括天然气、液化石油气和人工煤气。通常，天然气是主要的燃气来源。

燃气供应指通过燃气系统对燃气进行采集、运输、处理和分配的过程。燃气系统通常由城市燃气输配系统、长距离输气系统和气田集输系统三部分组成，见图 2-19。城市燃气输配系统由城市燃气管网、门站、储配站、调压站和控制中心等组成，见图 2-20。城市地下燃气管网由埋设于城市地面以下的燃气管道及其附属设施组成。

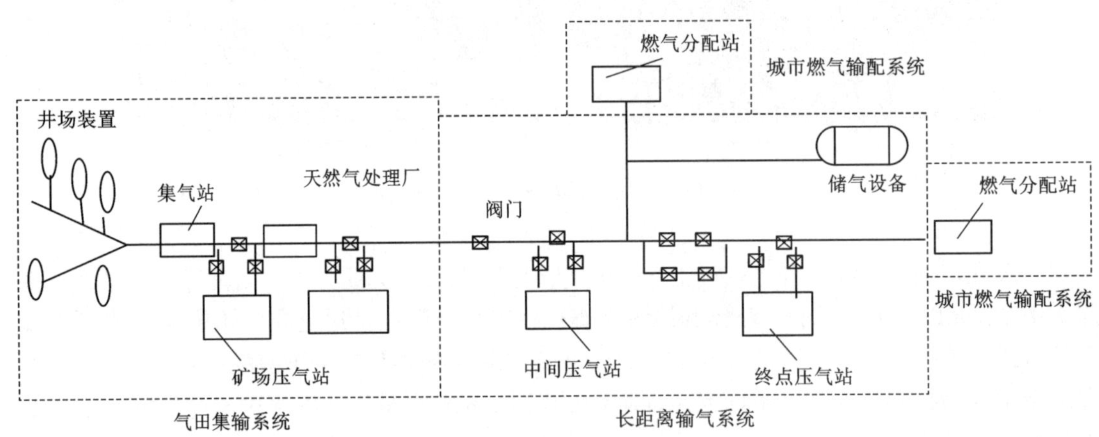

图 2-19　燃气系统

1. 燃气管道

根据所传输的燃气性质，燃气管道可分为煤气管道、液化气管道和天然气管道。根据管道内部的压力高低，地下燃气管道一般分为 7 个等级，见表 2-1。这些等级反映管道所能承受的最大工作压力，不同压力等级的管道在设计和建设上存在差异。燃气管道的主要材料包括钢材、铸铁和塑料。通常，高压和中压燃气管道采用钢管；中压和低压燃气管道则可采用钢管或铸铁管；对于工作压力小于 0.4 MPa 的室外地下燃气管道，采用塑料管。

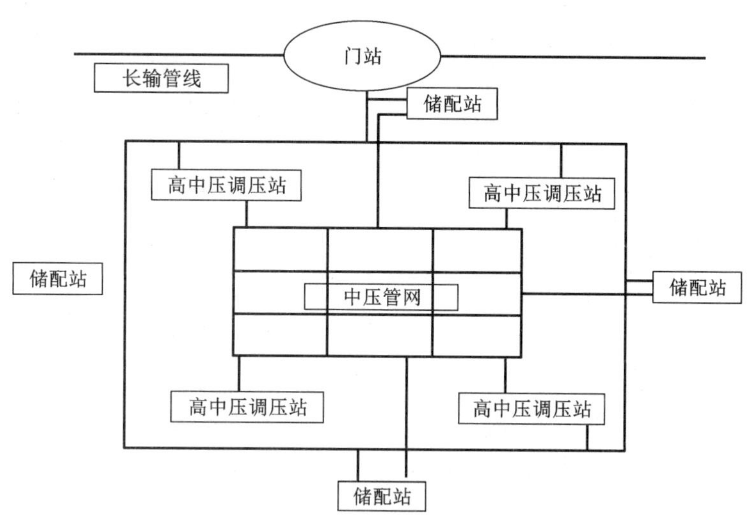

图 2-20　城市燃气输配系统示意图

表 2-1　燃气管道压力分级

名称	管内压力 P/MPa	名称	管内压力 P/MPa
低压燃气管道	<0.01	次高压燃气管道 A	0.8~1.6
中压燃气管道 B	0.01~0.2	高压燃气管道 B	1.6~2.5
中压燃气管道 A	0.2~0.4	高压燃气管道 A	2.5~4
次高压燃气管道 B	0.4~0.8	—	—

2. 燃气管道附属设施

燃气管道附属设施主要包括补偿器和凝液罐。补偿器是一种利用波纹管的有效伸缩变形来补偿燃气管道因热胀冷缩等产生尺寸变化的装置，见图 2-21(a)。凝液罐是一种用来收集蒸汽冷凝系统中凝结水的容器，见图 2-21(b)。由于燃气中常含有水汽，为防止水汽冷凝成液态水导致管道内部积水和腐蚀，燃气管道的敷设坡度一般不小于 0.002。此外，为保持管道的畅通，凝液罐通常设置在燃气管道较低的位置，以防止积水。

此外，城市地下燃气管网内燃气需通过门站计量和分配、储配站调节、调压站调压处理，方可供应给用户，见图 2-22。门站是燃气自长输管线进入城市管网的接收站，亦是城市分配站。门站接收上游燃气储配站的来气，并进行检测、过滤、计量、调压、伴热、加臭、分配和远程遥测、遥控等。储配站的主要功能为接收门站来气、过滤、计量、储气、加臭和调压。调压站作为城市地下燃气管网系统中的重要设施，其作用为调节和稳定管网压力，满足城市不同压力等级管网的连接要求，并对燃气进行过滤、计量和调压等。

城市地下燃气管网中输送的天然气经气田集输系统采集并处理后、通过燃气长距离输气系统输送到门站。气田集输系统包括井场装置、集气站、矿场压气站和天然气处理厂。天然气集气指通过集气管网将气井所产天然气集中起来，经分离计量后，送往天然气处理厂的过

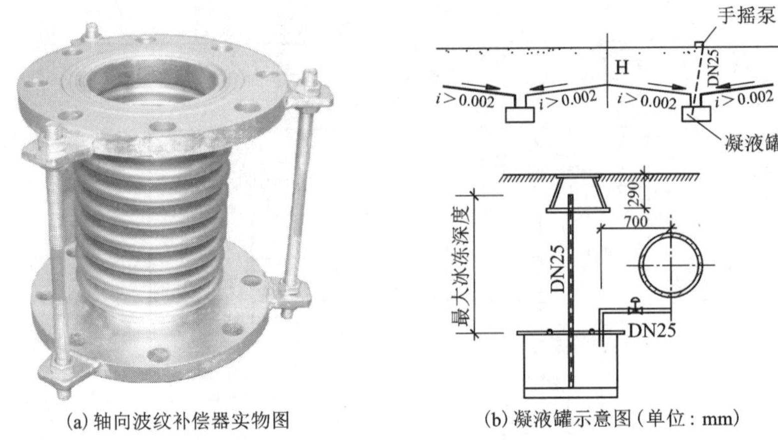

(a) 轴向波纹补偿器实物图　　(b) 凝液罐示意图（单位：mm）

图 2-21　城市地下燃气管网主要附属设施

(a) 门站　　(b) 储配站　　(c) 调压站

图 2-22　城市燃气输配系统重要构筑物

程。气井和集气管网通过采气树连接。采气树是天然气开采作业中用来开关井，调节压力、气量，循环压井等的井口装置，见图 2-23(a)。集气管网通常采用线型、放射型、成组型或环型布置，见 2-23(b)。燃气长距离输气系统由首站、输气线、中间压气站、末站等一系列配套建筑组成。输气首站实现调压、计量、检测分析、发送清管器等功能。中间压气站起调压、检测分析、发送清管器等作用。末站，也叫燃气分配站或门站。

采集的天然气主要成分为甲烷，含有少量的泥砂、水和凝析油、乙烷、丙烷、二氧化碳、硫化氢等，因此需要经过气田集输系统中的天然气处理厂进行处理。对集气管出来的天然气先进行加热和过滤分离，以减少天然气水合物生成，并过滤分离天然气中少量的泥砂、水和凝析油。加热和过滤分离分别由集气站的加热炉和过滤分离器完成，见图 2-24。随后，天然气需经过脱硫脱碳、脱水和轻烃回收处理。其中，天然气脱硫脱碳指利用甲基乙二醇溶液与 H_2S、CO_2 发生化学反应，生成化合物。天然气脱水则是利用三甘醇吸附气态水，以减少管道腐蚀和天然气水合物生成。天然气轻烃回收则是将天然气降至露点以下，在低温条件下分离乙烷、丙烷冷凝液。通常，这些处理过程由天然气处理厂的脱硫脱碳吸收塔、甘醇吸收塔和乙烷、丙烷分离器完成，见图 2-25。

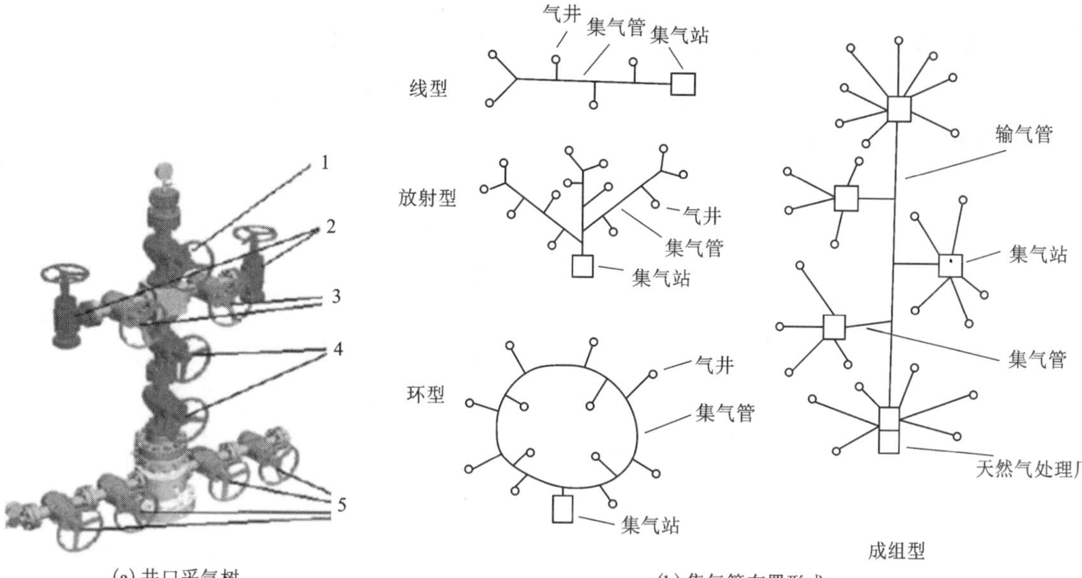

(a) 井口采气树　　(b) 集气管布置形式

1—测压阀门，不停产测量压力；2—针型阀门，控制流量和井口压力；
3—油管阀门，开关油管；4—总阀门，常开；5—套管阀门，开关套管。

图 2-23　气田集输系统井口采气树和集气管布置形式

(a) 加热炉

(b) 过滤分离器

图 2-24　集气站中的加热炉和过滤分离器

(a) 脱硫脱碳吸收塔

(b) 甘醇吸收塔

(c) 乙烷、丙烷分离器

图 2-25　天然气处理厂的天然气脱硫脱碳、脱水、轻烃回收装置

2.1.4 城市地下热力管网

在寒冷地区的冬季，为维持日常生活、工作和生产活动所需的环境温度，需要向室内补充热量。城市供热是一种利用城市热力系统生产、输送和应用中低品位热能的方式。城市热力系统由热源、热力站和热力管网等组成，分别负责热媒介质热能的生产、输送和交换。热媒通常包括热水、蒸汽和热风。城市地下热力管网是指埋设于城市地面以下的热力管道及其附属设施。

根据热媒的参数，城市地下热力管网可分为低温热力管网（温度低于 100 ℃）和高温热力管网（温度高于 100 ℃）。根据热媒类型，其可分为热水热力管网、蒸汽热力管网和热风热力管网。此外，根据供热过程中是否设置取水栓取出热媒，可将其分为开式热力管网和闭式热力管网，见图 2-26。开式热力管网指设置取水栓取出热媒的管网，而闭式热力管网则指未设置取水栓取出热媒的管网。闭式热力管网中的表面热交换器通过城市给水持续加热，热水供应的水质与给水水质相同且稳定；闭式热力管网需要增加投资并需要复杂的运行管理；在低位热能方面，开式热力管网优于闭式热力管网。在实际工程中，热水热力管网常采用闭式双管制。当热水热力管网满足下列条件且技术经济合理时，也可采用开式热力管网：①具备补给水源且水处理费用较低；②具有适应生活热水热负荷的廉价低位能热源。

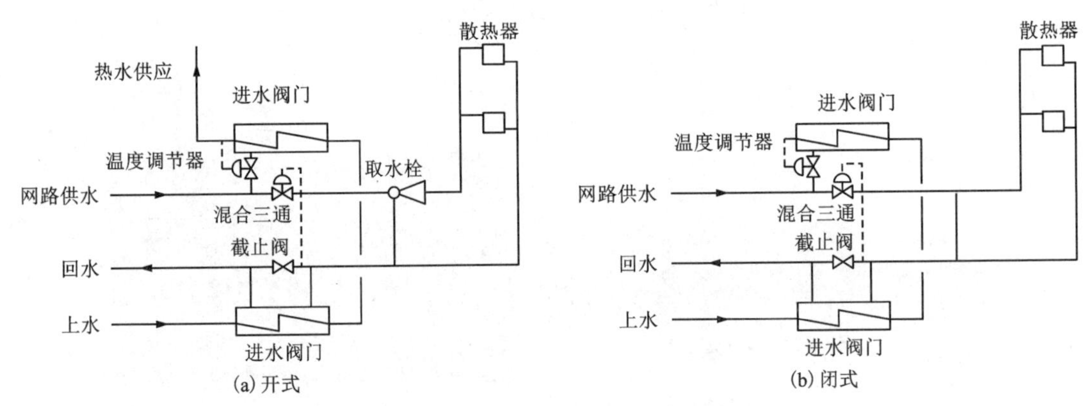

图 2-26 开式和闭式热力管网示意图

根据热力管网所处位置，可将其分为一级、二级热力管网，见图 2-27。一级热力管网是传热介质直接从热源经热力管网进入热用户的管网；二级热力管网则是传热介质经过一级热力管网后进入热力站，再输送到各个热用户的管网。城市地下热力管网根据其组成可分为燃气管道及其附属设施。热力管道一般采用钢管，能承受较大的内压力和动载荷，且管道连接简单，常采用焊接、法兰或丝扣连接等方式，但存在易腐蚀的问题。热力管网附属设施包括波纹补偿器和支吊架、阀门。波纹补偿器指由单层或多层薄壁金属管制成的轴向波纹状补偿设备，见图 2-28。热力管道的支吊架包括滑动支座、滚动支座、弹簧支座和弹簧吊架。

此外，燃气管网中的热媒由热源产生，经过热力站才能到达用户。热力站指相邻等级热力管网并装有与热力管网连接的相关设备、仪表和控制装置的场所。其作用在于实现不同等级热力管网之间的热量交换，调控热介质的温度、压力、流量，保证管网局部安全和经济运

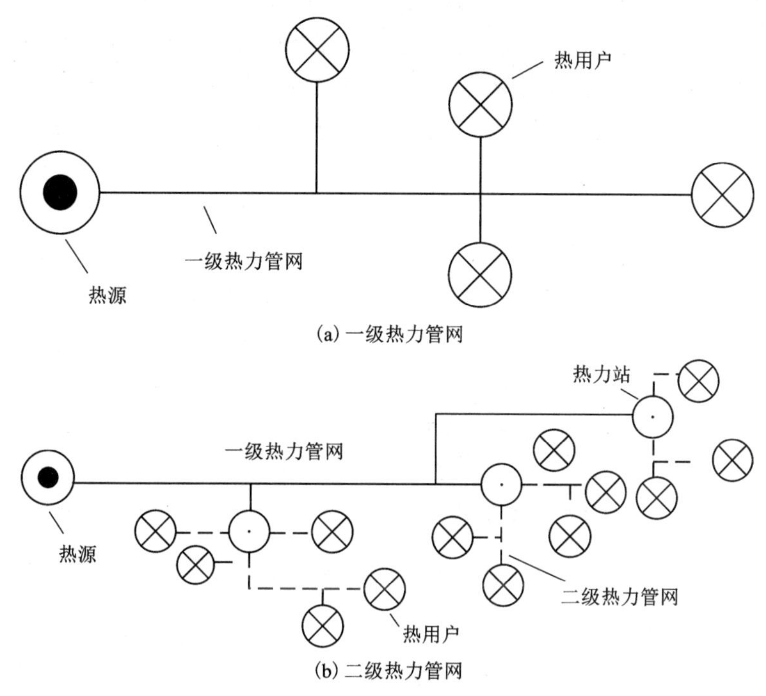

(a) 一级热力管网

(b) 二级热力管网

图 2-27　热力管网分级

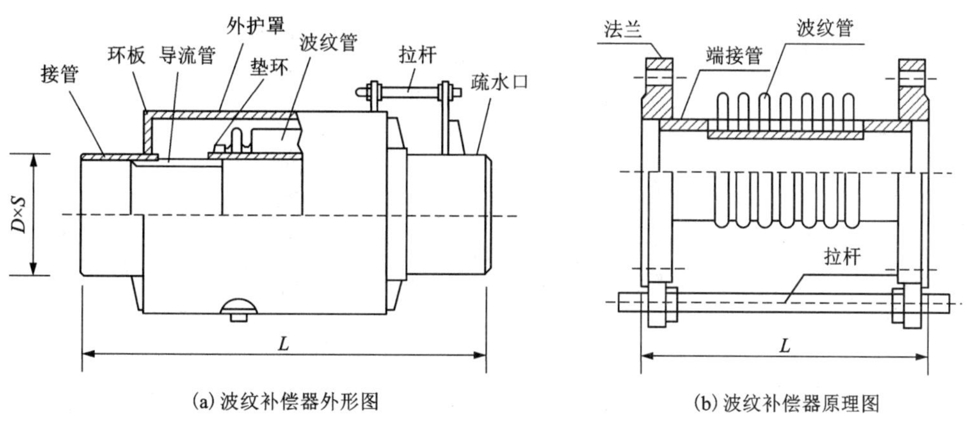

(a) 波纹补偿器外形图

(b) 波纹补偿器原理图

图 2-28　波纹补偿器

行，以及检测和计量消耗的热量。在蒸汽供热系统中，热力站还可回收冷凝水。热源指热能的生产单位，包括区域锅炉房、热电厂和核反应堆等。核能作为一种代替煤炭能源形式，在缓解能源紧缺、减少污染、改善环境、缓解运输压力以及确保安全和经济性方面发挥着重要作用。

2.1.5　城市地下电力管网

供电指电力系统通过输配电装置向用户提供电能的过程。城市电力系统由发电、输配电、变电和用电等环节组成，见图 2-29。城市电力网则是由配电网和变电站组成的线路网络，分为开式和闭式两种形式。开式电力网是由一条电源线向电力用户供电的电力网络，而闭式电力网则由两条及两条以上电源线进行供电。常规的开式、闭式电力网线路布置形式分别见图 2-30 和图 2-31。开式电力网的优点在于线路布置简单明了、运行方便，投资费用相对较少，缺点是供电可靠性较差；相反，闭式电力网可靠性高，但造价也高。

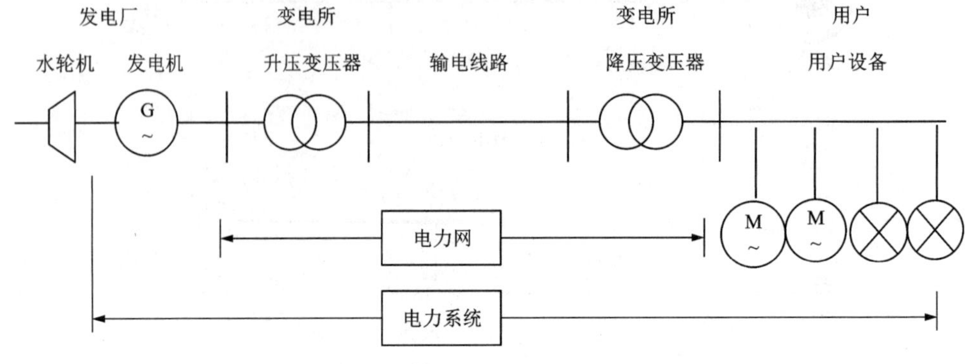

图 2-29　电力系统组成

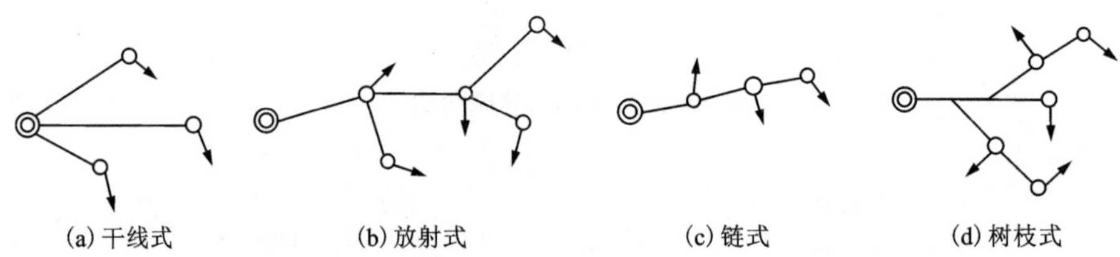

图 2-30　开式城市电力网

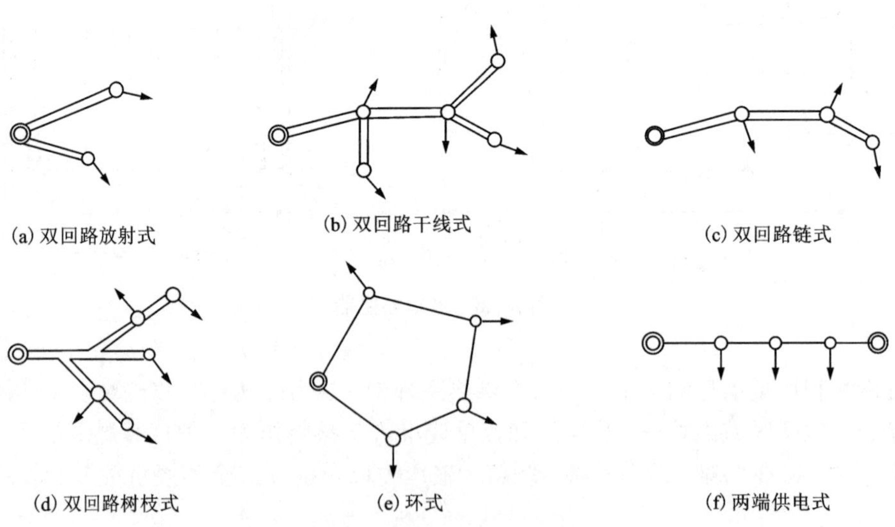

图 2-31　闭式城市电力网

城市地下电力管网指由通过穿管、管沟、隧道或综合管廊埋设于地下的电力电缆及其附件和附属设施组成的网络。

1. 电力电缆

电力电缆指用于传输和分配电能，传递信号及实现电磁转换功能的线路。根据工作电压大小，电压可分为五类，具体见表 2-2。按照工作电压，电力电缆分为超高压电力电缆（500 kV 及以上）、高压电力电缆（110 kV 及以上）、中低压电力电缆（1 kV 至 35 kV）、低压电力电缆（1000 V 以下）。通常，电力电缆由铜线导体、绝缘层和保护层组成，其作用分别为传输电流和承受电压、绝缘和保护。保护层的作用是保护电缆绝缘层不受外界环境的影响和防止机械损伤，见图 2-32（a）。

表 2-2 电压级别

电压	级别
36 V 以下	安全电压
220 V/380 V	低压
10~220 kV	高压
330~750 kV	超高压
1000 kV（交流）/800 kV（直流）	特高压

2. 电力电缆附件及附属设施

电力电缆附件包括电缆终端、电缆接头，具有防水、应力控制、屏蔽、绝缘、良好的电气和机械性能、重量轻和安装方便等特点，能够在各种恶劣的环境条件下长期使用，具体可见图 2-32（b）。电力电缆附属设施包括避雷器、终端、接地装置、供油装置、在线监测装置、电缆支架、标识标牌、防火设施、防水设施等。其中避雷器是用于防止电气设备遭受过电压损坏的电压限制器，见图 2-32（c）。

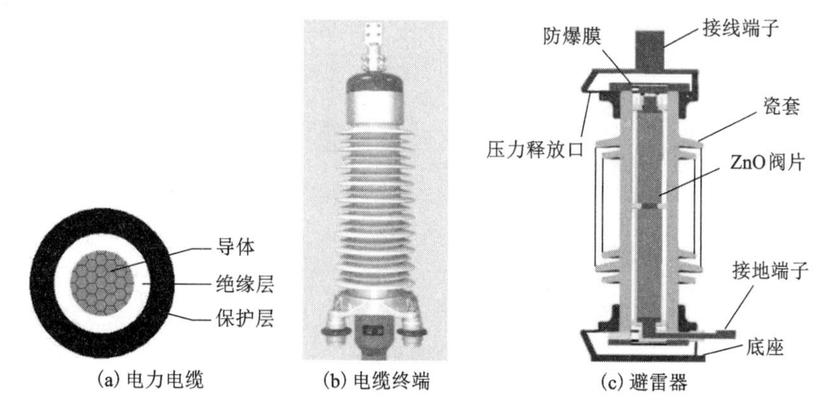

(a) 电力电缆 (b) 电缆终端 (c) 避雷器

图 2-32 电力电线电缆及其附属设施

此外，城市电力网的电能通过输电网输送，经过变电站变压后到达用户。输电网指以高压甚至超高压电压将变电所、发电厂和变电所直接连接起来的网络。输电网的布置形式可大致分为放射状、环状、网状和链状四种，见图 2-33。图 2-34 为我国 500 kV 电网布置图，由以上四种基本形式复合而成。变电站指由变压器、开关设备、母线、互感器等设施组成的，具有切断、接通和调整电力网中电压的功能，同时也是接收电能及分配电能的场所。不同等级电压电力网需要通过变电站连接，输电网和配电网也需要通过变电站连接，见图 2-35。

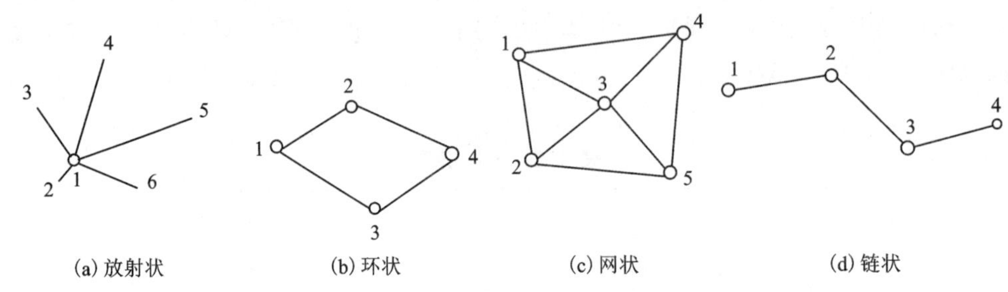

(a) 放射状　　(b) 环状　　(c) 网状　　(d) 链状

图 2-33　输电网布置形式

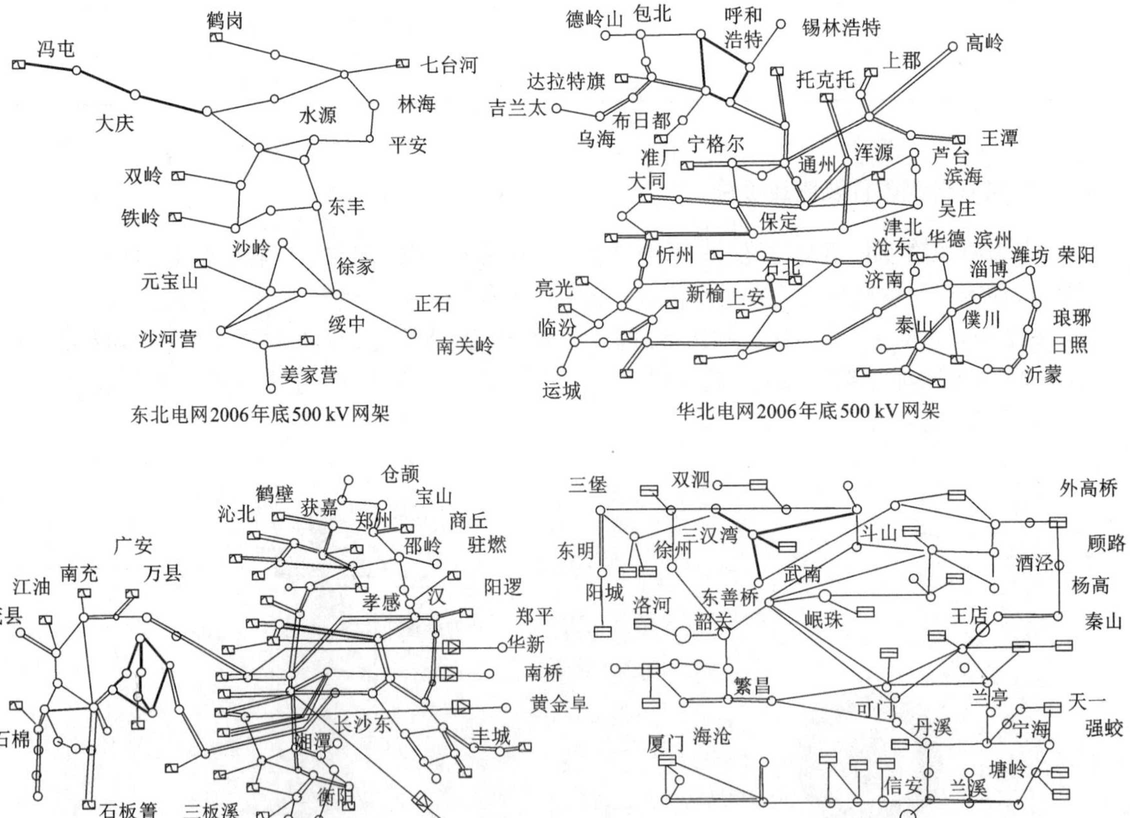

东北电网2006年底500 kV网架　　华北电网2006年底500 kV网架

华中电网2007年底500 kV网架　　南方电网

图 2-34　我国 500 kV 电网布置图

(a) 变压器

(b) 母线

(c) 高压断路器

图 2-35 变电站主要设施

2.1.6 城市地下通信管网

城市通信指在城市内部进行信息传递和交流的活动，包括邮政、电信和广播电视。城市电信通信系统指以电信号作为传递和交换信息的手段的通信系统，由信源、转换器、信道、反转换器和终端等组成。具体来说，信源指发出信息的基本设备，如人、电话机、传真机、计算机等。转换器是将信源发出的信息转换为适合在信道上传输的设备。信道指信息传输的介质的总称。反转换器是将从信道上接收的信息转换为接收者可接收的信息的设备。终端是信息传输的终点，也是信息的接收者，包括电话机、计算机、电视等终端设备。

城市地下通信管网指由利用穿管、管沟、隧道或综合管廊埋设于地下的通信线缆和附属设施所构成的网络。根据逻辑结构，城市地下通信管网可分为网状、星型、复合型、环状、总线型等 5 种类型，见图 2-36。其中网状结构可靠，稳定性好，但利用率低；星型传播链路少；复合型可靠性较好，较为经济合理；环型能实现单向通信，可实现分布式控制；总线型结构易扩充，安全可靠。

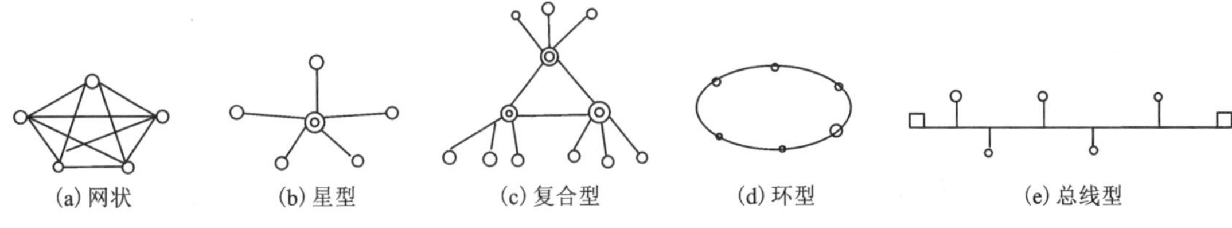

(a) 网状　(b) 星型　(c) 复合型　(d) 环型　(e) 总线型

图 2-36 电信通信网的布置形式

1. 通信线缆

通信线缆指用于传输承载数据信息的电或光信号的导线总称，包括架空明线、通信光缆和通信电缆。架空明线是一种由电杆支持架于地面上的电缆电信线路，通常用来传送电话、电报、传真和数据等电信业务。它具有易建设、低频信号的衰减小的特点，但高频部分衰耗较大，频带利用率过窄，容量小，干扰大，易遭损坏。通信光缆是一种以光为载波，以光导纤维为传输介质的通信信道，具有频带宽、容量大、中继距离长、抗干扰性好、保密性强、体积小、重量轻、成本低和传输质量高特点，见图 2-37(a)。

通信电缆包括双绞线和同轴电缆，见图 2-37(b)。双绞线也称平衡电缆，是一种常用的传输介质，由两根具有绝缘保护层的铜导线组成，具有干扰小、性能稳定、容量大的特点。同轴电缆指有两个铜芯导体，导体和屏蔽层共享同一轴心的电缆，分小同轴(管外径 4.4 mm)和中同轴(管外径 9.5 mm)。同轴电缆内电磁波在外管和内芯间传播，具有无发射损耗、衰减较小、带宽较大、传输容量较大的特点，一般作为电信通信网固定的干线信道。

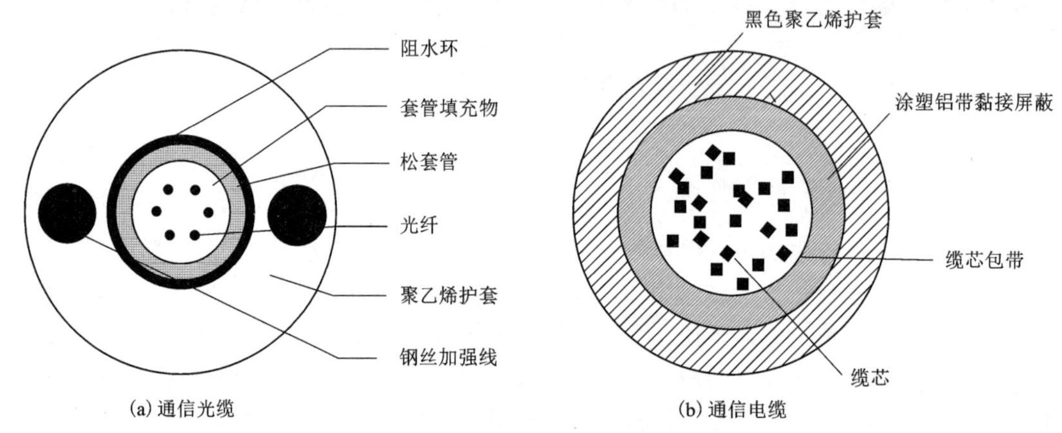

图 2-37 通信光缆和电缆断面图

2. 附属设施

通信线缆的附属设施主要包括管道、管道配件、接线盒、端子盒、电缆桥架。管道用于保护通信线缆以及进行通信线缆布线，而管道配件则包括接头、弯头、法兰和接口盒等，用于连接和固定管道，确保通信线缆稳定运行。接线盒是连接通信线缆接头的连接器，具有提供接线和分配信号的功能。端子盒用于安装通信线缆末端，具备提供保护和连接信号的功能。电缆桥架用于架设和保护通信线缆，使其免受外界的物理损害，同时也便于管理和维护。

2.1.7 城市地下综合管廊

城市地下综合管廊可根据不同条件进行分类。从存在条件来看，城市地下综合管廊可分为两大类：一类是在岩层中开挖的隧道，另一类是在土层中建造的砖石或钢筋混凝土结构的廊道。从存在形态来看，城市地下综合管廊可分为独立存在的廊道和其他地下工程的附属廊道。从结构性质来看，城市地下综合管廊可分为干线、支线和缆线综合管廊三大类。干线、支线和缆线综合管廊分别采用独立分舱、单舱或双舱、浅埋沟道方式建设，分别容纳城市管网工程中的干管、管道、电力电缆和通信线缆。城市地下综合管廊布置形式见图 2-38。

从组成来看，城市地下综合管廊由综合管廊本体、管道(线)、通风、排水、供电、通信、监控预警、灾害防护及其标识等辅助系统以及地面设施组成。

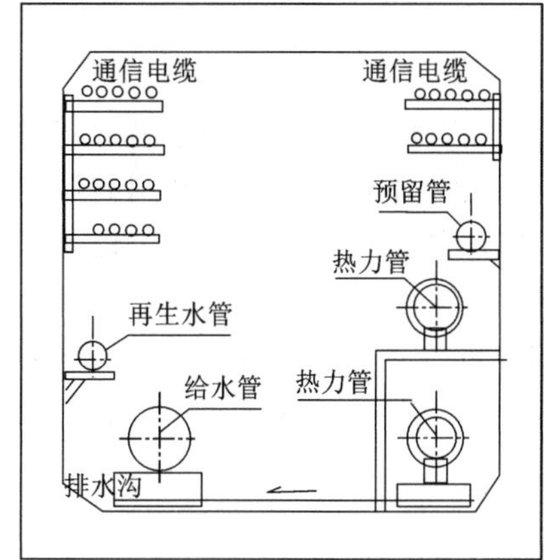

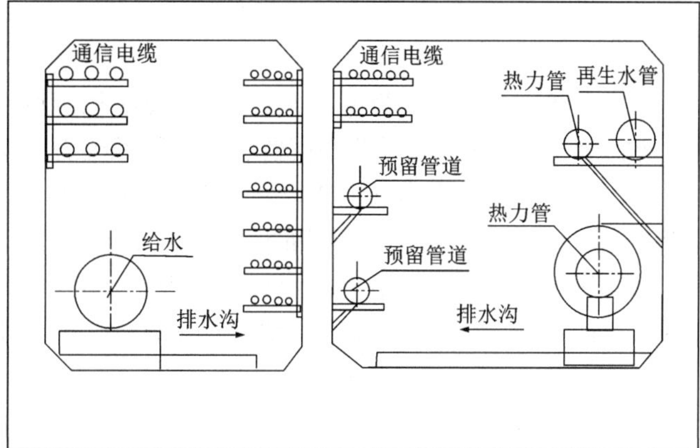

图 2-38　城市地下综合管廊布置形式

1. 综合管廊本体及管道(线)

综合管廊本体是综合管廊系统中的重要组成部分，其功能为承载、隔离、容纳和保护其内的给排水、天然气、热力、电力、通信等市政管道和线缆等各类基础设施。在城市地下综合管廊本体内部，管道和线缆通常采用架空敷设。为确保其具有足够的强度和稳定性，且便于日常维护管理，综合管廊本体采用钢筋混凝土结构。

2. 通风系统

通风系统主要由排风机、送风机等通风设备、通风管道、通风口、空气调节设备以及空气质量监测与控制系统等部件组成。通常，通风系统设备采用金属、塑料或玻璃纤维等材料，其形状为圆形、方形或矩形。在城市地下综合管廊内设置通风系统的原因有：①综合管廊处于地下，不与大气直接连通，空气流通不畅，不利于日常工人巡视；②综合管廊地下环境潮湿，可能导致金属构件生锈，从而影响正常运行；③电缆和热力管道运行时会产生大量热量，而通风系统能及时将这些热量带走，避免综合管廊内部温度过高，进而延长光纤和电缆的使用寿命。

3. 排水系统

排水系统主要由排水设备、排水管道、排水口及监测和控制设备组成。排水设备包括排水井(集水坑)、排水泵和排水阀等。排水井通常位于低洼区域或汇水点，用于收集和暂存综合管廊内废水，包括污水、雨水及其他液体。排水泵则用于提升综合管廊废水至合适位置。排水阀用于控制排水管道的流量和方向。排水管道用于收集和输送综合管廊内的废水，通常采用耐腐蚀塑料、不锈钢或混凝土材料，其形状为圆形或方形。排水口是排水系统的出口，用于将综合管廊内废水排放到室外或指定的排水系统中，通常设置在综合管廊的顶板或墙壁上。监测和控制设备用于监测排水系统的运行状态，并实现排水系统的启动和关闭操作。综合管廊内的排水系统的设计和运行，旨在确保综合管廊内废水能安全高效地排放和处理，保持综合管廊内部干燥和清洁。

4. 供电系统

供电系统主要由电源设备、电缆、配电设备和接地系统组成。电源设备是供应电力的设备，包括变电站、配电柜以及变压器等。它们可将高压电降到适合在综合管廊内使用的低压电水平。电缆是输送电力的主要媒介，它将电力从电源设备输送到综合管廊内的各个设备和终端。电缆通常由导体、绝缘层和护套三个部分组成，以确保电力传输的安全性和可靠性。配电设备用于将电力分配给综合管廊内部的各个设备和终端。接地系统将综合管廊内的电力设备和电网接地，以便将电流引导到地下，防止电击和设备损坏，确保人身安全和设备正常运转。

5. 通信系统

通信系统包括音频固定电话、对讲机及广播系统等。根据传输媒介，通信系统分为有线通信系统和无线通信系统。其中，有线通信系统由光纤通信线缆、光纤交换机、路由器、交换机等通信设备及计算机、电话、摄像头等通信终端组成。通信设备用于处理和转发数据，通信终端则用于接收和发送数据。借助通信系统，综合管廊内的人员可与地面控制中心实现语音通话、对讲机交流和广播通知等，保证及时传递信息和指令。此外，通信系统还可应用于数据传输、视频监控和远程控制等方面，提高综合管廊的管理水平和运行效率。

6. 监控预警系统

监控预警系统主要由各类传感器、接口、线路、放大器、应变仪、视频摄像系统及其配套软件等组成。该系统的作用为对综合管廊内的各种参数和情况进行监测和预警，以保障综合管廊的运行安全。这些参数包括湿度、温度、碳氧含量、氧化物、燃气、烟雾、水、风流以及人员进入情况等。

7. 灾害防护及其标识系统

为方便管道及设备设施的检修、维护和应急处理，综合管廊设置了灾害防护及其标识系统。灾害防护系统主要包括各种安全设施和应对措施，其主要保护综合管廊免受火灾、爆炸、水灾、地震等灾害的影响，确保综合管廊的安全运行。标识系统则用于标示综合管廊内各种管道、设备和出入口的位置和功能。它通过标识牌、标识符号、标线等手段，清晰地指示综合管廊内各个部分的用途和所在位置，便于人员进行维修、检修和应急处理。

8. 地面设施

地面设施是综合管廊的重要组成部分，包括地面控制中心、引出(入)口、投料口和人员逃生口等。地面控制中心是综合管廊的指挥中心，通常位于地面上，可实时监测和控制综合管廊的各项运行参数，从而实现对综合管廊运行和设备的监控和管理。引出(入)口用于将综合管廊内的管道引出(入)。当管道与综合管廊相交时，会设置相应的引出(入)口。此外，一些大型地块用户也可能需要利用引入口将市政管道引入综合管廊。投料口用于向综合管廊内投放物料或设备，便于检查、维护和更换内部管道及线缆。人员逃生口是具备人员逃生功能的设施，其设置一般与投料口结合。逃生口通常采用防盗井盖，既满足在综合管廊内部使用时需人力开启需求，又能防止被外部非专业人员轻易打开，确保在紧急情况下人员能够从综合管廊内安全逃生。

2.2　城市地下管网布置形式

城市地下给水管网、热力管网和燃气管网的基本布置形式为树状管网和环状管网两种形式，城市地下排水管网通常布置成树状管网形式。基于实际城市规划和管网布置的三大基本原则(安全、经济、合理)，城市建设初期或已建城市的郊区，通常会采用树状管网布置；已建城市的中心地区则采用环状管网布置。

2.2.1　树状管网

树状管网指管道从一个或多个中心站点向外辐射分支延伸的管网布置形式。树状管网的长度较短，构造简单，投资省，但安全可靠性相对较差。若树状管网中的某条管道发生故障，可能会影响整个供水区域的正常运行。城市地下给水管网树状布置形式见图 2-39，可看出沿给水方向，管径逐渐减小。

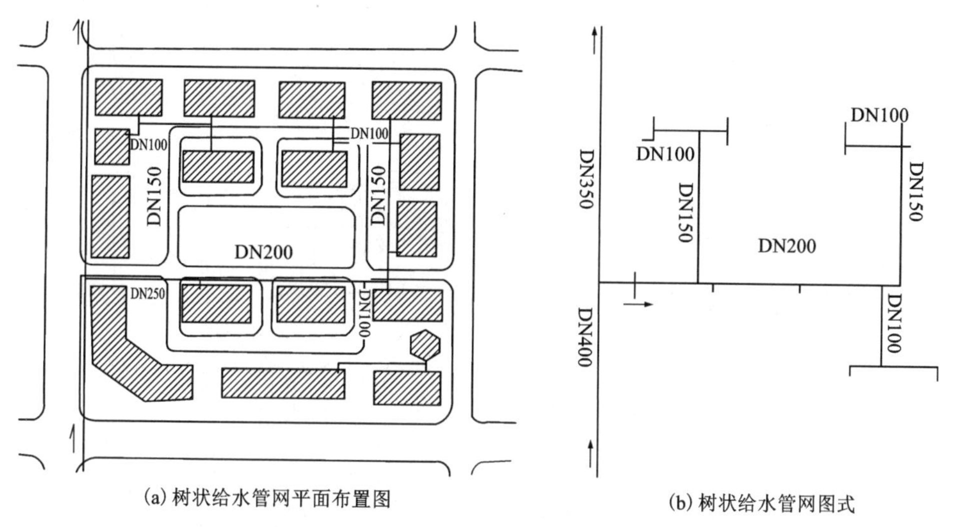

(a) 树状给水管网平面布置图　　(b) 树状给水管网图式

图 2-39　城市地下给水管网树状布置图(单位：mm)

城市地下排水树状管网包括平行式和正交式两种，见图 2-40。平行式树状管网的基本特征在于污水干管与地形等高线基本平行，主干管与地形等高线正交，适用于地形坡度较大的城镇，以便减缓管道坡度。正交式树状管网则是管道干管与等高线垂直相交，而主干管与地形等高线平行，适用于地形平坦的城镇或排水区域，便于干管污水的自流接入，减小截流管的埋设坡度。

此外，为了更好地适应城市整体形态和所处地形环境，城市地下排水管网的树状布置还可采用放射式、分区式、低边式、围坊式等多种形式，见图 2-41。放射式布置使得管道从一

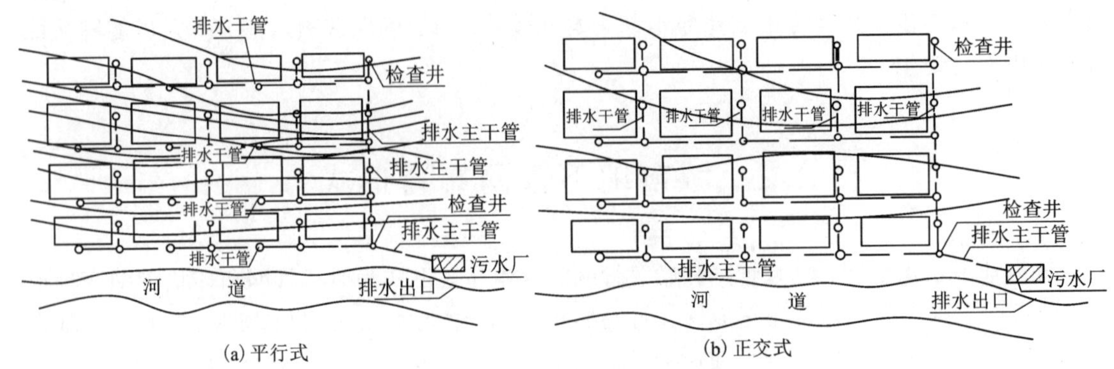

(a) 平行式　　(b) 正交式

图 2-40　城市地下排水树状管网布置基本形式

个中心点向外辐射分布，适用于地形为山地的城市。分区式布置则将城市划分为不同的排水区域且每个区域有独立的排水管网，适用于地势较平坦且伴有河流穿过的城市。低边式和围坊式布置适用于地势平坦且未见河流穿过的城市，其中低边式将污水管道布置在地形较低的一侧，围坊式则是将污水管道布置在城市的四周。

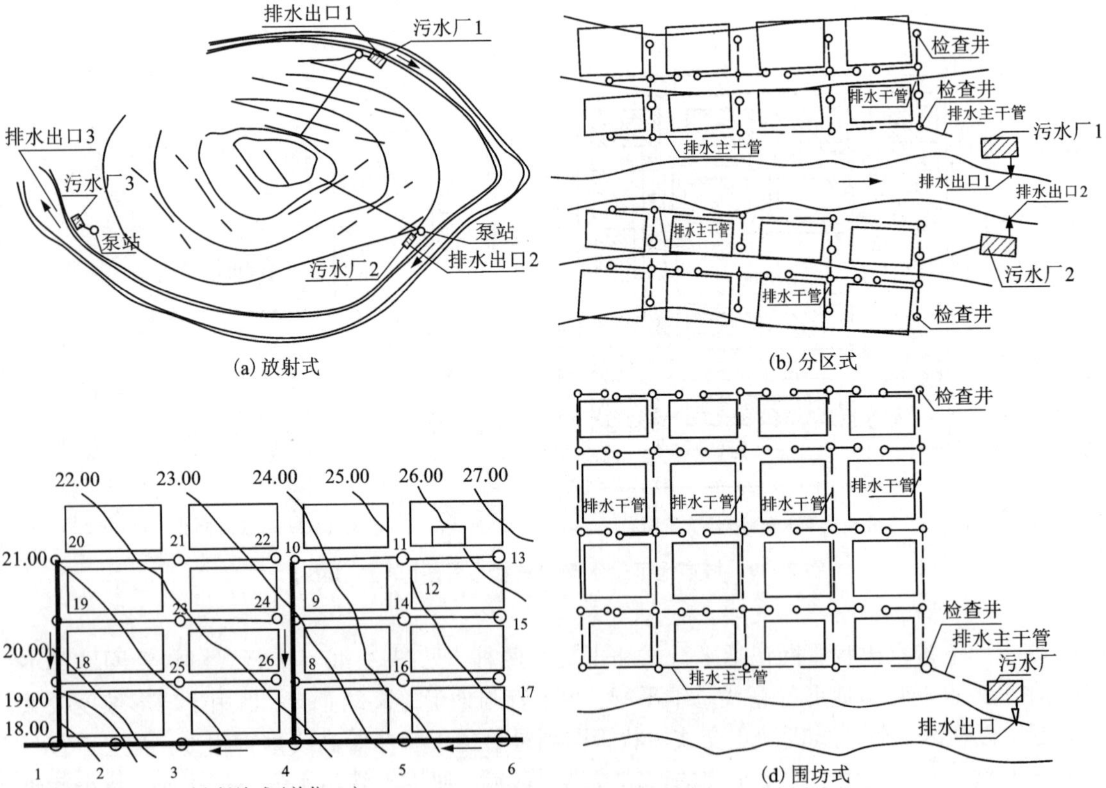

(a) 放射式　　(b) 分区式

(c) 低边式（单位：m）　　(d) 围坊式

图 2-41　城市地下排水管网树状布置图

按照热源数量，城市地下热力树状管网可分为单热源树状热力管网和多热源树状热力管网，见图2-42。按照连接用户的管道数量，树状热力管网又可分为单管制树状热力管网和双管制树状热力管网，见图2-43。实际工程中，蒸汽热力管网的蒸汽管道宜采用单管制。以下两种条件下可考虑采用双管制或多管制：①当各用户所需的蒸汽参数差异较大或季节性热负荷占总热负荷的比例较大，且技术经济合理时；②当用户按规划分区建设时。

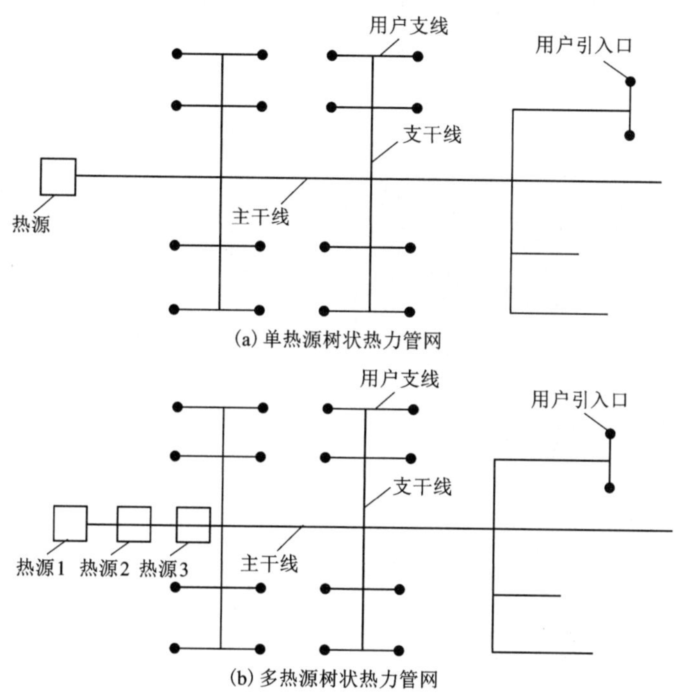

(a) 单热源树状热力管网

(b) 多热源树状热力管网

图2-42 考虑热源数量热力管网树状布置图

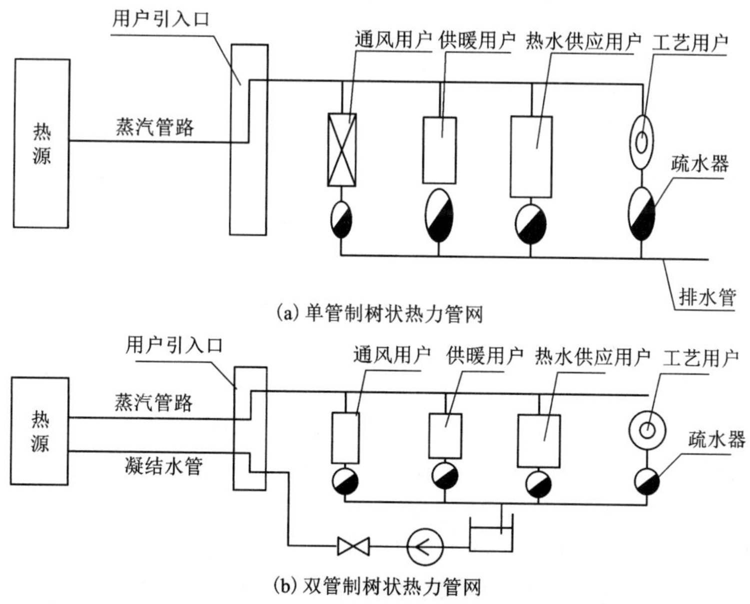

(a) 单管制树状热力管网

(b) 双管制树状热力管网

图2-43 考虑连接热用户管道数量热力管网树状布置图

2.2.2 环状管网

环状管网指管道按照环状的方式相互连通，形成许多闭合环状网络的管网布置形式。环状管网具有循环回路、可靠性高和负荷均衡等特点，但投资相对较高。

城市地下给水管网环状布置形式见图 2-44。此外，考虑城市的地形地貌情况，城市地下给水管网还可布置为分区给水环状管网、串联分区环状管网和并联分区环状管网，见图 2-45。

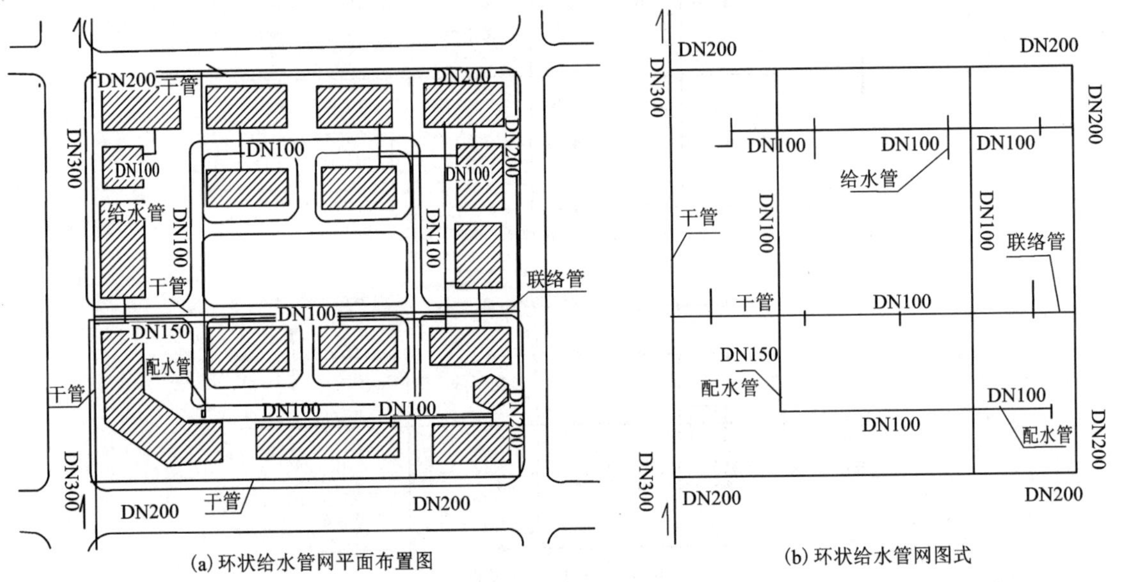

图 2-44 城市地下给水管网环状布置图

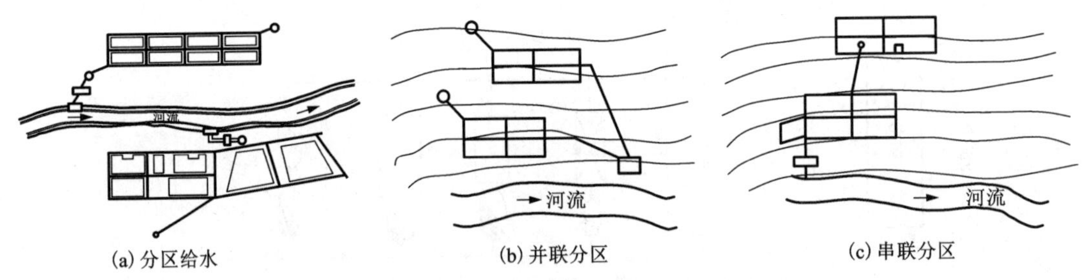

图 2-45 城市分区环状地下给水管网布置图

城市地下燃气管网环状布置见图 2-46。根据环状管网内压力高低，城市地下燃气环状管网系统可分为一级管网系统、二级管网系统、三级管网系统和多级管网系统，见图 2-47。城市一级燃气管网系统仅由低压或中压一级压力级别的管网系统组成。其优点为管网布置简单、维护方便、费用较小，缺点为管内压力较低、管道直径较大，一次性投资费用高，且用户用气压力波动较大。城市二级燃气管网系统由低压和中压 B 管道，或低压和中压 A 管道两个级别的管网系统组成。城市三级燃气管网系统是由低压、中压和次高压组成的管网系统，安全可靠，能够储存一定量的天然气，但布置复杂、维护不便，且投资较大。城市多级燃气管网系统是由低压、中压、次高压和高压组成的管网系统，能够满足更高压力级别的需要。

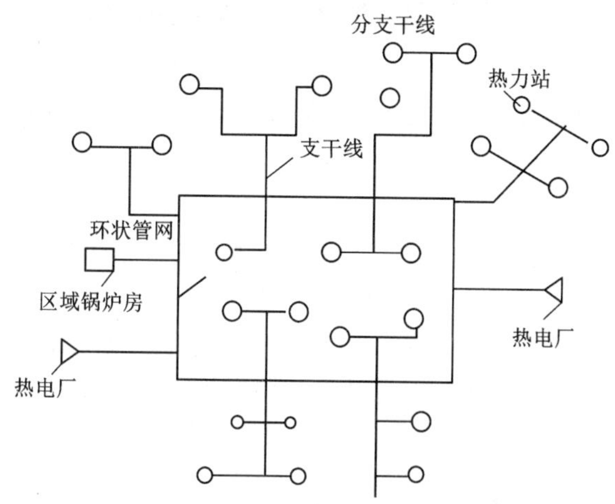

图 2-46 城市地下燃气管网环状布置图

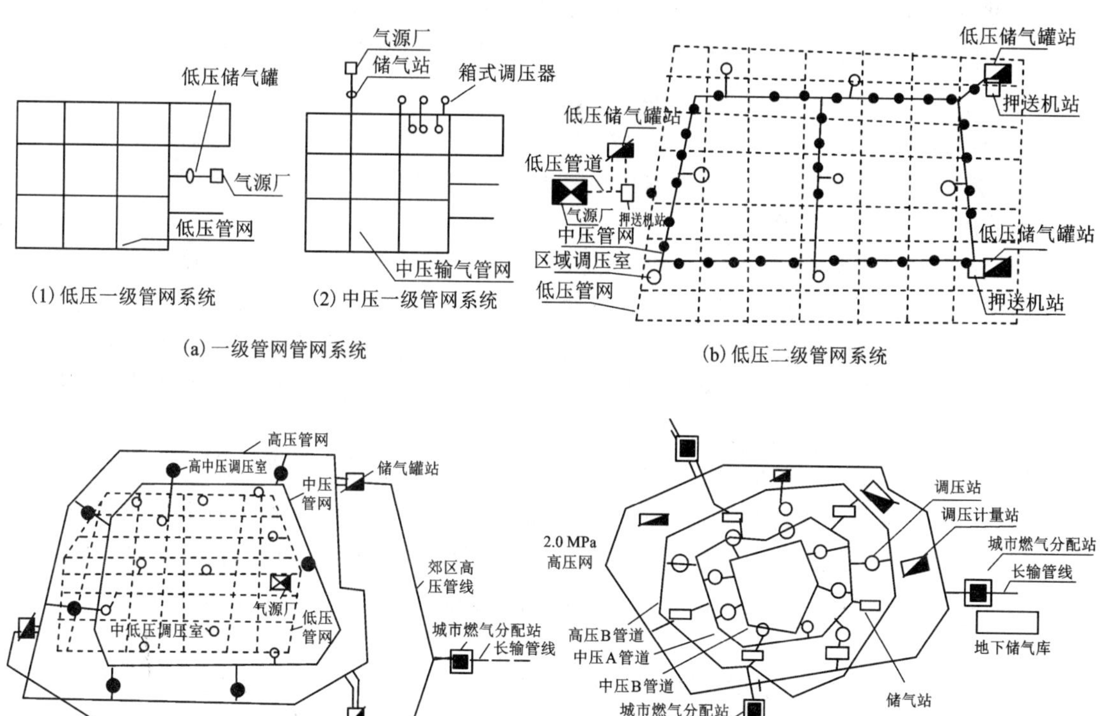

图 2-47 城市地下燃气管网系统分级

2.3 城市地下管道敷设形式

城市地下管道的敷设包括直埋、地下综合管廊、隧道、架空、沟槽和排管等形式。

2.3.1 直埋敷设

直埋敷设通常适用于直径较小的给水、排水、燃气和通信管道，也可适用于直径较大的给水和排水管道。直埋敷设因具有节省投资的显著优点而被广泛采用，但其安全性较差，容易受到外力破坏。直埋敷设主要分为无补偿和有补偿两种形式。有补偿指设固定墩将管道分段，以及设补偿器吸收管道热膨胀量。无补偿利用钢管的弹塑性变形来吸收热膨胀，从而降低投资成本。

2.3.2 地下综合管廊敷设

地下综合管廊敷设指将给水、排水、燃气、热力、电力、通信等城市管线全部或部分埋设于地下综合管廊中。与直埋敷设相比，地下综合管廊敷设具有如下优势：

①相比直埋敷设占地少，提高城市地下管网工程的空间利用集约化程度和利用率，并为城市地下市政管道的远期扩容预留空间。

②提高管道使用寿命。相比直埋敷设，地下综合管廊敷设避免管道和线缆直接接触含水土体，有效减少管道和线缆腐蚀，同时可更加便捷、及时地处理管道破损和渗漏，延长管道和线缆使用寿命，降低管道成本。

③提高运营管理效率。地下综合管廊建成后，管道和线缆架设铺装在管廊内，可由人员及机械随时进行维修、维护。直埋敷设下管道和线缆扩容、维修、抢修以及管道和线缆相互影响、施工破坏等会造成管道渗漏等破损，同时也会导致道路反复开挖恢复，造成道路两侧的商业营业损失、塞车、环境污染、噪声等巨大间接损失。采用地下综合管廊敷设，维护管道和管线时可避免直埋敷设造成的以上损失。

④具有良好的社会、环境效益。地下综合管廊具备一定的防灾性能，战时可作为人防工程使用；消除各类管道和线缆检查井的井盖失窃等造成的间接危险，避免直埋敷设下道路反复开挖对正常的生产、生活造成的各种不良影响，以及各类架空线造成的视觉污染。采用地下综合管廊敷设，能够美化道路，减少道路交通遭到的不良影响，优化城市环境，提升城市形象。

⑤具有良好的全生命周期综合性能。相比直埋敷设，地下综合管廊敷设初次一次性投资的直接费用高出将近一倍。但在运维过程中，地下综合管廊能减少路面反复开挖恢复、管道和管线得到及时维护，延长管道和管线使用寿命，地下综合管廊的生命周期综合性能优于直埋敷设。

对于城市中一些管线集中且难以布置的地段，可综合考虑各种管线的安全合理因素，采用地下综合管廊的敷设形式，以提高地下空间的利用率，方便地下管网的运营维护。

2.3.3　隧道敷设

隧道敷设指将各种管道(如给排水管道、燃气管道、热力管道、电力电缆和通信线缆等)埋设在地下隧道中。按敷设的管道类型分为排水隧道敷设、给水隧道敷设、燃气隧道敷设、热力隧道敷设、电力电缆隧道敷设、通信线缆隧道敷设和混合隧道敷设。如下情况可考虑采用隧道敷设:

①同一通道的地下电缆数量多，电缆沟不足以容纳时，应采用隧道敷设。

②敷设电线和电缆的隧道通常也用来安置其他类型的地下管线，成为混合使用的隧道，这种隧道的断面宽大，便于电缆和管道的检修。

③需要管线跨越河流、山脉或城市建筑物等地形复杂的地区。

管线隧道是敷设各种管线的隧道。其组成包括隧道本体、隧道内管道及其附属设施。岩层中隧道本体常采用直墙圆拱形断面形式；土层中隧道本体常采用圆形断面形式，方便盾构施工。隧道附属设施包括排水系统、通风系统、照明系统、监控系统、火灾报警系统、安全门和防火门以及应急设施等。排水系统用于处理隧道内积聚的雨水和地下水，以确保隧道内部的干燥和稳定。通风系统能够保证隧道内部空气的流通和新鲜，便于维修和保养。照明系统用于确保隧道内部的照明条件，方便行人和维修人员工作。监控系统用于监测隧道内部的情况，包括温度、湿度、气体浓度等，以便及时发现和处理异常情况。火灾报警系统用于及时提供火灾警报，以便采取相应的紧急措施疏散人员。安全门和防火门用于限制人员进入，保证隧道的安全性和防火性能。应急设施包括应急电话和紧急出口标识等，以便在紧急情况下能够及时联系和疏散人员。

2.3.4　架空敷设

架空敷设是管道、电缆等设施悬挂或支撑在空中的敷设方式，包括杆塔架空、悬挂架空、悬挂索架空和支撑架空。杆塔架空是将管道、电缆等设施悬挂在高架杆塔上，并通过杆塔间的导线或电缆进行连接，适用于输电线路、通信线路等需要跨越大距离的场合。悬挂架空是将管道、电缆等设施悬挂在特制的悬挂架上，并通过悬挂架之间的支撑杆或钢丝进行连接，适用于需要在相对较短的距离上敷设管道、电缆等设施的场合。悬挂索架空是使用钢索或钢丝绳将管道、电缆等设施悬挂在两侧的支撑物上，并通过索具进行连接，适用于需要在较大距离上悬挂管道、电缆等设施的场合。支撑架空是将管道、电缆等设施支撑在地面以上，通过支座或支架之间的连接件进行连接，适用于隧道、综合管廊等场合，可将管道或管线悬挂在较高的位置，以减少对地面空间的占用。

管道架空敷设支座可分为鞍形滑动式支座、支承环式滑动支墩、滚动式支座和摆动式支座。这些支座适用于不同直径的钢管，并各具优势，如图 2-48 所示。

鞍形滑动式支座是将管道直接支承在一个鞍形的混凝土支座上，适用于直径小于 1 m 的钢管。其结构简单，但管身受力不均匀，摩擦力较大。为减小摩擦力，支座上可铺设钢板，并在接触面上加润滑剂。支承环式滑动支墩是将钢管通过支承环放置在鞍形支墩上，适用于直径小于 2 m 的钢管，能够改善支承部分管壁的受力不均匀现象。滚动式支座是在支承环和支承面之间设置圆柱形辊轴，利用滚动来减小管道移动的摩擦力，使摩擦系数减小，适用于直径大于 2 m 且垂直荷载较小的钢管。摆动式支座是在支承环和支承面之间设一个可摆动的

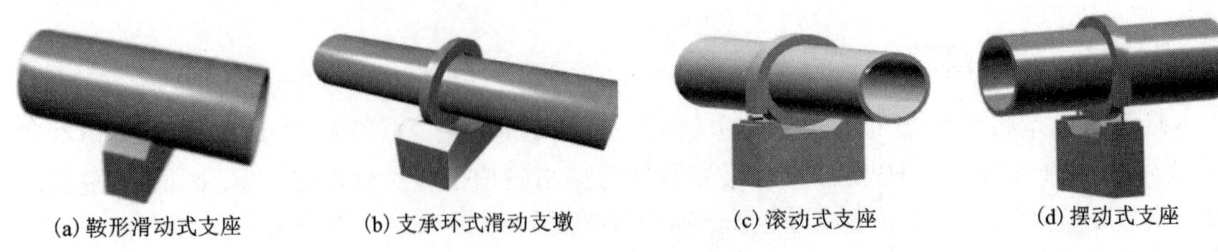

(a) 鞍形滑动式支座　(b) 支承环式滑动支墩　(c) 滚动式支座　(d) 摆动式支座

图 2-48　架空管道支座

短柱，短柱上以圆弧面与支承环的上托板相接触，下端与支承板铰接。当钢管变形时，短柱可前后摆动，从而减小摩擦力。摆动式支座适用于直径大于 2 m 的钢管。

2.3.5　沟槽及排管敷设

沟槽敷设分为通行地沟、半通行地沟和不通行地沟三种形式。通行地沟是一种操作、维修等相关工作人员可在其中通行的地下管道敷设形式，见图 2-49。其优点是方便操作、维修人员进入地沟进行检修；缺点是投资大、占地面积大。一般情况下，当管道数量较多、管径较大、管道需通过不允许开挖的路面处或地沟内任一侧管道垂直排列宽度超过 1.5 m 时，可考虑使用通行地沟进行敷设。当管道通过不允许开挖的地面、架空敷设不合理、管线较多或不通行地沟应用宽度受限，需要定期检修的情况时，可采用半通行地沟敷设，见图 2-50。不通行地沟常见的截面形式有矩形、半圆形和圆形，材料有砖、混凝土和钢筋混凝土等，见图 2-51。其优点是占地小、耗费小；缺点是难以发现管道中的缺陷和事故，不便于维修。一般情况下，当土层干燥、水位低、管道数量少且管径小或维修工作量较小时，可采用不通行地沟进行敷设。

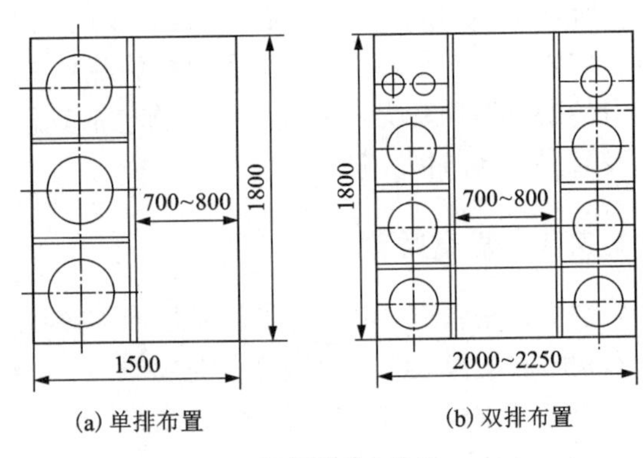

(a) 单排布置　(b) 双排布置

图 2-49　通行地沟(单位：mm)

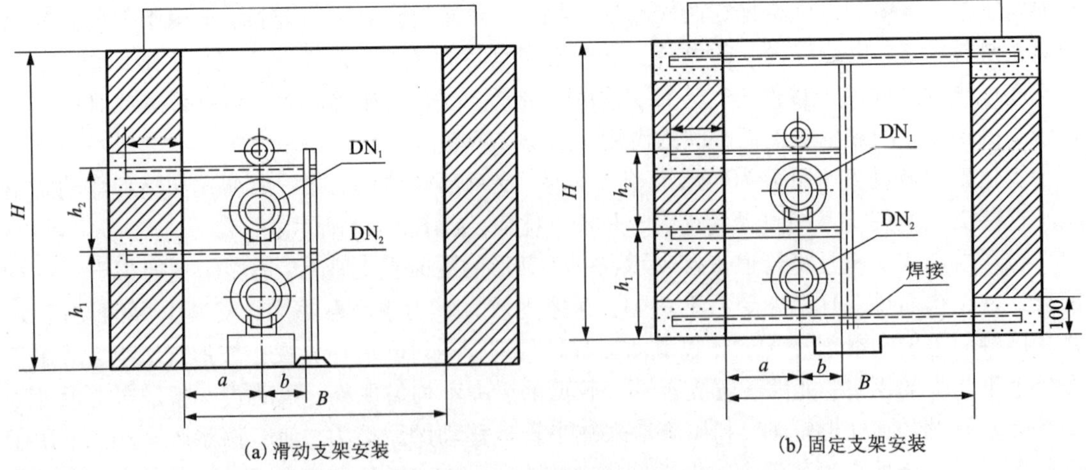

(a) 滑动支架安装　(b) 固定支架安装

图 2-50　半通行地沟

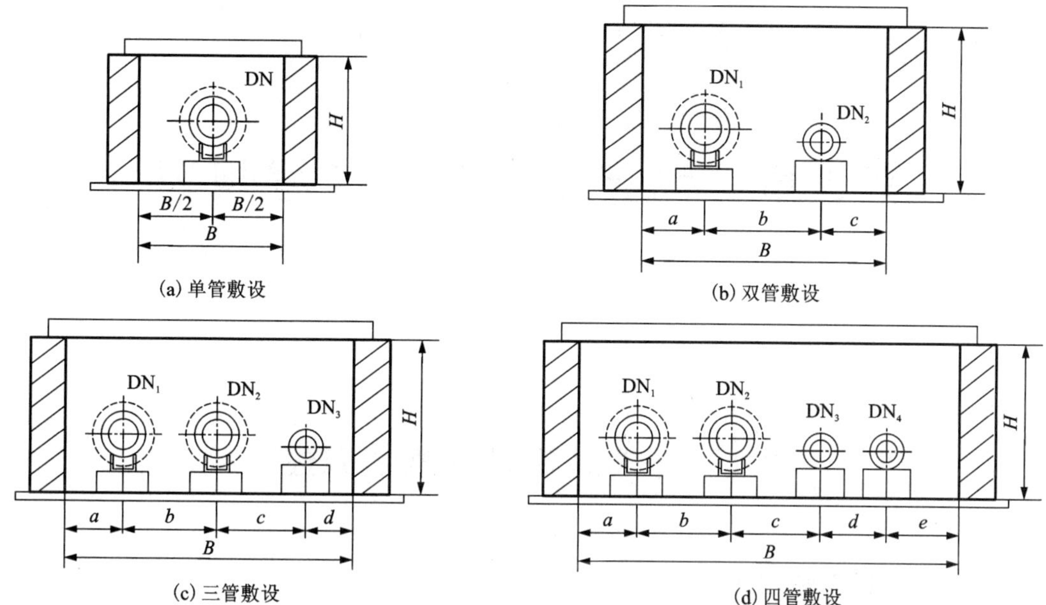

图 2-51 不通行地沟

由于电缆通道狭窄且城市建设频繁，排管敷设是目前城市中较常用且合理的电缆敷设方式之一，见图 2-52。其优点是可以更好地利用各种地形，保护电缆的安全运行；缺点是建设成本较高，可能会降低电缆的散热条件，从而降低载流量。

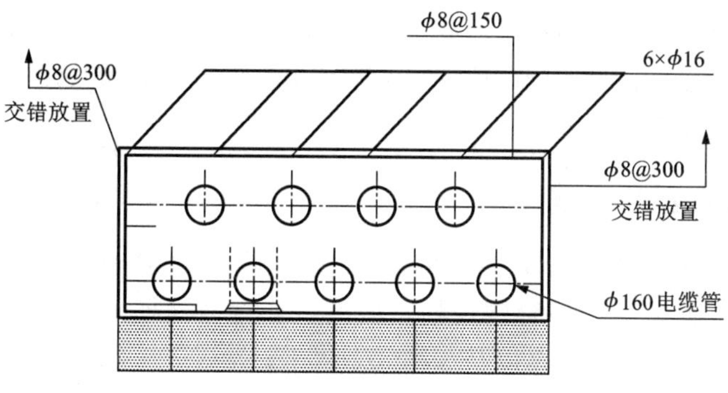

图 2-52 排管敷设(单位：mm)

习 题

1. 写一篇介绍城市给水管网、排水管网、燃气管网、热力管网、电力管网或通信管网的不少于 1000 字的论文。

2. 简述城市地下管网树状和网状布置形状的优缺点。

第3章　城市地下管网工程规划

3.1　城市地下管网规划概述

3.1.1　规划影响因素分析

城市地下管网规划是城市地下空间规划中的一个专项规划。城市地下管网规划需要坚持以人为本的根本原则，要与城市经济、人口和生态与环境约束相适应。

城市经济的发展水平直接影响城市地下管网的复杂程度。在经济发展水平较低的城市，由于地下空间开发强度低，其地下管网布局相对简单。反之，在经济发展水平较高的城市，地下空间的开发强度也相应增高，导致地下管网的复杂程度增加。城市地下管网的规模则受城市人口数量的影响。因此，在进行城市地下管网规划时，必须对城市人口规模进行合理预测，并进行适度的超前规划。随着城市的发展，人们对生活品质的追求逐渐提高，对生态和环境的要求也随之增强。因此，城市地下管网规划也需要充分考虑其建设对生态和环境的影响，并尽可能减小这种影响。

3.1.2　规划内容及步骤

城市地下管网规划的主要内容包括用量或负荷预测、调整或确定规划目标及供应源头规划、配给管网设施布置以及详细管网规划。城市地下管网规划一般分为三个步骤：收集资料、汇总综合和协调确定规划方案以及编制规划成果。

1. 收集资料

收集自然地形资料、土地使用资料、人口分布资料、道路系统资料、竖向规划资料（规划地区的竖向规划图、道路和地块控制点标高和坡度）、工程管线规范、当地对工程管线布置要求等相关资料，包括但不限于埋深和覆土深度特殊规定，各工程管线现状分布、近中远期规划等资料。

2. 汇总综合和协调确定规划方案

①根据收集的资料，制作工程管线综合规划底图。

②遵循工程管线综合原则，检查各工程管线规划，确保其满足规范要求。

③管线综合，具体为平面综合和竖向综合。平面综合的一个主要工作是在各城市道路横断面布置图上，根据各专业工程管线规范，按照水平净距的要求进行管线碰撞分析，确定各管线在道路横断面上的位置。竖向综合是检查路段和道路交叉口工程管线在竖向上是否满足垂直净距要求。通过平面综合和竖向综合，完成各专业工程管线的详细规划。针对不同的规划目标，如最短管廊布线、最大供给，可进一步进行规划优化分析。

3. 编制规划成果

规划成果主要是图纸和文本，其中图纸包括工程管线综合规划平面图及管线交叉点标高图，文本包括总则、现状评估、总体要求、平面布置、竖向布置、设施安排和规划反馈等内容。

3.2　城市管网设计需求量及管径计算

城市给水、排水、燃气设计用量，以及热力负荷、邮政通信需求量、电力负荷是城市地下管道直径计算的依据，采用符号 Q_{**} 表示，相应的定额采用 q_{**}。其中第一个下标星号表示需求类型，给水、污水、雨水、燃气、热力、邮政通信、电视和电力分别用 g、w、y、q、r、t、s、d 表示；第二个下标星号表示需求类型，用 1、2、3、4、5…表示。全书中 D_0、D 和 D_1 分别表示管道的内径、公称直径和外径。

3.2.1　城市给水管道设计用水量

给水设计用水量包括居民生活用水量、公共设施用水量、工业企业用水量、浇洒道路、广场和绿地用水量、未预见用水量及给水管网漏失水量等部分。给水管网设计流量指给水管网能通过的最高日、最高时用水量。其计算方法主要有分类求和法、人均综合指标法和单位用地指标法等。

1. 分类求和法

1) 日变化系数和时变化系数

不论是生活用水还是工业企业用水都不是一成不变的，会随着生活习惯、季节气候等因素发生变化。在给水管网设计用水量计算时需要考虑每日、每时的用水量变化，这样才能满足相应需求，同时不造成浪费。用水量的变化通常用用水量变化曲线表示，见图 3-1。

采用日变化系数 K_d 和时变化系数 K_h 这两个重要的用水量变化特征系数表征用水量逐日逐时的变化幅度以及不均匀程度，见式(3-1)和式(3-2)。

$$K_d = \frac{Q_d}{Q_{平均}} \tag{3-1}$$

$$K_h = \frac{Q_h}{Q_{平均}} \tag{3-2}$$

式中：K_d 为在设计年限内最高日用水量与平均日用水量的比值；K_h 为在用水量最高日中，最

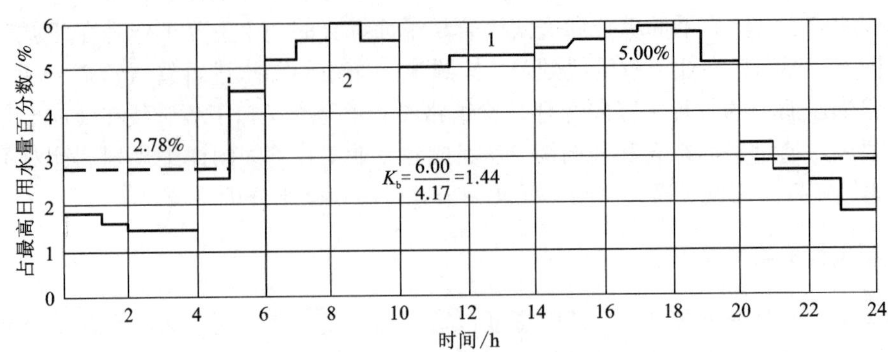

图 3-1 用水量变化曲线

高一小时用水量与平均时用水量的比值。变化系数与平均流量有一定关系，平均流量愈大，总变化系数愈小。

分类求和法将给水设计流量分解为居民生活用水量 Q_{g1}、公共设施用水量 Q_{g2}(用公共建筑生活用水量表示)、工业企业用水量 Q_{g3}、浇洒道路、广场和绿地用水量 Q_{g4}、未预见用水量及给水管网漏失水量 Q_{g5} 等 5 部分设计流量，分别计算再求和。

$$Q_g = Q_{g1} + Q_{g2} + Q_{g3} + Q_{g4} + Q_{g5} \tag{3-3}$$

式中：Q_g 为城市给水管道设计流量，L/s。

2)居民生活用水量

采用居住区最高日生活用水量表示：

$$Q_{g1} = \frac{N \cdot q_{g1} K_h}{24 \times 3600} \tag{3-4}$$

式中：Q_{g1} 为居住区最高日生活用水量，L/s；N 为规划期限内规划人口数；q_{g1} 为设计期限内采用的最高日用水定额，L/(人·日)，具体取值见表 3-1。用水定额指在一定时间内和条件下，不同用水需求的用水数量限额。

表 3-1 居民生活最高日用水定额 q_{g1}[6]

城市类型	超大城市	特大城市	Ⅰ型大城市	Ⅱ型大城市	中等城市	Ⅰ型小城市	Ⅱ型小城市
常住人口/万人	>1000	500~1000	300~500	100~300	50~100	20~50	<20
一区/[L·(人·日)$^{-1}$]	180~320	160~300	140~280	130~260	120~240	110~220	100~200
二区/[L·(人·日)$^{-1}$]	110~190	100~180	90~170	80~160	70~150	60~140	50~130
三区/[L·(人·日)$^{-1}$]	—	—	—	80~150	70~140	60~130	50~120
备注	一区包括鄂、湘、赣、浙、闽、粤、桂、琼、沪、苏、皖，二区包括渝、川、贵、云、黑、吉、辽、京、津、冀、晋、豫、鲁、宁、陕、内蒙古河套以东和甘肃黄河以东的地区，三区包括新、青、藏、内蒙古河套以西和甘肃黄河以西的地区。经济开发区和特区城市用水定额根据用水实际情况酌情增加						

3) 公共设施用水量

一般用公共建筑生活用水量表示：

$$Q_{g2} = \frac{\sum N_{g2} \cdot q_{g2} K_h}{24 \times 3600} \tag{3-5}$$

式中：Q_{g2} 为公共设施用水量，L/s；N_{g2} 为该类公共建筑生活用水单位的数量，人和床位；q_{g2} 为公共建筑生活用水定额；K_h 为公共建筑生活用水量时变化系数，部分具体取值见表 3-2，其余取值见附录 1。

表 3-2　公共建筑生活用水定额 q_{g2} 及时变化系数[6]

序号	建筑物名称	单位	生活用水定额(最高日)/L	时变化系数 K_h
1	居住室内设卫生间	人·日	50~100	2.5
	居住室内设盥洗室	人·日	100~200	2.5
2	商场	m^2·日	4~6(5~8)	1.5~1.2
3	菜市场	m^2·日	8~15(10~20)	2.5~2.0
4	办公楼(坐班制)	人·班	25~40(30~50)	1.5~1.2
5	电影院、剧院(观众)	人·场	3~5(3~5)	1.5~1.2
	电影院、剧院(演员)	人·场	35(45)	2.5~2.0

4) 工业企业用水量

工业企业用水量 Q_{g3} 由工业企业职工生活用水量 $Q_{g3,1}$ 和工业企业职工淋浴用水量 $Q_{g3,2}$ 组成，即 $Q_{g3}=Q_{g3,1}+Q_{g3,2}$。

工业企业职工生活用水量 $Q_{g3,1}$：

$$Q_{g3,1} = \frac{\sum nN_{g3,1} \cdot q_{g3,1} K_h}{24 \times 3600} \tag{3-6}$$

式中：$Q_{g3,1}$ 为工业企业职工生活用水量，L/s；$N_{g3,1}$ 为每班职工人数；$q_{g3,1}$ 为工业企业生活用水定额，L/(人·班)；n 为每日班数。

工业企业职工淋浴用水量 $Q_{g3,2}$：

$$Q_{g3,2} = \frac{\sum nN_{g3,2} \cdot q_{g3,2} K_h}{24 \times 3600} \tag{3-7}$$

式中：$Q_{g3,2}$ 为工业企业职工淋浴用水量，L/s；$N_{g3,2}$ 为每班职工淋浴人数；$q_{g3,2}$ 为工业企业职工淋浴用水定额，L/(人·班)，具体见表 3-3。

表 3-3　工业企业职工生活用水和沐浴用水定额

用水	车间性质	用水量/[L·(人·班)$^{-1}$]	时变化系数 K_h
生活用水	一般车间	25	3.0
	热车间	35	2.5

续表3-3

用水	车间性质	用水量/[L·(人·班)$^{-1}$]	时变化系数 K_h
淋浴用水	不大脏污身体的车间	40	每班淋浴时间以 45 min 计算，时变化系数等于 1
	非常脏污身体的车间	60	

5)浇洒道路、广场和绿地用水量

$$Q_{g4} = \frac{n_4 \cdot S_4 \cdot q_{g4} + S'_4 \cdot q'_{g4}}{24 \times 3600} \tag{3-8}$$

式中：Q_{g4} 为浇洒道路、广场和绿地用水量，L/s；q_{g4} 为道路和广场洒水用水定额，L/(m^2·次)；q'_{g4} 为绿地浇水用水定额，L/(m^2·日)，具体取值见表 3-4；S_4、S'_4 分别为道路和广场洒水面积、绿地浇水面积，m^2；n_4 为每日街道洒水次数。

表 3-4　浇洒道路、广场和绿地用水定额

绿化浇水用水量	道路和广场洒水用水量	汽车冲洗用水量
1.0~3.0 L/(m^2·次) 1~2 次/日	2.0~3.0 L/(m^2·次) 2~3 次/日	小轿车 250~400 L/(辆·日) 公共汽车 400~600 L/(辆·日) 载重汽车 400~600 L/(辆·日)

6)未预见用水量及给水管网漏失水量

一般按前四项之和的 10%~20%计算，即 $Q_{g5}=(0.1\sim0.2)\times(Q_{g1}+Q_{g2}+Q_{g3}+Q_{g4})$。

2. 人均综合指标法

人均综合指标法计算规划期末城市总用水量，见式(3-9)。

$$Q_g = Nq_g \tag{3-9}$$

式中：Q_g 为规划期末城市总用水量，m^3/日；N 为规划期内城市人口数量，人；q_g 为最高日人均综合用水量指标，L/(人·日)，具体取值见表 3-5。

表 3-5　城市单位人口综合用水量指标[7]　　单位：L/(人·日)

城市类型	超大城市	特大城市	Ⅰ型大城市	Ⅱ型大城市	中等城市	Ⅰ型小城市	Ⅱ型小城市
一区	250~480	240~450	230~420	220~400	200~380	190~350	180~320
二区	200~300	170~280	160~270	150~260	130~240	120~230	110~220
三区	—	—	—	150~250	130~230	120~220	110~210

3. 单位用地指标法

单位用地指标法所使用的公式为：

$$Q_g = A_g q_{g,d} \tag{3-10}$$

式中：Q_g 为规划期末城市总用水量，万 m^3/日；A_g 为规划期内城市面积，km^2；$q_{g,d}$ 为单位建设用地综合用水量指标，万 m^3/(km^2·日)，具体取值见表 3-6。

表 3-6　城市单位建设用地综合用水量指标　　单位：万 m^3/(km^2·日)

类别代码	类别名称		用水量指标
R	居住用地		0.50~1.30
A	公共管理与公共服务设施用地	行政办公用地	0.50~1.00
		文化设施用地	0.50~1.00
		教育科研用地	0.40~1.00
		体育用地	0.30~0.50
		医疗卫生用地	0.70~1.30
B	商业服务业设施用地	商业用地	0.50~2.00
		商务用地	0.50~1.20
M	工业用地		0.30~1.50
W	物流仓储用地		0.20~0.50
S	道路与交通设施用地	道路用地	0.20~0.30
		交通设施用地	0.50~0.80
U	公用设施用地		0.25~0.50
G	绿地与广场用地		0.10~0.30

3.2.2　城市排水管道设计流量

1. 污水设计流量

污水设计流量是污水管道及其附属构筑物通过的最高日最高时流量。

与给水管网类似，设计排水管网污水量时，反映城镇污水量变化程度的系数有日变化系数 K_d、时变化系数 K_h 和总变化系数 K_z。

$$K_z = K_d \cdot K_h \tag{3-11}$$

式中：K_z 为最大日最大时污水量与平均日平均时污水量的比值；K_d 为一年中最大日污水量与平均日污水量的比值；K_h 为最大日最大时污水量与该日平均时污水量的比值。

总变化系数 K_z 也可使用综合分析法分析其与平均流量之间的关系求得。

$$K_z = \begin{cases} 2.3 & Q_{wd} \leqslant 5 \\ \dfrac{2.7}{Q_{wd}^{0.11}} & 5 < Q_{wd} \leqslant 1000 \\ 1.3 & Q_{wd} > 1000 \end{cases} \tag{3-12}$$

式中：Q_{wd} 为平均日平均时污水量，L/s。

城市污水设计流量包括居民生活污水设计流量 Q_{w1}、工业企业废水设计流量 Q_{w2}、工业企业生活污水和淋浴污水设计流量 Q_{w3} 和公共建筑污水设计流量 Q_{w4}。城市污水设计流量计算方法同样采取分类求和法，分别计算再求和，见式(3-13)。

$$Q_w = Q_{w1} + Q_{w2} + Q_{w3} + Q_{w4} \tag{3-13}$$

式中：Q_w 为城市污水设计流量，L/s。

1)居民生活污水设计流量

$$Q_{w1} = \frac{q_{w1} N K_z}{24 \times 3600} \tag{3-14}$$

式中：Q_{w1} 为居民生活污水设计流量，L/s；K_z 为生活污水量总变化系数，通过查表3-7确定；q_{w1} 为居民生活污水定额，L/(人・日)，查表3-8得到；N 为规划期内人口数。

表 3-7　生活污水量总变化系数

污水平均日流量/(L・s^{-1})	5	15	40	70	100	200	500	>1000
总变化系数 K_z	2.7	2.4	2.1	2.0	1.9	1.8	1.6	1.5

表 3-8　居民生活污水定额 q_{w1}　　单位：L/(人・日)

序号	建筑物内卫生设备情况	平均日污水量				
		第一分区	第二分区	第三分区	第四分区	第五分区
1	室内无给水排水卫生设备，用水取自集中给水龙头，污水由室外排水管道排出	10~20	10~25	20~35	25~40	10~25
2	室内有给水排水卫生设备但无水冲式厕所者	12~40	30~45	40~65	40~70	25~40
3	室内有给水排水卫生设备但无淋浴设备者	55~90	60~95	65~100	65~100	55~90
4	室内有给水排水卫生设备并有淋浴设备者	90~125	100~140	110~150	120~160	100~140
5	室内有给水排水设备并有淋浴和集中热水供应者	130~170	140~180	145~185	150~190	140~180

注：第一分区指黑和吉全部，辽、内蒙古的大部分，冀、晋、陕和宁的偏北一小部分；第二分区指京、津和鲁全部，冀、晋、陕和宁人部分，辽南部、豫北部、甘东部、青东部和皖苏偏北的一小部分；第三分区指沪和浙全部，苏、皖和赣大部分，豫南部，鄂和湘东部，闽北部；第四分区指粤、台全部，桂大部分，闽和云南部；第五分区指贵、川、云和渝。

2)工业企业废水设计流量

$$Q_{w2} = \frac{K_{h2i} q_{w2,\,i} N_{w2i} (1 - f_i)}{3600 T_i} \tag{3-15}$$

式中：Q_{w2} 为工业企业废水设计流量，L/s；K_{h2i} 为各工业企业废水量的时变化系数，查表3-9获得；$q_{w2,\,i}$ 为各工业企业废水量定额，L/万元；N_{w2i} 为各工业企业产值，万元/日；f_i 为各工业企业生产用水重复使用率；T_i 为各工业企业最高日生产小时数。由于日变化系数较小，接近1，因此不考虑工业企业废水日变化的影响。

表 3-9　工业企业废水量时变化系数

工业种类	冶金	化工	纺织	食品	皮革	造纸
时变化系数 K_{2i}	1.0~1.1	1.3~1.5	1.5~2.0	1.5~2.0	1.5~2.0	1.3~1.8

3）工业企业生活污水和淋浴污水设计流量

$$Q_{w3} = \sum\left(\frac{K_{h3a1}q_{w3,\ a1}N_{3a1} + K_{h3a2}q_{w3,\ a2}N_{3a2}}{24 \times 3600T_{3ai}} + \frac{q_{w3,\ b1}N_{3b1} + q_{w3,\ b2}N_{3b2}}{24 \times 3600}\right) \tag{3-16}$$

式中：Q_{w3} 为工业企业生活污水和淋浴污水设计流量，L/s；$q_{w3,\ a1}$、$q_{w3,\ a2}$ 分别为一般车间、高温车间的职工生活污水定额，L/(人·班)；N_{3a1}、N_{3a2} 分别为一般车间、高温车间的最大班职工人数，人；$q_{w3,\ b1}$、$q_{3w,\ b2}$ 分别为一般车间、高温车间职工淋浴污水定额，L/(人·班)；N_{3b1}、N_{3b2} 分别为一般车间、高温车间的最大班职工淋浴人数，人；T_{3ai} 为每班工作时数；K_{h3a1}、K_{h3a2} 分别为一般车间、高温车间职工生活污水时变化系数。以上相关参数取值见表3-10。

表 3-10　工业企业生活污水和淋浴污水定额

污水	车间性质	用水量/[L·(人·班)$^{-1}$]	时变化系数 K_h
生活污水	一般车间	25	3.0
	高温车间	35	2.5
淋浴污水	一般车间	40	每班淋浴时间以45 min计算，时变化系数等于1
	高温车间	60	

4）公共建筑污水设计流量

$$Q_{w4} = \sum_{i=1}^{n}\frac{K_{h4i}q_{w4,\ i}N_{w4i}}{3600T_{4i}} \tag{3-17}$$

式中：Q_{w4} 为各公共建筑污水设计流量，L/s；$q_{w4,\ i}$ 为各公共建筑最高日污水流量，L/s，取80%~90%的公共建筑最高日用水流量；N_{w4i} 为各公共建筑用水单位数，$i=1\sim n$；T_{4i} 为各公共建筑最高日排水小时数；K_{h4i} 为各公共建筑污水量时变化系数。

2. 雨水管渠设计流量

雨水管渠设计流量计算公式为：

$$Q_y = \frac{\sum_{i=1}^{n} A_{F,\ i}\psi_i}{A_F}q_y \tag{3-18}$$

式中：Q_y 为雨水设计流量，L/s；q_y 为设计暴雨强度，L/(s·公顷)；$A_{F,\ i}$ 为汇水面积上各类地面的面积，公顷；A_F 为全部汇水面积，公顷，一般取市政道路周围100~200 m进行计算；ψ_i 为相应于各类地面的径流系数，ψ 值小于1，具体取值见表3-11。径流系数为径流量与降雨量的比值，径流量指进入雨水管渠部分的雨水。也可采用区域的综合径流系数。一般市区的综合径流系数 $\psi=0.5\sim0.8$，郊区的综合径流系数 $\psi=0.4\sim0.6$。

表 3-11 径流系数表

地面种类	ψ 值
各种屋面、混凝土和沥青路面	0.90
大块石铺砌路面和沥青表面处理的碎石路面	0.60
级配碎石路面	0.45
干砌砖石和碎石路面	0.40
非铺砌土路面	0.30
公园或绿地	0.15

3.2.3 城市燃气管道设计流量

燃气用量包括居民生活年用气量、公共建筑年用气量、工业企业年用气量、建筑物采暖年用气量和未预见用气量。燃气管道设计流量是燃气管网通过的最高日最高时燃气用量。燃气设计流量计算方法有分类求和法、比例估算法和不均匀系数法。

1. 分类求和法

分别计算居民生活年用气量 Q_{q1}、公共建筑年用气量 Q_{q2}、工业企业年用气量 Q_{q3}、建筑物采暖年用气量 Q_{q4} 和未预见用气量 Q_{q5}，然后求和得出燃气管道年用气量，进而计算城市燃气管网设计流量。

$$Q_q = Q_{q1} + Q_{q2} + Q_{q3} + Q_{q4} + Q_{q5} \tag{3-19}$$

$$Q_0 = \frac{Q}{365 \times 24} K_m K_d K_h \tag{3-20}$$

式中：Q_0 为燃气管道设计流量，m³/h；Q_q 为年用气量，Nm³/年（Nm³ 为 0 ℃，101325 Pa 气压下干燥气体体积）；K_m 为月变化系数（计算月的日平均用气量/全年的日平均用气量）；K_d 为日变化系数（计算月的日最大用气量/该月的日平均用气量）；K_h 为时变化系数（计算月中最大日用气量的小时最大用气量/该日小时平均用气量）。

居民生活及公共建筑用气的变化系数根据城市用气的实际统计资料来确定。当缺乏用气量的实际统计资料时，结合当地具体情况，可按照相似城镇系数值和推荐值选取。

$$K_m K_d K_h = 2.54 \sim 4.99 \tag{3-21}$$

1）居民生活年用气量

$$Q_{q1} = \frac{N K_q q_{q1}}{H_1} \tag{3-22}$$

式中：Q_{q1} 为居民生活年用气量，Nm³/年；N 为规划期内居民人数，人；K_q 为气化率，指燃气用户占规划区域内用户总量的比例，%；q_{q1} 为居民生活用气定额，kJ/（人·年），查表 3-12 获得；H_1 为燃气低热值，kJ/m³。

表 3-12 居民生活用气定额 q

城市名称	居民生活用气定额/[kJ·(人·年)$^{-1}$]	
	无集中采暖设备	有集中采暖设备
北京	2512~2931	2721~3140
上海	2300~2510	—
南京	2050~2180	—
大连	1550~1670	1790~2090
沈阳	1590~1720	2010~2180
哈尔滨	1670~1800	2430~2510
成都	2512~2931	—
重庆	2300~2720	—

2)公共建筑年用气量

$$Q_{q2}=\frac{\sum_{i=1}^{n}N_{q2i}q_{q2,i}}{H_1} \tag{3-23}$$

式中：Q_{q2} 为公共建筑年用气量，Nm³/年；N_{q2i} 为第 i 种公共建筑用气的人数；$q_{q2,i}$ 为第 i 种公共建筑的用气定额，MJ/(人·年)，查表 3-13；H_1 为燃气的低热值，kJ/m³。

表 3-13 公共建筑用气定额

类别		用气定额	单位
职工食堂		1884~2303	MJ/(人·年)
饮食业		7955~9211	MJ/(座·年)
托儿所 幼儿园	全托	1844~2512	MJ/(人·年)
	半托	1256~1675	MJ/(人·年)
医院		2931~4187	MJ/(床位·年)
旅馆、招待所	有餐厅	3350~5024	MJ/(床位·年)
	无餐厅	670~1047	MJ/(床位·年)
高级宾馆		8374~10467	MJ/(床位·年)
理发		3.35~4.19	MJ/(人·次)

3)工业企业年用气量

工业企业年用气量与生产规模、班制和工艺特点有关，一般只进行粗略估算，下面介绍两种估算方法。

①利用各种工业产品的用气定额及其年产量来计算。

$$Q_{q3}=\frac{\sum_{i=1}^{n}q_{q3,\,i}M_i}{H_1} \tag{3-24}$$

式中：Q_{q3} 为工业企业用户用气量，Nm^3/年；$q_{q3,\,i}$ 为某一项工业产品用气量指标，J/件，查表 3-14 获得；M_i 为某一项工业产品的年产量，件/年；H_1 为燃气的低热值，kJ/m^3。

表 3-14　部分工业产品的用气定额

序号	产品名称	加热设备	单位	耗气定额/MJ
1	炼铁(生铁)	高炉	t	2900~4600
2	炼钢	平炉	t	6300~7500
3	熔铝	熔铝锅	t	3100~3600
4	洗衣粉	干燥器	t	12600~15100
5	黏土耐火	熔烧容器	t	4800~5900
6	石灰	熔烧容器	t	5300
7	玻璃制品	熔化、退火等容器	t	12600~16700
8	白炽灯	熔化、退火等容器	t	15100~20900
9	织物烧毛	烧毛机	t	800~840
10	中型方坯	连续加热炉	t	2300~2900
11	薄板钢坯	连续加热炉	t	1900
12	中厚钢板	连续加热炉	t	3000~3200
13	无缝钢管	连续加热炉	t	4000~4200
14	钢零部件	室内退火炉	t	3600

②在缺乏产品用气定额资料的情况下，通常是将工业企业其他燃料的年用量折算成用气量。

$$Q_{q3}=\frac{1000Q_{qy}H_1'\eta'}{H_1\eta} \tag{3-25}$$

式中：Q_{qy} 为其他燃料年用气量，t/年；H_1'为其他燃料的低热值，kJ/kg；H_1 为燃气的低热值，kJ/Nm^3；η'为其他燃料燃烧设备热效率，%；η 为燃气燃烧设备热效率，%。

4)建筑物采暖年用气量

$$Q_{q4}=\frac{A_{q4}q_{q4}n_{q4}}{H_1\eta_4} \tag{3-26}$$

式中：Q_{q4} 为建筑物采暖年用气量；q_{q4} 为建筑物耗热指标，$kJ/(m^2\cdot h)$；A_{q4} 为使用燃气采暖的建筑面积，m^2；H_1 为燃气低热值，kJ/Nm^3；η_4 为采暖系统热效率，%；n_{q4} 为采暖负荷最大利用小时数，h。

其中采暖负荷最大利用小时数 n_{q4} 通过下式计算：

$$n_{q4} = n_1 \frac{t_1 - t_2}{t_1 - t_3} \tag{3-27}$$

式中：n_1 为采暖期，h；t_1 为采暖室内计算温度，℃；t_3 为采暖室外计算温度，℃；t_2 为采暖期室外平均气温，℃。

5)未预见用气量

城市未预见用气量 Q_5 指管网的燃气漏损量和发展过程中未预见到的用气量。未预见用气量取总用气量的5%。

2.比例估算法

通过预测未来居民生活与公共建筑用气量在总用气量中的比例得出：

$$Q_q = \frac{Q_{q1} + Q_{q2}}{K_p} \tag{3-28}$$

式中：Q_q 为燃气总用量；$Q_{q1}+Q_{q2}$ 为居民生活公共建筑用气量；K_p 为居民生活用气量占总用气量比例，%，取值见表3-15。

表3-15 城市工业与民用的工期比例 单位：%

项目	北京	上海	南京	哈尔滨	长春	沈阳	大连
工业	45	65	77	40	40	60	34
民用	55	35	23	60	60	40	66

3.不均匀系数法

1)月平均日用气量(决定燃气供气规模)

$$Q_q = \frac{Q_{q1}K_m}{365} + \frac{Q_{q1}\left(\frac{1}{K_{p0}} - 1\right)}{365} \tag{3-29}$$

式中：Q_q 为月平均日用气量，m^3(或kg)；Q_{q1} 为居民生活年用气量，m^3(或kg)；K_{p0} 为居民生活用气量占总用气量比例，%；K_m 为月变化系数，取值为1.2~1.3。

2)时变最大用气量

$$Q_{qh} = \frac{Q_{qd}K_d}{24K_h} \tag{3-30}$$

式中：Q_{qh} 为燃气的该日小时最大用气量，m^3；Q_{qd} 为月平均日用气量，m^3；K_d 为日变化系数，取值为1.05~1.2；K_h 为时变化系数，取值为2.2~3.2。

3.2.4 城市热力管道设计流量

供热设计热负荷指在低温条件下，某一建筑在符合室内舒适度要求的情况下，所需的热量。供热设计热负荷包括民用采暖热负荷、民用通风热负荷、生活热水热负荷、生活空调冷负荷、工业热负荷等。当热媒介质为热水时，城市热力管道设计流量为城市热力管道热水设计流量；当热媒介质为蒸汽时，城市热力管道设计流量为城市热力管道蒸汽设计流量。

城市设计热负荷 Q_r 采用分类求和法进行计算，分别计算民用采暖热负荷 Q_{r1}、民用通风热负荷 Q_{r2}、生活热水热负荷 Q_{r3}、生活空调冷负荷 Q_{r4}、工业热负荷 Q_{r5}，然后求和。其计算表达式为：

$$Q_r = Q_{r1} + Q_{r2} + Q_{r3} + Q_{r4} + Q_{r5} \tag{3-31}$$

热力管道热水设计流量是每小时通过热力管道的最大热水量。采暖、通风和空调等闭式热力管道热水设计流量采用下式计算：

$$Q_{r1'} = 3.6 \frac{Q_{r1}}{c(t_1 - t_2)} \tag{3-32}$$

式中：$Q_{r1'}$为采暖、通风和空调热力管道设计流量，t/h；Q_{r1} 为民用采暖热负荷，kW；c 为水的比热容，kJ/kg · ℃；t_1、t_2 分别为热力管道供水温度、各种热负荷相应的热力管道回水温度，℃。

生活用水等闭式热力管道热水设计流量采用下式计算：

$$Q_{r3'} = 3.6 \frac{Q_{r3}}{c(t_1 - t_{wo})} \tag{3-33}$$

式中：$Q_{r3'}$为生活热水热力管道设计流量，t/h；Q_{r3} 为生活热水热负荷，kW；c 为水的比热容，kJ/kg · ℃；t_1、t_{wo} 分别为热力管道供水温度、冷水计算温度，℃。

热力管道蒸汽设计流量是每小时通过热力管道的最大蒸汽量，采用下式计算：

$$Q_{r0} = 3.6 \frac{Q_r}{r} \tag{3-34}$$

式中：Q_{r0} 为蒸汽管道的计算流量，t/h；Q_r 为城市设计热负荷，kW；r 为用气压力下的蒸汽潜热，kJ/kg。

1. 民用采暖热负荷

民用采暖热负荷指室外采暖设计温度时，为保持室内计算温度，由供热设备提供的热量。计算时有两种方法，分别是面积热指标法和体积热指标法。

1) 面积热指标法

$$Q_{r1} = \frac{q_{r1,a} A_{r1}}{1000} \tag{3-35}$$

式中：Q_{r1} 为民用采暖热负荷，kW；A_{r1} 为采暖建筑物的建筑面积，m^2；$q_{r1,a}$ 为采暖热指标，W/m^2，具体取值见表 3-16。

表 3-16　采暖热指标　　单位：W/m^2

建筑物	住宅	居住区	办公	医院、托幼	旅馆	商店
节能	40~45	45~55	50~70	55~70	50~60	55~70
未节能	58~64	60~67	60~80	65~80	60~70	65~80

2)体积热指标法

$$Q_{r1}=\frac{q_{r1,v}V_r}{1000(t_z-t_w)} \tag{3-36}$$

式中：V_r 为采暖建筑物的外轮廓体积，m^3；t_z 为采暖室内设计温度，℃；t_w 为采暖室外计算温度，℃；$q_{r1,v}$ 为建筑物的采暖热指标，$W/(m^3\cdot℃)$，具体取值见表3-17。

表3-17 北京地区建筑物采暖热指标

建筑物名称	建筑物体积/m^3	采暖热指标/$[W\cdot(m^3\cdot℃)^{-1}]$
住宅(四、五层)	9000~12000	0.64
行政办公楼(四、五层)	18000~22000	0.58
医院(四、五层)	~10000	0.64

2. 民用通风热负荷

民用通风热负荷则是加热新鲜空气所消耗的热量。为维持室内的空气质量，并保证其具有适宜的清洁度和湿度，需要持续地将新鲜空气引入室内以进行通风调节。在冬季室外气温较低的情况下，通过加热进入的新鲜空气，可避免室内温度的下降。民用通风热负荷计算公式为：

$$Q_{r2}=KQ_{r1} \tag{3-37}$$

式中：Q_{r2} 为民用通风热负荷，kW；K 为通风、空调新风加热的热负荷系数，一般取0.3~0.5；Q_{r1} 为采暖设计热负荷，kW。

3. 生活热水热负荷

$$Q_{r3}=\frac{1.163K_h mq_{r3}(t_r-t_1)}{1000} \quad 或 \quad Q_{r3}=\sum q_{r3,1}A_{r3,i} \tag{3-38}$$

式中：Q_{r3} 为生活热水热负荷，kW；m 为人数或床位数；q_{r3} 为生活热水用水定额，L/(人·日)，取值见附录2；t_r 为生活热水计算温度，℃，一般为65 ℃；t_1 为冷水计算温度，℃，取值见表3-18；T 为热水用水时间，日；K_h 为时变化数，一般取1.6~3.0；$q_{r3,1}$ 为生活热水热指标，W/m^2。对住宅无生活热水，只对公共建筑供热水取2~3；住宅及公共建筑均供热取5~15。

表3-18 冷水计算温度

单位：℃

区域	省、自治区、直辖市、特别行政区		地面水	地下水
东北	黑龙江		4	6~10
	吉林		4	6~10
	辽宁	大部	4	6~10
		南部	4	10~15

续表3-18

区域	省、自治区、直辖市、特别行政区		地面水	地下水
华北	北京		4	10~15
	天津		4	10~15
	河北	北部	4	6~10
		大部	4	10~15
	山西	北部	4	6~10
		大部	4	10~15
	内蒙古		4	6~10
西北	陕西	偏北	4	6~10
		大部	4	10~15
		秦岭以南	7	15~20
	甘肃	南部	4	10~15
		秦岭以南	7	15~20
	青海	偏东	4	10~15
	宁夏	偏东	4	6~10
		南部	4	10~15
	新疆	北疆	5	10~11
		南疆	—	12
		乌鲁木齐	8	12
东南	山东		4	10~15
	上海		5	15~20
	浙江		5	15~20
	江苏	偏北	4	10~15
		大部	5	15~20
	江西　大部		5	15~20
	安徽　大部		5	15~20
	福建	北部	5	15~20
		南部	10~15	20
	台湾		10~15	20

续表3-18

区域	省、自治区、直辖市、特别行政区		地面水	地下水
中南	河南	北部	4	10~15
		南部	5	15~20
	湖北	东部	5	15~20
		西部	7	15~20
	湖南	东部	5	15~20
		西部	7	15~20
	广东、香港、澳门		10~15	20
	海南		15~20	17~22
西南	重庆		7	15~20
	贵州		7	15~20
	四川	大部	7	15~20
	云南	大部	7	15~20
		南部	10~15	20
	广西	大部	10~15	20
		偏北	7	15~20
	西藏		—	5

4. 生活空调冷负荷

$$Q_{r4} = \frac{K_{r,4} q_{r4} A_{r4}}{1000} \tag{3-39}$$

式中：Q_{r4} 为生活空调冷负荷，kW；q_{r4} 为空调冷负荷指标，一般为 70~90 W/m^2；A_{r4} 为冷负荷建筑面积，m^2；$K_{r,4}$ 为建筑冷负荷指标修正系数，取值见表 3-19。

表 3-19　建筑冷负荷指标修正系数

建筑类型	旅馆	住宅	办公楼	商店	体育馆	影剧院	医院
建筑冷负荷指标修正系数	1	1	1.2	0.5	1.5	1.2~1.6	0.8~1.0

5. 工业热负荷

$$Q_{r5} = K_{sh} q_{r5} \tag{3-40}$$

式中：Q_{r5} 为工业热负荷，是工厂或车间的生产工艺最大热负荷，kW；K_{sh} 为同时工作系数，一般取 0.7~0.9；q_{r5} 为经核实的后工厂或车间的最大生产工艺热负荷，kW。

3.2.5 城市管道管径分析

按照水力学公式可得其流量 q 为：

$$q = \omega v = \frac{\pi D_0^2 v}{4} \tag{3-41}$$

圆形管道面积 ω 为：

$$\omega = \frac{\pi D_0^2}{4} \tag{3-42}$$

管道管径为：

$$D_0 = \sqrt{\frac{4q}{\pi v}} \tag{3-43}$$

式中：D_0 为管段内径，m；v 为经济流速，m/s，不同类型管道取值见表 3-20；q 为管段流量，m^3/s，由设计流量 Q、管网长度通过管网水力平差综合确定。具体计算过程见本书第 4.1~4.4 节内容。

表 3-20 管道经济流速

管道类型	经济流速/($m \cdot s^{-1}$)	管道类型	经济流速/($m \cdot s^{-1}$)
<DN100~400 给水管道	0.6~0.9	>DN100 中压燃气管道	10~15
>DN400 给水管道	0.9~1.4	>DN200 过热蒸汽管道	40~60
非金属雨水管道	0.6~5	DN100~200 过热蒸汽管道	30~50
金属雨水管道	0.6~10	<DN100 过热蒸汽管道	20~40
<DN100 低压燃气管道	4~6	>DN200 饱和蒸汽管道	30~40
<DN100 中压燃气管道	6~10	DN100~200 饱和蒸汽管道	25~35
>DN100 低压燃气管道	6~8	<DN100 饱和蒸汽管道	15~30

3.2.6 城市电力负荷及导线截面

1. 导线截面

城市电力负荷指城市内或城市规划片区内，所有用电户在某一时刻实际耗用的有功功率的总和。城市电力负荷计算采用单位建筑面积负荷密度法。

$$Q_d = \frac{A_d q_d}{1000} \tag{3-44}$$

式中：Q_d 为城市电力负荷，kW；A_d 为规划期内规划单位建筑面积，m^2；q_d 为规划单位建筑面积电负荷指标，具体参考表 3-21。

表 3-21　规划单位建筑面积电负荷指标

建筑类别	综合用电指标/($W \cdot m^{-2}$)
居民建筑	30～70
公共建筑	40～150
工业建筑	40～120
仓储物流建筑	15～50
市政设施建筑	20～50

2. 导线截面

考虑容许载流量，计算导线和电缆截面为：

$$I = \frac{1000Q_d}{\sqrt{3}U\cos\varphi} \tag{3-45}$$

式中：I 为电流大小，A；Q_d 为城市电力负荷，kW；U 为配电网电压等级，V；$\cos\varphi$ 为用电设备功率因子，一般取 0.65～0.75。由计算的电流大小，结合敷设方式，根据表 3-22 初选导线截面面积。

表 3-22　明敷设及穿管铜芯橡皮绝缘线截面选择　　电流单位：A

环境温度/℃	30	35	40	30				35				40	
根数	1			2～4	5～8	9～12	>12	2～4	5～8	9～12	>12	2～4	5～8
截面/mm^2	明敷流量			穿管流量									
1.5	24	22	20	13	9	8	7	12	9	7	6	11	8
2.5	31	28	26	17	13	11	10	16	12	10	9	15	11
4	41	38	35	23	17	14	13	21	16	13	12	20	15
6	53	49	45	29	22	18	16	28	21	17	15	25	19
10	73	68	62	43	32	27	24	40	40	25	22	37	27
16	98	90	83	58	44	36	33	53	55	33	30	49	37
25	130	120	110	80	60	50	45	73	68	46	40	68	51
35	165	153	140	99	74	62	56	91	84	57	51	84	63
50	201	185	170	122	92	76	69	112	108	70	63	104	78
70	254	234	215	155	116	97	87	144	114	90	81	132	99
95	313	289	265	198	149	124	111	193	144	120	108	168	126
120	366	338	310	231	173	144	130	213	160	133	120	196	147
150	419	387	355	269	201	168	151	248	186	155	139	228	171
185	484	447	410	311	233	194	175	287	215	179	161	264	198
240	584	540	495	373	279	233	209	344	258	215	193	316	237

3.2.7 城市通信需求量及管孔数

通信需求量分析包括邮政、城市电信和广播电视三类通信需求量分析。

1. 邮政通信需求量

对于邮政通信需求量预测，采用发展态势延伸预测法，见下式。

$$Q_t = Q_{t0}(1 + a_2k)^t \tag{3-46}$$

式中：Q_t 为规划期内某年邮政业务收入或通信总量；Q_{t0} 为现状（起始年）邮政年业务收入或通信总量；a_2 为邮政年业务收入或通信总量增长态势系数；t 为规划期内所需预测的年限数；k 为规划期国内生产总值平均增长速度。

2. 城市电信需求量

对于城市电信需求量预测，采用简易相关预测法、国际通用公式法、需求调查法、分类求和法。

1）简易相关预测法

$$Q_t = Q_0(1 + a_1k)^t \tag{3-47}$$

式中：Q_t 为规划期内某年邮政业务收入或通信总量；Q_0 为 $t=0$ 年电信用户数；a_1 为电话增长与国内生产总值增比系数，考虑电话增长一般为经济增长的 1.5 倍，取 a_1 为 1.5；k 为规划期国内生产总值平均增长速度。

2）国际通用公式法

该方法原理为通常一个国家或城市的电话机普及率与国家（或城市）人均国内生产总值正相关。

$$Q_t = \frac{K_t}{100}N \tag{3-48}$$

$$K_t = \frac{1.675\mathrm{GDP}^{1.14156}}{10000} \tag{3-49}$$

式中：N 为规划期限内规划人口数，人；K_t 为国家的电话机普及率，部/百人；GDP 为规划对象的人均国内生产总值；Q_t 为规划期内某年邮政业务收入或通信总量。

3）需求调查法

大体分为普查和典型抽样调查两种，是一种比较可靠的方法，但调查成本较高。

4）分类求和法

城市电信需求量由固定电话用户、宽带用户和移动电话用户需求量组成。

$$Q_t = Q_{t1} + Q_{t2} + Q_{t3} \tag{3-50}$$

式中：Q_t 为规划期内电信用户数量；Q_{t1} 为规划期内固定电话用户数量；Q_{t2} 为规划期内宽带用户数量；Q_{t3} 为规划期内移动电话用户数量。

固定电话用户数量 Q_{t1} 可采用固定电话用户普及率法和用地综合指标法预测。固定电话用户普及率法按每户、每百人、每单位面积计算固定电话用户数量。

$$Q_{t1} = \frac{N}{100} \cdot q_{t1} \tag{3-51}$$

式中：N 为规划期限内规划人口数，人；q_{t1} 为规划期限内采用的固定电话用户普及率预测指标，线/百人，见表3-23。

表3-23　固定电话用户普及率预测指标　　单位：线/百人

城市规模分级	特大城市、大城市	中等城市	小城市
指标	58~68	47~60	40~54

固定电话用户数量 Q_{t1} 采用用地综合指标法进行预测：

$$Q_{t1} = A_{t1} q_{t1,\ d} \tag{3-52}$$

式中：A_{t1} 为规划期限内预测区面积，公顷；$q_{t1,\ d}$ 为规划期限内预测区的固定电话用地综合预测指标，线/公顷，见表3-24。

表3-24　固定电话用户分类用地综合预测指标　　单位：线/公顷

城市用地性质	特大城市、大城市	中等城市	小城市
居住用地	110~180	90~150	70~140
商业服务业设施用地	150~250	120~210	100~190
公共管理与公共服务设施用地	70~200	55~150	40~100
工业用地	50~120	45~100	36~80
物流仓储用地	15~20	10~15	8~12
道路与交通设施用地	20~60	15~50	10~40
公用设施用地	25~140	20~120	15~100

宽带用户数量 Q_{t2} 采用普及率法进行预测：

$$Q_{t2} = \frac{N}{100} \cdot q_{t2} \tag{3-53}$$

式中：Q_{t2} 为规划期内某预测年的宽带用户数量；N 为规划期限内规划人口数，人；q_{t2} 为规划期限内采用的宽带电话用户普及率预测指标，户/百人，见表3-25。

表3-25　宽带用户普及率预测指标　　单位；户/百人

城市规模分级	特大城市、大城市	中等城市	小城市
指标	40~52	35~45	30~37

移动电话用户数量 Q_3 采用普及率法进行预测：

$$Q_{t3} = N \cdot q_{t3} \tag{3-54}$$

式中：N 为规划期限内规划人口数，人；q_{t3} 为规划期限内采用的移动电话用户普及率预测指标，线/百人，见表3-26。

表 3-26　移动电话普及率预测指标　　单位：线/百人

城市规模分级	特大城市、大城市	中等城市	小城市
指标	125~145	105~135	95~115

3. 广播电视需求量

广播电视通信需求量用有线电视网络端口数量表示。对于广播电视需求量预测，可采用综合指标法和单位建筑面积密度法。

1)综合指标法

$$Q_s = 2\frac{N}{q_s} \tag{3-55}$$

式中：Q_s 为有线电视网络端口数量，个；N 为规划期限内规划人口数，人；q_s 为广播电视预测指标，为 2.8~3.5 人/户。平均每户两个端口。

2)单位建筑面积密度法

$$Q_s = A_s q_{s,1} \tag{3-56}$$

式中：Q_s 为有线电视网络端口数量，个；A_s 为广播电视需求建筑面积，m^2；$q_{s,1}$ 为建筑面积测算信号端口指标，端/m^2，取值见表 3-27。

表 3-27　建筑面积测算信号端口指标

用地性质	标准信号端口预测指标/(端·m^{-2})
居住用地	1/60~1/40
公共管理与公共服务设施用地	1/200~1/40

4. 电信管道管孔数

通过预测的电信用户规模，合理确定管道的管孔数量。通信电缆线径标准为 0.3 mm、0.4 mm、0.5 mm、0.6 mm 和 0.8 mm 等 5 种五个产品系列，其中 0.4 mm 线径为主要选择对象。常用光缆线缆包括 24 芯、36 芯、48 芯、60 芯、72 芯、96 芯、144 芯几种类型。不同的电缆芯数类型可带一定数量的电信用户，如每根 144 芯光缆可带 2 万线电信用户。单个通道管道直径通常有 50 mm、100 mm、150 mm、200 mm 等规格。通常通信管道内光缆截面面积不大于通信管道截面面积的 40%。每个通信管道容纳的光缆数量见表 3-28。

管孔数量尚须满足表 3-29 的要求。小区通信管道可按 4~6 孔计算管孔数，建筑物引入管道可按 2~3 孔计算。运用有线电视网络用户预测规模，合理确定有线电视网络前端进出站管道路由(管线的走向位置)管孔数，具体见表 3-30。

表 3-28 每个通信管道容纳光缆数量

芯数/芯	光缆外径/mm	管道直径/mm			
		50	100	150	200
36	10.4	9	36	100	169
48	10.4	9	36	100	169
60	11.2	9	36	81	144
72	11.7	4	25	64	121
96	13.4	4	25	49	100
144	16.6	4	16	36	64

表 3-29 城市通信综合管道规划孔数

城市道路类别	管孔数/孔
主干路	18~36
次干路	14~26
支路	6~10
跨江大桥及隧道	8~10

表 3-30 有线广播电视网络前端进出站管道远期规划管孔数

前端站分级	距站 500 m 分支路由管孔数	距站 500~1200 m 的分支路由管孔数
总前端	12~18	8~12
分前端	8~12	68

3.3 城市地下管网管线布置

3.3.1 城市地下给水管线

城市地下给水管网的规划应确保供水的安全可靠性，即使内部管网出现故障仍能持续供水。在满足以上条件的情况下，考虑城市地下给水管网的输水管道和配水管道投资较大，占给水总投资的50%~80%，采取相关措施尽量节约投资，包括：

①给水管网布置时需要考虑多种因素，例如城市的平面布置、地形、水渠、水塔、河流、铁路、桥梁等天然或人为障碍物的位置，以及用户等因素的影响。

②根据用户需求，管网布置可采用树状管网或环状管网。树状管网呈树枝状向供水区延伸，管径逐渐变小。树状管网管路简单且投资较少，给水可靠性较低，终端水质易变坏，常用于小型给水管网或建设初期。环状管网则是各给水干管相互联通闭合，系统阻力小，减少

动力损耗。环状管路长且投资大，给水可靠性高、安全性好。

③输水管道和配水干管的布置方向应按照主要的给水流向延伸，给水流向由最大用水户或如水塔等构筑物的布局决定，干管的布置以最短距离接入最大用水量用户为准。

④干管应尽量布置在高地，确保用水区附近的水管压力充足，提高管道的安全性。给水干管应尽量靠近大型用水用户和用水集中区域，逐步成环，提高干管的可靠性。

⑤保证给水可靠，通常按照主要流向布置若干条平行干管，并用连通管连接。平行干管间距根据供水区大小确定，一般为500~800 m。

⑥在保证供水条件的基础上，尽量采用非金属管道，以及结合增压技术的低压供水方案。

⑦管网布置时，应力求沿最短路线铺设输水管道至用户，以降低管道工程的造价和管理费用。

⑧管网直埋敷设情况下，可单侧布置，道路红线不小于30 m时，双侧布置给水配水管。管网布置尽量避开主要交通干道和交通繁忙街道，以免施工和运维困难。

⑨采用新技术，减少管网渗漏。

⑩尽量减少管道埋深，降低建造成本。

与城市地下管网密切相关的水源地、取水点、取水方式及水厂规划，需要与城市总体规划相适应，注意近、中和远期建设相结合，合理布置。在选择水源地时，应选择具有充足水量、优良水质、距离近及良好取水条件的水源地。应尽可能使用地下水作为生活用水或冷却用水，因为地下水水源不易受污染，且通常水质较好。在开采地下水时，需要综合评估地下水的储量、工程费用的合理性，以及地下水开采可能引起的地表沉降和水质降低问题。当采用江河湖泊等地表水源作为城市水源时，需要综合考虑水流冲刷和泥沙淤积、汛期水位和水流速度、漂浮物对取水构筑物的影响以及其他建造条件来选择取水点和取水方式，以确保取水的安全性、卫生性，节省投资并减少运行费用。水厂的净水工艺应简单有效，以降低投资成本。同时，充分考虑用水量较大的工业企业重复循环用水的情况，从而节省水资源，减少污染，以及减少工程投资和运转费用。

3.3.2 城市地下排水管线

城市地下排水管网规划要综合考虑污水的性质，城镇原有排水设施情况，城镇规划与环境保护的要求，污水的综合利用与处理情况，当地自然、地形条件以及水体的水质、水量等条件，并通过比较技术经济和环境保护要求确定排水制度。通常，在新建城镇或者地区的排水系统中，采用分流制；而对于旧城区排水系统的改造，则更多地采用截流式合流制。在同一城镇的不同区域，根据具体条件采用不同的排水制度。城市排水管网投资较大，占排水系统总投资的70%~80%。因地制宜采用重力排水，保证尽快排出城市雨水和污水，同时采用相关措施尽量节约投资，包括：

①根据城市的地形地势特点，进行合理的分区排水，尽可能采用重力流形式，以避免水的提升，保证尽快排出城市雨水和污水。

②排水主干管一般应布置在排水区域地势较低的地带，沿集水线或河岸低处敷设，以便支管和干管的排水能自流接入主干管。当城市地形坡度较大时，排水干管应平行于等高线布置，而主干管垂直于等高线布置。在地势较平坦的情况下，主干管应沿城市较低的一边平行

于等高线布置，而干管应与等高线正交布置。

③排水沟的布置应避开土质良好的地带，出口应选择在容泄区水位较高且河床稳定的地方，以便及时排水，节省工程费用。

④在排水管道的转弯和交接处，水流转角应不小于90°。当管径小于300 mm，且跌水水头大于0.3 m时，转角可不受限制。

⑤污水管道应尽量靠近排出管较多且排污量较大的用户，干管应以最短的距离接入排污量最大的用户。

⑥污水管道沿城市道路，布置在污水量较大，地下管线较少的一侧人行道、绿化带或慢车道下。道路红线不小于50 m时，双侧布置排水管。

⑦污水管道的坡降和地面尽可能一致，以减少埋深。当管道埋深浅于基础时，管道埋深不小于1.5 m；当管道埋深大于基础埋深时，管道埋深不小于2.5 m。

⑧污水管道应避免穿越河道、铁路、地下建筑等障碍物，同时也应避免管线交叉。

⑨雨水管规划布置要结合城市道路系统和街区内部地形和建筑物布置。

⑩雨水干管设置在排水地区的低端，一般设在规划道路的慢车道下，最好设在人行道下，以便检修。

⑪为防止城市内涝，尽快排除因大雨或暴雨会形成较大的城市地表径流，雨水管渠布置应充分利用地形，以最短路线和较小的管径将雨水就近排入水体。在郊区建筑物稀疏，交通量不大地区，采用明沟排出雨水。在城区内建筑密集，交通频繁或生产重要地区，采用暗渠排水。

⑫由于泵站投资较大，且运行效率较低，应尽可能利用地形，使雨水通过重力排入水体，且不设泵站。但特殊情况除外，比如日本东京圈排水系统。

与排水管线规划密切相关的，污水处理厂选址原则为：

①选择工程地质条件较好的地区设置污水处理厂，降低污水处理厂建造费用。

②充分利用地形，选择有适当坡度的地区布置，以满足污水处理构筑物和设计高程布置的要求。

③与规划居住区、公共建筑群保持合理的卫生防护距离，尽量选择在城市郊区。

④污水尽快排放到城市下游，防止污染给水水源地，尽可能使污水流入到污水处理厂，尽可能设置在各河系下游。但要考虑汛期免受洪水的威胁。

⑤留有充分的扩建余地。

与排水管线规划密切相关的，污水口设置考虑因素：

①应满足地表水功能区管理要求和纳污水域总体控制要求。

②应满足当地防洪要求，确保排出的水量和水速不会因其冲刷污水口附近局部出现河床失稳。

3.3.3 城市地下燃气管线

城市地下燃气管网需保证燃气的安全可靠性，当内部管网发生故障时，仍能不断供气。合理选择输配燃气管网压力级制应考虑：

①一般人口密集、街道狭窄的老城区选择中压-低压二级管网系统。

②街道宽阔、建筑物密度较小的大中城市均可选择中压-低压二级管网系统。

③一般大城市并要求供气有充分保证时才考虑选择三级管网系统。

④北京、上海、广州等超大城市选择多级管网系统。

考虑城市地下燃气管网投资较大，占燃气系统总投资的 70%~80%，采取相关措施尽量节约投资，包括：

①原则上确定管网系统压力，按高压、中压和低压管网的先后顺序布置。

②管网布置应满足用户使用要求，燃气干管应尽量靠近大型燃气用户，以减少主干管长度。

③燃气管道在直埋敷设情况下，一般各级管网沿路布置，可单侧布置，尽量避开主要交通干道和交通繁忙街道，以降低施工和运维难度。在街道较宽、道路红线不小于 30 m、横穿马路的支管很多、输气量较大、单侧布置不能满足供气的要求的情况下，应双侧布置。

④燃气管道不准敷设于建筑物下，不与高压电缆平行敷设，以免燃气管道遭到电场腐蚀。

⑤禁止在机械设备和成品、半成品堆放场地，高压电线走廊，动力和照明电缆内道，易燃、易爆材料和具有腐蚀性液体的堆放场所设置燃气管道。

⑥燃气管道穿越河流或大型渠道时，可随桥架设。

⑦燃气管道尽量少穿越公路、铁路、内道和其他大型构筑物。

⑧高压管网布置在城市的边缘或规划道路上，形成树状管网，一般考虑双线；避开居民点；尽量连接大型燃气用，缩短用户支管的长度。

⑨中压管网是城区的输气干线，敷设在市内非繁华的干道上，双线布置，边长一般为 2~3 km；环状管网布置，以提高输配气的安全和可靠性；尽量靠近调压站，缩短支管长度。

⑩低压管网是城市配气管网，直接与用户相连，沿街道的一侧或双侧敷设，边长 300~600 m。在有轨电车通行的街道上，当街道宽度大于 20 m，横穿街道的支管过多时，低压管道可采用双侧敷设。

与燃气管线规划布置相关的气源选择和选址考虑：

①遵照国家能源政策，综合分析城市实际情况，选择技术上可靠，经济上合理、可靠的气源。

②液化石油气储配站选择在城市边缘，且远离名胜古迹、游览地区和油库、桥梁、铁路枢纽站、飞机场、导航站等重要设施。

③站址选在所在地区全年最小频率风向的上风侧。

④与相邻建筑物遵守有关规范所规定的安全防火距离。

⑤站址具有良好的市政设施条件，运输方便，且避开地震带、地基沉陷和雷击等地区。

3.3.4 城市地下热力管线

城市热负荷以采暖和热水供应热负荷为主时，可采用热水热力网。在布置热水管网时，可采用双管制；以热电厂为热源的热水热力网，在经济、技术等条件合理时，可采用闭式多管制；当水处理费用低于补给水源和具有与生活热水热负荷相适应的廉价低位热能时，采用开式热水热力网。

城市热负荷以生产工艺热负荷为主时，可采用蒸汽热力网。布置蒸汽热力网时，可考虑采用闭式单管制。当各用户间所需要的蒸汽参数相差较大，或季节性热负荷占总热负荷比例较大，技术经济合理时，可采用双管制或多管制；当用户按规划分区建设时，可采用双管制或多管制，随着热负荷的发展分期建设。

热力管网应保证供热的安全可靠性，当内部管网发生故障时，仍能不断供热。考虑城市地下热力管网投资较大，占热力系统总投资的 70%～80%，采取相关措施尽量节约投资：

①热力管网的布置，首先考虑满足使用要求，热力干管靠近大型热用户或热负荷集中区域，以缩短管道长度，节约投资。

②热力管道一般采用树状布置。对于任何情况下都不允许停止供热的用户，可采用双管供热。在一些小型工厂，热力管网也可采用辐射状布置，即从热源分别引出管线送往每个用户。

③热力管网尽量避开主要交通干道和交通繁忙街道，以免施工和运维困难。

④跨越有永久路面的公路时，热力管道敷设在通行地沟或半通行地沟或隧道、地下综合管廊中。

⑤供热管道穿越河流或大型渠道时，采用悬吊式人行桥梁和河底管沟方式。

⑥直埋敷设热水管道采用无补偿敷设方式，可单侧布置，或者是敷设在绿化带、人行道下面；在街道较宽，单侧布置不能满足供热要求的情况下双侧布置。直埋敷设应注意地下水位。

⑦地沟管线敷设深度尽量浅一些，以减少土方工程量，但一般不与已有的地下敷设的热力管网(通行地沟、不通行地沟、无沟敷设)重合。

⑧热力管道在最低点、垂直升高管段前的低点及直管段每隔 100～150 m 设置疏水阀。

与城市地下热力管网密切相关的热电厂、区域锅炉房热源选址应考虑：

①靠近热负荷中心。

②水陆交通条件方便。

③给水、通风和采光条件良好。

④有一定的防护地带。

⑤避开不良工程地质条件。

3.3.5　城市地下电力管线

在城市电力系统的总体规划中，配电网的选择根据城市规模来决定。小城市可考虑采用放射式中压配电网或环状中、低压配电网；大中城市边缘地区采用环状中、低压配电网；对于城市中的双电源用户和城市中心区，可使用闭式放射状中、低压配电网；而在大中城市的中心区，一般采用开式环状高压配电网。城市地下电力管网布置还应考虑：

①电力线路采用电线架空敷设或电缆地下敷设，且电力线路短捷，少转弯，降低工程造价。

②保证电力线路与各种工程构筑物之间的容许距离。

③针对高压线路布置，考虑如下因素：不穿过城市的中心地区和人口密集的地区，不占用工业备用地或居住备用地；减少与河流、公铁路和其他管线交叉，减少对城市内通信和其他管线工程的影响；尽量不穿越不良工程地质条件地区。

④架空线路多层排列时，自下而上为：路灯、照明、动力、高压。

⑤在选择电力电缆线路时，应考虑以下因素：避免在城市主要街道或重要区域、旅游景

区采用架空线路，例如，负荷密度较大的城区中心、架空线严重腐蚀地段、建筑面积较大的居民楼群、高层住宅区；除特殊情况外，城市新区应全部按电力电缆线网进行规划设计。

⑥在敷设电力电缆时，考虑在市区人行道上、公园绿地及公共建筑间的边缘地带采用直埋电力铠装电缆。在无法直埋且有机动负载通道的情况下，可采用排管和管沟敷设电力电缆。当多种电压等级电缆平行且电缆根数在 30 根以上时，应采用隧道敷设或综合管廊敷设电力电缆。

与城市地下电力管线密切相关的电厂和变电所选址应考虑：

①火电厂和核电厂的选址应位于城市边缘、主导风向下风向的地方，同时靠近水源并且与居民区有一定距离；选址应具备良好的工程地质条件和便利的交通条件。

②燃煤电厂的选址应尽可能靠近煤源，同时具备足够的贮灰场；燃油电厂的选址则应尽量分布在炼油厂旁边。

③核电站的选址考虑靠近负荷中心。

④水电站的选址应选择在便于拦河筑坝的河流狭窄处，同时也要具备良好的工程地质条件和较好的交通运输条件。

⑤城市变电所的选址通常位于城市的边缘或外围地区，以便于电线的进出；同时，应该避开易燃、易爆设施，并远离大气严重污染及严重盐雾的区域；此外，选址还应具备良好的地质条件。

3.3.6　城市地下通信管线

有线电话和宽带、广播电视等电信通信线路建设是建设投资最大的部分，大约占 50%。电信通信线路分为电缆和光缆。线路路由(管线的走向位置)和线路容量是电信通信线路规划的两个重要因素，合理确定管线路由应考虑：

①电信管道的路由应尽可能短直，避免急转弯，沿道路进行布置，尽量减少穿越道路，以便施工和维修。

②电信管道尽量避免建设在工程地质条件不利的地层中，并远离电蚀和化学腐蚀地带。

③电信管道敷设在人行道下，若在人行道下无法敷设，可敷设在非机动车道下，不宜敷设在机动车道下。应敷设于道路一侧，由于干扰，供电与通信分布在道路两侧。

④光缆、电缆集中但不容许架空敷设时，可采用电信管道、电信隧道和综合管廊敷设。

⑤在易受外界损伤或穿越障碍较的路段，电视电缆、广播电缆可采用穿管敷设。

⑥广播电视电缆和电信电缆不应共管敷设。

与城市地下通信管线工程密切相关的邮政、电信、广播电视设施枢纽的选址应考虑：

①交通方便，靠近火车站，有邮运通道便于收发火车邮件，有汽车通道便于出入枢纽。

②给排水、供气、供热和供电的条件良好，工程地质条件良好。

③周围环境应符合邮政通信的安全要求。

3.3.7　特殊地质条件下管线布置

1. 冻土

冻土是零摄氏度以下，并含有冰的各种岩土。一般根据冻结不融的时间分为瞬时冻土

(数小时/数日至半月)、季节冻土(半月至数月)以及多年冻土(数年至数万年以上)。在我国，多年冻土和季节冻土占绝大部分地区。

冻土形成后土体特性会发生一系列变化，包括抗压强度增大，压缩性减小，导热系数、导温系数和电阻率数增大，以及流变性增强等。在冻土区修筑地下管网工程面临冻胀和融沉两大危险。冻胀是土中水的冻结和冰体的增长引起土体膨胀、地表不均匀隆起。冻胀一般会导致地面发生变形，形成冻胀垄岗。冻土融沉是冻土在融化过程中及融化后发生沉陷。给水管网的防冻措施主要包括深埋管道、直埋管道和柔性接头；排水管网的防冻措施主要包括管道深埋以及管径、坡度和流量适当增大；地下管线各类附属构造物的防冻措施主要包括及时检查井的防冻以及暗式出水口的防冻。

2. 黄土

黄土指的是在干燥气候条件下形成的多孔性具有柱状节理的黄色粉性土，是一种特殊的第四纪陆相松散堆积物。湿陷性黄土受水浸湿后会产生较大的沉陷，主要分布于大陆比较干燥的中纬度地带。

湿陷是黄土在一定的压力下被水浸湿后结构迅速破坏而发生附加下沉的一种现象，湿陷性描述的就是黄土在上述条件下附加下沉的一种性能。湿陷性是黄土特有的工程地质属性，黄土具有明显的遇水连接减弱、结构趋于紧密的、有利于湿陷的特殊成分和结构。黄土湿陷变形导致管道接头开裂，发生渗漏，进一步加剧黄土湿陷变形。为防止黄土湿陷变形导致管道破坏，一般采取两种措施，即修建时远离建筑物，用柔性接口并确保管道与接口不漏水。

3. 膨胀土

膨胀土是含有较多亲水性较强的蒙脱石、伊利石等黏土矿物的黏土。膨胀土的主要特性有多裂隙性、超固结性、胀缩性和崩解性。在和水的相互作用中，随水量增加膨胀土体积会显著增加，表现出明显的不同程度膨胀变形，相应地产生膨胀压力。土体的不均匀膨胀变形和膨胀压力常使建筑物发生变形甚至破坏。膨胀土对地下管网的危害是土体吸水膨胀，导致管道接头发生破坏，诱发管线渗漏。因此在膨胀土中的管线布置一般采用如下措施：①深埋；②远离建筑物基础；③要恰当敷设。

4. 地震

我国是地震灾害频发的国家。我国地震特点主要有：分布范围广、震源浅、强度大、强震的重演周期长。我国城市地下管网工程属于城市生命线工程，其重要性不言而喻。对于管道而言，影响管道震害的六大因素分别为：烈度和场地、地形地貌、管材和接口形式、管径、管道埋深、抗震设计研究水平。努力提高城市生命线工程的抗震设计水平，是当前一个研究热点内容。地震地区管道设计主要包括抗震计算和抗震构造设计，后者立足于预防。

3.4　城市地下管线规划综合

城市地下管线工程规划综合是在遵循管线规划综合一般原则的基础上，利用总平面布置图(包括建筑物、构筑物、铁路和道路图)进行管线点位的计算和验算，然后，用符号来表示各种管线的走向、排列、间距以及转折的相互位置。

3.4.1　城市地下管线规划综合原则

①管网布置需要考虑近期、中期和远期规划。其中，近期规划是对未来3~5年内城市建设目标、发展布局、基础设施和主要建设项目的实施计划，而中期规划则是对未来13~15年内的城市建设规划。

②充分利用现状管网。为降低管网成本，减少投资，尽量利用现状管网。

③管线的布置应与道路或建筑红线(规划的城市道路路幅的边界线)平行，并按一定顺序在水平和竖向方向上排列。

常见的水平布置形式见图3-2。由道路红线至中心线，管线顺序为：电力电缆、电信电

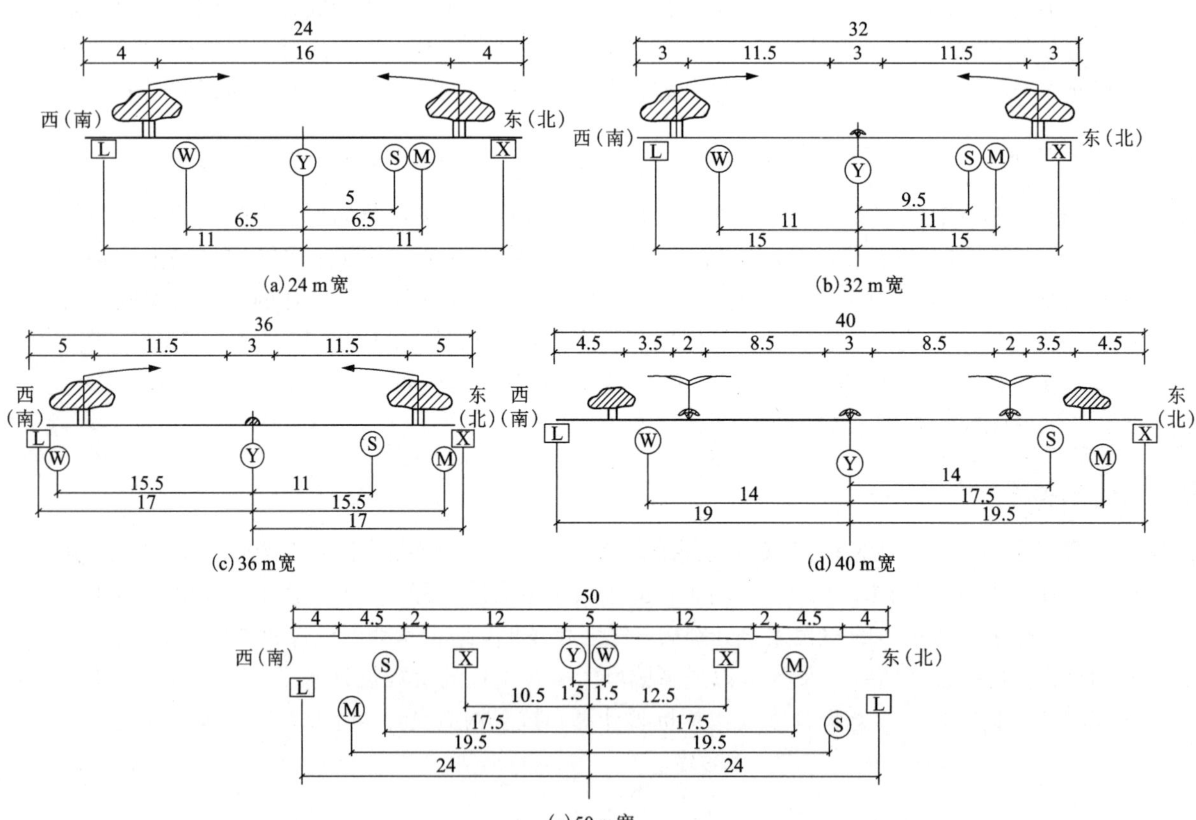

图3-2　道路管线常见布置图(单位：m)

缆、燃气、给水、热力、雨水、污水管线。地下管线从地表至下一般可分为上、中和下三层。上层包括热力管线、电力电信电缆；中层包括燃气和给水管道；下层包括排水管道。

④满足规范要求的水平、竖向间距和最小覆土深度。

一般工程地质条件下，最小水平净距和最小竖向净距要求见表3-31～表3-35，最小覆土深度见表3-36和表3-37。

表3-31 城市地下管线之间最小水平净距 单位：m

管线名称		给水管	排水管	燃气管			热力管	电力电缆	电信电缆
				低压	中压	高压			
排水管		1.5	1.5	—	—	—	—	—	—
燃气管	低压	1.0	1.0	—	—	—	—	—	—
	中压	1.5	1.5	—	—	—	—	—	—
	高压	2.0	2.0	—	—	—	—	—	—
热力管		1.5	1.5	1.0	1.5	2.0	—	—	—
电力电缆		1.0	1.0	1.0	1.0	1.0	2.0	—	—
电信电缆		1.0	1.0	1.0	1.0	1.0	2.0	0.5	—
电信管道		1.0	1.0	1.0	1.0	2.0	1.0	1.2	0.2

表3-32 城市地下管线之间最小竖向净距 单位：m

管线名称	给水管	排水管	燃气管	热力管	电力电缆	电信电缆	电信管道
给水管	0.15	—	—	—	—	—	—
排水管	0.4	0.15	—	—	—	—	—
燃气管	0.1	0.15	0.1	—	—	—	—
热力管	0.15	0.15	0.1	—	—	—	—
电力电缆	0.2	0.5	0.2	0.5	0.5	—	—
电信电缆	0.2	0.5	0.2	0.12	0.2	0.1	0.1
电信管道	0.1	0.15	0.1	0.15	0.15	0.15	0.1
明沟沟底	0.5	0.5	0.5	0.5	0.5	0.5	0.5
涵洞基底	0.15	0.15	0.15	0.15	0.5	0.2	0.25
铁路轨底	1.0	1.2	1.0	1.2	1.0	1.0	1.0

表3-33 城市地下管线与建、构筑物之间最小水平净距 单位：m

管线名称	建筑物基础	地上杆柱中心	铁路中心	城市道路侧石边缘	公路边缘	围墙或篱笆
给水管	3.0	1.0	5.0	1.0(1.5)	1.0	1.5(2.5)
排水管	3.0	1.5	5.0	1.5	1.0	1.5

续表3-33

管线名称		建筑物基础	地上杆柱中心	铁路中心	城市道路侧石边缘	公路边缘	围墙或篱笆
燃气管	低压	2.0	1.0	3.75	1.5	1.0	1.5
	中压	3.0	1.0	3.75	1.5	1.0	1.5
	高压	4.0	1.0	5.00	2.0	1.0	1.5
热力管		0.5/2.5/3.0/5.0	1.0	3.75	1.5	1.0	1.5
电力电缆		0.6	0.5	3.75	1.5	1.0	0.5
电信电缆		0.6	0.5	3.75	1.5	1.0	0.5
电信管道		1.5	1.0	3.75	1.5	1.0	0.5

注：表中给水管直径大于200 m时的最小水平净距。0.5/2.5/3.0/5.0分别表示管沟敷设热力管/直径不大于250 mm直埋闭式热力管/直径大于300 mm直埋闭式热力管/直埋开式热力管道。

表3-34 城市地下管线与绿化树种间的最小水平净距

管线名称	最小水平净距/m	
	乔木(至中心)	灌木
给水管、阀	1.5	不限
污水管、雨水管、探井	1.0	不限
燃气管、探井	1.5	1.5
电力电缆、电信电缆	1.5	1.0
热力管	1.5	1.5
地上杆柱(中心)	2.0	不限
消防龙头	2.0	1.2
道路侧石边缘	1.0	0.5

表3-35 城市地下管线交叉时的最小竖向净距 单位：m

管线名称		给水管线	排水管线	热力管线	燃气管线	电信管线		热力管线	
						直埋	管沟	直埋	管沟
给水管线		0.15	—	—	—	—	—	—	—
排水管线		0.40	0.15	—	—	—	—	—	—
热力管线		0.15	0.15	0.15	—	—	—	—	—
燃气管线		0.15	0.15	0.15	0.15	—	—	—	—
电信管线	直埋	0.50	0.50	0.15	0.50	0.25	0.25	—	—
	管沟	0.15	0.15	0.15	0.15	0.25	0.25	—	—

续表3-35

管线名称		给水管线	排水管线	热力管线	燃气管线	电信管线		热力管线	
						直埋	管沟	直埋	管沟
热力管线	直埋	0.15	0.50	0.50	0.50	0.50	0.50	0.50	0.50
	管沟	0.15	0.50	0.50	0.50	0.50	0.50	0.50	0.50
沟渠		0.50	0.50	0.50	0.50	0.50	0.50	0.50	0.50
涵洞		0.15	0.15	0.15	0.15	0.20	0.25	0.50	0.50
电车		1.00	1.00	1.00	1.00	1.00	1.00	1.00	1.00
铁路		1.00	1.20	1.20	1.20	1.00	1.00	1.00	1.00

注：10 kV 以上直埋电力电缆管线的覆土深度不小于 1.0 m。

表 3-36　工程管线的最小覆土深度　　单位：m

管线名称		电力管线		电信管线		热力管线		燃气管线	给水管线		雨水管线	污水管线
		直埋	管沟	直埋	管沟	直埋	管沟		金属	非金属		
最小覆土深度/m	人行道下	0.5	0.4	0.7	0.4	0.5	0.2	0.6	0.6		0.6	0.6
	车行道下	0.7	0.5	0.8	0.7	0.7	0.2	0.8	0.7	—	0.7	0.7
	耕种层下	—	—	—	—	—	—	—	0.3	1.0~1.2	—	—

注：10 kV 以上直埋电力电缆管线的覆土深度不小于 1.0 m。

表 3-37　不预热的无补偿直埋敷设热力管道最小覆土深度　　单位：m

管径 D/mm		50~125	150~200	250~300	350~400	>400
覆土深度/m	车行道下	0.8	1.0	1.0	1.2	1.2
	非车行道下	0.6	0.6	0.7	0.8	0.9

特殊工程地质条件下，最小净距（防护距离、最小距离）、最小埋深及布置要求见表 3-38~表 3-42。

表 3-38　特殊地质条件下工程管线竖向布置要求

管线名称		电力管线	电信管线	热力管线	燃气管线	给水管线		雨水管线	污水管线
						管径 300~600 mm	管径 600 mm 以上		
最小埋深	冰冻线以下	>0	>0	>0	0.1~0.2 m	0.75D 以及 0.2 m	0.5D 以及 0.2 m	不滞留水时，可在冰冻层内	0.15 m
	黄土地区	管底布置 150~300 mm 土垫层，对埋地的中压管道或大型压力管道，管底布置 150~300 mm 土垫层+300 mm 灰土垫层。针对埋地非金属自流管道，加设混凝土条形基础							
	膨胀土地区	管底布置 150 mm 灰土垫层							

注：D 为管道公称直径。

表 3-39 部分城市燃气管道埋深表

地点	条件	埋设深度/m	最大冻土深度/m	备注
北京	主干道干线	>1.2	0.85	北京市地下燃气管道设计施工验收技术规定
	主干道支线	>1.0		
	非车行道	<0.8		
上海	主干道干线	0.8	0.06	上海市燃气公司地下煤气管道设计施工验收技术规定
	主干道支线	0.6		
	非车行道	0.4		

表 3-40 湿陷性黄土地区埋地管道、排水沟等与建筑物之间的防护距离 单位：m

建筑类别	地基湿陷性等级			
	Ⅰ	Ⅱ	Ⅲ	Ⅳ
甲	—	—	8~9	11~12
乙	5	6~7	8~9	10~12
丙	4	5	6~7	8~9
丁	—	5	6	7

注：当湿陷性黄土层的厚度大于12 m时，压力管道与各类建筑的防护距离不宜小于湿陷性黄土层的厚度；当湿陷性黄土层内有碎石土、砂土夹层时，防护距离可大于表中数值。

表 3-41 膨胀土地区管道与建筑物外墙基础外缘等净距

类别	管道与建筑物水平净距/m	管道与洞竖向净距/m
管道	3	0.1

表 3-42 管道与地震区发震断层最小距离表

烈度	输水、供气和供热管道/m	配管、排水管/m
8	300	200
9	500	300

⑤遵循管线避让原则：

优先考虑地下、深埋、自流、大口径、不可弯曲、永久、已建成、主要或刚性结构管线，然后考虑地上、浅埋、压力、小口径、可弯曲、临时、未建成、次要或柔性结构管线。

⑥特殊地质条件下，采取相应的措施防止管道破坏。在冻土地区，给水管网的防冻措施主要为采用深埋和直埋管道，而排水管网则是通过深埋管道和适当增大管径、坡度和流量来防冻。对于地下管线各类附属构造物，防冻措施主要包括及时检查井的防冻以及暗式出水口的防冻。在黄土地区，为防止黄土湿陷变形导致管道破坏，修建时尽量远离建筑物，以及使

用柔性接口并确保管道与接口不漏水。在膨胀土中布置管线，适当深埋，尽量远离建筑物的基础。在地震地区，管道设计需要进行抗震计算和抗震构造设计。

⑦采用统一的坐标系统和标高确定各种管线位置。

⑧下列情况采用隧道或地下综合管廊集中敷设：交通运输繁忙或地下管线较多的城市主干道，以及与轨道交通、地下道路、城市地下综合体等建设工程相关的地段；城市核心区、中央商务区、地下空间高强度成片集中开发区、重要广场、主要道路的交叉口、道路与铁路或河流的交叉处、过江隧道等；道路宽度难以满足直埋敷设多种管线的路段；重要的公共空间；不能或无法开挖路面的路段。

3.4.2　城市地下管线定位

城市地下管线的平面布置称为管线的定线。管线定线与地形、竖向规划、污水处理厂的位置、土体条件、河流情况以及污水的种类和污染程度等因素息息相关。管线定位是通过使用代码及编码表示的管线的起点、终点、转点、支架以及管线的附属设备、设施等的坐标，以及各种形式的管网的节点(树状和网状等)，与其他地下管线相交点，与铁路、公路、河流的交叉点，管线中竖井所在位置。

坐标系统变换：通常坐标表示方法有两种，一种为测量坐标网，用 x、y 表示。x 轴为南北方向轴线，y 表示东西方向轴线。另一种为施工坐标网，用 A、B 表示，A 轴相当于 x 轴，B 轴相当于 y 轴。测量和施工坐标网见图 3-3。施工坐标系统的建立需要满足以下要求：坐标轴与大多数建筑物纵轴、铁路、道路和管线等垂直或平行。同时，要确保所有建筑物、铁路、道路和管线等处于同一个象限内。

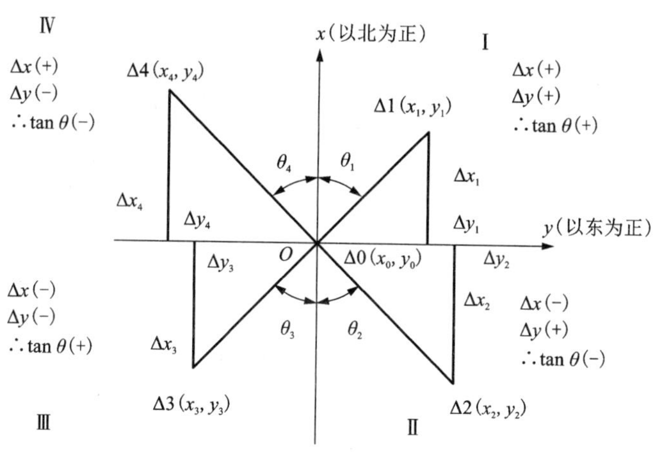

图 3-3　测量和施工坐标网

管线的坐标计算方法有三种。第一种是用相对关系定位，先选定一个施工放线的基准，一般是场区内已有的建、构筑物以及某一固定点。第二种是直接采用原地形图上的测量坐标系统，确定设计的管线的测量坐标。第三种是建立新的施工坐标系统，确定管线的施工坐标。管线的坐标计算方法常用的是第一种和第三种。在管线较少且简单、图的比例较大的情况下，可直接将坐标数值或相对关系数值标在图上。而在管线较多且复杂、图的比例较小的情况下，图上只标注坐标点的编号，并将具体的坐标数值另外列在表格中。

测量坐标系和施工坐标系转换(图 3-4)包括旋转和平移，分为两种情况：

已知 P 点在 x、y 坐标系统的坐标，求 P 点在 A、B 坐标系统的坐标：

$$A_P=(x_P-x_0)\cos\theta+(y_P-y_0)\sin\theta$$
$$B_P=(y_P-y_0)\cos\theta-(x_P-x_0)\sin\theta \tag{3-57}$$

已知 P 点在 A、B 坐标系统的坐标，求 P 点在 x、y 坐标系统的坐标：

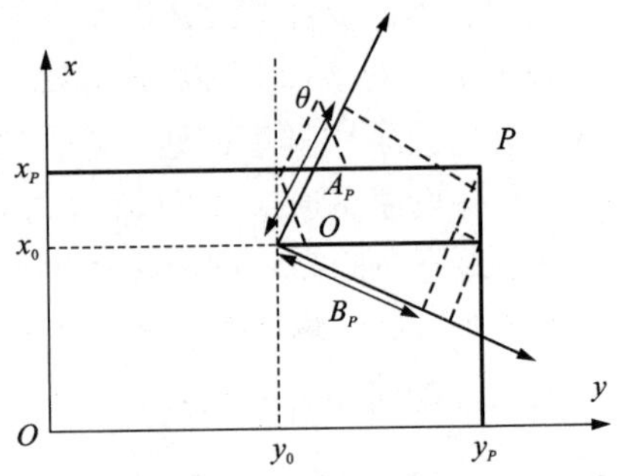

图 3-4　坐标系统转换

$$\begin{aligned}x_P&=x_0+A_P\cos\theta-B_P\sin\theta\\y_P&=y_0+B_P\cos\theta+A_P\sin\theta\end{aligned} \tag{3-58}$$

施工坐标系中，管线坐标计算包括如下几种情况：

①已知 $A(x_1, y_1)$、$B(x_2, y_2)$，求其长度和方向角。

$$\begin{aligned}AB&=\sqrt{(x_1-x_2)^2+(y_1-y_2)^2}\\\tan\theta&=\frac{y_1-y_2}{x_1-x_2}\end{aligned} \tag{3-59}$$

②已知一点和其方向角，以及线段长度，求另一点坐标。

已知 $A(x_1, y_1)$、θ、$AB=b$，

$$\begin{aligned}x_2&=x_1+b\cos\theta\\y_2&=y_1+b\sin\theta\end{aligned} \tag{3-60}$$

③已知两点坐标和其相应的方向角，求两直线交点坐标。

已知 $A(x_1, y_1)$、$C(x_2, y_2)$，

$$\begin{aligned}x&=x_1+\tan\theta_1(y-y_1)\\x&=x_2+\tan\theta_2(y-y_2)\\x-\tan\theta_1 y&=x_1-\tan\theta_1 y_1\\x-\tan\theta_2 y&=x_2-\tan\theta_2 y_2\\y&=\frac{x_2-\tan\theta_2 y_2-(x_1-\tan\theta_1 y_1)}{\tan\theta_1-\tan\theta_2}\\x&=\frac{\tan\theta_2(x_1-\tan\theta_1 y_1)-\tan\theta_1(x_2-\tan\theta_2 y_2)}{\tan\theta_1-\tan\theta_2}\end{aligned} \tag{3-61}$$

④根据已知的起始点坐标、管线和两侧的建筑物、道路和铁路相互平行的情况，可使用平行线间的距离来计算相关点的坐标，即通过平行关系计算管线的坐标。

图 3-5 中 A、B 表示施工坐标网，A 相当于测量坐标网的 x 轴(竖轴)，B 相当于测量坐标网 y 轴(水平轴)。已经平行间距，求 3002、3003、3004 的坐标。

⑤接近建筑物突出点计算管线坐标点。

已知的起始点坐标和最紧邻建筑物的管线转点，可计算管线上其他相关点的坐标。在

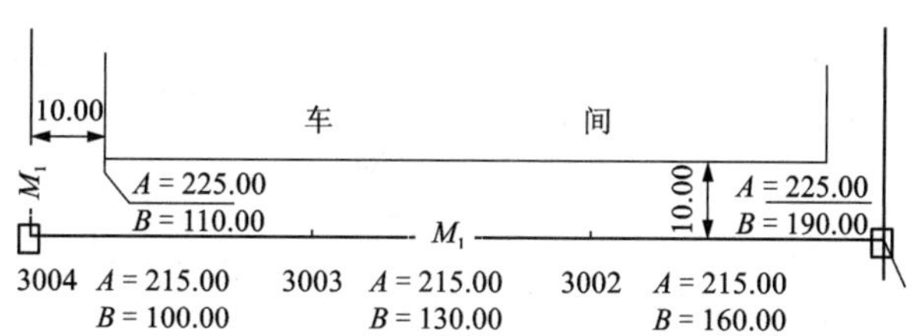

图 3-5　平行关系计算管线坐标点(单位：m)

图 3-6 中，A 表示施工坐标网，其中 A 轴相当于测量坐标网的 x 轴(竖轴)，B 轴相当于测量坐标网的 y 轴(水平轴)。已知 5001 的坐标，求 5002 和 5003 的坐标，并计算管线的斜率。

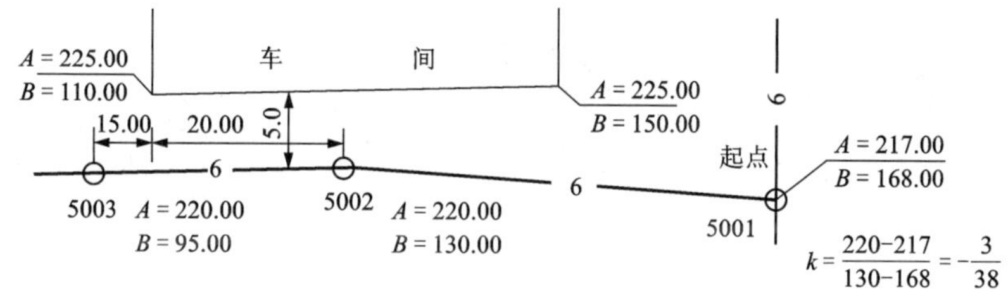

图 3-6　接近建筑物突出点计算管线坐标点(单位：m)

3.4.3　城市地下管线验算

管线验算，通常也称为管线碰撞分析。验算要点包括：埋深不相同管道之间的水平净距检算；管线与建、构筑物基础之间的水平净距检算；管线上个别点的检算；架空线路与其处在地面标高差较大的工程设施间水平距离的检算；特殊情况下的检算。本小节中净距用符号 L 表示。

1. 埋深不相同管道之间的水平净距检算

$$L = \Delta hn + b_1 + b_2 \qquad (3\text{-}62)$$

式中：L 为管道与建、构筑物之间的水平净距，m；n 为沟槽边坡的最大坡度；b 为检算时所取两管道施工宽度 b_1、b_2 之和，m。不同埋深管道净距计算简图见图 3-7。

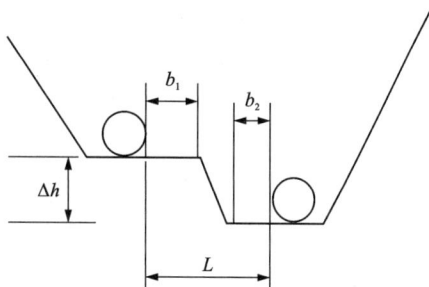

图 3-7　不同埋深管道净距计算简图

2. 管线与建、构筑物基础之间的水平净距检算

1) 管道埋深低于建、构筑物基础底面(图 3-8)

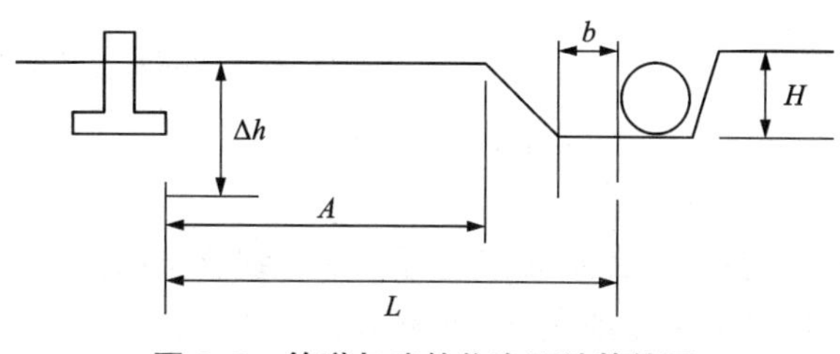

图 3-8　管道与建筑物净距计算简图

2）管道埋深高于建、构筑物基础底面（图 3-9）

$$L = A + nH + b \quad (3-63)$$

式中：L 为管道与建、构筑物之间的水平净距，m；A 为安全用地宽度，一般大于或等于建、构筑物护坡宽度，m。

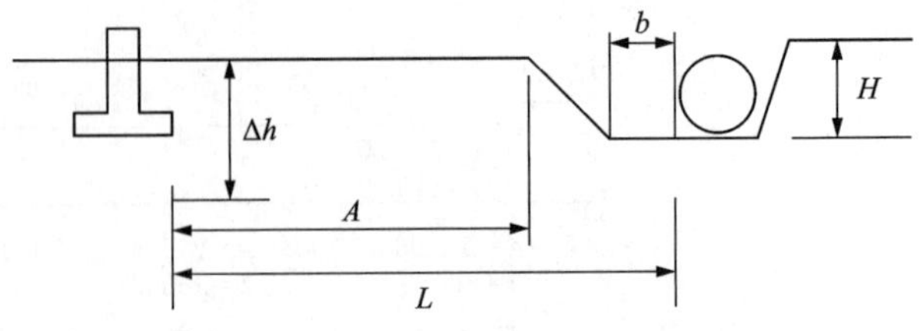

图 3-9　管道与建筑物净距计算简图

3）管道埋深较大至铁路最小水平距离（图 3-10）

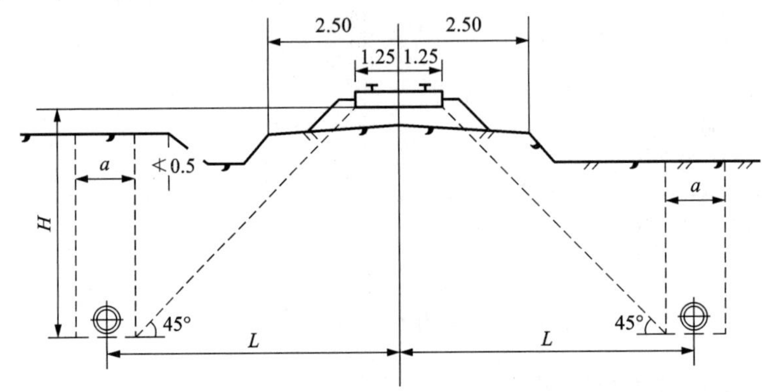

图 3-10　管道与铁路净距计算简图（单位：m）

$$L = 1.25 + h + \frac{a}{2} \geqslant 3.75 \quad (3-64)$$

式中：L 为管道中心至铁路中心水平距离，m；h 为枕木底至管道底深度，m；a 为开挖管沟宽度，m。

4）管道埋深较大至公路最小水平距离（图 3-11）

$$L = m\Delta h + \frac{a}{2} \quad (3-65)$$

式中：L 为管道中心至公路边缘最小水平距离，m；h 为公路路面至管道底深度，m；a 为开挖管沟宽度，m。

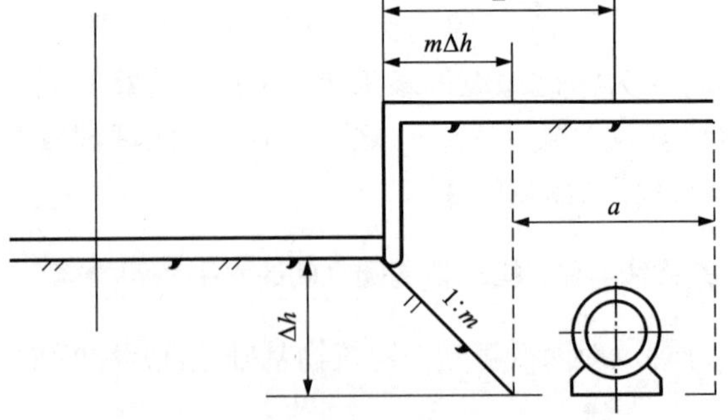

图 3-11　管道与公路净距计算简图

3. 管线上个别点的检算

管线上个别点的检算包括检查井，排水井，电线杆塔，建、构筑物突出部分的角点与其他管线，建、构筑物，铁路，道路的直线段或曲线段之间的水平净距检算。

1）一点与一直线的水平净距检算

已知建筑物 K 点坐标，检查井 A 或 B 点坐标和该管线的方向角。求 K 点到该管线的垂直距离，见图 3-12。验算方法采用点到直线的距离公式计算。

2)一点与圆曲线之间的水平净距检算

已知铁路曲线上任一点切线方向角和切点坐标及雨水井 P 的坐标，计算雨水井到铁路圆曲线的距离，见图 3-13。

$$L = R - OP - D/2 \tag{3-66}$$

式中：L 为雨水井到铁路圆曲线的距离，m；R 为曲线半径，m；OP 为 OP 直线的长度，m，其中 O 为圆心；D 为雨水井直径，m。

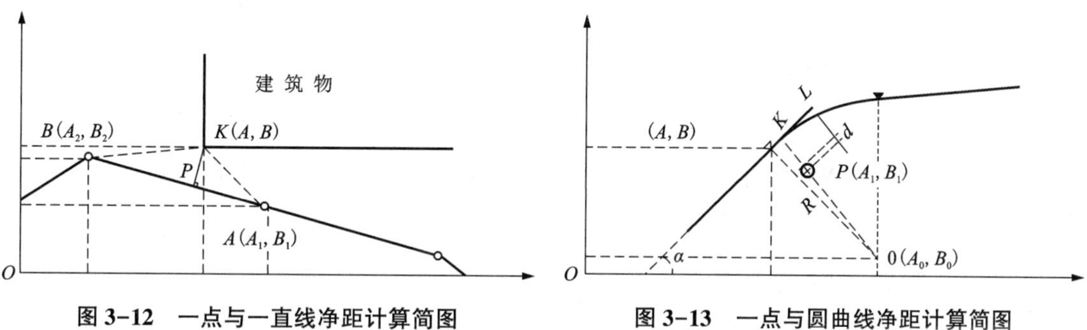

图 3-12　一点与一直线净距计算简图

图 3-13　一点与圆曲线净距计算简图

大量的管线碰撞分析可通过相关专业软件来完成。比如朱合华院士提出的数字地下空间与工程的空间分析方法(图 3-14)以及建筑信息模型(building information modeling，BIM)方法。碰撞检测技术也是目前 BIM 技术应用中最为成熟的一项。BIM 碰撞分析流程包括 BIM 建模→调用 BIM 管理软件→碰撞检测→调用 BIM 模型软件或外接插件→参数化动态调整→调整完成[8]。在进行 BIM 碰撞检测后，会将碰撞分析结果输出，这些结果可为设计过程和后续的施工提供指导，为多专业的协同设计与施工提供便利，并减少技术人员的工作量。

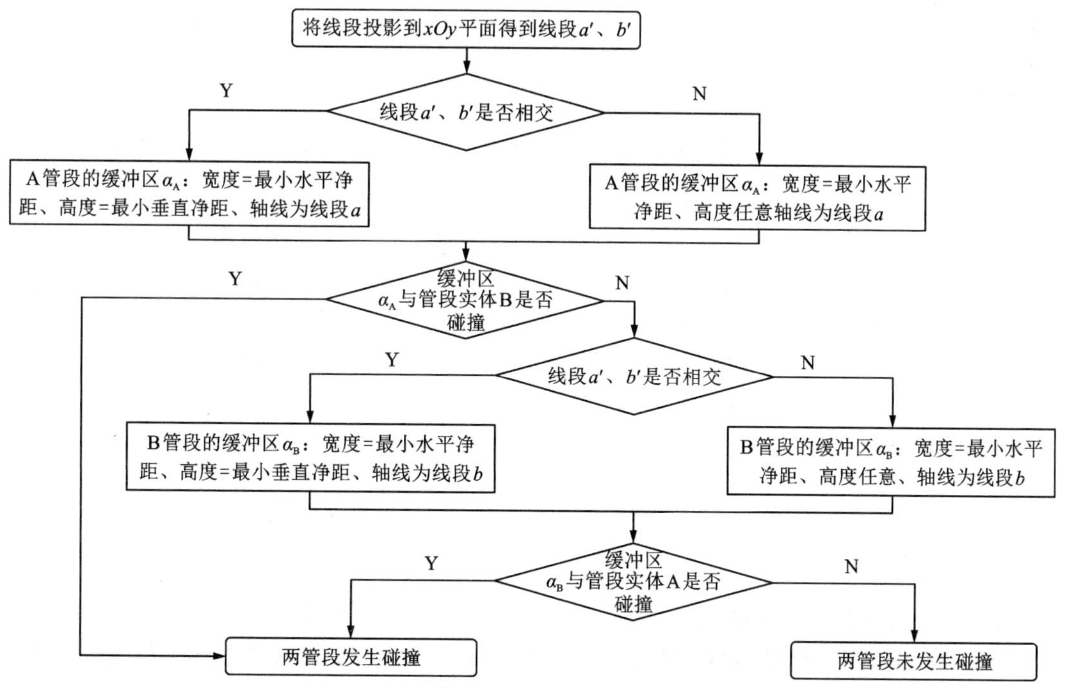

图 3-14　数字地下空间与工程的空间分析方法的管线碰撞分析流程图

3.5 城市地下综合管廊工程规划

城市地下综合管廊规划的原则是要与城市空间结构、建设用地布局和道路网规划相适应，并与其他地下空间工程相协调。综合管廊规划的主要内容包括合理确定综合管廊系统的布局、管线入廊及布置、综合管廊断面规划、管廊定位以及附属设施规划。

3.5.1 综合管廊系统布局

城市地下综合管廊作为城市市政设施，其布局与城市的形态和路网紧密相关。主干综合管廊应根据所在区域的情况合理布局，一般设置在城市的主干道路下，最终形成与城市主干道路相对应的综合管廊布局形态。

3.5.2 管线入廊及布置

原则上，一切城市市政管线，包括给水、排水、燃气、热力、电力和通信等，均可纳入综合管廊。实践操作中，要在分析管线相关影响的基础上，结合综合管廊管理要求，确定入廊管线类型。

1. 给水管线

给水管线内和所有市政管线相互影响较小，与任一市政管线可组合入廊。给水管线容易发生渗漏破损，检修维护频率高。给水管线入廊可便利其高频检修维护，提高综合管廊的使用效率，减少直埋检修导致的资源浪费，并根据城市建设需要进行预留，方便后期适时完善，降低综合管廊长期投资成本。

2. 排水管线

排水管线包括雨水管线和污水管线。由于排水管线的管径较大，占用综合管廊有限空间比例较大，不利于其他管线在综合管廊内的布置。此外，排水管线由于属于重力流，可能会显著增加综合管廊的横截面面积和埋深，从而导致综合管廊的投资明显增加。然而，将排水管线纳入综合管廊后，可方便检修，减少直埋管线检修所带来的资源浪费。因此，在经济状况较好的城市，可考虑将雨水和污水管线纳入综合管廊。

同时，现代城市由于暴雨等极端天气灾害频发，容易发生内涝问题，一些城市如日本东京和中国武汉已开始修建专门的雨水排水隧道来快速排除雨水。雨水排水隧道的截面尺寸与普通综合管廊相当，但其埋深比综合管廊更深。在这种情况下，雨水管线就无入廊的必要性。

3. 燃气管线

燃气管线在综合管廊中存在爆炸风险。相比于综合管廊，直埋燃气管线的爆炸后果可能更为严重，并且可能更难被发现。因此，尽管燃气管线具有较高的爆炸风险，但它仍被纳入综合管廊。对此，可采取相关的安全措施，包括将燃气管线敷设于单独防爆舱室内，加强监控、检修和安防工作。虽然这将大大提高综合管廊的初期投资成本，但它也可方便管线的监控和检修，降低燃气渗漏和爆炸的风险，从而减少资源的浪费，显著降低燃气爆炸灾难性事故发生的概率。

4. 热力管线

热力管线，包括热水和蒸汽热力管线。在运行过程中，热力管线管径较大，可能占据较大比例的综合管廊有限空间，从而导致其他管线的布置空间减少；容易发生渗漏问题；增加综合管廊内的温度；蒸汽热力管线容易发生爆炸。以上问题虽然会对其他管线产生影响，但可通过增加管廊截面尺寸、提高检修频率、提高热力管线的保温能力等技术手段来解决。因此，热力管线可和其他管线一起组合入廊。同时，热力管线入廊也有利于提高检修的便利性，从而延长管线的寿命，减少资源的浪费。

5. 电力、通信管线

电力和通信管线体积小且柔性大，可弯曲，因此对其他管线的影响较小。但电力电缆老化可能导致管廊内温度升高，甚至发生火灾；电磁感应可能干扰其他管线；存在漏电风险。可通过加强监控、提高检修频率、做好综合管廊的通风降温以及加强防火防灾措施来解决这些问题。同时，电力电缆和通信线缆的入廊可方便其进行高频检修、更新和扩容，减少直埋、管沟和架空敷设导致的资源浪费，提高综合管廊的使用效率和经济效益。目前，将电力电缆和通信缆线纳入综合管廊已经普遍达成共识。

根据上述分析，综合管廊内各类管线的相互影响见表 3-43。从表 3-43 中可看出，如果给(中)水管线的直径较小，那么对其他管线的影响就较小；如果直径较大，那么对其他管线的影响就较大。排水管线通常直径较大，可能对其他管线产生影响。燃气管线容易发生渗漏和爆炸，对其他管线有影响，但可通过采取相关技术措施把渗漏和爆炸风险降到最低。而热力管线、电力电缆和通信线缆对其他管线的影响较小。

表 3-43　综合管廊内各管线相互影响关系

管线分类	给水	排水	燃气	热力	电力	通信
给(中)水	○	○	○	○	○	○
排水	○	○	√	√	√	√
燃气	√	√	√	√	√	√
热力	○	○	○	○	○	○
电力	×	×	×	×	×	×
通信	×	×	×	×	×	×

注：√表示有影响，○表示其影响视情况而定，×表示无影响或影响较小。

目前工程实践中，各类管线入廊遵循如下具体约定：

①管道直径不太大的情况下，给水管道与污水排水管道可敷设于同一舱室，上方设置供水管，下方布置污水管。雨水和污水管道直径较大的情况下，可考虑不将其纳入管廊，而是

修建排水隧道。

②燃气管道在独立舱室内敷设，并进行防灾安全的规划设计。

③当热力管道和给水管道位于同一舱室时，应将热力管道布置在给水管道之上，并且不与电力电缆同舱敷设。当热力管道采用蒸汽介质时，应在独立舱室内敷设。

④电力电缆和通信电缆可纳入同一舱室，但需要采取隔离保护措施，以防止强电的电磁感应干扰。110 kV 以上的电力电缆不应与通信电缆同侧布置。

入廊管线的布置除要遵循安全、经济及方便施工和检查的总原则以外，还要遵循以下原则：

①大口径或充满液体的管道靠近管架柱子布置，小直径或气体管道靠近管架中间布置。

②补偿器的流体管道布置在管架上层靠近柱子处，补偿器设置在两固定点的中间位置。

③热力管道、电力电缆和通信线缆布置在上层，给水管道布置在下层。

④管架上应预留出 30%的余量，以满足未来的发展需求。

⑤对于具有较高爆炸和火灾风险的燃气和蒸汽热力管道，应分舱单独敷设。

⑥明确管廊给排水、燃气、热力、电力和通信管线相对位置，满足水平和竖向净距距离要求。

3.5.3 综合管廊断面规划

综合管廊断面规划包含断面形式、大小、功能分室等几个要素。

综合管廊三种常用断面形式有圆形、矩形和马蹄形，见图 3-15。目前国际上干线型的综合管廊常采用矩形断面形式。矩形断面采用现浇或预制现浇结构，并在管段间使用刚性连接。这种断面形式的优点是断面空间容易分割，管线敷设方便，空间利用率高，并且保养和维修操作简便，适用于明挖现浇施工、明挖预制装配施工方法。但矩形结构需要设立防水层，建设成本相对较高。在空旷的城区，新建道路或新开发区，矩形断面是综合管廊建设的常用形式。

除矩形结构外，圆形结构也是目前一种成熟的综合管廊断面结构形式。尽管圆形断面的空间利用率较低，但它可采用预制结构，并在管段间使用承插式柔性连接，无须设立防水层，建设成本较低。圆形断面适用于明挖预制装配施工方法或盾构等开挖技术。此外，圆形结构能在繁华的城市道路下、交通复杂的路面下，以及江河底部进行建设，从而减少对城市环境和交通的不利影响。圆形结构适用于支线型或缆线型的综合管廊建设。

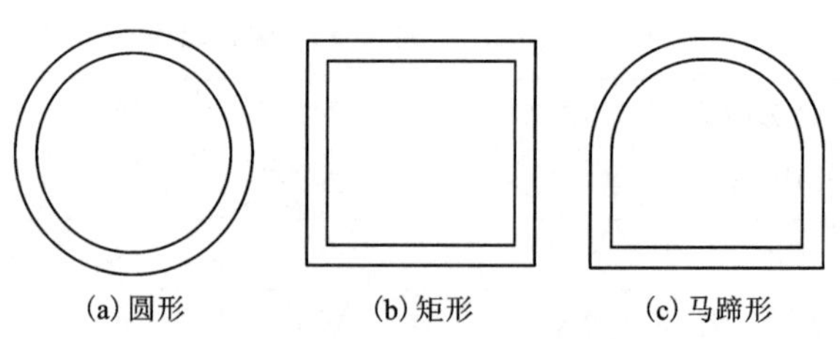

图 3-15 综合管廊三种常用截面形式

马蹄形结构断面，空间利用率介于矩形和圆形之间，受力性能好，但施工机械化程度相对较低，施工速度较慢，适用于浅埋暗挖施工。

综合管廊截面的大小影响因素包括管廊类型、入廊管线的数量及种类、地下空间的限制、管线的空间布置要求、检修工作空间的要求、相关设备的布置要求、管线扩容需求等。

确定合理的管廊宽度，并预留一定的宽度余量。各管线之间的左右间距应保证满足管线间的容许水平净距及相关工艺要求。

$$L = \sum (D_i + a_{ij}) + b_i + c + w + A_L + \delta \quad (3-67)$$

式中：L 为综合管廊的宽度，m；D_i 为综合管廊内第 i 种管道的直径，m；a_{ij} 为管道 i 与管道 j 之间的容许水平净距，m；b_i 为管道与管廊内壁的容许水平净距，m；w 为支架所占宽度，m；A_L 为附属设施所占宽度，m；δ 为施工、检修及扩容留有的宽度余量，m；c 为检修通道宽度，m，不小于 0.9 m。

综合管廊截面高度包括管道的直径、管道间的容许竖向净距、管道与管廊顶间的容许竖向净距、支架、附属设施所占有的高度的总和。

$$H = \sum (D_i + a_{ij}) + b_1 + b_3 + A_H + \varepsilon \quad (3-68)$$

式中：H 为综合管廊的高度，m；D_i 为综合管廊内第 i 种管道的直径，m；a_{ij} 为管道 i 与管道 j 之间的容许竖向净距，m；b_1 为支墩所占高度，m；b_3 为管道与管廊顶部的容许竖向净距，m；A_H 为附属设施所占高度，m；ε 为施工、检修及扩容留有的高度余量，m。

3.5.4　管廊定位

管廊定位指确定管廊与管廊、轨道交通、地下信道、人防工程及其他设施的相对位置，满足水平和竖向净距控制要求。通常可将收集到的地理信息资料和管廊数据输入到地理信息系统（GIS）软件中，将管廊的位置和布局与地理地形进行比对和分析，确定管廊的精确位置。

3.5.5　附属设施规划

综合管廊规划需要合理规划设计投料口和井室/端井、消防、通风、排水、安全防范及通信规划、供电和照明、标识、防爆等附属设施。

1. 投料口和井室/端井规划设计

投料口设置在不影响行人通行的绿化带中，并结合通风井设置，布置间距不小于 400 m。投料口的地面以上部分将兼作自然送风井使用，而高出地面 1 m 的部分则配置钢爬梯，以便工作人员的进出。井室大小满足管线的进出口和维修设备需求，井室深度满足管线的埋深和维修需求。在工程起点、终点、管线的关键节点或交会点设置端井，方便管线的连接和分流。井室/端井处应做防渗设计。

2. 消防规划设计

进行综合管廊舱室火灾危险性分类（表 3-44），合理设置防火分区。防火分区的最大间距不大于 200 m，每个分区设一个安全疏散口或每隔 80 m 设置一个逃生口。相邻防火分区采用防火墙分隔。防火墙设置具有自动关闭功能的甲级防火门，其穿越管线部位采用阻火包封堵的措施封堵周边缝隙。

安装火灾自动监控、报警系统及自动灭火系统是维护综合管廊消防安全的重要措施。火灾自动监控系统由气体、温湿度、烟雾、水位等传感器、风机、水泵、网络和监控计算机等组成。传感器安装在每个防火分区内的出入口和通风口处，防火分区内的环境或设备出现异常时，传感器将被触发，并将信号通过网络传输到监控计算机内。监控计算机对信息进行处理，一方面将异常信息传达给监控中心人员，启动预警系统；另一方面根据信息，自动启动风机或水泵、切断防火分区内照明设备等消防措施。

表 3-44　综合管廊舱室火灾危险性分类

<table>
<tr><th colspan="2">舱室内容纳管线种类</th><th>舱室火灾危险性类别</th></tr>
<tr><td colspan="2">燃气管道</td><td>中</td></tr>
<tr><td colspan="2">阻燃电力电缆</td><td>丙</td></tr>
<tr><td colspan="2">通信线缆</td><td>丙</td></tr>
<tr><td colspan="2">热力管道</td><td>丙</td></tr>
<tr><td colspan="2">污水管道</td><td>丁</td></tr>
<tr><td rowspan="2">雨水管道、给水管道、再生水管道</td><td>塑料管等难燃管材</td><td>丁</td></tr>
<tr><td>钢管、球墨铸铁管等不燃管材</td><td>戊</td></tr>
</table>

3. 通风规划设计

通风规划设计主要考虑综合管廊的通风方式和通风设备的选择和布置。通风方式可采用自然通风、强制通风、混合通风和局部通风。优先考虑自然通风，当自然通风不能满足要求时，可采用强制通风或混合通风。风机选择和布置应满足综合管廊的通风量需求，通风量通常可根据综合管廊类型和人员数量来估算。风机布置在风井或端井中。通风设备还应符合节能环保要求，燃气管道舱室应采用防爆风机。强制排风口每隔 200 m 设置一个，应高于最高水位，以防止雨水倒灌；设置不大于 10 mm×10 mm 的网孔，防止小动物进入和废弃物投入。

风机控制系统应满足风机正常运行和根据需要调节风量的要求。当有人员进入综合管廊时，通风设备应自动开启，满足换气要求。当发生火灾时，通风设备应自动关闭，隔绝空气以防止火灾扩散。火灾后，应重新开启通风系统和机械排烟设施，净化管廊内空气，为救灾人员提供安全的救灾环境。

4. 排水规划设计

在管廊内每隔 200 m 设置一个排水区。为排除因管道破损(爆管)、管道放空维修以及廊壁渗水而造成的积水，每个排水区内都应配置排水系统。这个系统主要由排水沟、集水坑以及排水泵组成。排水沟设置在管廊的一侧，其断面尺寸不小于 200 mm×100 mm，并且纵向坡度不小于 2%。在每个排水区的最低位置设置一个集水坑，其尺寸不小于深 1.2 m、长宽 1.2 m。每个集水坑内均配置一台潜水泵，其启动由集水坑水位和控制中心人工控制，这样可将集水坑内的积水抽出并排至路面的排水井内。

5. 安全防范及通信规划

安全防范系统由视频监控、门禁、防入侵和可视化巡检四部分组成。该系统的目标是实现对综合管廊内人员的全过程、全方位的实时监控。通信系统的主要功能在于保证安全防范系统以及环境和设备监控系统内的管理、巡检和施工人员的通信联络，确保巡检人员的信息能够及时上报，同时也能保证监控中心的命令能够及时下达。此外，城市地下综合管廊地理信息系统为地下管廊及其内部各专业管线的基础数据提供统一的坐标系，以便在灾情发生时进行快捷的人员定位。

6. 供电和照明规划设计

综合管廊的供电系统指保障管廊内消防、通风、排水、照明、安全防范及通信系统正常运作的基础性附属设施。管廊内的电气设备需要满足防水防潮的要求。在选择电缆时，需要考虑消防和鼠害的影响。消防设备采用阻燃型供电电缆及控制电缆。鼠害严重部分采用金属包裹或钢带铠装电缆。综合管廊内的金属构件、电缆金属套、金属管道及电气设备金属外壳均与电阻不大于 12 Ω 的接地网连接，以确保设备的接地安全。管廊内人行道上，需要保证足够的照明，尽量采用节能灯、声控照明等节能灯具。

7. 标识规划设计

标识包括向导、管理、专业管线和注意标识。标识规划应保证事故发生时，能够清楚地引导人员及时撤离或救援现场。标识选用不可燃、防潮、防锈的材质，字迹清晰醒目，在一定烟雾浓度下也可看清。

8. 防爆规划设计

针对综合管廊内可能发生爆炸的热力和燃气管道，进行防爆规划设计。具体包括：

①参考国家相关的防爆设计标准和规范，制定适用于综合管廊系统的防爆设计标准和技术要求。

②对综合管廊系统中的不同区域、设备和管道进行风险评估和分类，确定可能存在的易燃易爆气体的类型和潜在风险。根据风险评估结果，将综合管廊系统划分为不同的防爆区域，明确各区域的防爆等级和防护要求。

③根据防爆区域的特点和要求，优化原有的消防设计、通风规划和监测系统设计。

④选择符合防爆要求的设备、仪器和材料，例如防爆型电气设备、防爆管道和防爆阀门等。

⑤在综合管廊系统中，对于有易燃易爆气体的场所或设备，应进行良好的接地并采取静电防护措施，以防止静电产生和积聚，减少火灾和爆炸的风险。

习　题

南方某城市某一新规划区，拟进行城市地下管网建设。规划面积 150 ha，第一期规划人口(班级+学号)千(比如 1 班 01 号，则为 101 千)，规划有 2 条长 5 km 的主干道，道路宽 50 m。

(1)水管网仅考虑居民用水，试计算设计用水量和管径 D_0。

(2)采用雨污分流制度。雨水计算径流系数取 0. 65，重现期为 1 年，排水管道满流经济设计流速约为 2 m/s，试布置雨水和污水管道，进行设计流量和管径。

第4章 城市地下管网水力与热力分析

城市地下管网水力计算任务是建立地下管网水力模型，进行管网水力平差，确定管道直径和管内流体压力，为管线布置和管道壁厚设计提供依据。城市地下管网热力计算目的是合理确定管道内流体压力及保温层厚度。

4.1 地下管道内流体水头损失计算

4.1.1 地下管道内流体基本性质

流体分为液体和气体。液体受压后体积缩小不明显，称为不可压缩流体，包括给排水和热水。不可压缩流体密度随压强变化很小，流体的密度可视为常数。气体受压后体积明显缩小，称为可压缩流体，包括燃气和水蒸气的流体，包括给排水和热水。可压缩流体密度随压强变化而变化。

气体的压缩性要比液体的压缩性大得多，其密度与温度和压强的关系满足热力学状态方程，即

$$\frac{p}{\rho} = RT \tag{4-1}$$

式中：p 为气体的绝对压强，Pa；ρ 为气体的密度，kg/m^3；T 为热力学温度，K；R 为气体常数，J/(kg·K)。

在工程上，不同压强和温度下气体的密度可按下式计算：

$$\rho = \rho_0 \frac{273}{273 + t} \frac{p}{101325} \tag{4-2}$$

水流参数随空间变化的流体叫非均匀流，不随空间变化的流体叫均匀流。局部分叉、转弯与变截面时管道内液体流动为非均匀流，采用局部水头损失公式计算。在一段距离内不变且不发生转弯的管道内液体流体称为均匀流。均匀流管道对水流阻力沿程不变，采用沿程水头损失公式计算。非满管流或渠流，只要长距离截面不变，近似为均匀流。

水流参数随时间变化的流体叫非恒定流，不随时间变化的流体叫恒定流。给水排水管网中，水流水力因素随时间变化，属于非恒定流，水力计算复杂，在设计时按恒定流计算。

4.1.2 沿程水头损失

水头是单位重量的流体所具有的机械能，由位置水头 Z，压力水头 P/ρ（测压管水头）和流速水头 $v^2/2g$ 组成，本书中水头用 h 表示。

$$h = Z + P/\rho + v^2/2g \tag{4-3}$$

式中：h 为水头，m；Z 为位置水头，m；P 为流体压力，Pa；ρ 为流体密度，kg/m³；v 为流体速度，m/s；g 为重力加速度，m/s²。

流体克服流动阻力所消耗的机械能称为水头损失。当流体受固定边界限制做均匀流动时，流动阻力中只有沿程不变的切应力，称为沿程阻力。由沿程阻力引起的水头损失称为沿程水头损失。

1. 给排水管道沿程水头损失

给排水管道的沿程水头损失计算公式常见的有谢才公式、圆管满流达西公式、柯尔勃洛克-怀特公式、海曾-威廉公式、曼宁公式、舍维列夫公式和巴甫洛夫斯基公式。分述如下：

1）谢才公式

$$h_{\mathrm{f}} = \frac{v^2}{C^2 R} L \tag{4-4}$$

式中：h_{f} 为沿程水头损失，m；v 为过水断面平均流速，m/s；C 为谢才系数；R 为过水断面水力半径，m；圆管流 $R=0.25d$；L 为管渠长度，m。

2）圆管满流达西公式

$$h_{\mathrm{f}} = \lambda \frac{L}{D_0^2} \frac{v^2}{g} \tag{4-5}$$

式中：D_0 为管段内径，m；g 为重力加速度，m/s²；λ 为沿程阻力系数，$\lambda=8g/C^2$。

3）柯尔勃洛克-怀特公式

适用于各种紊流，是适用性和计算精度较高的公式之一。

$$C = -17.71\lg\left(\frac{e}{14.8R} + \frac{4.462}{Re^{0.875}}\right) \tag{4-6}$$

式中：e 为管壁当量粗糙度，m；Re 为雷洛系数。

4）海曾-威廉公式

适用于较光滑的圆管满流管紊流计算（$e \leqslant 0.25$ mm），主要用于给水管道水力计算。

$$\lambda = \frac{13.16 g D_0^{0.13}}{C_{\mathrm{w}}^{1.852} q^{0.148}} \tag{4-7}$$

式中：q 为流量，m³/s；C_{w} 为海曾-威廉粗糙系数。

5）曼宁公式

巴甫洛夫斯基公式中 $y=1/6$ 时的特例，适用于明渠或较粗糙的管道计算（$0.5\ \mathrm{mm} \leqslant e \leqslant 4.0\ \mathrm{mm}$）。

$$C = \frac{\sqrt[6]{R}}{n_{\mathrm{M}}} \tag{4-8}$$

式中：n_{M} 为曼宁公式粗糙系数。

6) 舍维列夫公式

适用于旧铸铁管和旧钢管满管紊流(1.0 mm≤e≤1.5 mm)，水温为 10 ℃，常用于给水管道水力计算。

$$\lambda=\begin{cases}\dfrac{0.00214g}{d^{0.3}} & v\geqslant 1.2\ \text{m/s}\\ \dfrac{0.001824}{D_0^{0.3}}\left(1+\dfrac{0.867}{v}\right)^{0.3} & v<1.2\ \text{m/s}\end{cases}\tag{4-9}$$

7) 巴甫洛夫斯基公式

适用于明渠流和非满流排水管道(1.0 mm≤e≤5.0 mm)计算。

$$C=\frac{R^y}{n_B}\quad y=2.5\sqrt{n_B}-0.13-0.75\sqrt{R}(\sqrt{n_B}-0.1)\tag{4-10}$$

式中：n_B 为巴甫洛夫斯基公式粗糙系数。

沿程水头损失计算公式的指数形式：

$$h_f=\frac{kq^n}{D_0^m}l\cdots\quad 或\quad h_f=s_fq^n\tag{4-11}$$

式中：k、n、m 取值见表 4-1；$s_f=\dfrac{kl}{D^m}$ 为摩阻系数。

表 4-1　公式参数

参数	海曾-威廉公式	曼宁公式	舍维列夫公式
k	$10.67/C_w^{1.852}$	$10.29n_M^2$	0.001798
n	1.852	2.0	1.911
m	4.87	5.333	5.123

2. 燃气管网的沿程水力损失

燃气管网的沿程水力损失采用摩擦阻力表示：

$$P_{ml}=\lambda\frac{L}{D_0}\cdot\frac{\rho v_2^2}{2}=R_mL\tag{4-12}$$

式中：P_{ml} 为燃气管道沿程水头损失；L 为管长，m；D_0 为管段内径或流速当量直径，m；R_m 为单位长度摩擦阻力；λ 为摩阻系数。当雷洛系数 $Re<2000$ 时，$\lambda=\dfrac{64}{Re}$；当 $Re=2000\sim4000$ 时，$\lambda=0.0025\sqrt[3]{Re}$；当 $Re>4000$ 时，$\lambda=0.11\left(\dfrac{68}{Re}+\dfrac{K}{d}\right)^{0.25}$。

对高中压燃气管网($P>10$ kPa)，由动量方程、气体状态方程和连续方程得：

$$P_1^2-P_2^2=1.62\lambda\frac{L_0^2}{d^5}\rho_0P_0L\tag{4-13}$$

对低压燃气管网($P\leqslant10$ kPa)，式(4-13)可简化为：

$$\Delta P_{1\sim2}=0.81\lambda\frac{L_0^2}{d^5}\rho_0 L \tag{4-14}$$

由此为基准可推导出高压、次高压和中压燃气管道单位长度摩擦阻力损失的表达式：

$$\frac{P_1^2-P_2^2}{L}=1.27\times10^{10}\lambda\frac{Q^2}{D_0^5}\rho\frac{T}{T_0} \tag{4-15}$$

低压燃气管道单位长度摩擦力损失的表达式：

$$\frac{\Delta p}{L}=6.26\times10^7\lambda\frac{Q^2}{D_0^5}\rho\frac{T}{T_0} \tag{4-16}$$

燃气管道摩擦阻力系数，按下式计算：

$$-\frac{1}{\sqrt{\lambda}}=-2\lg\left[\frac{K}{3.7D_0}+\frac{2.51}{Re\sqrt{\lambda}}\right] \tag{4-17}$$

3. 热水管道沿程水头损失

热水管网水流量较大，所以通常以 t/h 为单位，其沿程水头损失采用每米管长的沿程损失(比摩阻)R 表示：

$$R_m=6.25\times10^{-2}\frac{\lambda}{\rho}\frac{Q^2}{D_0^5} \tag{4-18}$$

式中：R_m 为每米管长的沿程压力损失(比摩阻)，Pa/m；Q 为管段的热媒流量，t/h；D_0 为管道内径，m；ρ 为热媒的密度，kg/m^3；λ 为沿程阻力系数。

热水管网的水流速度通常大于 0.5 m/s，其流动状况大多处于阻力平方区。阻力平方区的沿程阻力系数值，可用下式确定：

$$\lambda=\frac{1}{\left(1.14+2\lg\dfrac{D_0}{e}\right)^2} \tag{4-19}$$

对于管径等于或大于 40 mm 的管道，也可用下式计算：

$$\lambda=0.11\left(\frac{D_0}{e}\right)^{0.25} \tag{4-20}$$

式中：e 为管壁的当量绝对粗糙度，m，热水管网中取 $e=0.5\times10^{-3}$ m。

4.1.3 局部水头损失

当流体的固定边界突然发生变化，引起流速分布或方向发生变化，从而集中发生在较短范围的阻力称为局部阻力。由局部阻力引起的水头损失称为局部水头损失。

1. 给排水管网局部水头损失

$$h_m=\xi\frac{v^2}{2g} \tag{4-21}$$

式中：h_m 为排水管网的局部压力损失，m；ξ 为管段中总的局部阻力系数，取值见表 4-2。

表 4-2 给排水管网局部水头损失公式中局部阻力系数

局部阻力设施	ξ	局部阻力设施	ξ
全开闸阀	0.19	90°弯头	0.9
50%开启闸阀	2.06	45°弯头	0.4
截止阀	3~5.5	三通转弯	1.5
全开蝶阀	0.24	三流直流	0.1

给排水管网局部水头损失公式的指数形式：

$$h_{m} = s_{m}q^{n} \tag{4-22}$$

式中：s_{m} 为局部阻力系数。

2. 燃气管网局部水头损失

进行城市燃气管网计算时，管网的局部水头损失取沿程水头损失的5%～10%进行估算，也可采用式(4-23)计算。

$$\Delta P = \sum \xi \frac{v^2}{2} \rho \frac{T}{T_0} \tag{4-23}$$

式中：ΔP 为燃气管道局部压力降，Pa；$\sum \xi$ 为计算管段中局部阻力系数的总和；v 为燃气在管道中的流速，m/s；ρ 为燃气密度，kg/Nm^3；T 为燃气绝对温度，K，T=273 K。

城镇燃气低压管道从调压站到最远燃具管道允许的水头损失可按下式计算：

$$\Delta P_{d} = 0.75P_{n} + 150 \tag{4-24}$$

3. 热力管网局部水头损失

热水管网的局部损失可按下式计算：

$$\Delta p_{j} = \sum \xi \frac{\rho v^2}{2} \tag{4-25}$$

式中：Δp_{j} 为热水管网的局部压力损失，Pa；$\sum \xi$ 为管段中总的局部阻力系数。

在热水管网水力计算中，对于管网的局部阻力，经常采用当量长度法进行计算，即将管段的局部损失折合成相当的沿程损失。当量长度可用下式计算：

$$L_{d} = \sum \xi \left(\frac{d}{\lambda}\right) = 9.1 \sum \xi \left(\frac{D_0}{e}\right)^{1.25} \tag{4-26}$$

式中：D_0 为管道内径，m；e 为管道的当量绝对粗糙度，mm。

在进行估算时，局部阻力的当量长度可按管道实际长度 L 的百分数来计算，公式如下：

$$L_{d} = \alpha_{j}L \tag{4-27}$$

式中：α_{j} 为局部阻力的当量长度百分数，%；L 为管道实际长度，m。

管线平均比摩阻(或比压降)可按下式计算：

$$R_{pj} = \frac{\Delta p_{z}}{\sum L(1 + \alpha)} \tag{4-28}$$

式中：R_{pj} 为管线平均比摩阻，Pa/m；Δp_z 为管线的总压降，Pa；$\sum L$ 为管线总长度，m；α 为局部阻力与沿程阻力的比值。

计算管道的总压降为：

$$\Delta p = R_m(L + L_d) = R_m L_{zh} \tag{4-29}$$

$$\Delta p = R_m L_{zh} \tag{4-30}$$

式中：Δp 为计算管段总压降，Pa；R_m 为计算管段比摩阻，Pa/m；L_{zh} 为计算管段折算长度，m。

4.2　地下管网水力模型建立

本教材仅对新建管网进行水力计算。给水、燃气和热力地下管网是一类大规模且复杂多变的网络系统，为便于规划、设计和运行管理，将其简化和抽象以便于用图形和数据表达和分析的系统，称为流体管网模型(图 4-1)。

经过简化的流体管网进一步抽象成为仅由管段和节点两类元素组成的管网模型。干管网的组成：节点、管段、管线、环等。节点：标有 1、2、3、4……的称为节点。两节点之间称为管段。管段顺序连接形成管线。起点和终点重合的管线称为环，分为基环和大环。多源的管网，将两个或者两个以上定压源节点用虚管线和虚节点连接起来，称为虚环。管线和泵站等简化后的抽象形式，只输送流量，不允许改变流量，但可改变能量。节点的能量唯一，但有流量的输入或输出。

实际模型非常复杂，不便于计算，采用简化和等效方式处理。简化是基于宏观等效原则和最小误差原则，从实际系统中去掉一些比较次要的设施，留下主要对象(图 4-2)。常用简化方法有删除、合并、等效和拆分措施。删除次要管线、全开阀门和不影响全局水力特性的设施。临近交叉点合并为同一交叉点；临近管段合并为一条管道，同一处的多个相同设施合并。不同管材和规格等效为单一管材和规格，串并联管线等效为单管线；全闭阀门管线拆分为两段，大系统可拆分为多个小系统。

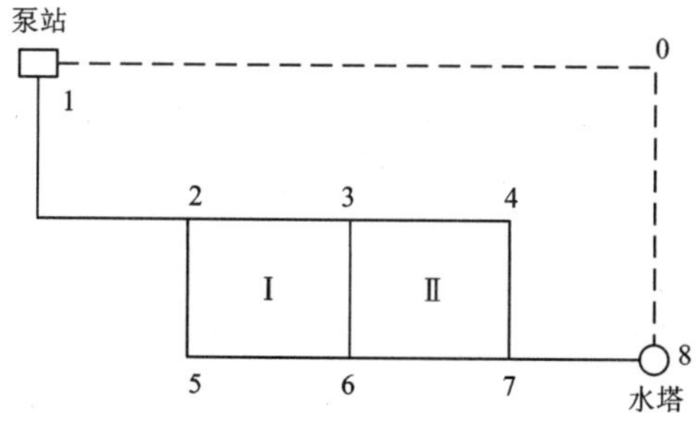

图 4-1　流体管网模型

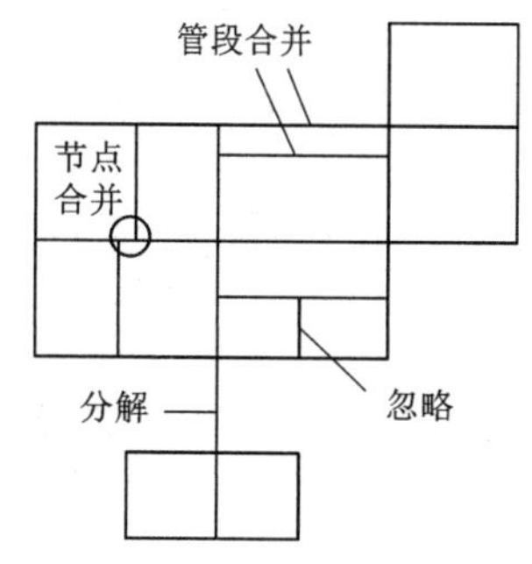

图 4-2　给水管网简化示意图

1. 多条管道串联或并联管线等效为单条管道

如图 4-3 所示串联管道，设任一管道 $i(i=1, \cdots, N)$ 的管道长度 l_i 和管道直径 D_{0i}，管段流量为 q。

串联管道的简化原则是等效前后水头损失相等。串联等效后管道内径 D_0 通过式(4-31)计算得到：

$$\frac{kq^n l}{d^m} = \sum_{i=1}^{N} \frac{kq^n l_i}{D_{0i}^m} \tag{4-31}$$

如图 4-4 所示并联管道，设任一管道 $i(i=1, \cdots, N)$ 的管道长度 l_i 和管道直径 D_{0i}，管段流量为 q_i。并联管道的简化原则是等效前后的流量相等。并联等效后管道直径为 d，通过式(4-33)计算得到：

$$q = q_1 + q_2 + \cdots + q_N \tag{4-32}$$

$$D_0 = \left(\sum_{i=1}^{N} D_{0i}^{\frac{m}{n}} \right)^{\frac{n}{m}} \tag{4-33}$$

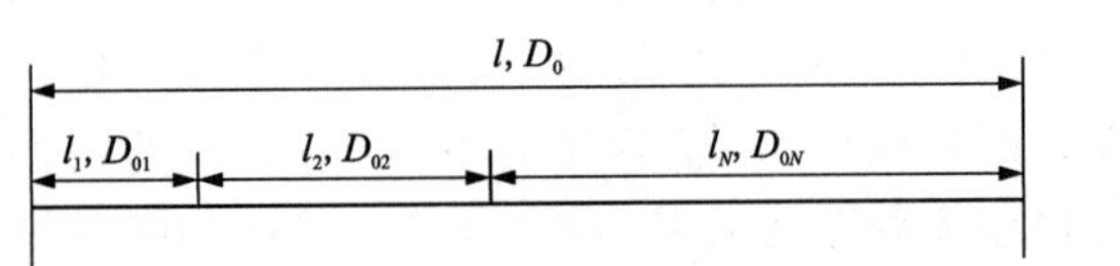

图 4-3　串联给水管道等效计算简图

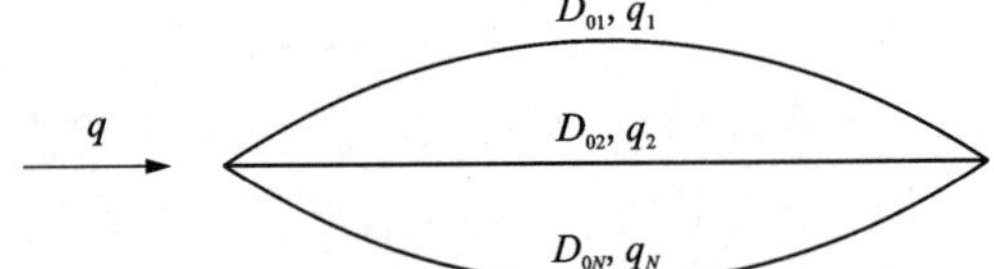

图 4-4　并联给水管道等效计算简图

2. 管道沿线分散出流或入流等效为集中出流或入流

沿线均匀出流等效计算图见图 4-5 和图 4-6，简化后任一管道流量由沿线流量和转输流量组成。等效原则是等效前后的水头损失相等。

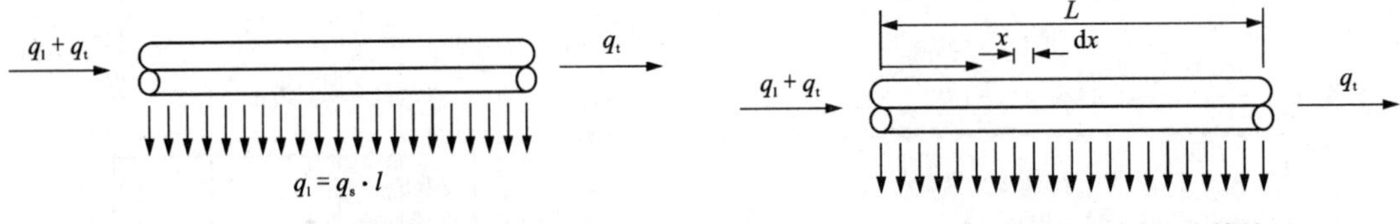

图 4-5　沿线均匀出流管道等效计算简图

图 4-6　等效前水头损失计算简图

假设沿线出流均匀，则管道内任意断面 x 上的流量可表示为 $q_x = q_t + \frac{l-x}{l} q_1$。沿程水头损失计算如下：

$$h_f = \int_0^l \frac{k\left(q_t + \frac{l-x}{l} q_1\right)^n}{d^m} dx = k \frac{(q_t + q_1)^{n+1} - q_t^{n+1}}{(n+1) d^m q_1} L \tag{4-34}$$

将沿线流量 q_1 等效为管段的两个节点处的集中流量，分别为 $(1-\alpha) q_1$ 和 αq_1，见图 4-7。

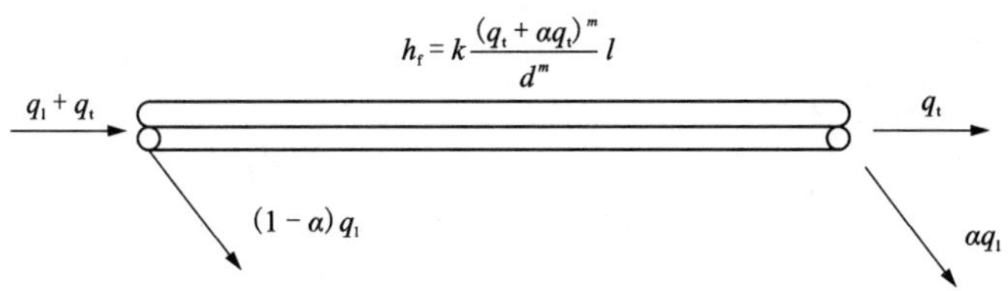

图 4-7 沿线均匀出流管道等效计算结果图

假设转移到末端的流量为 αq_1，则通过管道流量为：

$$q = q_t + \alpha q_e \tag{4-35}$$

等效后水头损失为：

$$h_f = k\frac{(q_t + \alpha q_1)^n}{D_0^m}L \tag{4-36}$$

根据水力等效原则：

$$h_f = k\frac{(q_t + q_1)^{n+1} - q_t^{n+1}}{(n+1)D_0^m q_1}L = k\frac{(q_t + \alpha q_1)^n}{D_0^m}L \tag{4-37}$$

令 $n=2$，…，$m=5.333\cdots$，$\gamma=q_t/q_1$，代入上式得 $\alpha=\sqrt{\gamma^2+\gamma+\frac{1}{3}}-\gamma$。$\gamma=0$，$\alpha=0.577$，$\gamma\to\infty$，$\alpha\to0.5$。由此表明，管道沿线出流的流量可近似地一分为二，转移到两个端点上。

4.3 树状管网水力模型分析

树状管网不存在环方程，管段流量 q_i 不变化，管段水头损失 h_i 不变化，节点方程组系数矩阵元素值为常数，未知节点压力存在直接解。从流量或压力开始，采用直接法求解树状管网水力方程。从管段流量开始求解树状管网流速和压力，称为管段流量逆推法。具体为从树枝末端节点流量开始，用节点流量连续性方程，向前逐一累加，每一管段下游所有节点流量的和为该管段的管段流量。

从节点压力求解树状管网流速和压力，称为节点压力顺推法。具体为从已知压力节点出发，用管段能量方程求节点水头，可立即解出。

树状管网模型管段流量逆推法求解步骤：

①确定总需求量 $\sum Q$；

②确定比流量 q_s；

③计算沿线流量 q_1 和节点流量 q_i；

④计算管网传输流量 q_t 和管道流量 q；

⑤计算管道管径和水头损失，见 2.2.5 节；

⑥计算管干管总的水头损失和节点水头；

⑦验算各支线水力坡降小于容许水力坡降；

⑧确定水塔高度和水泵扬程；

⑨展示计算结果。

树状管网水力模型求解实例：

某城市给水区树状网布置见图 4-8。用水共 5 万人，最高日用水定额为 150 L/(人·日)，要求最小服务水头为 16 m。节点 4 接某工厂，工业用水量为 400 m^3/日，两班制，均匀使用。城市地形平坦，地面标高为 5.00 m。计算总用水量、总长度、比流量、沿线流量和节点流量。

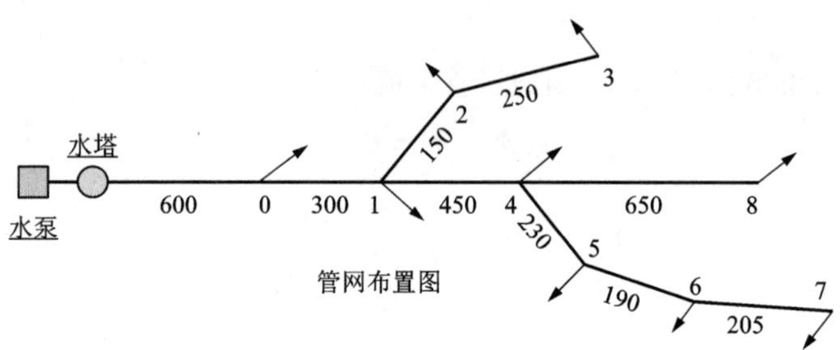

图 4-8　树状管网计算简图(单位：m)

(1)确定给水需求量 $\sum Q$

总用水量=生活用水量+工业用水量。

设计最高日生活用水量：50000×0.15=7500 m^3/日=312.5 m^3/h=86.81 L/s。

工业用水量：两班制，均匀用水，则每天用水时间为 16 h，工业用水量(集中流量)=400/16=25 m^3/h=6.94 L/s。

总水量：$\sum Q$ =86.81+6.94=93.75 L/s。

(2)确定比流量 q_s

管线总长度 $\sum L$：$\sum L$ =2425 m。

其中水塔到 0 节点的管段两侧无用户，不配水，因此未计入 $\sum L$。

由 $\sum L$ = 2425 m，$\sum Q$ = 93.75 L/s，则 q_s = ($\sum Q$ − $\sum q$)/$\sum L$ =(93.75−6.94)/2425=0.0358 L/(m·s)。

(3)计算沿线流量 q_1 和节点流量 q_i

采用表格方式计算沿线流量和节点流量，见表 4-3 和表 4-4，将计算结果用图展示，见图 4-9。

表 4-3　沿线流量计算表

管段	管段长度/m	沿程流量/(L·s^{-1})
0~1	300	300×0.0358=10.74
1~2	150	150×0.0358=5.37
2~3	250	250×0.0358=8.95

续表4-3

管段	管段长度/m	沿程流量/($L \cdot s^{-1}$)
1~4	450	450×0. 0358 = 16. 11
4~8	650	650×0. 0358 = 23. 27
4~5	230	230×0. 0358 = 8. 23
5~6	190	190×0. 0358 = 6. 80
6~7	205	205×0. 0358 = 7. 34
合计	2425	86. 81

表 4-4　节点流量计算表

节点	节点流量/($L \cdot s^{-1}$) ($q_i = 0.5\sum q_l$)
0	0. 5×10. 74 = 5. 37
1	0. 5×(10. 74+5. 37+16. 11) = 16. 11
2	0. 5×(5. 37+8. 95) = 7. 16
3	0. 5×8. 95 = 4. 48
4	0. 5×(16. 11+23. 27+8. 23) = 23. 81
5	0. 5×(8. 223+6. 80) = 7. 51
6	0. 5×(6. 80+7. 34) = 7. 07
7	0. 5×7. 34 = 3. 67
8	0. 5×23. 27 = 11. 64
合计	86. 82

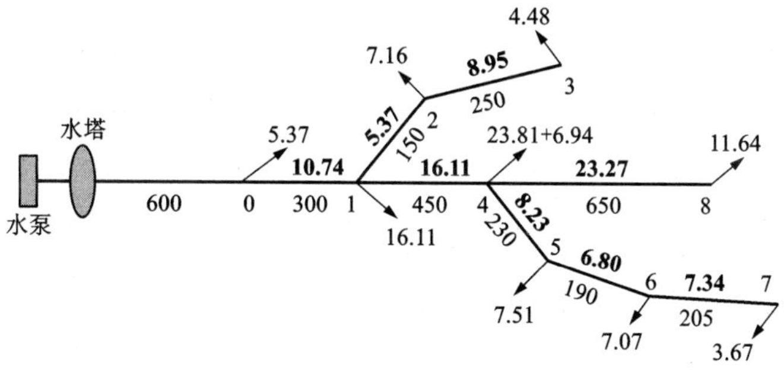

图 4-9　树状管网流量计算结果图(流量单位为 L/s，管道长度单位为 m)

(4)计算管网传输流量 q_t 和管道流量 q

采用表格方式计算管网传输流量 q_t 和管道流量 q，见表 4-5。

表 4-5　管网传输流量和管道流量计算表

管段	管段长度/m	节点流量/(L·s⁻¹)	传输流量/(L·s⁻¹)	管段流量/(L·s⁻¹)
6~7	205	3.67	0	3.67
5~6	190	7.07	3.67	10.74
4~5	230	7.52	10.74	18.26
4~8	650	11.63	0	11.63
1~4	450	30.74	18.26+11.63	60.63
2~3	250	4.48	0	4.48
1~2	150	7.16	4.48	11.64
0~1	300	16.11	60.63+11.64	88.38
水塔~0	600	5.37	88.38	93.75

(5)计算管道管径和水头损失

采用 $D_0=\sqrt{\dfrac{4q}{\pi v}}$ 确定管径，采用 $h_f=\dfrac{kq^n}{D^m}L$ 计算各管道水头损失，参数取值见表 4-1。计算结果见表 4-6。

表 4-6　管道管径和水头损失计算表

管段	k	L	D_0	选择管径	m	q	n	h_{ij}
0~1	0.001798	300	0.4	0.41	5.123	0.08838	1.911	0.56
水塔~0	0.001798	600	0.4	0.42	5.123	0.09375	1.911	1.27
1~2	0.001798	150	0.15	0.15	5.123	0.01164	1.911	0.90
2~3	0.001798	250	0.1	0.09	5.123	0.00448	1.911	1.94
1~4	0.001798	450	0.3	0.33	5.123	0.06063	1.911	1.75
4~8	0.001798	650	0.15	0.14	5.123	0.01163	1.911	3.95
4~5	0.001798	230	0.2	0.18	5.123	0.01826	1.911	0.75
5~6	0.001798	190	0.15	0.13	5.123	0.01074	1.911	0.98
6~7	0.001798	205	0.1	0.08	5.123	0.00367	1.911	1.09

(6)计算管干管总的水头损失和节点水头

进行干管各管段的水力计算。因城市用水区地形平坦，控制点选在离泵站最远的干管线上的节点 8。按照经济流速确定管径(或界限流量)。节点 8：$H_8=16.00$(最小服务水头 15.7 m，这里我们近似采用 16.00 m)+5.00(地面标高)= 21.00 m。干管水头损失和节点水头计算见表 4-7。

表 4-7　干管水头损失和节点水头计算表

管段	流量/(L·s^{-1})	流速/(m·s^{-1})	管径 D_0/mm	水头损失/m	节点	节点水头/m
水塔~0	93.75	0.75	400	1.27	0	26.70+0.56=27.26
0~1	88.38	0.70	400	0.56	1	24.95+1.75=26.70
1~4	60.63	0.86	300	1.75	4	21.00+3.95=24.95
4~8	11.63	0.66	100	3.95	8	H_8=16+5=21
—	—	—	—	$\sum h=7.53$	水塔	27.26+1.27=28.53

(7)验算各支线水力坡降小于容许水力坡降

支管各管段的水力计算不超过各支线的允许水力坡度，容许水力坡降计算为：

$$i_{1\sim3}=\frac{h_1-h_3}{L_{1\sim3}}=\frac{h_1-h_3}{L_{1\sim2}+L_{2\sim3}}=\frac{26.70-(16+5)}{150+250}=0.01425$$

$$i_{4\sim7}=\frac{h_4-h_7}{L_{4\sim7}}=\frac{h_4-h_7}{L_{4\sim5}+L_{5\sim6}+L_{6\sim7}}=\frac{24.95-(16+5)}{230+190+205}=0.00632$$

允许水头损失：$h_{1\sim3}=5.70$ m，$h_{4\sim7}=3.95$ m。

表 4-8　支管允许水头损失

管段	起端水位/m	终端水位/m	允许水头损失/m	管长/m	平均水力坡度
1~3	26.70	21.00	5.70	400	0.01425
4~7	24.95	21.00	3.95	625	0.00632

表 4-9　支管分段水头损失验算

管段	流量/(L·s^{-1})	管径 D_0/mm	水力坡度	水头损失/m
1~2	11.64	150(100)	0.00617	1.85(6.8)
2~3	4.48	100	0.00829	2.07
4~5	18.26	200(150)	0.00337	0.64(3.46)
5~6	10.74	150	0.00631	1.45
6~7	3.67	100	0.00581	1.19

4.4　环状管网水力模型分析

4.4.1　环状管网水力模型建立

环状管网模型见图 4-10，包括节点和管段编号和环等信息。其中管段具有方向性。其方向可任意设定，不一定等于管段中水流的流向。实际流向与设定方向不一致，用负值表示。节点流量流出节点为正值，流入为负值。

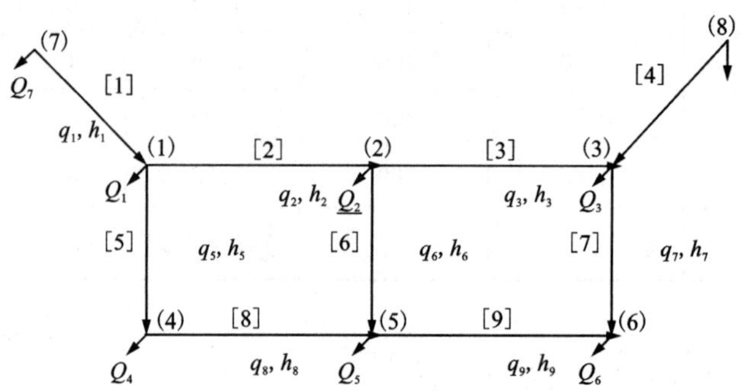

图 4-10　环状管网计算简图

环状管网中环、节点和管段数量满足：

$$M = L + N - 1 \tag{4-38}$$

式中：M 为管段数量；L 为环数量；N 为节点数量。

环状管网模型运行过程中满足质量和能量守恒方程，即节点流入和流出流量之和恒为零和环内各管道水头损失之和恒为零，管段水头损失满足水头损失方程。

①节点方程：求解节点流量 q_i。方程数=N-1（流量方程）。

$$\sum_{i \in s_j} (\pm q_i) + Q_j = 0 \qquad j = 1, 2, 3, \cdots, N \tag{4-39}$$

②环方程：方程数=环数 L（能量方程）。

$$\sum_{i \in R_k} (\pm h_i) = 0 \qquad k = 1, 2, 3, \cdots, L \tag{4-40}$$

③管段方程：方程数=管段数 P。

$$\begin{aligned} h_{Fi} - h_{Ti} &= s_i q_i |q_i|^{n-1} - h_{ei} \qquad i = 1, 2, 3, \cdots, M \\ h_{Fi} - h_{Ti} &= s_{fi} q_i |q_i|^{n-1} \qquad i = 1, 2, 3, \cdots, M \end{aligned} \tag{4-41}$$

以上管网恒定流方程组求解条件为节点流量与节点水头有一个已知，且至少有一个定压节点。定压节点是节点水头已知而节点流量未知的节点。

求解以上管网定流方程组的思路有 3 个。

①考虑节点水头设置为未知数，由于有一个定压节点，所以节点水头未知数数量为 N-1。设置节点水头为未知数，环方程自动满足。由式(4-39)可知，N-1 个节点方程，N-1 个未知数，理论上可唯一确定节点水头，进而求得管段流量和。这种求解方法称为解节点方法。

②考虑环方程中环流量为未知数，共有 L 个环，有 L 个未知数环流量。施加环流量后，不会改变节点流量守恒方程。由式(4-40)可知，L 个环方程，L 个未知数，理论上可唯一确定环流量，从而求得管段流量和节点水头。这种求解方法称为解节点方法。

③考虑管段流量设置为未知数，未知数数量为 M。可根据管段流量，列出 N 个节点流量守恒方程，以及 L 个环方程。

4.4.2　解环方程求解环状管网

解环方程的基本思想是先进行管段流量初分配，使节点流量连续性条件得到满足，然后，在保持节点流量连续性不被破坏的前提下，通过施加环校正流量，设法使各环的能量方程得到满足。

由于初分流量时是按照节点流量平衡来进行的，满足连续性方程，但不能满足能量方程，即环内闭合水头差不为零。环内正反两个方向的水头损失之差称作闭合差。调整管段流量，减少闭合差到一定精度范围的过程叫管网平差。一般情况下，不能用直接法求解非线性能量方程组，而须用逐步逼近法求解。解环方程有多种方法，现在最常用的解法是牛顿-拉夫森算法和哈代-克罗斯法。

1. 牛顿-拉夫森算法

①初步分配的流量满足节点流量守恒方法，但不满足环能量守恒方程：

$$\sum_{i \in s_j}(\pm q_i) + Q_j = 0 \qquad j = 1, 2, 3, \cdots, N \tag{4-42}$$

$$\begin{gathered} h_1(q_1^0, q_2^0, q_3^0, \cdots, q_L^0) \neq 0 \\ \cdots \\ h_L(q_1^0, q_2^0, q_3^0, \cdots, q_L^0) \neq 0 \end{gathered} \tag{4-43}$$

②初步分配流量与实际流量的差额为 Δq，实际流量满足能量方程：

$$\begin{gathered} h_1(q_1^0 + \Delta q_1, q_2^0 + \Delta q_2, q_3^0 + \Delta q_3, \cdots, q_P^0 + \Delta q_L) = 0 \\ \cdots \\ h_L(q_1^0 + \Delta q_1, q_2^0 + \Delta q_2, q_3^0 + \Delta q_3, \cdots, q_P^0 + \Delta q_L) = 0 \end{gathered} \tag{4-44}$$

③将函数在分配流量上展开，并忽略高阶微量：

$$\begin{gathered} h_1(q_1^0, q_2^0, \cdots, q_P^0) + \left(\frac{\partial h_1}{\partial q_1}\Delta q_1 + \frac{\partial h_1}{\partial q_2}\Delta q_2 + \cdots + \frac{\partial h_1}{\partial q_L}\Delta q_P\right) = 0 \\ \cdots \\ h_L(q_1^0, q_2^0, \cdots, q_P^0) + \left(\frac{\partial h_L}{\partial q_1}\Delta q_1 + \frac{\partial h_L}{\partial q_2}\Delta q_2 + \cdots + \frac{\partial h_L}{\partial q_L}\Delta q_P\right) = 0 \end{gathered} \tag{4-45}$$

④方程组的第一部分称为闭合差：

$$\begin{gathered} h_1(q_1^0, q_2^0, q_3^0, \cdots, q_L^0) = \Delta h_1 \\ \cdots \\ h_L(q_1^0, q_2^0, q_3^0, \cdots, q_L^0) = \Delta h_L \end{gathered} \tag{4-46}$$

⑤将闭合差项移到方程组的左边，得到关于流量误差(校正流量)的线性方程组：

$$\begin{gathered} \frac{\partial h_1}{\partial q_1}\Delta q_1 + \frac{\partial h_1}{\partial q_2}\Delta q_2 + \cdots + \frac{\partial h_1}{\partial q_P}\Delta q_L = -\Delta h_1 \\ \cdots \\ \frac{\partial h_L}{\partial q_1}\Delta q_1 + \frac{\partial h_L}{\partial q_2}\Delta q_2 + \cdots + \frac{\partial h_L}{\partial q_P}\Delta q_L = -\Delta h_L \end{gathered} \tag{4-47}$$

⑥求解该校正环流量线性方程组。

具体求解步骤为：

①拟定管段流量初值，给定闭合差最大允许值。手工计算时，一般取=0.1~0.5 m，计算机计算时，一般取0.01~0.1 m。

②计算各环水头闭合差。闭合差均小于最大允许闭合差，则解环方程组结束。转第⑤步进行后续计算。否则继续下步。

③计算系数矩阵，解线性方程组，得环校正流量。

④将环校正流量施加到环内所有管段，得到新的管段流量，作为新的初值(迭代值)，转第②步重新计算，管段流量迭代计算公式为：

$$q_i^{(0)} + \Delta q_j - \Delta q_1 = q_i^{(1)} \qquad i = 1, 2, \cdots, M \tag{4-48}$$

⑤计算管段压降、流速，用顺推法求各节点水头，最后计算节点自由水压，计算结束。

2. 哈代-克罗斯算法

在牛顿-拉夫森算法求解过程中，考虑相邻环对管道流量的影响，因此线性方程组求解过程中，存在不为零的非对角线元素，需要计算雅可比行列式值，仍然不方便手算。哈代-克罗斯提出不考虑相邻环影响，进行更适合手算的迭代计算方法。系数矩阵为对称正定、主对角优势稀疏矩阵，只保留主对角元素，忽略非对角元素，直接迭代求解。

与牛顿-拉夫森算法相比，哈代-克罗斯算法进行如下改进：每个迭代步骤只平差一个环，且优先闭合差较大的环和大环，而非同时平差多个环，平差后立即更新管段流量，后面的平差用新的值计算闭合差，则平差的收敛速度可得到提高。

具体求解步骤为：

①绘制管网平差计算图，标出各计算管段的长度和各节点的地面标高。

②计算比流量、管段流量和节点总流量。

③根据城镇设计流量情况，拟定环状网各管段的流体方向，按每一节点满足 $Q_i+q_{ij}=0$ 的条件，并考虑质量守恒要求分配流量，得出分配的管段流量 $q_{ij}^{(0)}$。

④根据经济流速或查界限流量表选用各管段的管径，计算各管段水头损失 h_{ij}。

⑤假定各环内水流顺时针方向管段中的水头损失为正，逆时针方向管段水头损失为负，计算该环内各管段的水头损失代数和 $\sum h_{ij}$，如 $\sum h_{ij} \neq 0$，其差值为第一次闭合差 $\Delta h^{(0)}$。

⑥计算各环内各管段的 $S_{ij}q_{ij}$ 总和 $\sum S_{ij}q_{ij}$，按下式求出校正流量。

$$\Delta q^{(1)} = -\frac{\Delta h^{(0)}}{n\sum S_{ij}\left|q_{ij}^{(0)}\right|^{n-1}} \tag{4-49}$$

如闭合差为正，则校正流量为负，反之则校正流量为正。

⑦设图上的校正流量符号以顺时针为正，逆时针方向为负，凡流向和校正流量方向相同的管段，加上校正流量，否则减去校正流量。据此得第一次校正的管段流量

$$q_{ij}^{(1)} = q_{ij}^{(0)} + \Delta q_s + \Delta q_n \tag{4-50}$$

式中：Δq_s 为本环的校正流量，L/s；Δq_n 为临环的校正流量，L/s。

⑧按此流量再行计算，如闭合差尚未达到允许的精度，从第②步起按每次调整后的流量反复计算，直到每环的闭合差达到要求为止。手工计算，每环闭合差要求小于0.5 m，大环

闭合差小于 1.0 m。

3. 环状管网哈代-克罗斯法算例

如图 4-11 所示环状管网，按最高时用水量 Q_h = 219.8 L/s，计算各管道的流量和压力。

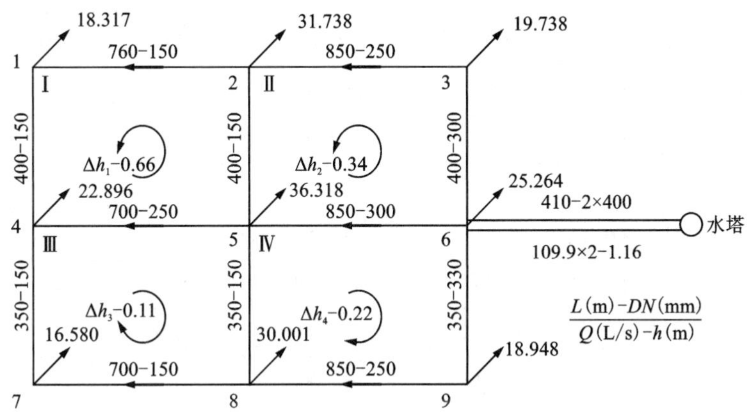

图 4-11　环状管网哈代-克罗斯法计算简图

计算过程如下：

(1) 比流量：q_s = 219.8/6960。计算沿线流量和节点流量，见表 4-10。

(2) 初始分配管段流量，见表 4-11；根据经济流速或查界限流量表选用各管段的管内径，计算各管段摩阻系数 S 和水头损失 h_{ij}，并计算第一次迭代各环水头损失代数和 $\sum h_{ij}$。

$$S = \frac{0.001798L}{(D_0/1000)^{5.123}} \tag{4-51}$$

$$h_{ij} = S(q_{ij}/1000)^{1.911} \tag{4-52}$$

(3) 计算各环内各管段的 $nS|q_{ij}^{(0)}|^{n-1}$ 总和 $\sum nS|q_{ij}^{(0)}|^{n-1}$，按式(4-49)求出校正流量。第一次校正环流见表 4-13。第二次计算各环水头损失代数和 $\sum h_{ij}$，见表 4-14。第三次计算各环水头损失代数和 $\sum hij$，见表 4-15。

表 4-10　沿线流量和节点流量

环编号	管段编号	长度/m	比流量 /[L·(s·m)$^{-1}$]	管内径/mm	沿线流量 /(L·s^{-1})	节点编号	节点流量 /(L·s^{-1})
I	1~2	760.000	0.032	150.000	24.001	1.000	18.317
	2~5	400.000	0.032	150.000	12.632	2.000	31.738
	5~4	700.000	0.032	250.000	22.106	3.000	19.738
	4~1	400.000	0.032	150.000	12.632	4.000	22.896

续表4-10

环编号	管段编号	长度/m	比流量/[L·(s·m)$^{-1}$]	管内径/mm	沿线流量/(L·s^{-1})	节点编号	节点流量/(L·s^{-1})
Ⅱ	2~3	850.000	0.032	250.000	26.843	5.000	30.791
	3~6	400.000	0.032	300.000	12.632	6.000	25.264
	6~5	850.000	0.032	300.000	26.843	7.000	16.580
	2~5	400.000	0.032	150.000	—	—	—
Ⅲ	7~4	350.000	0.032	150.000	11.053	—	—
	4~5	700.000	0.032	250.000	—	—	—
	5~8	350.000	0.032	350.000	—	—	—
	8~7	700.000	0.032	150.000	22.106	—	—
Ⅳ	8~5	350.000	0.032	350.000	11.053	—	—
	5~6	850.000	0.032	300.000	—	—	—
	6~9	350.000	0.032	300.000	11.053	8.000	24.475
	9~8	850.000	0.032	250.000	26.843	9.000	18.948

表 4-11　初始分配管段流量

节点	节点流量/(L·s^{-1})	管段	管段流量/(L·s^{-1})
1	18.317	1~4	-4.000
		1~2	-14.317
2	31.738	2~1	14.317
		2~5	-4.000
		2~3	-42.055
3	19.738	3~2	4.000
		3~6	-23.738
4	22.896	4~1	4.000
		4~7	-4.000
		4~5	-22.896
5	36.318	5~2	42.055
		5~4	22.896
		5~8	10.000
		5~6	-111.268

续表4-11

节点	节点流量/(L·s⁻¹)	管段	管段流量/(L·s⁻¹)
6	-194.536	6~5	111.268
		6~3	23.738
		6~9	59.529
7	16.580	7~4	4.000
		7~8	-20.580
8	30.001	8~5	-10.000
		8~7	20.580
		8~9	-40.581
9	18.948	9~8	40.581
		9~6	-59.529

表 4-12　管道管内径和管段水头和环水头损失计算表

环编号	管段编号	长度 /m	管径 D_0 /mm	初分配流量 q_{ij} /(L·s^{-1})	摩阻系数 S_{ij}	水头损失 /m
Ⅰ	1~2	760	150	-14.317	22724.156	-6.797
	2~5	400	150	-4.000	11960.082	-0.313
	5~4	700	250	22.896	1528.414	1.121
	4~1	400	150	4.000	11960.082	0.313
	—	—	—	—	—	-5.675
Ⅱ	2~3	850	250	-42.055	1855.932	-4.352
	3~6	400	300	-23.738	343.208	-0.270
	6~5	850	300	111.268	729.317	10.978
	5~2	400	150	42.055	11960.082	28.045
	—	—	—	—	—	34.401
Ⅲ	7~4	350	150	4.000	10465.072	0.274
	4~5	700	250	-22.896	1528.414	-1.121
	5~8	350	350	10.000	136.332	0.021
	8~7	700	150	20.580	20930.144	12.524
	—	—	—	—	—	11.697

续表4-12

环编号	管段编号	长度 /m	管径 D_0 /mm	初分配流量 q_{ij} /(L·s^{-1})	摩阻系数 S_{ij}	水头损失 /m
Ⅳ	8~5	350	350	-10.000	136.332	-0.021
	5~6	850	300	-111.268	729.317	-10.978
	6~9	350	300	59.529	300.307	1.368
	9~8	850	250	40.581	1855.932	4.065
	—	—	—	—	—	-5.566

表 4-13　管网各环第一次校正环流量计算

环编号	管段编号	初分配流量 /(L·s^{-1})	摩阻系数 S_{ij}	水头损失 /m	$nS_{ij}\mid q_{ij}^{(0)}\mid^{n-1}$	第一次环校正流量 /(L·s^{-1})	第一次校正后流量 /(L·s^{-1})	第一次校正后水头损失
Ⅰ	1~2	-14.317	22724.156	-6.797	949.489	4.172	-10.144	-3.519
	2~5	-4.000	11960.082	-0.313	156.401	4.172	0.172	0.001
	5~4	22.896	1528.414	1.121	97.951	4.172	27.068	1.544
	4~1	4.000	11960.082	0.313	156.401	4.172	8.172	1.225
	—	—	—	-5.675	1360.243	—	—	-0.749
Ⅱ	2~3	-42.055	1855.932	-4.352	206.962	-19.538	-61.593	-9.023
	3~6	-23.738	343.208	-0.270	22.731	-19.538	-43.276	-0.850
	6~5	111.268	729.317	10.978	197.329	-19.538	91.730	7.591
	5~2	42.055	11960.082	28.045	1333.713	-19.538	22.517	8.499
	—	—	—	34.401	1760.734	—	—	6.217
Ⅲ	7~4	4.000	10465.072	0.274	136.851	-8.033	-4.033	-0.278
	4~5	-22.896	1528.414	-1.121	97.951	-8.033	-30.929	-1.992
	5~8	10.000	136.332	0.021	4.108	-8.033	1.967	0.001
	8~7	20.580	20930.144	12.524	1217.155	-8.033	12.546	4.864
	—	—	—	11.697	1456.066	4.172	-10.144	2.595
Ⅳ	8~5	-10.000	136.332	-0.021	4.108	12.431	2.431	0.001
	5~6	-111.268	729.317	-10.978	197.329	12.431	-98.838	-8.754
	6~9	59.529	300.307	1.368	45.960	12.431	71.960	1.965
	9~8	40.581	1855.932	4.065	200.344	12.431	53.012	6.774
	—	—	—	-5.566	447.740	—	—	-0.013

表 4-14　管网各环第二次校正后流量和水头损失

环编号	管段编号	初分配流量 /(L·s⁻¹)	摩阻系数 S_{ij}	第一次校后水头损失 /m	$nS_{ij}\|q_{ij}^{(0)}\|^{n-1}$	第二次环校流量 /(L·s⁻¹)	第二次校后流量 /(L·s⁻¹)	第二次校后水头损失 /m
Ⅰ	1~2	-14.317	22724.156	-3.519	693.723	0.670	-9.474	-3.088
	2~5	-4.000	11960.082	0.001	8.916	0.670	0.843	0.016
	5~4	22.896	1528.414	1.544	114.088	0.670	27.739	1.618
	4~1	4.000	11960.082	1.225	299.856	0.670	8.843	1.425
	—	—	—	-0.749	1116.583	—	—	-0.029
Ⅱ	2~3	-42.055	1855.932	-9.023	292.992	-4.963	-66.556	-10.463
	3~6	-23.738	343.208	-0.850	39.283	-4.963	-48.239	-1.046
	6~5	111.268	729.317	7.591	165.499	-4.963	86.768	6.825
	5~2	42.055	11960.082	8.499	754.921	-4.963	17.554	5.281
	—	—	—	6.217	1252.695	—	—	0.597
Ⅲ	7~4	4.000	10465.072	-0.278	137.894	-2.488	-6.521	-0.697
	4~5	-22.896	1528.414	-1.992	128.824	-2.488	-33.417	-2.310
	5~8	10.000	136.332	0.001	0.934	-2.488	-0.521	0.000
	8~7	20.580	20930.144	4.864	775.441	-2.488	10.058	3.189
	—	—	—	2.595	1043.093	0.670	-9.474	0.182
Ⅳ	8~5	-10.000	136.332	0.001	1.132	0.027	2.458	0.001
	5~6	-111.268	729.317	-8.754	177.142	0.027	-98.810	-8.750
	6~9	59.529	300.307	1.965	54.627	0.027	71.988	1.967
	9~8	40.581	1855.932	6.774	255.562	0.027	53.039	6.781
	—	—	—	-0.013	488.463	—	—	-0.001

表 4-15　管网各环第三次校正后流量和水头损失

环编号	管段编号	初分配流量 /(L·s⁻¹)	摩阻系数 S_{ij}	第二次校后水头损失 /m	$nS_{ij}\|q_{ij}^{(0)}\|^{n-1}$	第三次环校流量 /(L·s⁻¹)	第三次校后流量 /(L·s⁻¹)	第三次校后水头损失 /m
Ⅰ	1~2	-14.317	22724.156	-3.088	37.851	0.026	-9.448	-3.072
	2~5	-4.000	11960.082	0.016	116.660	0.026	0.869	0.017
	5~4	22.896	1528.414	1.618	322.185	0.026	27.765	1.621
	4~1	4.000	11960.082	1.425	1128.528	0.026	8.869	1.432
	—	—	—	-0.029	314.423	—	—	-0.001

续表4-15

环编号	管段编号	初分配流量/($L\cdot s^{-1}$)	摩阻系数 S_{ij}	第二次校后水头损失/m	$nS_{ij}\mid q_{ij}^{(0)}\mid^{n-1}$	第三次环校流量/($L\cdot s^{-1}$)	第三次校后流量/($L\cdot s^{-1}$)	第三次校后水头损失/m
Ⅱ	2~3	-42.055	1855.932	-10.463	43.367	-0.535	-67.091	-10.625
	3~6	-23.738	343.208	-1.046	157.322	-0.535	-48.773	-1.068
	6~5	111.268	729.317	6.825	601.723	-0.535	86.233	6.745
	5~2	42.055	11960.082	5.281	1116.836	-0.535	17.019	4.978
	—	—	—	0.597	1.144	—	—	0.030
Ⅲ	7~4	4.000	10465.072	-0.697	138.232	-0.185	-6.706	-0.735
	4~5	-22.896	1528.414	-2.310	0.279	-0.185	-33.602	-2.334
	5~8	10.000	136.332	0.000	634.026	-0.185	-0.706	0.000
	8~7	20.580	20930.144	3.189	986.151	-0.185	9.873	3.078
	—	—	—	0.182	37.851	—	—	0.008
Ⅳ	8~5	-10.000	136.332	0.001	177.097	0.001	2.459	0.001
	5~6	-111.268	729.317	-8.750	54.646	0.001	-98.809	-8.749
	6~9	59.529	300.307	1.967	255.682	0.001	71.989	1.967
	9~8	40.581	1855.932	6.781	488.569	0.001	53.040	6.781
	—	—	—	-0.001	213.615	—	—	0.000

4.4.3 解节点方程水力分析方法

环状管网模型解节点方程方法的未知量为节点水头(定压节点除外)，方程为非线性节点流量连续性方程组。

$$h_{ij} = h_i - h_j = s_{ij}q_{ij}^n = s_{ij}\mid q_{ij}^{n-1}\mid q_{ij} \tag{4-53}$$

得

$$q_{ij} = \frac{H_i - H_j}{s_{ij}\mid q_{ij}^{n-1}\mid} = C_{ij}(h_i - Hh_j) \tag{4-54}$$

节点方程：可列出以 H_i 为未知数的独立方程。

$$\sum_{j\in i} C_{ij}(h_i - h_j) + Q_i = 0 \tag{4-55}$$

$$C_{ij} = \frac{1}{S_{ij}\mid q_{ij}^{n-1}\mid} \tag{4-56}$$

由管段 i 水头损失

$$h_{fi} = s_i q_i^n \tag{4-57}$$

微分，变换

$$dq_i = \frac{1}{nS_i |q_i|^{n-1}} dh_{fi} = C_i dh_{fi} \tag{4-58}$$

管段流量系数

$$C_i = \frac{1}{nS_i |q_i|^{n-1}} = \frac{q_i}{n(h_{fi} + h_{ei})} \tag{4-59}$$

节点流量函数

$$\sum_{i \in S_j} (\pm q_i) + Q_j = G_j \tag{4-60}$$

式中：$G_j(0, 0, \cdots, 0)$为给定节点水头初值下的节点流量闭合差。

解节点方程计算步骤为：

①拟定定流节点水头初值，给定闭合差的最大允许值，手工计算时一般取0.1 L/s，计算机计算时一般取0.01~0.1 L/s。

②计算各定流节点流量闭合差ΔQ。

③判断ΔQ是否均小于最大允许闭合差，如满足，计算结束，转第⑦步进行后续计算，否则继续下一步。

④计算系数矩阵。

⑤解线性方程组式，得定流节点水头增量。

⑥将定流节点水头增量施加到相应节点上，得到新的节点水头，作为新的初值(迭代值)，转第②步重新计算，节点水头迭代计算公式为：

$$h_{8j}^{(0)} + \Delta h_j \rightarrow h_j^{(0)} \tag{4-61}$$

式中：j为定流节点。

⑦计算管段流速、节点自由水压，计算结束。

4.5 城市地下燃气和热力管网热力分析

燃气和热水、蒸汽沿管道输送过程中，除流速和压力变化外，还会与外界环境发生热量交换，导致流体的温度降低；温度变化影响气体的热物性和运动参数，从而影响流体的运动状态；管道沿线温度变化较大时，需要进行热力计算，为绝缘层设计提供依据。因此，有必要分析管道内流体温度的变化规律。

建立管道温度场分析模型，见图4-12。基于流体连续性、质量和能量守恒原理，采用微分单元方法分析流体的温度场分布规律。外界对系统能量做功或传热给系统，导致系统的能量发生改变。

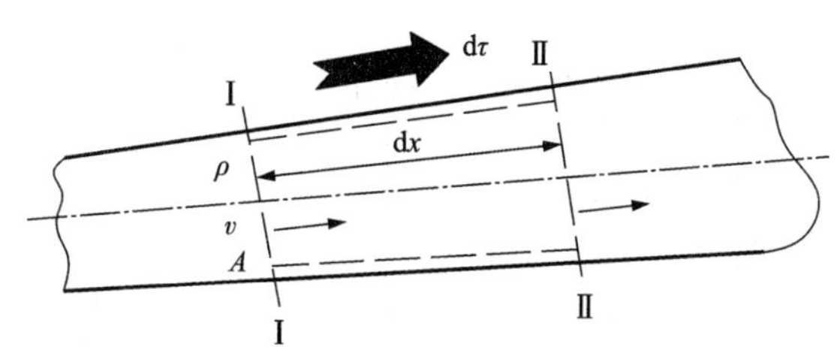

图4-12 城市燃气和热力管网热力分析简图

在$d\tau$时间内的储存能变化ΔE：

$$\Delta E = \frac{\partial}{\partial \tau}\left[(\rho A dx)\left(u + \frac{v^2}{2} + gs\right)\right] \tag{4-62}$$

式中：ρ 为管道内流体的密度，kg/m^3；A 为管道截面面积，m^2；u 为管道内流体的内能，J；v 为管道内流体的流速，m/s；g 为重力加速度，m/s^2；dx 为管道微分单元长度；s 为Ⅰ、Ⅱ截面位置高度差，m；$s=x\sin\theta$，θ 为管道竖向倾角。

Ⅰ、Ⅱ截面能量之差为进入控制体的流动净功和能量 ΔA：

$$\Delta A=-\frac{\partial}{\partial x}\left[(\rho vA)\left(Pv+u+\frac{v^2}{2}+gs\right)\right]dxd\tau \tag{4-63}$$

式中：P 为流体压力，Pa；$Pv+u$ 定义为管道内流体的焓（H），J。

考虑为单位质量气体向外界放出的热量 Q(J/kg)，则单位质量流量气体在单位管长上的热交换率为$\frac{\partial Q}{\partial x}$，管长 dx 上单位时间的热交换为$\frac{\partial Q}{\partial x}(\rho vA)dx$，则在 $d\tau$ 时间内从长度 dx 管段上热损失为：

$$\Delta Q=-\frac{\partial Q}{\partial x}(\rho vA)dxd\tau \tag{4-64}$$

根据能量守恒定律，有

$$\Delta E=\Delta A+\Delta Q \tag{4-65}$$

$$\frac{\partial}{\partial\tau}\left[\rho\left(u+\frac{v^2}{2}+gs\right)\right]=-\frac{\partial Q}{\partial x}\rho v-\frac{\partial}{\partial x}\left[\rho v\left(H+\frac{v^2}{2}+gs\right)\right] \tag{4-66}$$

上式为城市地下燃气和热力管网热力分析控制微分方程。

对于稳定流动，动能、内能和势能均不随时间变化，$\frac{\partial}{\partial\tau}\left[\rho\left(u+\frac{v^2}{2}+gs\right)\right]=0$，$\frac{d(\rho v)}{dx}=0$，则有

$$-\frac{\partial Q}{\partial x}\rho v=\frac{\partial}{\partial x}\left[\rho v\left(H+\frac{v^2}{2}+gs\right)\right] \tag{4-67}$$

令：

$$dH=\left(\frac{\partial h}{\partial T}\right)_{\mathrm{P}}dT+\left(\frac{\partial h}{\partial P}\right)_{\mathrm{T}}dP \tag{4-68}$$

代入式（4-67）得：

$$\left(\frac{\partial h}{\partial T}\right)_{\mathrm{P}}\frac{dT}{dx}+\left(\frac{\partial h}{\partial P}\right)_{\mathrm{T}}\frac{dP}{dx}+v\frac{dv}{dx}+g\sin\theta=-\frac{dQ}{dx} \tag{4-69}$$

再令$\left(\frac{\partial h}{\partial T}\right)_{\mathrm{P}}=c_{\mathrm{p}}$，$c_{\mathrm{p}}$ 为气体质量定压热容，J/(kg·K)，表示恒定压强下单位质量的物质升高 1 ℃或 1 K 所需吸收的热量；$\left(\frac{\partial T}{\partial P}\right)_{\mathrm{h}}=D_i$，$D_i$ 为焦耳汤姆逊系数，K/Pa，表示等焓条件下温度随压强变化规律参数。

考虑：

$$dQ=\frac{K\pi D_0(T-T_0)}{M}dx \tag{4-70}$$

式中：K 为总传热系数，指介质与周围介质温度差为 1 ℃时，单位时间内通过管道单位传热表面所传递的热量，表示燃气至周围介质散热的强弱，W/m^2K；D_0 为管道内径，m；M 为质量流量，kg/s；T 为距起点 x m 处温度，K；T_0 为管道埋深处地温，K。

代入得：

$$\frac{K\pi D(T-T_0)}{M}\mathrm{d}x = c_p D_i \mathrm{d}P - c_p \mathrm{d}T \tag{4-71}$$

令 $a=\frac{K\pi D}{Mc_p}$，a 为放热系数，化简上式得：

$$\frac{\mathrm{d}(T-T_0)}{\mathrm{d}x} + a(T-T_0) = D_i\frac{\mathrm{d}P}{\mathrm{d}x} \tag{4-72}$$

式(4-72)为管道稳流条件下，城市地下燃气和热力管网热力分析控制微分方程。该方程为一阶非齐次线性微分方程，其通解为：

$$T-T_0 = \mathrm{e}^{-\int a\mathrm{d}x}\left[D_i\int\frac{\mathrm{d}P}{\mathrm{d}x}\mathrm{e}^{\int a\mathrm{d}x}\mathrm{d}x + C\right] \tag{4-73}$$

式中：T_Q 为起点温度，K；x 为与起点的距离，m；$\frac{\mathrm{d}P}{\mathrm{d}x}$ 为压力梯度，Pa/m。D_i 为焦耳–汤姆逊系数，与气体的种类、气体所处的温度和压力有关，℃/MPa。一般对于长输管道，可取 3～5 ℃/MPa。忽略焦耳–汤姆逊系数影响后，可得苏霍夫公式：

$$T = T_0 + (T_Q - T_0)\mathrm{e}^{-ax} \tag{4-74}$$

考虑管道压力沿管长近似为线性分布，$\frac{\mathrm{d}P}{\mathrm{d}x}=-\frac{(P_Q-P_Z)}{L}$，得：

$$T = T_0 + (T_Q - T_0)\mathrm{e}^{-ax} - D_i\frac{P_Q-P_Z}{aL}(1-\mathrm{e}^{-ax}) \tag{4-75}$$

绘制沿管道长度管道内流体分布，见图 4-13。

不考虑焦耳–汤姆逊效应，$T_{min}=T_0$；考虑焦耳–汤姆逊效应，$T_{min}=T_0-D_i\frac{p_Q-p_Z}{aL}$。将 $T=T_0$ 代入，得

$$T_0 = T_0 + (T_Q - T_0)\mathrm{e}^{-ax} - D_i\frac{P_Q-P_Z}{aL}(1-\mathrm{e}^{-ax}) \tag{4-76}$$

$$x_0 = \frac{1}{a}\ln\left(\frac{aL}{D_i}\cdot\frac{T_Q-T_0}{p_Q-p_Z}+1\right) \tag{4-77}$$

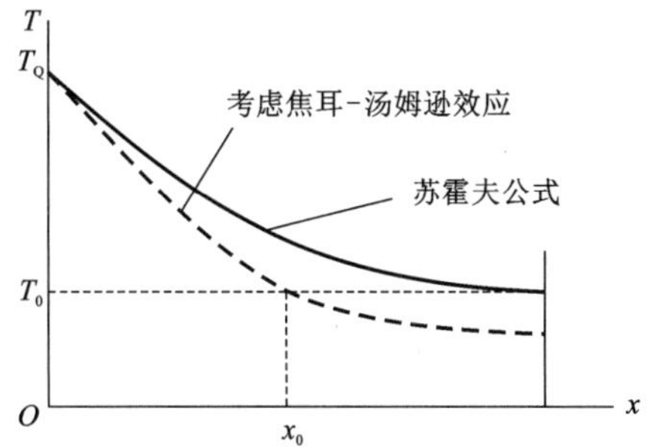

图 4-13 管道流体温度沿管道长度分布规律

距离 $x=x_0$，即该点后输气管的温度低于周围介质温度。

平均温度 T_{cp} 是输气管道水力计算的主要参数之一，可按平均温度计算或选取燃气的物性参数，进行水力计算。

$$T_{cp} = \frac{1}{L}\int_0^L\left[T_0 + (T_Q - T_0)\mathrm{e}^{-ax} - D_i\frac{P_Q-P_Z}{aL}(1-\mathrm{e}^{-ax})\right] \tag{4-78}$$

$$T_{cp} = T_0 + (T_Q - T_0)\frac{1-\mathrm{e}^{-aL}}{aL} - D_i\frac{P_Q-P_Z}{aL}\left[1-\frac{1}{aL}(1-\mathrm{e}^{-aL})\right] \tag{4-79}$$

若考虑焦耳–汤姆逊效应，有

$$T_{cp}=T_0+(T_Q-T_0)\frac{1-e^{-aL}}{aL}-D_i\frac{P_Q-P_Z}{aL}\left[1-\frac{1}{aL}(1-e^{-aL})\right] \tag{4-80}$$

若不考虑焦耳–汤姆逊效应，有

$$T_{cp}=T_0+(T_Q-T_0)\frac{1-e^{-aL}}{aL} \tag{4-81}$$

由上式可知：周围介质温度 T_0 愈高，T_{cp} 也愈高，而 T_{cp} 愈高，输气能力愈小。因此，在进行管线设计时，将夏季地温 T_0 作为水力计算的依据。

计算温降时，管道总传热系数 K 是关键参数，计算简图见图 4–14。

由热传导方程得到：

$$Q=K\pi D(T_y-T_0) \tag{4-82}$$

$$Q_1=\alpha_1\pi D_1(T_y-T_{b1}) \tag{4-83}$$

$$Q_i=\frac{2\pi\lambda_i}{\ln\frac{D_{(i+1)}}{D_i}}[T_{bi}-T_{b(i+1)}] \tag{4-84}$$

$$Q_n=\alpha_n\pi D_n[T_{b(i+1)}-T_0] \tag{4-85}$$

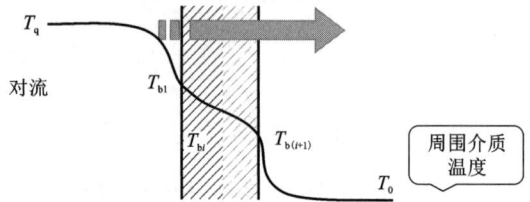

图 4–14　管道总传热系数 K 分析简图

式中：T_y 为管道内部温度，K；D 管道计算直径，m；D_n 为管道最外围的直径，m；D_i、$D_{(i+1)}$ 为钢管、防腐绝缘层及保温层的内径、外径，$D_{(i+1)}=D_i+2\delta_i$，其中 δ_i 为第 i 保温层厚度，m；λ_i 为上述各层相应的导热系数，W/m℃；T_{bi}、$T_{b(i+1)}$ 为钢管、沥青绝缘层及保温层内、外壁温度，℃；T_0 为土层或大气温度，℃；α_1、α_2 分别为管内壁的放热系数、管外壁至土层的放热系数，W/m℃。

由热平衡关系可知：

$$Q=Q_1=Q_i=Q_n \tag{4-86}$$

代入得：

$$T_y-T_0=\frac{Q}{K\pi D} \tag{4-87}$$

$$T_y-T_{b1}=\frac{Q_1}{\alpha_1\pi D_1} \tag{4-88}$$

$$T_{bi}-T_{b(i+1)}=\frac{Q_i\frac{\ln D_{(i+1)}}{D_i}}{2\pi\lambda_i} \tag{4-89}$$

$$T_{b(i+1)}-T_0=\frac{Q_n}{\alpha_2\pi D_w} \tag{4-90}$$

得：

$$\frac{1}{K\pi D}=\frac{1}{\alpha_1\pi D_1}+\sum\frac{\ln\frac{D_{(i+1)}}{D_i}}{2\pi\lambda_i}+\frac{1}{\alpha_n\pi D_w} \tag{4-91}$$

化简得：

$$\frac{1}{K}=\frac{D}{\alpha_1 D_1}+\sum\frac{D}{2\lambda_i}\ln\frac{D_{(i+1)}}{D_i}+\frac{D}{\alpha_2 D_w} \tag{4-92}$$

将 $D_{(i+1)}=D_i+2\delta_i$ 代入得：

$$\frac{1}{K}=\frac{D}{\alpha_1 D_1}+\sum\frac{D}{2\lambda_i}\ln\frac{D_i+2\delta_i}{D_i}+\frac{D}{\alpha_2 D_w} \tag{4-93}$$

$$\frac{1}{K}=\frac{D}{\alpha_1 D_1}+\sum\frac{D}{2\lambda_i}\ln\left(1+\frac{2\delta_i}{D_i}\right)+\frac{D}{\alpha_2 D_w} \tag{4-94}$$

考虑 $\ln\left(1+\frac{2\delta_i}{D_i}\right)=\frac{2\delta_i}{D_i}$，得到：

$$\frac{1}{K}=\frac{D}{\alpha_1 D_1}+\sum\frac{D}{\lambda_i}\frac{\delta_i}{D_i}+\frac{D}{\alpha_2 D_w} \tag{4-95}$$

对于无保温的大直径管道，如忽略内外管径的差值，则

$$K=\frac{1}{\frac{1}{\alpha_1}+\sum\frac{\delta_i}{\lambda_i}+\frac{1}{\alpha_2}} \tag{4-96}$$

习　题

南方某城市某一新规划区，拟进行城市地下管网建设。规划面积1500公顷，第一期规划人口100千人，规划有2条长5 km的主干道，道路宽50 m。给水管网仅考虑居民用水，最小服务水头10 m，规划新区地面较平整，高差为5 m，水管材质为钢管，考虑路网结构布置成环形管网，仅考虑沿程水力损失，试计算设计用水量和进行管网水力计算。采用雨污分流制度，雨水计算径流系数取0.65，重现期为1年，排水管道满流经济设计流速约为2 m/s，试布置雨水和污水管道，进行设计流量和相应管网水力计算。

第5章　城市地下管道结构静力分析与设计

5.1　城市地下管网工程结构设计方法

基于极限状态半概率半经验设计理论，城市地下管网工程结构满足承载力极限状态和正常使用极限状态要求。

$$Z = R - S\gamma_0 \tag{5-1}$$

式中：R为结构抗力；S为荷载作用效应；Z为状态功能函数；γ_0为结构重要性系数。城市地下管道结构通常设计使用年限为50年，综合管廊本体结构设计使用年限为100年，相应结构重要性系数分别为1.0和1.1。

状态功能函数包括：①承载能力极限状态和正常使用极限状态下受拉、受压、受弯、受扭和受剪及其组合的压弯、剪扭等承载力功能函数；②正常使用极限状态下裂缝和挠度等功能函数；③耐久性极限状态。当$Z>0$时，结构处于可靠状态；当$Z=0$时，结构处于极限状态；当$Z<0$时，结构处于失效状态。

承载能力极限状态下，由可变荷载效应控制的组合，荷载作用效应计算如下：

$$S = \gamma_G S_{Gk} + \gamma_{Q1} S_{Q1k} + \sum_{i=2}^{n} \gamma_{Qi} \psi_{Ci} S_{Qik} \tag{5-2}$$

承载能力极限状态下，由永久荷载效应控制的组合，荷载作用效应计算如下：

$$S = \gamma_G S_{Gk} + \sum_{i=1}^{n} \gamma_{Qi} \psi_{Ci} S_{Qik} \tag{5-3}$$

式中：γ_G为永久荷载分项系数，取值有1.2、1.35、1.0、0.9；γ_Q为可变荷载分项系数，取值有1.4、1.3；ψ_{Ci}为可变荷载组合值系数，取值有0.6、0.9、0.95等，具体见《建筑结构荷载规范》(GB 50009—2012)[9]；S_G和S_Q分别为永久荷载和可变荷载作用下，荷载作用效应。

正常使用极限状态中不出现裂缝构件，荷载作用效应计算如下：

$$S = S_{Gk} + S_{Q1k} + \sum_{i=2}^{n} \psi_{Ci} S_{Qik} \tag{5-4}$$

正常使用极限状态中构件挠度，荷载作用效应计算如下：

$$S = S_{Gk} + \sum_{i=1}^{n} \psi_{qi} S_{Qik} \tag{5-5}$$

式中：S_G和S_Q分别为永久荷载和可变荷载作用下，应力或挠度等荷载作用效应。

5.2　城市地下管网结构荷载

城市直埋管道和地下综合管廊受到结构自重、土压力、围岩压力、围岩弹性抗力、静水压力和水浮力，以及车辆压力，其计算简图见图 5-1。结构自重、围岩压力和围岩弹性抗力、静水压力和水浮力属于永久荷载。车辆荷载属于可变荷载。城市地下管网爆炸和地震作用属于偶然荷载。

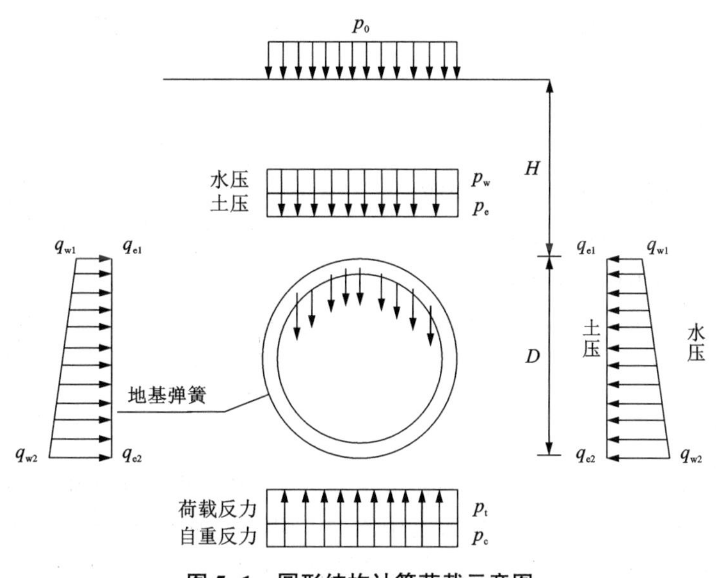

图 5-1　圆形结构计算荷载示意图

5.2.1　土压力

作用在管道、隧道和管廊侧壁上的土压力按作用方向分为竖向土压力和侧向土压力。作用在管道、隧道和管廊侧壁上的土压力也可分为静止土压力、主动土压力(简称土压力)和被动土压力(简称土抗力)三种。这三种土压力与结构的变位有着密切关系(图 5-2)。静止土压力指墙体刚度、不产生任何移动或转运条件下，墙后土体对墙背产生的土压力。主动土压力指墙体在土压力作用下绕墙背向外转运或平行移动，当墙后土体达到主动极限平衡时的最小土压力值。被动土压力指挡土结构在外力作用下，向墙后土体方向移动或转运，当挡墙后土体达到被动极限平衡时的最大土压力值，见图 5-3。

软土地区浅埋的地下工程，采用“土柱理论”计算土压力。竖向土压力即为结构顶盖上整个土柱的全部重量。侧向土压力经典理论主要是库仑(Coulomb)理论和朗肯(Rankine)理论。静止土压力计算一般采用弹性理论，它也可称为经典理论。尽管上述经典土压力理论存在许多不足之处，但是在工程界仍然得到广泛应用。

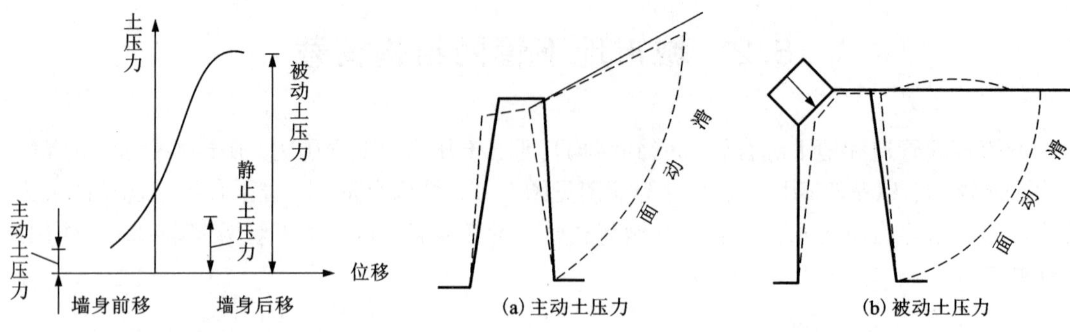

图 5-2　墙身位移与土压力关系

图 5-3　土压力极限平衡状态

1. 静止土压力

结构不发生变形和任何位移(移动或转动)时，背后填土处于弹性平衡状态。可根据半无限弹性体的应力状态求解。

$$\sigma_c = \gamma z \tag{5-6}$$

$$p_0 = k_0 \sigma_0 = k_0 \gamma z \tag{5-7}$$

$$k_0 = \frac{\nu}{1 - \nu} \tag{5-8}$$

$$k_0 = \alpha - \sin \varphi' \tag{5-9}$$

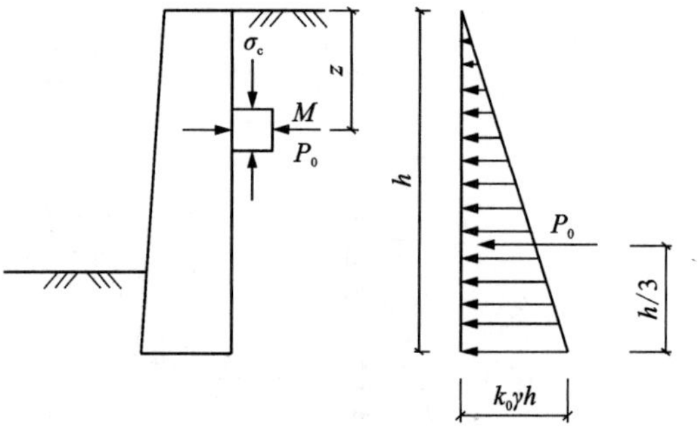

图 5-4　静止土压力计算

式中：σ_c 为土的自重应力，kPa；p_0 为静止土压力，kPa；γ 为土的重度，kN/m^3；φ'为土的有效内摩擦角；ν 为泊松比；α 为静止土压力计算经验系数，砂土、粉土取 1.0，黏性土、淤泥质土取 0.95。k_0 为静止土压力系数，黏土 k_0=0.5~0.7，砂土 k_0=0.34~0.45。

墙后填土表面水平时，静止土压力按三角形分布，其合力按下式计算，合力作用点位于距墙踵 $h/3$ 处。

$$P_0 = \frac{1}{2}\gamma h^2 k_0 \tag{5-10}$$

2. 库仑土压力

库仑理论由法国科学家库仑(Coulomb, C. A.)于 1773 年提出，主要针对挡土墙计算，基本假定为：墙后土体为均质各向同性的无黏性土；挡土墙刚性的长度很长，属于平面应变问题；挡土墙后土体产生主动土压力或被动土压力时，土体形成滑动楔体，滑裂面为通过墙踵的平面；滑动楔体满足平衡条件，滑裂面上切法向力满足莫尔-库仑破坏准则，见图 5-5。

$$T = N\tan \varphi \tag{5-11}$$

$$T' = N'\tan \delta \tag{5-12}$$

$$P_a = \frac{1}{2}\gamma h^2 K_a \tag{5-13}$$

$$P_p = \frac{1}{2}\gamma h^2 K_p \tag{5-14}$$

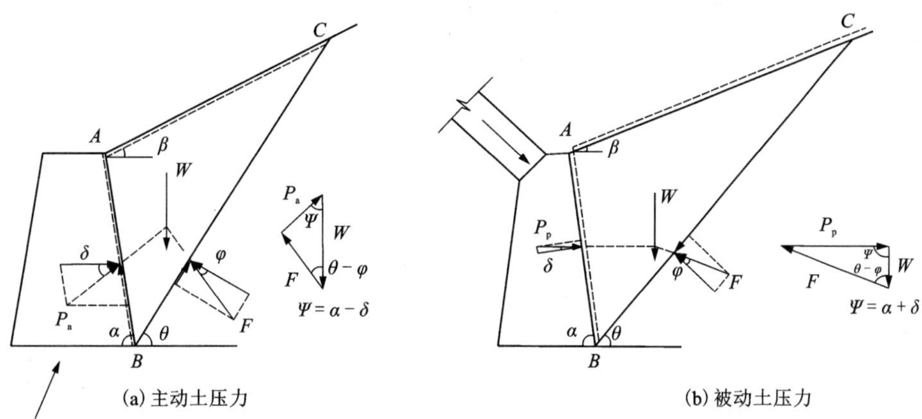

图 5-5　库仑土压力计算

$$K_a = \frac{\sin^2(\alpha+\varphi)}{\sin^2\alpha\sin^2(\alpha-\delta)\left[1+\sqrt{\dfrac{\sin(\varphi-\beta)\sin(\varphi+\delta)}{\sin(\alpha+\beta)\sin(\alpha+\delta)}}\right]} \tag{5-15}$$

$$K_p = \frac{\sin^2(\alpha+\varphi)}{\sin^2\alpha\sin^2(\alpha+\delta)\left[1-\sqrt{\dfrac{\sin(\varphi-\beta)\sin(\varphi+\delta)}{\sin(\alpha+\beta)\sin(\alpha+\delta)}}\right]} \tag{5-16}$$

式中：γ 为土的重度，kN/m^3；h 为挡土墙的高度，m；K_a 为库仑主动土压力系数；K_p 为库仑被动土压力系数。库仑主动土压力系数 K_a 和库仑被动土压力系数 K_p 均为几何参数和上层物性参数 α、β、φ 和 δ 的函数。

3. 朗肯土压力

朗肯土压力理论由英国科学家朗肯(Rankine)于 1857 年提出。朗肯理论的基本假定为：挡土墙背竖直，墙面为光滑，不计墙面和土层之间的摩擦力；挡土墙后填土的表面为水平面，土体向下和沿水平方向都能伸展到无穷，即为半无限空间；挡土墙后填土处于极限平衡状态。朗肯理论从弹性半空间的应力状态出发，由土的极限平衡理论导出，见图 5-6。

在朗肯主动土压力状态下，最大主应力为竖向土压力，最小主应力为主动土压力，根据土体极限平衡条件，可得：

$$P_a = \gamma z k_a - 2c\sqrt{k_a} \tag{5-17}$$

$$k_a = \tan^2\left(45° - \frac{\varphi}{2}\right) \tag{5-18}$$

在朗肯被动土压力状下，最小主应力为竖向土压力，最大主应力为被动土压力，根据土体极限平衡条件，可得：

$$P_p = \gamma 2 k_p + 2c\sqrt{k_p} \tag{5-19}$$

$$k_p = \tan^2\left(45° + \frac{\varphi}{2}\right) \tag{5-20}$$

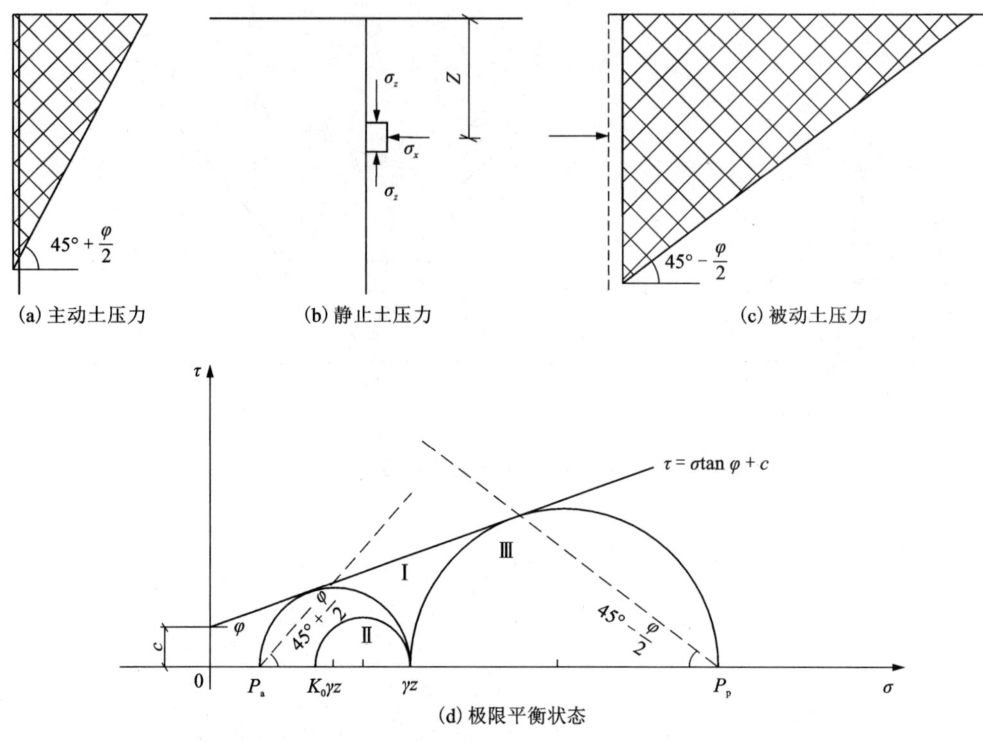

(a) 主动土压力　(b) 静止土压力　(c) 被动土压力

(d) 极限平衡状态

图 5-6　朗肯土压力计算

在主动状态，$z \leqslant z_0 = \dfrac{2c}{\gamma}\tan\left(45° + \dfrac{\varphi}{2}\right)$时，$P_a < 0$，为拉力。若不考虑墙背与土体之间有拉应力存在的可能，则可求得墙背上总的主动土压力为：

$$P_a = \frac{1}{2}\gamma h^2 k_a - 2ch\sqrt{k_a} + \frac{2c^2}{\gamma} \tag{5-21}$$

式中：c 为土体的黏聚力，kPa；φ 为土的内摩擦角，(°)；k_a 为主动土压力系数；k_p 为被动土压力系数。

5.2.2　围岩压力

围岩压力指位于地下结构周围的岩石层，在地下结构开挖后产生的变形和破坏作用在衬砌或支撑结构上的压力。在地下管道结构开挖之前，岩体处于复杂的原始应力平衡状态。开挖后，原始应力平衡状态被破坏，应力重新分布，导致围岩发生变形。当变形达到岩体的极限时，岩体就会发生破坏。为防止围岩继续变形和塌落，需要及时采取衬砌或围护措施，这样围岩就会对衬砌结构产生压力，即围岩压力。围岩压力可分为垂直压力、水平压力和底部压力。这些围岩压力是地下结构设计和施工中需要考虑的重要因素。

围岩压力的计算方法可分为三种：现场实测、工程类比法和理论计算。工程类比法是在大量实际资料和一定理论分析的情况下，按围岩分类提出经验公式，作为确定围岩压力依据的方法。理论计算中代表性方法为浅埋结构土柱理论和太沙基理论、深埋结构普氏平衡拱理论。

1. 浅埋结构土柱理论

上覆岩层向下滑动时，两侧岩层将向滑动体提供摩擦力，阻止其下滑。其实，作用在地下结构上的围岩压力就等于岩石柱重量与两侧所提供的摩擦力之差。

假定上覆岩层滑移面为从硐室的底角起形成一与结构侧壁成($45°-\varphi/2$)的滑移面，并认为这个滑移面延伸到地表，见图 5-7。只有滑移面以内的岩体才可能下滑，而滑移面之外的岩体是稳定的。

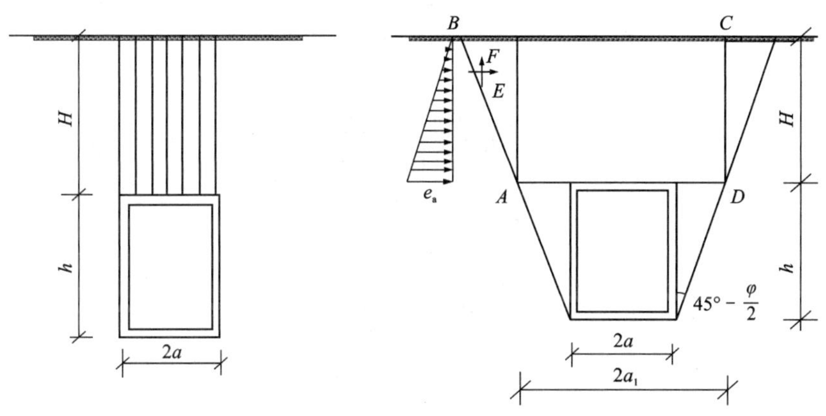

图 5-7　浅埋结构垂直围岩压力计算图式

取 $ABCD$ 为向下滑动的岩体，它受到的抗滑力是沿 AB 和 CD 两个面的摩擦力之和。因此，作用在地下结构上的总压力为：

$$Q = G - 2F = 2a_1H\gamma - 2 \cdot \left[\frac{1}{2}\gamma H^2\tan^2\left(45° - \frac{\varphi}{2}\right)\right] \cdot \tan\varphi \tag{5-22}$$

$$= 2\gamma H\left[a + h\tan\left(45° - \frac{\varphi}{2}\right)\right] - \gamma H^2\tan^2\left(45° - \frac{\varphi}{2}\right) \cdot \tan\varphi \tag{5-23}$$

$$q = \frac{Q}{2a_1} = \gamma H\left[1 - \frac{H}{2a_1}\tan^2\left(45° - \frac{\varphi}{2}\right)\tan\varphi\right] \tag{5-24}$$

q 为 H 的函数，将上式对 H 求导并令其等于零，可得最大围岩压力的深度 H_{max} 为：

$$H_{max} = \frac{a_1}{\tan^2\left(45° - \frac{\varphi}{2}\right) \cdot \tan\varphi} \tag{5-25}$$

$$q_{max} = \frac{\gamma a_1}{2\tan^2\left(45° - \frac{\varphi}{2}\right) \cdot \tan\varphi} = \frac{1}{2} \cdot H_{max} \tag{5-26}$$

最大围岩压力为：

$$Q_{max} = \frac{\gamma a_1^2}{\tan^2\left(45° - \frac{\varphi}{2}\right) \cdot \tan\varphi} \tag{5-27}$$

由此可知在深度 H_{max} 时，摩擦阻力为上覆岩石柱重量之半。深度 $H=2H_{max}$ 时，$Q=0$。

2. 浅埋结构太沙基理论

仍视岩体为具有一定黏结力的松散体，其强度服从莫尔-库仑强度理论，即

$$\tau = c + \sigma\tan\varphi \tag{5-28}$$

硐室开挖后，其上方岩体将因硐室变形而逐渐下沉，产生图 5-8 所示的错动面 OAB，引起应力传递而作用在支架上，形成围岩压力。

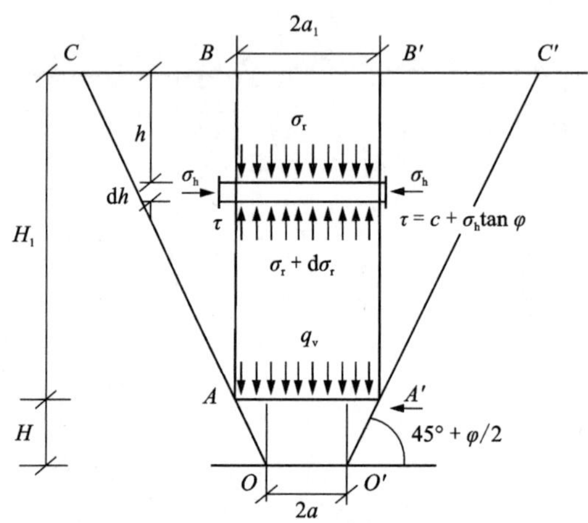

图 5-8 太沙基理论计算简图

任取地面下深度 z 处一厚度为 dh 的水平条带，考虑其垂直方向的平衡条件可得：

$$\gamma \cdot 2b \cdot dh + \sigma_v \cdot 2b - (\sigma_v + d\sigma_v) \cdot 2b - 2(c + K\sigma_v\tan\varphi)dh = 0 \tag{5-29}$$

$$\int \frac{d\sigma_v}{\gamma b - c - K\sigma_v\tan\varphi} = \int \frac{dh}{b} \tag{5-30}$$

$$-\frac{1}{K \cdot \tan\varphi}\ln(\gamma b - c - K\sigma_v\tan\varphi) = \frac{h}{b} + c_1 \tag{5-31}$$

边界条件：$h=0$，$\sigma_v=q_0$；$h=H$，$\sigma_v=P_v$。

$$P_v = \frac{\gamma \cdot b - c}{K \cdot \tan\varphi}\left(1 - e^{-\frac{K \cdot H \cdot \tan\varphi}{b}}\right) + q \cdot e^{-\frac{K \cdot H \cdot \tan\varphi}{b}} \tag{5-32}$$

$$\sigma_v = \frac{\gamma b}{k\tan\varphi}\left[1 - e^{-k\tan\varphi \times \frac{H}{b}}\right] \tag{5-33}$$

当硐室埋深很深时，$H\to\infty$，可简化为

$$\sigma_v = \frac{\gamma b}{k\tan\varphi} \tag{5-34}$$

3. 深埋结构普氏平衡拱理论

当地下结构的埋深大致使两侧摩擦阻力远远越过滑移柱的重量。因而不存在任何偶然因素能破坏岩石柱的整体稳定性。普氏理论是根据矿山坑道的观测及在松散介质中的模型试验得出的。普氏理论只适用于深埋硐室，比较适用于松散、破碎的围岩，在坚硬的围岩中所得

压力偏大。普氏理论有两个基本假定：整体岩体可视为松散体；硐室开挖后，由于围岩应力重分布，硐室上方形成抛物线形状的压力拱。

见图 5-9，深埋结构的特点保障了 $ABCDE$ 部分岩体的整体稳定，这部分岩体称为岩石（卸载）拱，它将压力传递到两侧岩体中，此时只有 AED 以下岩体重量对结构产生压力，因而称为压力拱。

压力拱能够自然稳定且平衡，它是一个合理拱轴，其上任何一点是无力矩的。忽略由压力拱曲线本身形状造成岩体重量的不均匀性，假定拱轴线有均布荷载，集度为 q。见图 5-10，根据压力拱轴线各点无力矩理论，可得：

$$Hy - \frac{1}{2}qx^2 = 0 \tag{5-35}$$

$$y = \frac{q}{2H}x^2 \tag{5-36}$$

式中：H 为压力拱拱顶产生的水平推力；q 为作用于地下结构上垂直围岩压力；y、x 为压力拱上一点到拱顶的水平距离和竖向距离。由此可知，压力拱是二次抛物线曲线。

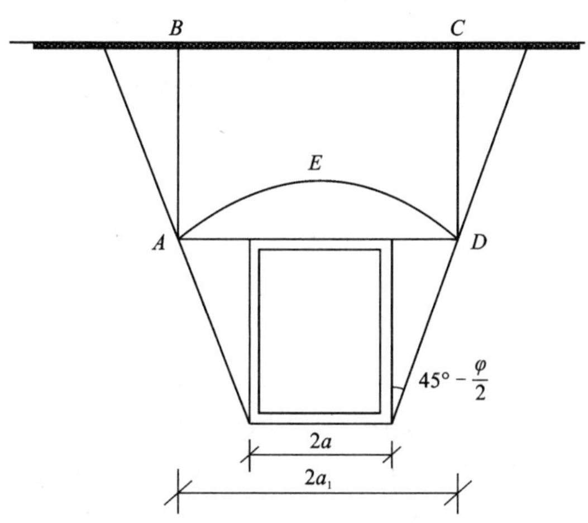

图 5-9　深埋结构上的垂直围岩压力计算图式

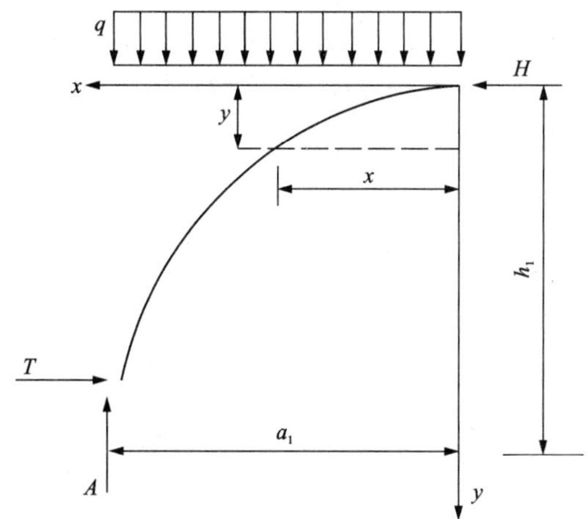

图 5-10　计算简图

考虑压力拱存在的安全性，取安全系数为 2，即拱脚只用一半的水平抗力平衡拱顶水平推力，即

$$H = \frac{T}{2} \tag{5-37}$$

$$T = Af_k = qa_1 f_k \tag{5-38}$$

$$y = \frac{x^2}{f_k a_1} \tag{5-39}$$

式中：T 为拱脚处水平抗力；A 为拱脚处竖向抗力；f_k 为普氏系数，它是抵抗各种破坏能力的综合指标，见表 5-1。

表 5-1 普氏系数 f_k 计算式

岩体类型	f_k 计算式
完全松散体	$f_k=\tan\varphi$
有黏性的松散体	$f_k=\tan\varphi+c/\sigma$
一般岩体	$f_k=R/10$

注：R 为岩石的单轴抗压强度，MPa。

当 $x=a_1$ 时，压力拱高度：

$$h_1=\frac{a_1}{f_k} \tag{5-40}$$

压力线上任意一点的高度为：

$$h_x=h_1-y=h_1\left(1-\frac{x^2}{a_1^2}\right) \tag{5-41}$$

当地下结构上方具有足够厚度的覆盖层时，由于卸荷拱起到将岩体重量传递到洞室两侧的作用，因此只有压力拱内的岩体重量作用在结构上。

在地下结构设计中，常忽略压力拱曲线所造成的荷载集度的判别，垂直围岩压力取均布形式，并按最不利计算，即

$$q=\gamma h_1 \tag{5-42}$$

5.2.3 围岩弹性抗力

弹性抗力是支护结构发生向围岩方向的变形引起的围岩对支护结构的约束反力，见图 5-11。地层弹性抗力的存在是地下结构区别于地面结构的显著特点之一。地层弹性抗力会限制结构的变形，改善结构的受力条件，使变形减小而承载能力有所增加。弹性抗力的大小和分布规律不仅取决于结构的变形，还与地层的物理力学性质有着密切的关系。通常用局部变形理论和共同变形理论两种理论分析弹性抗力。其中局部变形理论认为弹性地基(围岩)某点上施加的外力只会引起该点的沉陷。共同变形理论则认为弹性地基上的一点上施加的外力，不仅引起该点发生沉陷，而且还会引起附近一定范围的地基发生沉陷。共同变形理论较为合理，但是计算复杂。局部变形理论计算较为简单，且一般能满足工程精度要求。工程上常用局部变形理论计算弹性抗力(图 5-12)，比如温克尔地基梁模型。温克尔局部变形理论假定围岩在某点的弹性抗力和围岩在该点的变形成正比。

$$\sigma_i=K\delta_i \tag{5-43}$$

式中：σ_i 为弹性抗力，kN/m^2；K 为围岩弹性抗力系数，kN/m^3，可通过试验确定或根据经验取值；δ_i 为衬砌朝围岩方向的变位值，m。

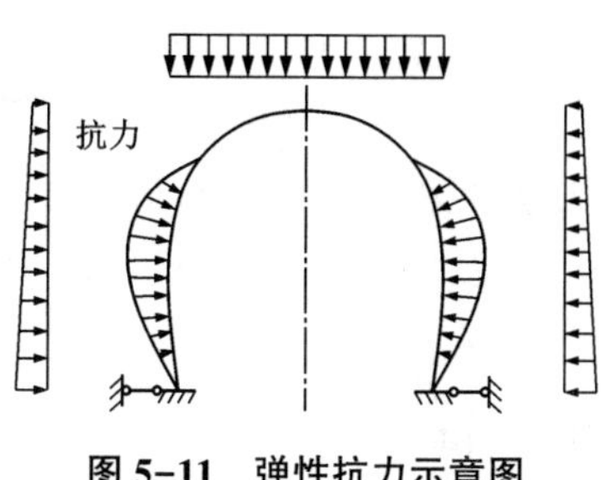

图 5-11　弹性抗力示意图

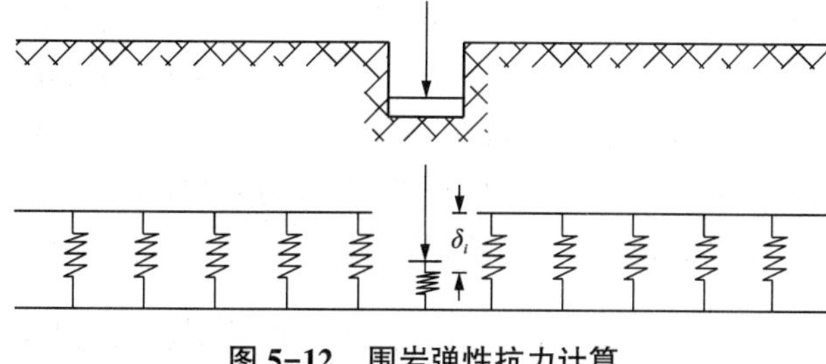

图 5-12　围岩弹性抗力计算

5.2.4　静水压力和水浮力

地下管道或综合管廊侧壁上的水压力按静水压力计算。根据对结构的作用效应确定取最低水位或最高水位。地下水对结构作用的浮托力，其标准值按最高水位确定。压力管道内的静水压力标准值 $F_{wd,k}$ 应取设计内水压力计算，其标准值应根据管道材质及运行工作内水压力按表 5-2 取值。相应准永久值系数可取 $\varphi_q=0.7$，但不得小于工作内水压力。

表 5-2　压力管道内设计内水压力标准值 $F_{wd,k}$

管道类别	工作压力/MPa	设计内水压力 $F_{wd,k}$/MPa
钢管	F_{wd}	$F_{wd}+0.5>0.9$
铸铁管	$F_{wd}<0.5$	$2F_{wd}$
	$F_{wd}>0.5$	$F_{wd}+0.5$
混凝土管、塑料管	F_{wd}	$(1.4\sim1.5)F_{wd}$

5.2.5　车辆压力

1. 单排轮压传递到管顶的竖向压力(图 5-13)

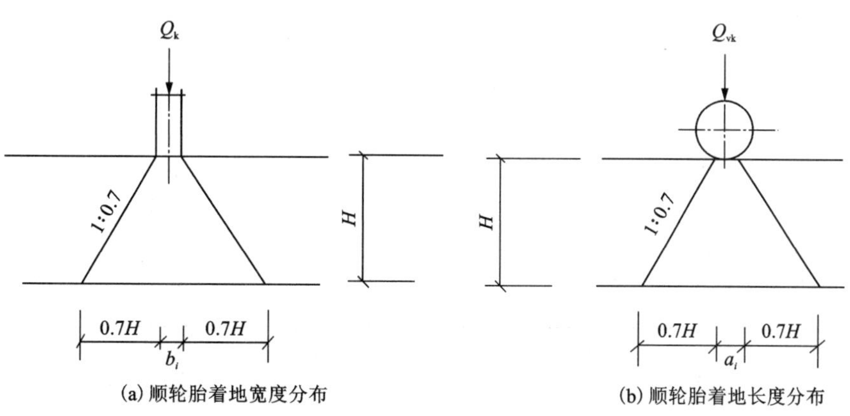

图 5-13　单个车轮荷载示意图

计算公式：

$$q_{\mathrm{k}} = \frac{u_{\mathrm{d}} Q_{\mathrm{k}}}{(a + 1.4H)(b_{\mathrm{t}} + 1.4H)} \tag{5-44}$$

式中：q_{k} 为轮压传递到管顶处的竖向压力标准值，Pa；u_{d} 为动力系数；Q_{k} 为地面车辆单个车轮压标准值，N；a 为单个车轮的着地分布长度，m；b_{t} 为单个车轮的着地分布宽度，m；H 为单个车轮着地面至管顶的深度，m。

2. 两个以上单排轮压综合影响传递到管顶的竖向压力(图 5-14)

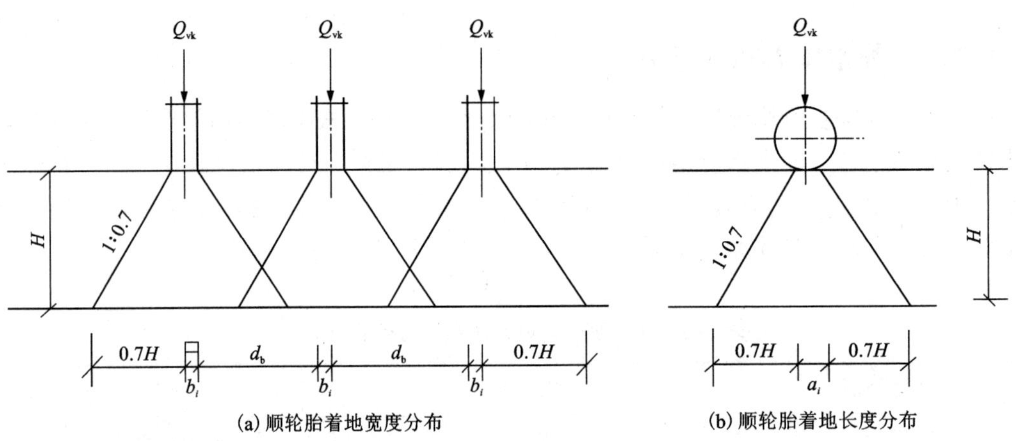

图 5-14　多个车轮荷载示意图

计算公式：

$$q_{\mathrm{k}} = \frac{u_{\mathrm{d}} n Q_{\mathrm{k}}}{(a + 1.4H)(b_{\mathrm{t}} + \sum_{1}^{n-1} b_i + 1.4H)} \tag{5-45}$$

式中：b_i 为车轮净距，m；u_{d} 为动力系数，取值见表 5-3。

表 5-3　动力系数

地面至管顶深度/km	动力系数
0.25	1.3
0.3	1.25
0.4	1.2
0.5	1.15
0.6	1.05
≥1.70	1

5.3　城市直埋管道结构静力计算与设计

5.3.1　直埋管道受力分析

直埋管道基础形式可为混凝土基础和砂垫层基础，见图 5-15。

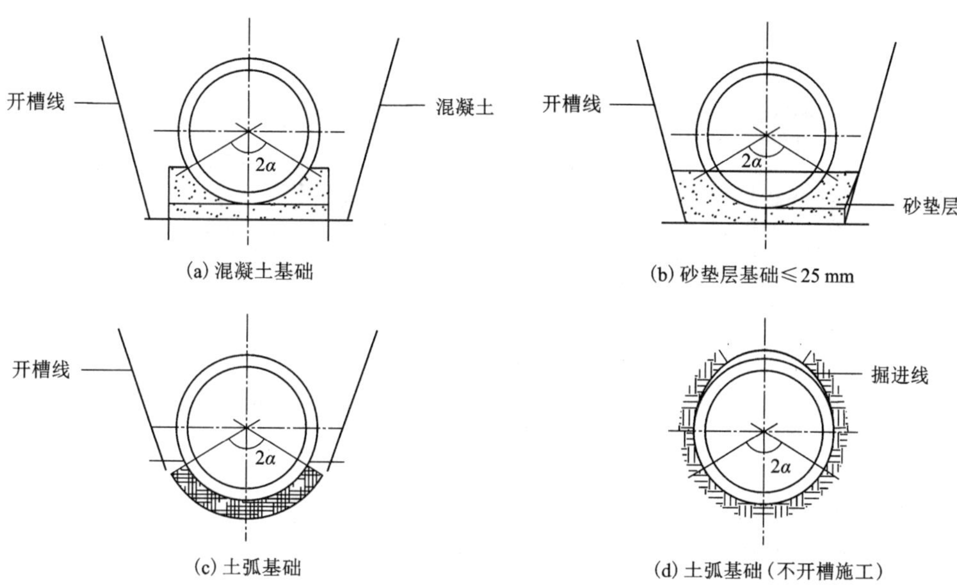

(a) 混凝土基础　(b) 砂垫层基础≤25 mm　(c) 土弧基础　(d) 土弧基础（不开槽施工）

图 5-15　圆形管道基础

直埋管道的环向弯矩和环向轴力计算简图见图 5-16，采用式(5-46)和式(5-47)计算。

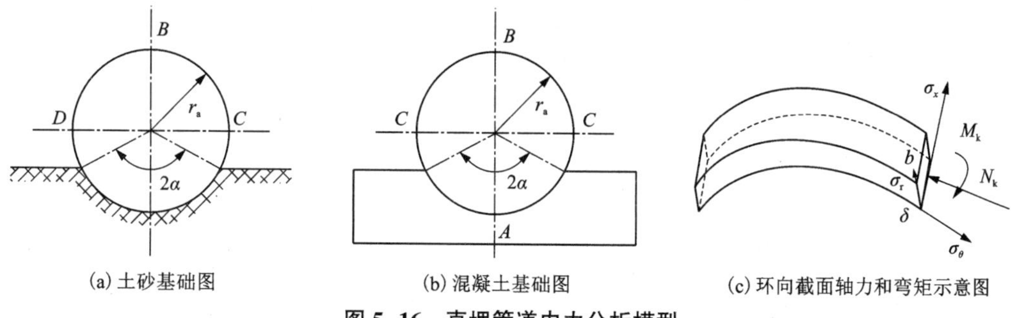

(a) 土砂基础图　(b) 混凝土基础图　(c) 环向截面轴力和弯矩示意图

图 5-16　直埋管道内力分析模型

$$M_k = r_0 \sum_{i=1}^{n} k_{mi} p_i \tag{5-46}$$

$$N_k = \sum_{i=1}^{n} k_{ni} p_i \tag{5-47}$$

式中：M_k 为管壁上环向截面的弯矩标准值，N · m/m；N_k 为管壁上环向截面的轴力标准值，N/m；r_0 为圆管的计算半径，即自圆管中心至管壁中心的距离，mm；k_{mi} 为弯矩系数；k_{ni} 为环向内力系数，取值见表 5-4 和表 5-5。

表 5-4　土或砂垫层基础圆形刚性管道内力系数[8]

序号	荷载类别	系数	基础支承角(2α)				
			0°	20°	45°	90°	120°
1	G_1 管自重 $G_1=0.001\gamma_{st}\pi D_0\delta$	k_{mA}	0. 239	0. 211	0. 173	0. 123	0. 1
		k_{mB}	0. 08	0. 079	0. 075	0. 071	0. 066
		k_{mC}	−0. 091	−0. 090	−0. 088	−0. 082	−0. 076
		k_{nA}	0. 08	0. 109	0. 148	0. 207	0. 236
		k_{nB}	−0. 08	−0. 079	−0. 078	−0. 062	−0. 048
		k_{nC}	0. 25	0. 25	0. 25	0. 25	0. 25
2	G_w 管内满水重	k_{mA}	0. 239	0. 211	0. 173	0. 123	0. 1
		k_{mB}	0. 08	0. 079	0. 075	0. 071	0. 066
		k_{mC}	−0. 091	−0. 090	−0. 088	−0. 082	−0. 076
		k_{nA}	−0. 400	−0. 369	−0. 330	−0. 271	−0. 240
		k_{nB}	−0. 240	−0. 239	−0. 237	−0. 221	−0. 208
		k_{nC}	−0. 069	−0. 069	−0. 069	−0. 069	−0. 069
3	竖向土压力 $F_{sv}=\gamma_s H_s D_1$ $P_v=F_{sv}+q_v D_1$ $P_v=F_{sv}+q_{vm} D_1$	k_{mA}	0. 294	0. 266	0. 288	0. 178	0. 154
		k_{mB}	0. 15	0. 15	0. 145	0. 141	0. 136
		k_{mC}	−0. 154	−0. 154	−0. 151	−0. 145	−0. 138
		k_{nA}	0. 053	0. 082	0. 121	0. 18	0. 209
		k_{nB}	−0. 053	−0. 053	−0. 051	−0. 035	−0. 021
		k_{nC}	0. 5	0. 5	0. 5	0. 5	0. 5
4	P_e 垂直集中荷载	k_{mA}	0. 318	—	—	—	—
		k_{mB}	0. 318	—	—	—	—
		k_{mC}	−0. 182	—	—	—	—
		k_{nA}	0	—	—	—	—
		k_{nB}	0	—	—	—	—
		k_{nC}	0. 5	—	—	—	—
5	P_e 管上腔内土重 P_e $P_e=0.1073\gamma D_1^2$	k_{mA}	0. 271	0. 243	0. 205	0. 155	0. 131
		k_{mB}	0. 085	0. 085	0. 08	0. 076	0. 072
		k_{mC}	−0. 126	−0. 126	−0. 123	−0. 117	−0. 111
		k_{nA}	0. 102	0. 131	0. 17	0. 229	0. 258
		k_{nB}	−0. 102	−0. 102	−0. 100	−0. 084	−0. 070
		k_{nC}	0. 5	0. 5	0. 5	0. 5	0. 5

续表5-4

序号	荷载类别	系数	基础支承角(2α)				
			0°	20°	45°	90°	120°
6	侧向主动土压力 $P_{ep}=F_{ep}D_1$	k_{mA}	−0. 125	−0. 125	−0. 125.	−0. 125	−0. 125
		k_{mB}	−0. 125	−0. 125	−0. 125	−0. 125	−0. 125
		k_{mC}	0. 125	0. 125	0. 125	0. 125	0. 125
		k_{nA}	0. 5	0. 5	0. 5	0. 5	0. 5
		k_{nB}	0. 5	0. 5	0. 5	0. 5	0. 5
		k_{nC}	—	—	0	—	0

注：γ_{st} 为管道壁重度；D_0 为管道内径；δ 为管壁厚度；D_1 为管道外径；q_v 为车辆荷载；q_{vm} 为单位面积上地面堆积荷载；F_{ep} 为管侧主动土压力；F_{sv} 为管道单位长度上管顶竖向土压力标准值；α 为圆管基础的计算支承半角。

表 5-5　混凝土基础直埋管道内力计算表格

序号	荷载类别	系数	管基构造类别			
			$b_j \geqslant D_l+2\delta$ $h_j \geqslant 2\delta$	$b_j \geqslant D_1+5\delta$ $h_j \geqslant 2\delta$	$b_j \geqslant D_1+5\delta$ $h_j \geqslant 2\delta$	$b_j \geqslant D_1+6\delta$ $h_j \geqslant 2.5\delta$
			基础支承角(2α)			
			90°	135°	180°	180°
1	管自重 $G_1=0.001\gamma_{st}\pi D_0 t$	k_{mB}	0. 077	0. 053	0. 044	0. 044
		k_{mC}	−0. 073	−0. 059	−0. 048	−0. 048
		k_{nC}	0. 250	0. 250	0. 250	0. 250
2	管内满水重	k_{mB}	0. 077	0. 053	0. 044	0. 044
		k_{mC}	−0. 073	−0. 059	−0. 048	−0. 048
		k_{nC}	−0. 069	−0. 069	−0. 069	−0. 069
3	直均布荷载	k_{mB}	0. 105	0. 065	0. 06	0. 047
		k_{mC}	−0. 105	−0. 065	−0. 06	−0. 047
		k_{nC}	0. 5	0. 5	0. 5	0. 5

续表5-5

序号	荷载类别	系数	管基构造类别			
			$b_j \geqslant D_l+2\delta$ $h_j \geqslant 2\delta$	$b_j \geqslant D_1+5\delta$ $h_j \geqslant 2\delta$	$b_j \geqslant D_1+5\delta$ $h_j \geqslant 2\delta$	$b_j \geqslant D_1+6\delta$ $h_j \geqslant 2.5\delta$
			基础支承角(2α)			
			90°	135°	180°	180°
4	P_e 管上腔内土重	k_{mB}	0.082	0.058	0.049	0.049
		k_{mC}	-0.110	-0.094	-0.083	-0.083
		k_{nC}	0.5	0.5	0.5	0.5
5	P_{ep} P_{ep} 水平均布荷载	k_{mB}	-0.078	-0.052	-0.040	-0.04
		k_{mC}	0.078	0.052	0.04	0.04
		k_{nC}	0	0	0	0

注：b_j 为圆管混凝土基础的宽度；h_j 为圆管混凝土基础的厚度，单位：m。

考虑表5-6荷载组合，直埋管道承载力极限状态下荷载作用效应计算如下：

$$S=\gamma_{G1}C_{G1}G_{1k}+\gamma_{G,sv}C_{sv}F_{sv,k}+\gamma_{Gw}C_{Gw}G_{wk}+\gamma_{Gs}C_{Qs}\Delta s+\psi_c(\gamma_{Qe}C_{e,wd}F_{wd,k}+\gamma_{Qv}C_{Q_v}q_{vK}+\gamma_{Qem}C_{em}q_{mk}+\gamma_{Qt}C_{Qt}F_{tk}) \tag{5-48}$$

式中：S 为直埋管道荷载作用效应；γ_{G1}、C_{G1} 和 G_{1k} 分别为钢管管道结构自重分项系数(1.2)、作用效应系数和标准值，kN/m；$\gamma_{G,sv}$、C_{sv} 和 $F_{sv,k}$ 分别为管道竖向土压力分项系数(1.27)、作用效应系数和标准值，kN/m；γ_{Gw}、C_{Gw} 和 G_{wk} 分别为管内水重分项系数(1.2)、作用效应系数和标准值，kN/m；γ_{Gs}、C_{Qs} 和 Δs 分别为地基不均匀沉降分项系数(1.27)、作用效应系数和标准值，kN/m；γ_Q、$C_{e,wd}$ 和 $F_{wd,k}$ 分别为设计内水压力分项系数(1.4)、作用效应系数和标准值，kN/m；γ_Q、C_{Q_v}、q_{vK} 分别为地面车辆荷载作用分项系数(1.4)、效应系数和标准值，kN/m；γ_Q、C_{em}、q_{mk} 分别为地面堆积荷载产生的竖向压力分项系数(1.4)、效应系数和标准值，kN/m；γ_Q、C_{Qt}、F_{tk} 分别为温度作用分项系数(1.4)、效应系数和标准值，kN/m；ψ_c 为可变作用的组合系数，取0.9。

表 5-6 按承载能力极限状态计算的作用组合

荷载			强度计算		抗浮验算	备注
			1	2	1	—
永久作用	1	管自重 G_1	√	√	—	—
	2	管内水自重 G_w	√	√	—	—
	3	竖向土压力 F_{sv}	√	√	1	—
	4	不均匀沉降 Δs	Δ	Δ	—	—
可变作用	1	设计内水压力 $F_{wd,k}$	√	√	—	包括静水压力、水重
	2	地面车辆荷载 q_v	√	—	—	—
	3	地面堆积荷载 q_{mk}	—	√	—	—
	4	真空压力 F_v	—	—	—	—
	5	浮托力 F_{jv}	—	—	—	—
	6	温度作用 F_t	—	—	—	—

5.3.2 给排水直埋圆形管道结构设计

1. 给排水管道管壁强度设计

$$\sigma_\theta = \frac{N}{b_0\delta} + \frac{6M}{b_0\delta^2} = f_y(\text{或} f_t) \tag{5-49}$$

$$\delta = \frac{-\dfrac{N}{fb_0} + \sqrt{\dfrac{N^2}{fb_0} + 4\dfrac{6M}{fb_0}}}{2} \tag{5-50}$$

式中：δ 为给排水管道管壁设计厚度，mm；σ_θ 为管壁环向应力，MPa；f_y 为钢质管道钢材强度设计值，MPa；f_t 为混凝土管道混凝土抗拉强度设计值，MPa；b_0 为管壁计算宽度，mm，取1000 mm；N 为在荷载组合作用下钢管管壁截面上的最大环向轴力设计值，N，采用式(5-51)计算；M 为在荷载组合作用下钢管管壁截面上的最大环向弯矩设计，N · mm，采用式(5-52)计算。

$$N = \gamma_G N_{k,G} + \gamma_Q N_{k,Q}\psi_c \tag{5-51}$$

$$M = \gamma_G M_{k,G} + \gamma_Q M_{k,Q}\psi_c \tag{5-52}$$

式中：ψ_c 为可变作用组合系数，取0.9；γ_G、γ_Q 为恒载、活载分项系数；$M_{k,G}$、$N_{k,Q}$ 分别为由式(5-46)和式(5-47)得到的弯矩和轴力标准值，G 表示恒载，Q 表示活载。

2. 给排水管道管壁稳定设计

$$F_{cr,k} = \frac{2E_s(n^2-1)}{3(1-\nu_s^2)}\left(\frac{\delta}{D}\right)^3 + \frac{E_d}{2(n^2-1)(1+v_d)} \tag{5-53}$$

$F_{cr,k}$ 应满足：

$$F_{cr,k} \leqslant K_s(F_{sv,k} + q_{vk}) \tag{5-54}$$

式中：ν_s 为钢管管材泊松比，可取 0.3；ν_d 为管两侧土的泊松比，砂土取 0.3，黏性土取 0.4；n 为管壁失稳时的折皱波数，其取值应使 $F_{cr,k}$ 为最小，并为不小于 2 的正整数；D 为管道计算直径，可取管壁中线距离，mm；E_s 为钢管管材弹性模量，N/mm^2；E_d 为钢管管侧土的综合变形模量，N/mm^2；$F_{cr,k}$ 为管壁截面环向失稳的临界压力标准值；K_s 为稳定性抗力系数，不低于 2.0；$F_{sv,k}$ 为管内真空压力标准值；q_{vk} 为地面车辆轮压传递到管顶处的竖向压力标准值，kN/mm。

3. 给排水管道管壁承载力和正常使用验算

1）钢质给水管道管壁强度承载力校核

$$\sigma = \eta\sqrt{\sigma_\theta^2 + \sigma_x^2 - \sigma_\theta\sigma_x} \tag{5-55}$$

$$\gamma_0\sigma \leqslant f_y \tag{5-56}$$

$$\sigma_\theta = \frac{N}{b_0 t_0} + \frac{6M}{b_0 t_0^2} \tag{5-57}$$

$$\sigma_x = \nu\sigma_\theta \pm \psi_c\gamma_1\alpha E_p\Delta T + \Delta\sigma \tag{5-58}$$

式中：σ_θ 为钢管管壁横截面最大环向应力，N/mm；σ_x 为钢管管壁的纵向应力，N/mm；σ 为钢管管壁的最大组合折算应力，N/mm；η 为组合应力折减系数，可取 $\eta=0.9$；ψ_c 为可变作用组合系数，取 0.9；α 为钢管管材线膨胀系数；ΔT 为钢管管道的闭合温差；$\Delta\sigma$ 为地基不均匀沉降引起的纵向应力，可按弹性地基上的长梁计算确定；ν 为泊松比。

2）钢质给水管道管壁稳定承载力校核

各种作用均采用标准值，并满足设计稳定性抗力系数不低于 2.0。

$$F_{cr,k} = \frac{2E_p(n^2-1)}{3(1-v_p^2)}\left(\frac{\delta}{D}\right)^3 + \frac{E_d}{2(n^2-1)(1+v_s)} \tag{5-59}$$

$F_{cr,k}$ 应满足：

$$F_{cr,k} \leqslant K_s(F_{sv,k} + q_{ik}) \tag{5-60}$$

3）柔性钢质给水管道正常使用极限状态下变形校核

$$f \leqslant \varphi D_0 \tag{5-61}$$

式中：φ 为钢管管道在准永久组合作用下，最大竖向变形百分数，当内防腐为水泥砂浆时，最大不超过 0.03，当内防腐为延性良好的涂料时，最大不超过 0.04；f 为管道在准永久组合作用下的最大变形竖向位移，采用式(5-62)计算。

$$f_{d,ax} = \frac{D_L K_d r_0^3(F_{sv,k} + \psi_q q_{ik} D)}{E_s I_s + 0.061E_d r_0^3} \tag{5-62}$$

式中：D_L 为管道变形滞后效应系数，取 1.0~1.5；K_d 为柔性管的竖向变形系数，见表 5-7；D 为管道计算直径，mm；I_s 为钢管管壁纵向截面单位长度的截面惯性矩，$I_s=1/12b_0\delta^3$；$F_{sv,k}$ 为每延长米管道上管顶的竖向土压力标准值，kN/mm；q_{ik} 为地面车辆轮压传递到管顶处的竖向压力标准值，kN/mm。

表 5-7　竖向压力作用下柔性管的竖向变形系数取值表

项目		土弧基础中心角				
		20°	60°	90°	120°	150°
变形系数 K_b	竖向压力 k	0.109	0.103	0.096	0.089	0.085

直埋柔性管道满足 α_s 小于 1，直埋刚性管道满足 α_s 大于 1。α_s 计算见式(5-63)。

$$\alpha_s = \frac{E_s}{E_d}\left(\frac{t}{r_0}\right)^3 < 1 \tag{5-63}$$

4)混凝土刚性管道裂缝验算

在荷载标准组合作用下的钢筋混凝土刚性管道截面控制裂缝验算：

$$\frac{N_k}{A_0} \leqslant \alpha_{ct} \cdot f_{t,k} \tag{5-64}$$

式中：N_k 为在标准组合作用下计算截面上的轴向力，N；A_0 为计算截面的换算截面积，mm；$f_{t,k}$ 为构件混凝土的抗拉强度标准值，N/mm；α_{ct} 为混凝土拉应力限制系数，可取 0.87。

4. 构造要求

①对于圆形管道的接口，采用柔性连接。如果条件允许，根据地基土质情况适当配置柔性连接接口。

②合理设置变形缝。对于现浇钢筋混凝土矩形管道和混合结构矩形管道，沿线每不超过 25 m 设置变形缝。变形缝贯通全截面并采取防水措施。

③钢管管道的设计厚度考虑增加不小于 2 mm 的腐蚀构造厚度。

④铸铁管的设计壁厚满足 $\delta=0.975\delta_p-1.5$。其中 δ 为设计壁厚，mm；δ_p 为铸铁管的产品壁厚，mm。

⑤钢筋混凝土材料满足抗渗、抗冻、氯离子含量、碱含量、最小保护层厚度等耐久性规定。

5.3.3　燃气直埋圆形管道结构设计

1. 钢质燃气管道管壁强度设计

$$\delta = \frac{PD_0}{2f_y\varphi\gamma_s\eta_t} \tag{5-65}$$

式中：δ 为钢管厚度，m；P 为管内流体设计压力，MPa；D_0 为钢管内径，cm；f_y 为钢管最小屈服强度，MPa，常见钢管等级包括 L245～L830 等 12 个等级，取值见表 5-8；γ_s 为钢管强度设计系数，按地区等级选取，见表 5-9；φ 为焊缝系数；η_t 为温度折减系数，当温度小于 120 ℃时取 $\eta_t=1$。

表 5-8　钢管最小屈服强度取值表　　单位：MPa

无缝和焊接钢管管体			无缝和焊接钢管管体		
钢管钢级	最小	最大	钢管钢级	最小	最大
L245	245	450	L450	450	600
L290	290	495	L485	485	635
L320	320	525	L555	555	705
L360	360	530	L625	625	775
L390	390	545	L690	690	840
L415	415	565	L830	830	1050

表 5-9　强度设计系数取值表

管道及管段	地区等级			
	一	二	三	四
有套管穿越Ⅲ、Ⅳ级公路的管道	0.72	0.6	0.4	0.3
无套管穿越Ⅲ、Ⅳ级公路的管道	0.6	0.5		
有套管穿越Ⅰ、Ⅱ级公路、高速公路、铁路的管道	0.6	0.6		
门站、储配站、调压站内管道及其上、下游各 200 m 管道，截断阀室	0.5	0.5		
人员聚集场所的管道	0.4	0.3		

2. 钢质燃气管道管壁承载力和正常使用验算

1）钢质燃气管道管壁承载力验算

考虑温度应力，泊松效应作用下管道内压产生的环向应力的轴向应力，进行埋地直管段轴向当量应力校核。

$$\sigma_x = \nu\sigma_\theta + E_s\alpha(t_{q1} - t_{q2}) < f_y \tag{5-66}$$

$$\sigma_\theta = \frac{PD_0}{2\delta_n} \tag{5-67}$$

式中：σ_x 为管道的轴向应力，拉应力为正，压应力为负，MPa；ν 为泊松比，取 0.3；σ_θ 为由管道内压产生管壁环向应力，MPa；P 为管道流体设计压力，MPa；D_0 为管道内径，cm；δ_n 为管道公称壁厚，cm；E_s 为钢材弹性模量，MPa；α 为钢材的线膨胀系数，1/℃；t_{q1}、t_{q2} 分别为管道下沟回填时温度、管道工作温度，℃。

采用最大剪应力强度理论方法，计算受约束热胀直管段管壁当量应力，并应符合式（5-68）要求。

$$\sigma_e = \sigma_\theta - \sigma_x \leqslant 0.9\sigma_s \tag{5-68}$$

式中：σ_e 为当量应力，MPa；σ_s 为管道最小屈服强度，MPa，见表 5-8。

2）钢质燃气管道管壁最大变形验算

正常使用条件下，钢管径向水平方向最大变形量验算。

$$\Delta x = \frac{D_L K q D_m^3}{8E_s I_s + 0.061E_d D_m^3} \leqslant 0.03D_1 \tag{5-69}$$

$$q = q_1 + q_2 \tag{5-70}$$

$$I_s = \frac{\delta_n^3}{12} \tag{5-71}$$

式中：Δx 为钢管径向水平方向最大变形量，m；D_m 为钢管平均直径，m；D_1 为钢管外径，m；q 为作用在管道上线荷载，N/m；q_1、q_2 分别为埋地管道土层压力、地面可变载荷传递到管道上的荷载（车辆负荷），N/m；K 为基床系数，可取 0.103；E_s 为管材弹性模量，N/m²；D_L 为钢管变形滞后系数，取 1.5；I_s 为单位管长截面惯性矩，m⁴/m；δ_n 为钢管公称壁厚，m；E_d 为土体变形模量，N/m²，可参考表 5-10 取值，无实测数据时可取 2.8。

表 5-10　土体变形模量 E_d 和基床系数 K 取值表

敷设类型	敷设条件	E_d/(N·m⁻²)	基床包角/(°)	基床系数 K
1 型	管道敷设在未扰动土上，回填土松散	—	30	0.108
2 型	管道敷设在未扰动土上，管中线以下土轻轻压实	2.0	45	0.105
3 型	管道敷设在厚度至少为 160 mm 的松土垫层内，管顶以下的回填土轻轻压实	—	60	0.103
4 型	管道敷设在砂卵石或碎石垫层内，垫层顶面在管底以上 1/8 管径处，但不得小于 100 mm，管顶以下回填土夯实密度约为 80%	—	90	0.096
5 型	管中线以下放在压实的黏土内，管顶以下回填土夯实，夯实密度约为 90%	4.8	150	0.085

3. 钢质燃气管道构造要求

燃气钢管外径与管壁厚度的比值不大于 100。燃气管道壁厚 δ 不小于最小管壁厚度，见表 5-11。

表 5-11　钢质燃气管道最小壁厚

钢管公称直径 D/mm	最小公称壁厚 δ/mm
DN100~DN150	4.0
DN200~DN300	4.8
DN350~DN450	5.2
DN500~DN550	6.4

续表5-11

钢管公称直径 D/mm	最小公称壁厚 δ/mm
DN600 ~ DN900	7.1
DN950 ~ DN1000	8.7
DN1050	9.5

4.聚乙烯燃气管管壁厚度设计

定义SDR为standard dimension ratio的缩写，表示标准尺寸比，构件的公称外径与公称壁厚的比值。采用SDR来代替管壁厚度值。

$$SDR = \frac{2 \times MRS}{\gamma_s \times \frac{P_{RCP}}{1.5}} + 1 \tag{5-72}$$

$$MOP = P_{max} D_F \tag{5-73}$$

式中：MRS为minimum required strength的缩写，表示最小要求强度，MPa；PE80、PE100分别取8.0 MPa、10.0 MPa；γ_s 为聚乙烯管道输送不同种类燃气设计系数，按表5-12取值；P_{RCP} 为裂纹快速扩展临界压力，MPa；P_{max} 为最大允许压力，MPa；MOP为maximum operating pressure缩写，表示最大工作压力，MPa，以20 ℃为参考工作温度；D_F 为工作温度下的压力折减系数，按表5-13取值。

表5-12　最大允许工作压力对应设计系数

燃气种类		20 ℃下最大允许工作压力设计系数 γ_s/MPa			
		PE80		PE100	
		SDR11	SDR17.6	SDR11	SDR17.6
天然气		0.50/3.2	0.30/3.2	0.70/2.9	0.40/3.0
液化石油气	混空气	0.40/4.0	0.20/4.8	0.50/4.0	0.30/4.0
	气态	0.20/8.0	0.10/9.6	0.30/6.7	0.20/6.0
人工燃气	干气	0.40/4.0	0.20/4.8	0.50/4.0	0.30/4.0
	其他	0.20/8.0	0.10/9.6	0.30/6.7	0.20/6.0

表5-13　工作温度下的压力折减系数

工作温度/℃	-20	20	30	40
工作温度下的压力折减系数 D_F	1.0	1.0	1.1	1.3

5. 聚乙烯燃气管道管壁构造要求

(1) 管材表面划伤深度不超过管材壁厚的 10%，且不超过 4 mm；管件、阀门及管道附属设备的外包装完好，符合要求方可使用。

(2) 不同级别、不同于焊接端部标准尺寸比(SDR)的聚乙烯管材、管件和阀门的连接。

5.3.4　热力直埋圆形管道结构设计

1. 热力管道壁厚和保温层厚度设计

保温层根据给定的外表面温度条件，计算表 5-14 中工况下保温层厚度，取较大值。

表 5-14　保温层工作工况表

序号	描述	供热介质温度	环境温度
1	冬季供热，地下敷设	设计温度	最冷月平均土层(或地表)自然温度
2	冬季供热，综合管廊敷设	设计温度	廊内温度取 40 ℃(人员进入)
3	夏季供热，地下敷设	运行温度	最热月平均土层或地表温度
4	夏季供热，综合管廊敷设	运行温度	廊内温度取 40 ℃(人员进入)

$$\delta = \frac{D_0}{2\eta} \frac{1}{\frac{[\sigma]}{P} + 1} + a \tag{5-74}$$

式中：D_0 为管道内径，m；$[\sigma]$为钢材基本容许应力，MPa，见表 5-15；η 为容许应力修正系数，无缝钢管取 1.0，焊接钢管取值见表 5-16；P 为管内流体设计压力，MPa；a 为腐蚀附加厚度，mm，一般蒸汽和热水管道可不计腐蚀的影响，凝结水管道可取 2 mm。

表 5-15　钢材容许应力

牌号	常温强度指标/MPa		不同温度下的许用应力/MPa						
	强度	屈服强度	<20 ℃	100 ℃	150 ℃	200 ℃	250 ℃	300 ℃	350 ℃
10	335	205(195)	112	112	112	112	110	104(99)	100(95)
20	410	245(235)	137	137	137	137	132(129)	123(119)	116(114)
L290	415	290	138	138	138	138	—	—	—
Q235B	375	235(225)	125	125	122	119	113	105	100
Q355B	490	325(315)	163	163	161	158	151	140	133

表 5-16　容许应力修正系数

接头形式	检验	修正系数 η
单面焊(无填充金属)	按产品标准检测	0.85
	附加 100%射线或超声检测	1.00
单面焊(有填充金属)	按产品标准检测	0.80
	附加 100%射线或超声检测	1.00
双面焊(无填充金属)	按产品标准检测	0.90
	附加 100%射线或超声检测	1.00
双面焊(有填充金属)	按产品标准检测	0.90
	附加 100%射线或超声检测	1.00

2. 热力管道承载力和正常使用验算

强度验算:

$$\sigma = \eta\sqrt{\sigma_\theta^2 + \sigma_x^2 - \sigma_\theta\sigma_x} < 1.35 f_y \tag{5-75}$$

式中; σ_j^t 为钢材在 t 温度下的许用应力，MPa; σ_θ 为内压作用在管壁内壁边上的环向应力，MPa，计算公式如下

$$\sigma_\theta = P(D_1^2 + D_0^2)/(D_1^2 - D_0^2) \tag{5-76}$$

$$\sigma_x = \sigma_x^{\mathrm{t}} + \sigma_x^{\mathrm{v}} \tag{5-77}$$

$$\sigma_x^{\mathrm{v}} = \nu\sigma_\theta \tag{5-78}$$

$$\sigma_x^t = -\alpha E_{\mathrm{s}}(t_{\mathrm{r1}} - t_{\mathrm{r2}}) \tag{5-79}$$

式中: P 为管道流体设计压力，MPa; σ_x 为总轴向应力; σ_x^{v} 为内压产生的轴向泊松拉应力; D_1 为管道的外直径，mm; D_0 为考虑管壁减薄后的管道内直径，mm; ν 为泊松比; σ_x^t 为温升引起的轴向热胀压应力; α 为钢材的线膨胀系数，m/(m · ℃); E_{s} 为钢材的弹性模量，N/mm^2; t_{r1} 为供热管道的最高温度，℃; t_{r2} 为供热管道的安装温度，℃。

由内压 P 产生的折算应力，满足下式:

$$\sigma_{\mathrm{eq}} = \frac{P[D_1 - 2\eta_{\mathrm{t}}(\delta - a)]}{2\eta(\delta - a)} \leqslant [\sigma] \tag{5-80}$$

式中: D_1 为管道的外直径，mm; η_{t} 为温度修正系数，可取 0.4; η 为许用应力修正系数，无缝钢管取 1.0，螺旋焊缝钢管可取 0.9; δ_{m} 为管道最小壁厚，mm。

由内压 P、自重和其他持续荷载产生的轴向应力之和，满足下式:

$$\sigma_x = \frac{PD_1^2}{D_0^2 - D_i^2} + 0.75\frac{i_{\mathrm{M}} \times M_{\mathrm{A}}}{W} \leqslant [\sigma] \tag{5-81}$$

式中: σ_x 为管道在工作状态下，由内压、自重和其他持续外荷载产生的轴向应力之和，MPa; P 为管道流体设计压力，MPa; D_1 为管外径，mm; D_0 为管内径，mm; i_{M} 为应力增加系数，i_{M} 大于 4/3; M_{A} 为自重和其他持续外荷载作用在管横截面上的弯矩，N · mm; W 为管道截面抗

弯模量，mm^3。

管道热胀应力满足下式要求：

$$\sigma_T = \frac{i \times M_c}{W} \leqslant \eta\{1.2[\sigma]^{20} + 0.2[\sigma]^t + ([\sigma]^t - \sigma_x)\} \tag{5-82}$$

式中：σ_T 为管道热胀应力，MPa；M_c 为按全补偿值和钢材在 20 ℃时的弹性模量计算热胀引起的弯矩，N · mm；η 为应力折减系数，由管道全温度周期性的交变次数 N 确定，$N<2500$ 时，$\eta=1$，$N>2500$ 时，$\eta=4.78N^{-0.2}$；$[\sigma]^{20}$ 为钢材在 20 ℃下的容许应力，MPa。

3. 热力管道构造要求

①不同管材满足其使用范围，见表 5-17。

表 5-17　管材使用范围表

材料	设计温度/℃	管壁厚度/mm
Q235B	<300	≤20
L290	<200	不限
10、20、Q355B	不限	不限

②庭院管网当设计压力小于或等于 1.0 MPa 时，工作管可选择满足设计条件的塑料管。

③钢质管道连接采用焊接连接。

④无机保温材料的导热系数在平均温度为 25 ℃时，不应大于 0.08 W/(m · K)；有机保温材料的导热系数在平均温度为 50 ℃时，不应大于 0.2043 W/(m · K)。

⑤硬质、半硬质保温材料的最小抗压强度分别为 0.4 MPa、0.3 MPa。

5.4　城市地下综合管廊框架结构静力计算与设计

5.4.1　考虑弹性基础梁地下闭合框架受力分析

弹性地基梁指搁置在具有一定弹性地基上，各点与地基紧密相贴的梁，如铁路枕木、钢筋混凝土条形基础梁。与普通梁的区别是，弹性地基梁是无穷多次超静定结构，弹性地基梁变形要考虑地基的变形。弹性地基梁基本假定：地基梁在外荷载作用下产生变形的过程中，梁底面与地基表面始终紧密相贴，即地基的沉陷或隆起与梁的挠度处处相等，见图 5-17。

弹性地基梁的微元分析(图 5-18)，考察 dx 微段的平衡有：

$$\frac{dQ}{dx} = ky - q(x) \tag{5-83}$$

$$Q = \frac{dM}{dx} \tag{5-84}$$

$$\frac{d^2M}{dx^2} = ky - q(x) \tag{5-85}$$

式中：Q 为剪力，kN；k 为弹性地基反力系数，kN/m^3；M 为弯矩，kN·m；$q(x)$ 为地基梁受到的均布荷载，kN/m^2；y 为梁的挠度，mm。

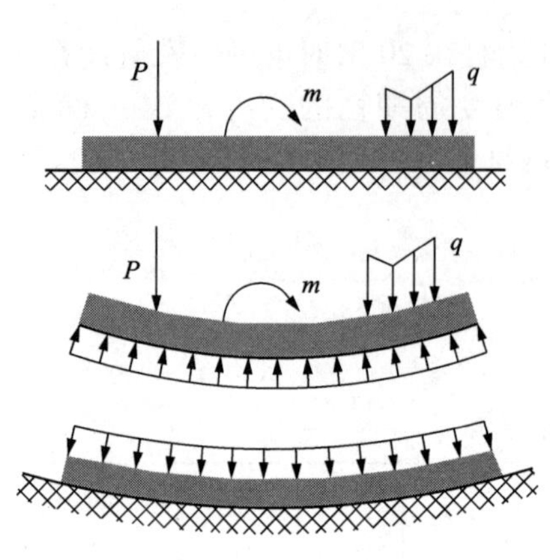

图 5-17　弹性地基梁模型

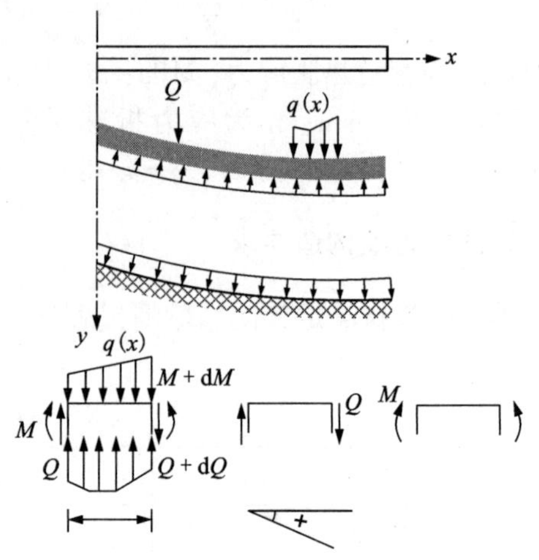

图 5-18　弹性地基梁模型受力分析

根据材料力学有：$\vartheta=\dfrac{dy}{dx}$，$M=-EI\dfrac{d\vartheta}{dx}=-EI\dfrac{d^2y}{dx^2}$，$Q=\dfrac{dM}{dx}=-EI\dfrac{d^3y}{dx^3}$，$\vartheta$ 为转角，rad。代入化简得到挠曲微分方程：

$$EI\frac{d^4y}{dx^4}+ky=q(x) \tag{5-86}$$

式中：EI 为地基梁的刚度，kN/m^2。

令挠曲微分方程中的 $q(x)=0$，得到对应齐次微分方程：

$$EI\frac{d^4y}{dx^4}+ky=0 \tag{5-87}$$

令 α 为弹性特征值：

$$\alpha=\sqrt[4]{\frac{kb}{4EI}} \tag{5-88}$$

式中：b 为地基梁的宽度，m。

式(5-85)的通解为：

$$y=e^{\alpha x}[A_1\cos(\alpha x)+A_2\sin(\alpha x)]+e^{-\alpha x}[A_3\cos(\alpha x)+A_4\sin(\alpha x)] \tag{5-89}$$

利用双曲函数关系：

$$e^{\alpha x}=ch(\alpha x)+sh(\alpha x),\ e^{-\alpha x}=ch(\alpha x)-sh(\alpha x) \tag{5-90}$$

且令：

$$A_1=\frac{1}{2}(B_1+B_2),\ A_2=\frac{1}{2}(B_2+B_3) \tag{5-91}$$

$$A_3=\frac{1}{2}(B_1-B_2),\ A_4=\frac{1}{2}(B_2-B_4) \tag{5-92}$$

得到另一通解：

$$y=B_1\mathrm{ch}(\alpha x)\cos(\alpha x)+B_2\mathrm{ch}(\alpha x)\sin(\alpha x)+B_3\mathrm{sh}(\alpha x)\cos(\alpha x)+B_4\mathrm{sh}(\alpha x)\sin(\alpha x) \tag{5-93}$$

将通解代入得到：

$$\begin{aligned}\theta=\alpha\{&-B_1[\mathrm{ch}(\alpha x)\sin(\alpha x)-\mathrm{sh}(\alpha x)\cos(\alpha x)]+B_2[\mathrm{ch}(\alpha x)\cos(\alpha x)+\mathrm{sh}(\alpha x)\sin(\alpha x)]\\&+B_3[-\mathrm{sh}(\alpha x)\sin(\alpha x)+\mathrm{ch}(\alpha x)\cos(\alpha x)]+B_4[\mathrm{sh}(\alpha x)\cos(\alpha x)+\mathrm{ch}(\alpha x)\sin(\alpha x)]\}\\M=2EI\alpha^2[&B_1\mathrm{sh}(\alpha x)\sin(\alpha x)-B_2\mathrm{sh}(\alpha x)\cos(\alpha x)+B_3\mathrm{ch}(\alpha x)\sin(\alpha x)-B_4\mathrm{ch}(\alpha x)\cos(\alpha x)]\\Q=2EI\alpha^3\{&B_1[\mathrm{ch}(\alpha x)\sin(\alpha x)+\mathrm{sh}(\alpha x)\cos(\alpha x)]-B_2[\mathrm{ch}(\alpha x)\cos(\alpha x)-\mathrm{sh}(\alpha x)\sin(\alpha x)]\\&+B_3[\mathrm{ch}(\alpha x)\cos(\alpha x)+\mathrm{sh}(\alpha x)\sin(\alpha x)]+B_4[\mathrm{ch}(\alpha x)\sin(\alpha x)-\mathrm{sh}(\alpha x)\cos(\alpha x)]\}\end{aligned} \tag{5-94}$$

接下来，将 B_1、B_2、B_3、B_4 四个积分常数改用四个具有物理意义的初参数来表示。

梁左端边界条件：

$$\begin{aligned}y|_{x=0}&=y_0\\\vartheta|_{x=0}&=\vartheta_0\\M|_{x=0}&=M_0\\Q|_{x=0}&=Q_0\end{aligned} \tag{5-95}$$

代入上式得到积分常数：

$$\begin{aligned}B_1&=y_0\\B_2&=\frac{1}{2\alpha}\vartheta_0-\frac{1}{4\alpha^3EI}Q_0\\B_3&=\frac{1}{2\alpha}\vartheta_0+\frac{1}{4\alpha^3EI}Q_0\\B_4&=-\frac{1}{2\alpha^2EI}M_0\end{aligned} \tag{5-96}$$

再将积分常数代入初参数得到：

$$\begin{aligned}y&=y_0\varphi_1+\vartheta_0\frac{1}{2\alpha}\varphi_2-M_0\frac{2\alpha^2}{bk}\varphi_3-Q_0\frac{\alpha}{bk}\varphi_4\\\vartheta&=-y_0\alpha\varphi_4+\vartheta_0\varphi_1-M_0\frac{2\alpha^3}{bk}\varphi_2-Q_0\frac{2\alpha^2}{bk}\varphi_3\\M&=y_0\frac{bk}{2\alpha^2}\varphi_3+\vartheta_0\frac{bk}{4\alpha^3}\varphi_4+M_0\varphi_1+Q_0\frac{1}{2\alpha}\varphi_2\\Q&=y_0\frac{bk}{2\alpha}\varphi_2+\vartheta_0\frac{bk}{2\alpha^2}\varphi_3-M_0\alpha\varphi_4+Q_0\varphi_1\end{aligned} \tag{5-97}$$

式中：$\varphi_1=\mathrm{ch}(\alpha x)\cos(\alpha x)$；$\varphi_2=\mathrm{ch}(\alpha x)\sin(\alpha x)+\mathrm{sh}(\alpha x)\cos(\alpha x)$；$\varphi_3=\mathrm{sh}(\alpha x)\sin(\alpha x)$；$\varphi_4=\mathrm{ch}(\alpha x)\sin(\alpha x)-\mathrm{sh}(\alpha x)\cos(\alpha x)$。

实际工程中常遇到的支座形式反荷载作用下梁端边界条件参数的值，见表 5-18。

表 5-18　支座形式反荷载作用下梁端边界条件取值

边界类型	弹性地基梁	已知初参数	A 端边界条件	待求初参数
自由边界		$M_0=0$ $Q_0=0$	$M_A=0$ $Q_A=0$	θ_0 y_0
		$M_0=-m$ $Q_0=-pl$	$M_A=0$ $Q_A=pz$	θ_0 y_0
简支边界		$M_0=0$ $y_0=0$	$M_A=0$ $y_0=0$	θ_0 Q_0
		$M_0=-ml$ $y_0=0$	$M_A=mz$ $y_0=0$	θ_0 Q_0
固定边界		$\theta_0=0$ $y_0=0$	$\theta_A=0$ $y_A=0$	θ_0 y_0
		$\theta_0=0$ $y_0=0$	$\theta_A=0$ $y_A=pz$	θ_0 y_0
弹性 固定边界		$y_0=0$	$y_A=0$	$\theta_0=M_0\beta_0$ M_0 Q_0

考虑弹性基础梁地下闭合框架受力分析简图，见图 5-19。如果为现浇框架，结点可简化为刚性节点，如果是拼装装配式结构，节点可能为柔性节点，可简化为铰接。框架的顶、底板的厚度要比中墙大得多，中隔墙的刚度相对较小，将中隔墙看作只承受轴力的二力杆。

荷载分析见表 5-19。

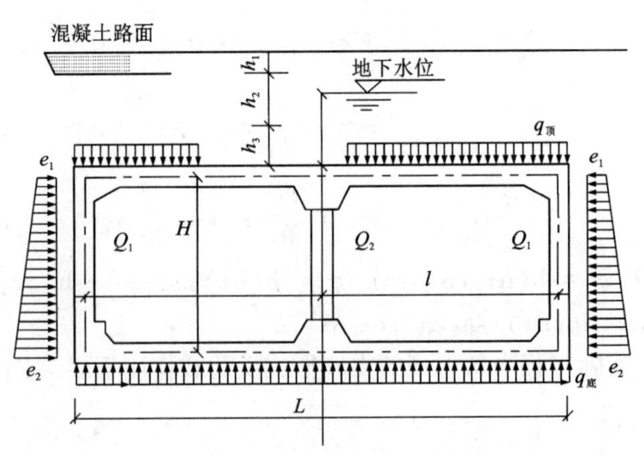

图 5-19　闭合矩形受力模型图

表 5-19　考虑弹性基础梁地下闭合框架荷载表

荷载名称	计算公式
覆土压力	$q_{soil} = \sum_i \gamma_i h_i$
水压力	$q_{水} = \gamma_w h_w$
顶板自重	$q = \gamma d$
顶板所超载	q_1^t
地面超载	q
总的顶板超载	$q_1 = \sum_i \gamma_i h_i + \gamma_w h_w + \gamma d + q_1^t + q$
底板上的荷载	$q_2 = q_1 + \frac{\Sigma P}{L} + q_1^t$
土层侧向压力	$e = (\sum_i \gamma_i h_i)\tan^2\left(45° - \frac{\varphi}{2}\right)$
侧向水压力	$e_w = \varphi \gamma_w h$ φ 折减系数。砂土：$\varphi=1$；黏土：$\varphi=1$
—	$q_c = e + e_w + q_1^t$

以单框架内力分析为例说明，考虑弹性地基梁模型的结构力学力法计算步骤为：

①绘制单框架三个未知量的分析见图 5-20。

②列出结构力学基本方程组：

$$
\begin{aligned}
X_1\delta_{11} + X_2\delta_{12} + X_3\delta_{13} + \Delta_{1p} = 0 \\
X_1\delta_{21} + X_2\delta_{22} + X_3\delta_{23} + \Delta_{2p} = 0 \\
X_1\delta_{31} + X_2\delta_{32} + X_3\delta_{33} + \Delta_{3p} = 0
\end{aligned}
\tag{5-98}
$$

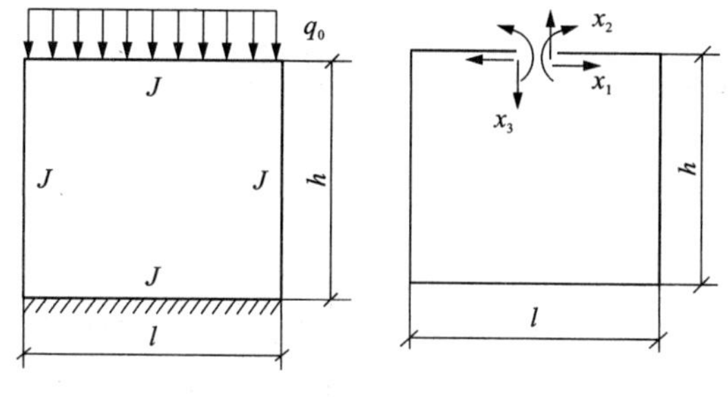

图 5-20　框架内力分析的计算简图及基本结构

③计算弹性地基梁影响下的柔度系数：

$$
\begin{aligned}
\delta_{ij} &= \delta_{ij} + b_{ij} \\
\Delta_{ij} &= \Delta'_{ip} + b_{iq} \\
\delta_{ij}^* &= \sum \int \frac{M_i/j_j}{EI} ds
\end{aligned}
\tag{5-99}
$$

式中：δ_{ij} 为单位力作用下框架基本结构位移（不包括地板）（图 5-21）；b_{ij} 为单位力作用下考虑弹性地基梁模型底板在切口处 x_i 方向位移；Δ'_{ip} 为外荷载作用下框架基本结构产生的位移；b_{iq} 为外荷载作用下考虑弹性地基梁模型底板在切口处 x_i 方向位移。

④求解未知力 X_1、X_2 和 X_3。

⑤绘制内力图。

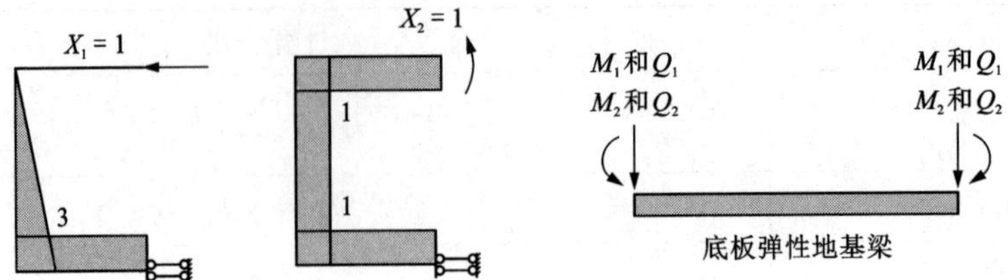

图 5-21　单位力作用下单框架切口处位移

$$\begin{aligned} b_{11} &= 2\theta_{10} \\ b_{21} &= 2\theta_{10} \\ b_{22} &= 2\theta_{20} \end{aligned} \tag{5-100}$$

$$\begin{aligned} b_{1q} &= 2h\theta_{p0} \\ b_{2q} &= 2\theta_{p0} \end{aligned} \tag{5-101}$$

$$\begin{aligned} y &= y_0\varphi_1 + \vartheta_0\frac{1}{2\alpha}\varphi_2 - y_0\frac{2\alpha^2}{bk}\varphi_2 - \vartheta_0\frac{\alpha}{bj}\varphi_4 \\ \vartheta &= -y_0\alpha\varphi_4 + \vartheta_0\varphi_1 - y_0\frac{2\alpha^3}{bk}\varphi_4 - \vartheta_0\frac{2\alpha^2}{bk}\varphi_3 \\ M &= y_0\frac{bk}{2\alpha^2}\varphi_2 + \vartheta_0\frac{bk}{4\alpha^2}\varphi_4 + M_0\varphi_1 + \vartheta_0\frac{1}{2\alpha}\varphi_2 \\ Q &= y_0\frac{bk}{2\alpha}\varphi_2 + \vartheta_0\frac{bk}{2\alpha^2}\varphi_2 - M_0\alpha\varphi_4 + \vartheta_0\varphi_1 \end{aligned} \tag{5-102}$$

式中：$\varphi_1=\mathrm{ch}(\alpha x)\cos(\alpha x)$；$\varphi_2=\mathrm{ch}(\alpha x)\sin(\alpha x)+\mathrm{sh}(\alpha x)\cos(\alpha x)$；$\varphi_3=\mathrm{sh}(\alpha x)\sin(\alpha x)$；$\varphi_4=\mathrm{ch}(\alpha x)\sin(\alpha x)-\mathrm{sh}(\alpha x)\cos(\alpha x)$；$\alpha=\sqrt[4]{\frac{kb}{4EI}}$。

$$\begin{aligned} M_{\mathrm{L}} &= y_0\frac{bk}{2\alpha^2}\varphi_3 + \vartheta_0\frac{bk}{4\alpha^3}\varphi_4 + M_0\varphi_1 + Q_0\frac{1}{2\alpha}\varphi_2 \\ Q_{\mathrm{L}} &= y_0\frac{bk}{2\alpha}\varphi_2 + \vartheta_0\frac{bk}{2\alpha^2}\varphi_3 - M_0\alpha\varphi_4 + Q_0\varphi_1 \end{aligned} \tag{5-103}$$

$$\begin{aligned} y_0\frac{bk}{2\alpha^2}\varphi_3 + \vartheta_0\frac{bk}{4\alpha^3}\varphi_4 &= M_{\mathrm{L}} - M_0\varphi_1 - Q_0\frac{1}{2\alpha}\varphi_2 \\ y_0\frac{bk}{2\alpha}\varphi_2 + \vartheta_0\frac{bk}{2\alpha^2}\varphi_3 &= Q_{\mathrm{L}} + M_0\alpha\varphi_4 - Q_0\varphi_1 \end{aligned} \tag{5-104}$$

$$A = \frac{bk}{2\alpha^2}\varphi_3 \quad B = \frac{bk}{4\alpha^3}\varphi_4 \quad \overline{M} = M - M_0\varphi_1 - Q_0\frac{1}{2\alpha}\varphi_2 \tag{5-105}$$

$$C = \frac{bk}{2\alpha}\varphi_2 \quad D = \frac{bk}{2\alpha^2}\varphi_3 \quad \overline{Q} = Q + M_0\alpha\varphi_4 - Q_0\varphi_1 \tag{5-106}$$

$$\begin{aligned} y_0A + \vartheta_0B &= \overline{M} \\ y_0C + \vartheta_0D &= \overline{Q} \end{aligned} \tag{5-107}$$

$$\vartheta_0=\frac{\begin{vmatrix}A & \overline{M}\\ C & \overline{Q}\end{vmatrix}}{\begin{vmatrix}A & B\\ C & D\end{vmatrix}} \tag{5-108}$$

$$y_0=\frac{\begin{vmatrix}\overline{M} & B\\ \overline{Q} & D\end{vmatrix}}{\begin{vmatrix}A & B\\ C & D\end{vmatrix}} \tag{5-109}$$

例题：地下闭合矩形框架，截面高度600 cm，地基反力系数$k=4.0\times10^4\ \text{kN/m}^3$，$E=2.0\times10^4$ MPa，宽度$b=1$ m。分别采用不考虑弹性地基梁模型求解内力和考虑弹性地基梁模型求解内力。闭合框架模型、内力分析示意图及内力计算结果见图5-22～图5-24。

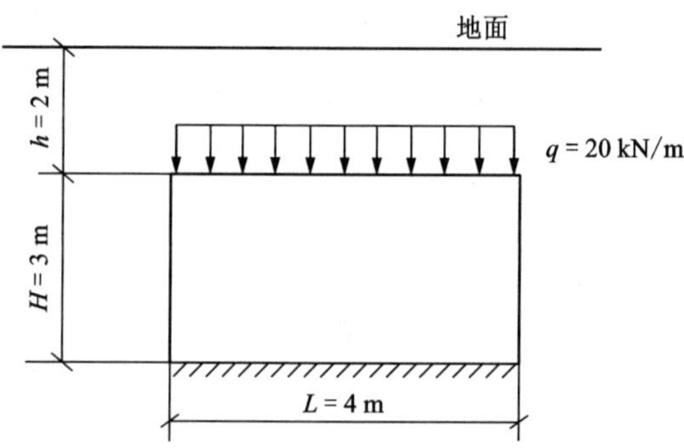

图5-22 闭合框架模型示意图

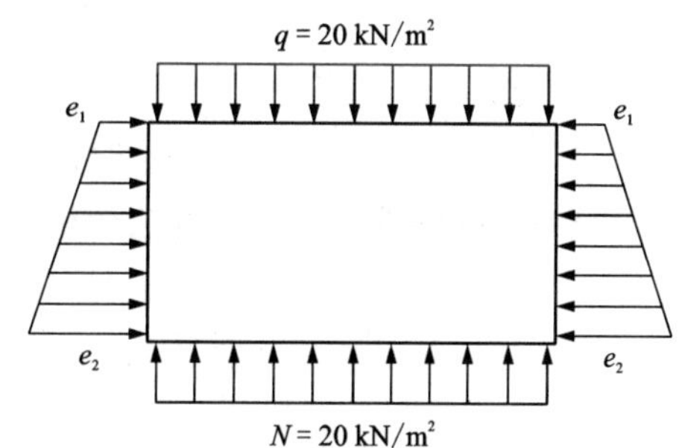

图5-23 闭合框架内力分析示意图

$$e_1=\gamma hK_a=18\times2\times\tan^2\left(45^\circ-\frac{30^\circ}{2}\right)=12\ \text{kN/m}^2$$

$$e_2=\gamma(H+h)K_a=18\times5\times\tan^2\left(45^\circ-\frac{30^\circ}{2}\right)=30\ \text{kN/m}^2$$

(1)不考虑弹性地基梁模型力法分析框架内力

位移协调方程组：

$$\Delta_1=\delta_{11}X_1+\delta_{12}X_2+\Delta_{1P}=0$$

$$\Delta_2=\delta_{21}X_1+\delta_{22}X_2+\Delta_{2P}=0$$

柔性系数分析见图5-21，具体计算结果如下：

$$\delta_{11}=\frac{1}{EI}\left(\frac{3\times3}{2}\times\frac{2}{3}\times3+2\times3\times3\right)=\frac{27}{EI}$$

$$\delta_{12}=\delta_{21}=\frac{1}{EI}\left(\frac{3\times3}{2}\times1+2\times3\times1\right)=\frac{10.5}{EI}$$

$$\delta_{22}=\frac{1}{EI}(2\times2\times1\times1+1\times3\times1)=\frac{7}{EI}$$

计算得到的未知位移结果为：

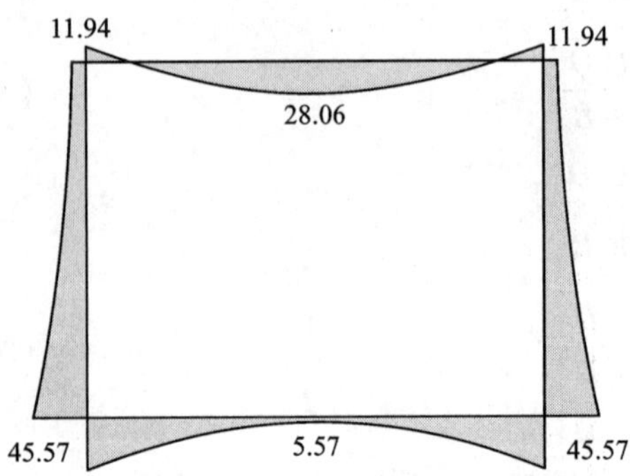

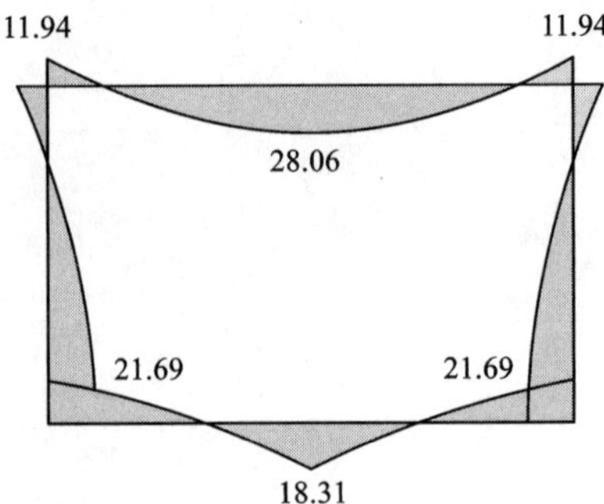

图 5-24　闭合框架内力计算结果对比分析

$$\Delta_{1P}=\frac{1}{EI}\left(-\frac{3\times3}{2}\times40+\frac{1}{4}\times3\times81\times\frac{4}{5}\times3+41\times2\times3-\frac{1}{3}\times2\times40\times3\right)=\frac{131.8}{EI}$$

$$\Delta_{2P}=\frac{1}{EI}\left(-\frac{1}{3}\times2\times40-40\times3+\frac{1}{4}\times3\times8+41\times2-\frac{1}{3}\times2\times40\right)=\frac{-30.59}{EI}$$

$$x_1=15.79\ \text{kN}\qquad x_2=28.06\ \text{kN}\cdot\text{m}$$

(2)考虑弹性地基梁模型力法分析框架内力：

$$\alpha=\sqrt[4]{\frac{kb}{4EI}}=\sqrt[4]{\frac{4.0\times10^7}{4\times2.0\times10^{10}\times\frac{1}{12}\times0.6^3}}=0.408248$$

$\varphi_1=\text{ch}(\alpha L)\cos(\alpha L)=-0.165166572$；$\varphi_2=\text{ch}(\alpha L)\sin(\alpha L)+\text{sh}(\alpha L)\cos(\alpha x)=2.499096464$；
$\varphi_3=\text{sh}(\alpha L)\sin(\alpha L)=2.457154804$；$\varphi_4=\text{ch}(\alpha L)\sin(\alpha L)-\text{sh}(\alpha x)\cos(\alpha x)=2.805145715$

$$A=\frac{bk}{2\alpha^2}\varphi_3=2.9486\times10^8\qquad D=\frac{bk}{2\alpha^2}\varphi_3=2.9486\times10^8$$

$$B=\frac{bk}{4\alpha^3}\varphi_4=4.1227\times10^8\qquad C=\frac{bk}{2\alpha}\varphi_2=1.2243\times10^8$$

$$\overline{M}=M_L-M_0\varphi_1-Q_0\frac{1}{2\alpha}\varphi_2=-0.4955\quad \overline{Q}=Q_L+M_0\alpha\varphi_4-Q_0\varphi_1=-3.4356$$

$$\vartheta_0=\frac{\begin{vmatrix}A & \overline{M}\\ C & \overline{Q}\end{vmatrix}}{\begin{vmatrix}A & B\\ C & D\end{vmatrix}}=1.6043393\times10^{-8},\ y_0=\frac{\begin{vmatrix}\overline{M} & B\\ \overline{Q} & D\end{vmatrix}}{\begin{vmatrix}A & B\\ C & D\end{vmatrix}}=-1.0576998\times10^{-8}$$

$$\delta'_{11}=\frac{1}{EI}\times2\times\left(\frac{3\times3}{2}\times\frac{2}{3}\times3\right)=\frac{18}{EI}=5.000000\times10^{-8}$$

$$b'_{11}=2\times3\theta_{10}=6\times1.6043393\times10^{-8}=9.6260359\times10^{-8}$$

$$\delta_{11}=\delta'_{11}+b'_{11}=5.000000\times10^{-8}+9.6260359\times10^{-8}=1.4626036\times10^{-7}$$

$$\delta'_{12}=\delta'_{21}=\frac{1}{EI}\times2\times\left(\frac{3\times3}{2}\times1\right)=\frac{9}{EI}=2.50000\times10^{-8}$$

$$b'_{21} = 2\theta_{10} = 2 \times 1.6043393 \times 10^{-8} = 3.2086786 \times 10^{-8}$$

$$\delta_{21} = \delta'_{21} + b'_{21} = 2.500000 \times 10^{-8} + 3.2086786 \times 10^{-8} = 5.7086786 \times 10^{-8}$$

$$\delta'_{22} = \frac{1}{EI}(2 \times 1 \times 1 + 1 \times 3 \times 1) = \frac{10}{EI} = 2.777778 \times 10^{-8}$$

$$b'_{22} = 2\theta_{20} = 2 \times 5.3477977 \times 10^{-9} = 1.0695595 \times 10^{-8}$$

$$\delta_{22} = \delta'_{22} + b'_{22} = 2.777778 \times 10^{-8} + 1.0695595 \times 10^{-8} = 3.8473373 \times 10^{-8}$$

$$\Delta'_{1P} = \frac{1}{EI}\left(-\frac{3 \times 3}{2} \times 40 + \frac{1}{4} \times 3 \times 81 \times \frac{4}{5} \times 3\right) = \frac{-34.2}{EI} = -9.500000 \times 10^{-8}$$

$$b'_{1P} = 2 \times 3 \times 6.8370962 \times 10^{-7} = 4.1022577 \times 10^{-6}$$

$$\Delta_{1P} = \Delta'_{1P} + b'_{1P} = -9.500000 \times 10^{-8} + 4.1022577 \times 10^{-6} = 4.1972577 \times 10^{-6}$$

$$\Delta_{2P} = \frac{1}{EI}\left(-\frac{1}{3} \times 2 \times 40 - 40 \times 3 + \frac{1}{4} \times 3 \times 8\right) = \frac{-83.33}{EI} = -2.314722 \times 10^{-7}$$

$$b'_{2P} = 2 \times 6.8370962 \times 10^{-7} = 1.3674192 \times 10^{-6}$$

$$\Delta_{2P} = \Delta'_{2P} + b'_{2P} = -2.314722 \times 10^{-7} + 1.3674192 \times 10^{-6} = 1.1359470 \times 10^{-6}$$

将上述柔度系数和位移结果代入协调方程，计算得到剪力和弯矩分别为：

$$x_1 = 2.060\ \text{kN};\ x_2 = 8.854\ \text{kN} \cdot \text{m}$$

预制拼装综合管廊结构仅有纵向拼缝接头，则其截面内力计算模型采用与现浇混凝土综合管廊结构相同的闭合框架模型。预制拼装综合管廊结构含有纵向、横向拼缝接头，则其截面内力计算模型考虑拼缝接头的影响，采用 K-ζ 法（旋转弹簧-ζ 法）计算，构件的截面内力分配按下式计算：

$$M = K\theta \tag{5-110}$$

$$M_j = (1 - \zeta)M,\ N_j = N$$
$$M_z = (1 + \zeta)M,\ N_z = N \tag{5-111}$$

式中：M、N 分别为带纵向（横向）拼缝接头预制拼装综合管廊截面内各构件的弯矩设计值和轴力设计值，kN·m，kN；M_j、M_z 分别为预制拼装综合管廊节段横向拼缝接头处、整体浇筑部位弯矩设计值，kN·m；N_j、N_z 分别为预制拼装综合管廊节段横向拼缝接头处、整体浇筑部位轴力设计值，kN；K 为旋转弹簧常数，25~50 MN·m/rad；θ 为预制拼装综合管廊拼缝相对转角，rad；ζ 为拼缝接头弯矩影响系数，当采用拼装时取 $\zeta=0$，当采用横向错缝拼装时取 $0.3<\zeta<0.6$。K、ζ 可通过试验确定。

5.4.2 城市地下综合管廊框架结构选型

城市地下综合管廊框架结构根据施工工艺不同，可分为现浇式、预制拼装式和预制装配叠合式。预制拼装式又细分为节段式预制拼装式、分片式预制拼装式。预制拼装式具有单件性、批量性、工厂化等多种优势，也是未来地下综合管廊的发展方向。

现浇式、预制拼装式和预制装配叠合式综合管廊优缺点对比分析见表 5-20。

综合管廊绝大部分采用耐久和耐火性能良好的钢筋混凝土材料。钢筋混凝土管廊能较好地适用于持力层好或适中的基础沉降，不适用于工程地质条件较差的情况，比如软土、膨胀土、多年冻土、湿陷性黄土等工程地质条件。钢筋混凝土管廊自身很容易出现纵向挤压变形和横向剪切变形、管体断裂或变形、管体脱节与开裂漏水，从而影响管廊使用性能。在工程地质条件较差的条件下，可采用波纹钢综合管廊或混凝土-波纹钢串联式综合管廊结构。该结构形式管廊纵向刚柔相济，具有较好的剪切、弯曲和拉压变形能力，能够适应各类复杂场地，从而降低管廊对地基和管段连接要求。

表 5-20　现浇式和拼装式综合管廊对比分析表

<table>
<tr><th colspan="2">工法</th><th>优点</th><th>缺点</th><th>适用条件</th></tr>
<tr><td colspan="2">现浇式</td><td>1）与预制管廊相比，沿纵向的连接节点少，防水性能好；
2）与预制管廊相比，施工技术要求较低；
3）管廊标准段长度较长</td><td>1）现场施工周期长，混凝土养护时间较长；
2）施工工序多、劳动强度大；
3）模板安拆工作量大；
4）施工缝设置较多，侧壁容易开裂，质量控制难度大</td><td>适用于管廊体量较大、舱室断面复杂，且可采用明挖法施工的项目，建议 3 舱以上可采用现浇式。为保证施工质量，模板采用铝模板</td></tr>
<tr><td rowspan="3">预制拼装式</td><td>节段式</td><td>1）管节质量一致性好，单管节内无连接处理，整体性好，节内防水性能好；
2）现场安装快，现场湿作业少，场地降水期短；
3）材料周转快</td><td>1）对吊装设备有较高要求；
2）易受运输条件限制，不便于远距离运输；
3）预应力筋、螺栓以及承插式接头的防水问题依然很严峻；
4）模具用量大，施工机械笨重，生产可调节性差</td><td>适用于运输条件好，吊装设备租金低廉，管廊体量适中，舱室数量较少，且可采用明挖法施工的项目，建议 2 舱室以下可采用，可用于圆形和马蹄形等综合管廊</td></tr>
<tr><td>分片式</td><td>1）预制构件拆分灵活、便于组装，运输和安装；
2）能设计更多断面形式，增加多样性；
3）构件质量控制好</td><td>1）节点连接件较多、质量要求高；
2）节点受力和防水性能要求高；
3）施工专业人员较多且技术要求高，装配成本较高</td><td>适用于管廊体量较大、无法满足运输，且可采用明挖法施工的项目</td></tr>
<tr><td>盾构</td><td>1）机械化、自动化程度高；
2）无须明挖施工</td><td>1）实施成本高；
2）需配置盾构机与管片生产厂</td><td>适用于无法采用明挖法的项目</td></tr>
<tr><td colspan="2">预制装配叠合式</td><td>1）具有兼有现浇式与预制样装式的优点；
2）节省模板和支撑体系简单；
3）工厂化生产质量有保障；
4）整体性好、多样性和方便性增强；
5）施工周期较短</td><td>1）配筋量有所增加；
2）生产工艺要求较高；
3）装配率与装配面积降低；
4）现场施工技术人员较多，成本开支大</td><td>适用于管廊体量较大、无法满足运输，且可采用明挖法施工的项目</td></tr>
</table>

5.4.3　城市地下综合管廊矩形框架结构截面设计

现浇混凝土结构计算最不利截面选取：框架结构弯矩不利截面是侧墙边缘处的截面或跨中截面，剪力不利截面仍处于支座边缘处，见图 5-25。

最不利截面上设计弯矩、剪力和设计轴力计算公式如下：

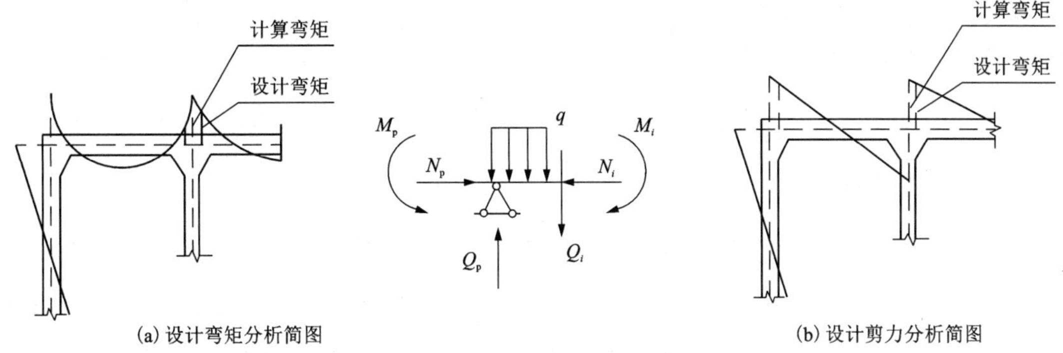

(a) 设计弯矩分析简图　　(b) 设计剪力分析简图

图 5-25　最不利截面设计弯矩和剪力分析简图

$$M_i = M_p - Q_p \times \frac{b}{2} \tag{5-112}$$

$$Q_i = Q_p - \frac{q}{2} \times b \tag{5-113}$$

$$N_i = N_p + N_p^t \times \varphi \tag{5-114}$$

式中：M_i 为最不利截面上设计弯矩，kN·m；b 为支座的宽度，m；Q_i 为最不利截面上设计剪力，N；N_i 为最不利截面上设计轴力，N；N_p 为静载引起的设计轴力，N；N_p^t 为由特载引起的设计轴力，N；φ 为折减系数，对于顶板取 0.3，对于底板和侧墙取 0.6。

1. 现浇综合管廊本体结构截面设计

1) 截面承载力设计

对于框架梁柱，按照压弯构件进行设计。优先考虑单筋梁，如果单筋梁不满足承载力要求，且截面高度无法调整，可考虑采用双筋梁。具体过程参见矩形截面钢筋混凝土结构设计，满足《混凝土结构设计标准》(GB/T 50010—2010)(2024 版)。

正截面承载力纵筋配筋设计 A_s 为：

①单筋：

$$A_s = \xi b h_0 \frac{\alpha_1 f_c}{f_y} \tag{5-115}$$

②双筋：当荷载较大时，截面高度受限时，可考虑采用双层钢筋配筋。

$$A_{s1} = \frac{\alpha_1 f_c b \xi_b h_0}{f_y},\ A_{s2} = \frac{M - A_{s1} f_y\left(h_0 - \frac{\xi_b h_0}{2}\right)}{(h_0 - a_s')f_y},\ A_s' = A_{s2} f_y / f_y',\ A_s = A_{s1} + A_{s2} \tag{5-116}$$

式中：A_s、A_{s1}、A_{s2} 受拉区纵筋面积，mm^2；b、h_0 分别为构件截面宽度和有效高度，mm；ξ 为截面受压区相对高度；ξ_b 为相对界限受压区高度，mm；α_1 为系数，当混凝土强度等级不超过 C50 时，α_1 取 1.0，当混凝土强度等级为 C80 时，α_1 取 0.94，其间按线性内插法确定；A_s' 为受压区纵向普通钢筋的截面面积，mm^2；a_s'为受压区全部纵向钢筋合力点至截面受压边缘的距离，mm；f_c、f_y 分别为混凝土抗压设计强度和纵向钢筋受拉设计强度，MPa；f_y'为普通钢筋抗压强度设计值，MPa。

斜截面受剪承载力箍筋设计 A_{sv} 为：

①纵筋不弯起：

$$\frac{A_{sv}}{s}=\frac{V-\alpha_{cv}f_t bh_0}{f_{yv}h_0} \tag{5-117}$$

②纵筋部分弯起：

$$\frac{A_{sv}}{s}=\frac{V-0.8f_{yv}\cdot A_{sb}\cdot \sin s-\alpha_{cv}f_t bh_0}{f_{yv}h_0} \tag{5-118}$$

式中：V 为构件斜截面上的最大剪力设计值，kN；A_{sv} 为配置在同一截面内箍筋各肢的全部截面面积，mm²；s 为沿构件长度方向的箍筋间距，mm；α_{cv} 为斜截面混凝土受剪承载力系数，对于一般受弯构件取 0.7，对集中荷载作用下的独立梁取 $\alpha_{cv}=\frac{1.75}{\lambda+1}$，$\lambda$ 为计算截面的跨比，可取 $\lambda=a/h_0$，当 λ 小于 1.5 时，取 1.5，当 λ 大于 3 时，取 3，a 取集中荷载作用点至支座截面或节点边缘的距离；f_t 为混凝土抗拉强度设计值，MPa；b、h_0 分别为构件截面宽度和有效高度，mm；A_{sb} 为同一平面内的弯起普通钢筋的截面面积，mm²；α_s 为斜截面上弯起普通钢筋的切线与构件纵轴线的夹角；f_{yv} 为箍筋的抗拉强度设计值，MPa；ξ 为截面受压区相对高度。

大偏压对称配筋纵筋面积设计如下：

$$A_s=A'_s=\frac{Ne-\alpha_1 f_c bh_0(\xi-0.5\xi^2)}{f'_y(h_0-a'_s)} \tag{5-119}$$

小偏压对称配筋纵筋面积设计：

$$A_s=A'_s=\frac{Ne-\alpha_1 f_c bh_0^2\xi(1-0.5\xi)}{f'_y(h_0-a'_s)} \tag{5-120}$$

$$\xi=\frac{N-f_c bh_0\xi_b}{\dfrac{Ne-0.43f_c bh_0^2}{(h_0-a'_s)(0.8-\xi_b)}+f_c bh_0}+\xi_b \tag{5-121}$$

式中：N 为轴向压力设计值，kN；e 为轴向压力作用点至纵向受拉普通钢筋的合力点的距离。

2）正常使用极限状态验算

（1）构件裂缝验算

按照裂缝控制等级进行相应的裂缝宽度控制。裂缝控制等级分为三级。一级指钢筋混凝土构件严格要求不出现裂缝，荷载标准组合作用下构件受拉边缘不产生拉应力。二级钢筋混凝土构件一般要求不出现裂缝，荷载标准组合作用下构件受拉边缘拉应力不大于混凝土抗拉强度的标准值。三级一般指钢筋混凝土构件允许出现裂缝，考虑长期作用影响荷载准永久组合作用下钢筋混凝土构件裂缝宽度不超过表 5-21 中裂缝宽度限值。综合管廊结构构件的裂缝控制等级为三级，最大裂缝宽度限值小于等于 0.2 mm。

（2）构件挠度验算

计算荷载准永久组合下钢筋混凝土受弯构件的最大挠度，以及荷载标准组合下预应力混凝土受弯构件的最大挠度，并均考虑荷载长期作用的影响。计算挠度不超过表 5-22 限值。

表 5-21　结构构件的裂缝控制等级及最大裂缝宽度的限值

环境类别	裂缝控制等级 ω_{lim}/mm	
	钢筋混凝土结构	预应力混凝土结构
一	三级/0.30	三级/0.20
二 a	三级/0.20	三级/0.10
二 b	三级/0.20	二级/—
三 a、三 b	三级/0.20	一级/—

表 5-22　受弯构件挠度限值

计算跨度 l_0/m	$l_0<7$	$7\leqslant l_0\leqslant 9$	$l_0>9$
挠度限值	$l_0/200$	$l_0/250$	$l_0/300$

(3)构造要求

V 小于混凝土抗剪承载力 $0.7f_t bh_0$，箍筋按照构造配筋设计。剪力超过上限 $0.25\beta_c f_c bh_0$，增加截面尺寸。

综合管廊构件的裂缝不得贯通。混凝土强度等级不小于 C30，采用自防水混凝土，设计抗渗等级满足表 5-23 要求。

表 5-23　综合管廊构件防水混凝土设计抗渗等级

管廊埋深/m	<10	10~20	20~30	>30
设计抗渗等级	P6	P8	P10	P12

钢筋常用 HRB335、HRB400 和 HRB500；综合管廊构件纵向受力钢筋最小配筋率 ρ_{min} 满足采用强度等级 500 MPa、400 MPa、300 MPa(335 MPa)钢筋时，受压构件全部纵向钢筋 ρ_{min} 分别为 0.5%、0.55%、0.6%，其一侧纵向钢筋 ρ_{min} 为 0.2%。受弯构件一侧受拉钢筋 ρ_{min} 为 max(0.2%，$45f_t/f_y$)。

综合管廊构件承重侧壁厚度不小于 250 mm，构件迎水面保护层厚度不小于 50 mm，其他构件保护层厚度满足表 5-24 要求。

表 5-24　综合管廊构件混凝土保护层的最小厚度　　单位：mm

环境类别	一	二 a	二 b	三 a	三 b
板、墙、壳	21	28	35	42	56
梁、柱、杆	28	35	49	56	70

综合管廊的防渗设计原则是“以防为主，防、排、截、堵相结合，刚柔相济，因地制宜，综合治理”。变形缝设置在现浇综合管廊构件纵向刚度突变处或上覆荷载变化处，或下卧土

层突变处。缝宽不小于 30 mm，间距不超过 30 m，设置橡胶止水带、填缝材料和嵌缝材料等止水构造，见图 5-26。混凝土综合管廊防水通过增加混凝土的抗渗性能，以及混凝土外防水实现，见图 5-27。

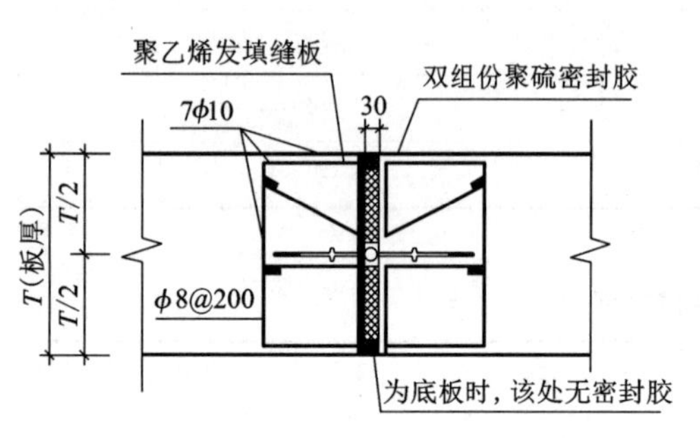

图 5-26　变形缝防水构造图

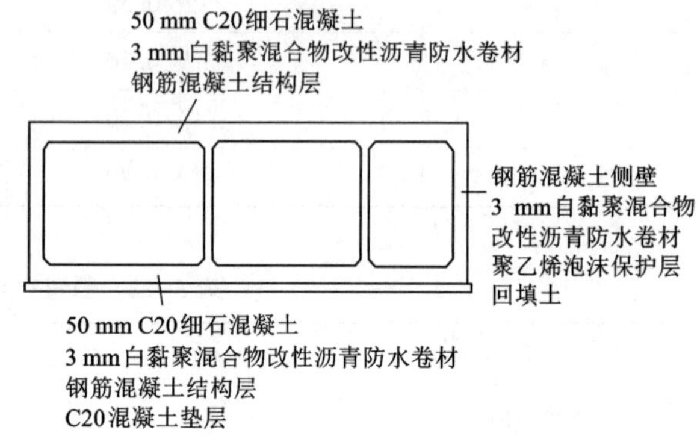

图 5-27　管廊结构防水构造图

2. 预制拼装综合管廊本体结构设计

针对节段式综合管廊本体结构的管节截面受弯、受剪承载力设计和最大裂缝宽度验算与本节现浇综合管廊本体结构截面设计相同。

节段式综合管廊本体结构的管节连接可采用承插式连接，也可采用预应力或螺栓连接。承插式连接接口分为 A 型企口(端面压缩橡胶圈密封企口)、B 型企口(工作面压缩橡胶圈密封企口)和 C 型企口(端面、工作面压缩橡胶圈密封企口)，见图 5-28。设置一道密封垫沟槽，其截面面积为 1.0~1.5 倍密封垫截面积。

对于预应力或螺栓连接，在考虑长期作用影响的荷载标准组合作用下，拼缝外缘张开量小于最大张开量限值。

$$\Delta = \frac{M_k}{\kappa}h \leqslant \Delta_{max} \tag{5-122}$$

式中：Δ 为预制拼装综合管廊拼缝外缘张开量，mm；Δ_{max} 为拼缝外缘最大张开量限值，取 2 mm；h 为拼缝截面高度，m；κ 为旋转弹簧常数，kN · m^2；M_k 为预制拼装综合管廊拼缝截面弯矩标准值，kN · m。

分片式综合管廊本体结构可设计为两个 C 型舱段，见图 5-29。分片式拼装综合管廊本体结构预制墙、顶底板构件采用双侧配筋的承载力和正常使用设计与验算，与本节现浇混凝土框架截面设计类似。管节连接采用承插式连接，拆分的墙、板连接采用现浇连接。预制墙体与预制底板、预制顶板、边跨板现浇连接。连接节点示意图见图 5-30。

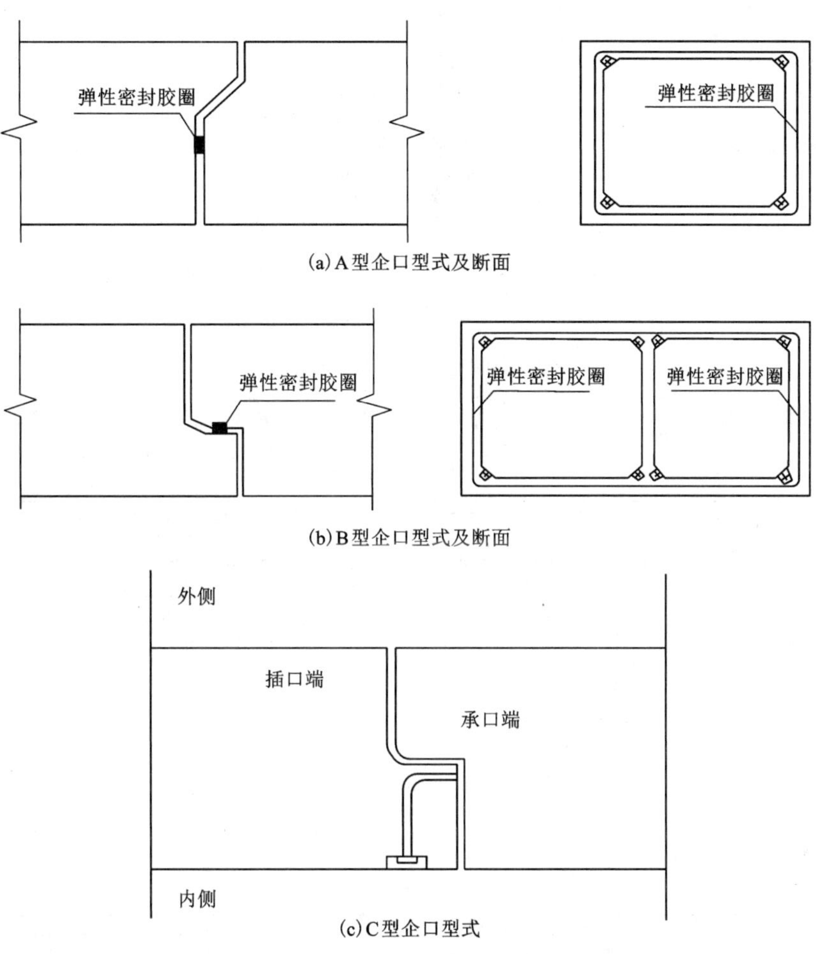

图 5-28　节段式综合管廊本体结构管节连接

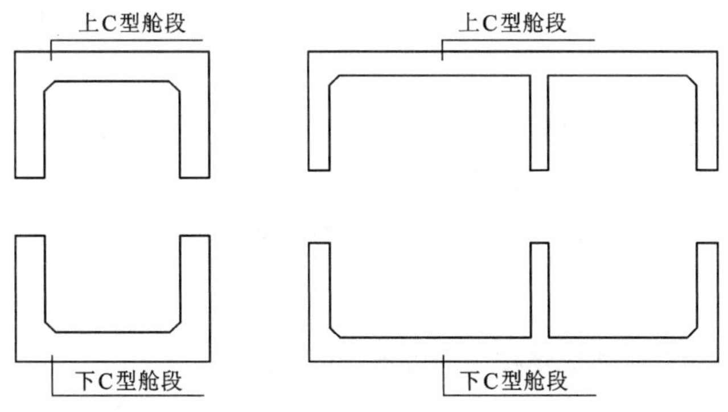

图 5-29　C 型舱段分片式预制综合管廊本体结构

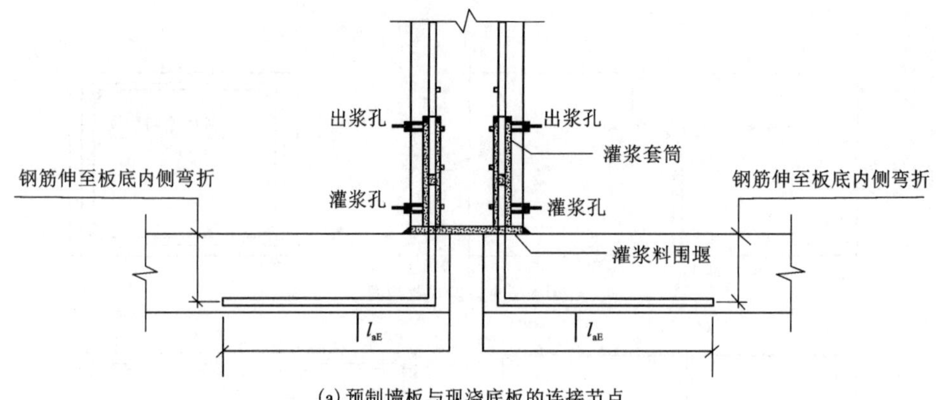

(a) 预制墙板与现浇底板的连接节点

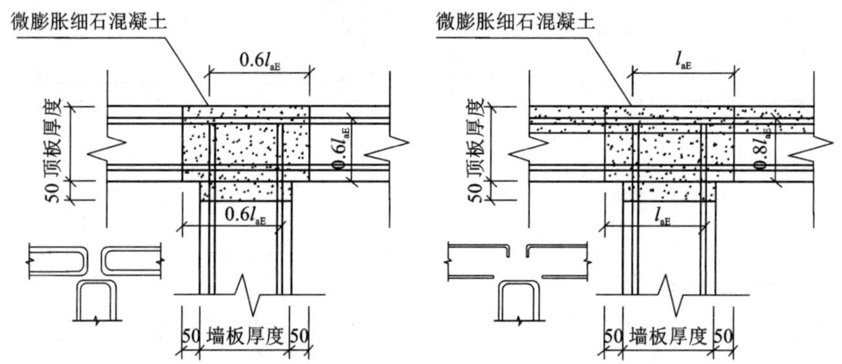

(b) 预制顶板与现浇底板的连接节点

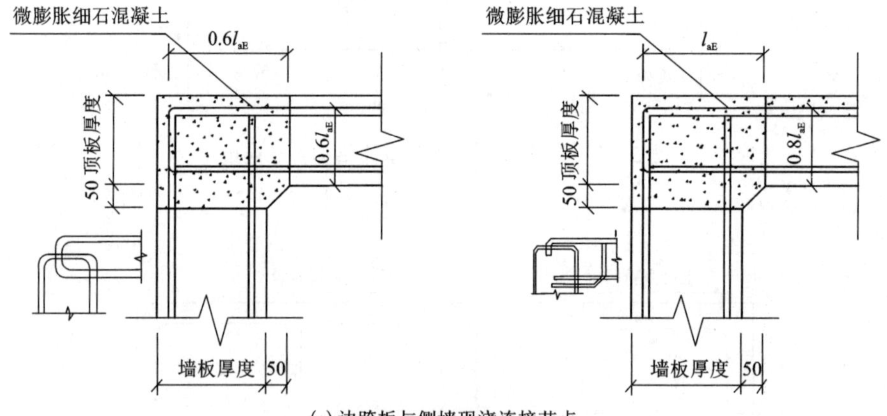

(c) 边跨板与侧墙现浇连接节点

图 5-30　连接节点示意图(单位: mm)

3. 装配式叠合综合管廊本体结构截面设计

1) 截面承载力设计

装配式叠合构件按两阶段进行截面承载力设计，取荷载最不利组合下的荷载效应值。第一阶段指后浇的叠合层混凝土未达到强度设计值之前的阶段。第二阶段指叠合层混凝土达到强度设计值之后的阶段。

第一阶段预制构件按简支构件计算，最不利截面处弯矩设计值 M_1 和剪切设计值 V_1 分别为预制构件本身及相连的预制构件自重、叠合层自重等恒载产生的弯矩 M_{1G} 和剪力 V_{1G} 及本阶段施工活荷产生的弯矩 M_{1Q} 和剪力 V_{1Q}，见下式：

$$M_1 = M_{1G} + M_{1Q} \tag{5-123}$$

$$V_1 = V_{1G} + V_{1Q} \tag{5-124}$$

第二阶段叠合构件按整体结构计算，通常被认为是偏心受压构件，承担施工阶段荷载和使用阶段荷载，最不利截面处的弯矩和剪力设计值取两者荷载效应大值，见下式。施工阶段荷载包括叠合构件自重、预制楼板自重、面层自重、吊顶自重等恒载以及本阶段施工活荷载。使用阶段荷载包括施工阶段恒载以及本阶段的活荷载。

$$M_2 = M_{1G} + M_{2G} + M_{2Q} \tag{5-125}$$

$$V_2 = V_{1G} + V_{2G} + V_{2Q} \tag{5-126}$$

式中：M_{2G} 和 V_{2G} 分别为第二阶段面层、吊顶等在自重作用下，最不利截面弯矩设计值和剪力设计值；M_{2Q} 和 V_{2Q} 分别为第二阶段在可变荷载作用下，最不利截面弯矩设计值和剪力设计值；M_{2Q} 和 V_{2Q} 分别为本阶段施工活荷载和使用阶段在可变荷载作用下，最不利截面的弯矩设计值和剪力设计值的较大值。

预制简支梁正截面受弯承载力纵筋面积和斜截面抗剪承载力箍筋面积设计见本节中“现浇综合管廊本体结构截面设计”内容。

叠合梁正截面受剪承载力箍筋面积为：

$$\frac{A_{sv}}{s} = \frac{V_2 - 1.2f_t b h_0}{0.85f_{yv}h_0} \tag{5-127}$$

式中：A_{sv} 为箍筋横截面面积，mm^2；s 为箍筋间距，mm；f_t 为混凝土的抗拉强度设计值，MPa，取叠合层和预制构件中的较低值；f_{yv} 为箍筋强度设计值，MPa；h_0 为截面有效高度，mm。

2）正常使用极限状态验算

正常使用极限状态验算通常包括正截面抗裂验算、裂缝宽度验算和挠度验算。

（1）叠合构件正截面抗裂验算

荷载标准组合：

$$\sigma_{ck} < f_{tk} \tag{5-128}$$

荷载准永久组合：

$$\sigma_{s_q} \leqslant 0.9f_y \tag{5-129}$$

式中：f_{tk} 为混凝土抗拉强度标准值，MPa；f_y 为纵向钢筋强度设计值，MPa；σ_{ck} 为荷载标准组合下，混凝土构件边缘拉应力，MPa；σ_{s_q} 为荷载准永久组合下，构件纵向受力钢筋应力，MPa，按下式计算。

预制构件：

$$\sigma_{ck} = \frac{M_{1k}}{W_{01}} \tag{5-130}$$

叠合构件：

$$\sigma_{ck}=\frac{M_{1Gk}}{W_{01}}+\frac{M_{2k}}{W_0} \tag{5-131}$$

$$\sigma_{s_q}==\frac{M_{1Gk}}{0.87A_s h_{01}}+\frac{0.5\left(1+\frac{h_1}{h}\right)M_{2q}}{0.87A_s h_0} \tag{5-132}$$

式中：M_{1k} 为第一阶段荷载标准组合作用下，计算截面弯矩值，取 $M_{1k}=M_{1Gk}+M_{1Qk}$，N · mm；M_{1Qk}、M_{1Gk} 分别为预制构件自重、预制楼板自重和叠合层自重标准组合作用下、第一阶段施工活荷载标准值作用下，计算截面弯矩值，N · mm；M_{2k} 为第二阶段荷载标准组合作用下，计算截面弯矩值，取 $M_{2k}=M_{2Gk}+M_{2Qk}$，N · mm；M_{2Gk}、M_{2Qk} 分别为面层、吊顶等自重标准组合作用下、使用阶段可变荷载标准组合作用下，计算截面弯矩值，N · mm；M_{2q} 为荷载准永久组合作用下，计算截面弯矩值，N · mm；W_{01} 为预制构件换算截面受拉边缘的弹性抵抗矩；W_0 为叠合构件换算截面受拉边缘的弹性抵抗矩，此时，叠合层的混凝土截面面积按弹性模量比换算成预制构件混凝土的截面面积，mm^2；h_{01} 为预制构件截面有效高度，mm；$M_{1Gk}<0.35M_1$；$0.5\left(1+\frac{h_1}{h}\right)=1$。

(2)叠合构件裂缝宽度验算

荷载准永久组合或考虑长期作用影响标准组合作用下，叠合构件最大裂缝宽度 ω_{max}，不超过最大裂缝宽度限值。

$$\omega_{max}=A\psi\frac{(\sigma_{slk}+\sigma_{s2})}{E_s}\left(1.9c+0.08\frac{d_{eq}}{\rho_{tel}}\right) \tag{5-133}$$

$$\psi=1.1-\frac{0.65f_{tkl}}{\rho_{tel}\sigma_{slk}+\rho_{te}\sigma_{s2}} \tag{5-134}$$

式中：A 为系数，当为钢筋混凝土构件时，$A=2$，当为预应力钢筋混凝土构件时，$A=1.6$；σ_{s2} 为钢筋应力，当为钢筋混凝土构件时，$\sigma_{s2}=\sigma_{s2k}$，当为预应力钢筋混凝土构件时，$\sigma_{s2}=\sigma_{s2q}$，N；d_{eq} 为受拉区纵向钢筋的等效直径，mm；ρ_{tel}、ρ_{te} 分别为预制构件、叠合构件的有效受拉混凝土截面面积计算的纵向受拉钢筋配筋率，mm^2；f_{tkl} 为预制构件的混凝土抗拉强度标准值，MPa；σ_{slk} 为预制构件纵向受拉钢筋的应力，$\sigma_{s_{1k}}=\frac{M_{1Gk}}{0.87A_s h_{01}}$，N。

(3)叠合构件挠度验算

计算荷载准永久组合下钢筋混凝土受弯构件的最大挠度，以及荷载标准组合下预应力混凝土受弯构件的最大挠度，并均考虑荷载长期作用的影响。其中，按荷载准永久组合或标准组合并考虑长期作用影响的构件刚度计算式如下：

①钢筋混凝土构件：

$$B=\frac{M_q}{\left(\frac{B_{s2}}{B_{s1}}-1\right)M_{1Gk}+\theta M_q}B_{s2} \tag{5-135}$$

②预应力钢筋混凝土构件：

$$B = \frac{M_k}{\left(\frac{B_{s2}}{B_{s1}} - 1\right) M_{1Gk} + (\theta - 1) M_q + M_k} B_{s2} \tag{5-136}$$

式中：θ 为荷载长期作用下挠度增大系数；M_k 为荷载标准组合作用下，叠合构件计算截面弯矩值，N · mm，$M_k = M_{1Gk} + M_{2k}$；M_q 为荷载准永久组合作用下，叠合构件计算截面弯矩值，N · mm，$M_q = M_{1Gk} + M_{2Gk} + \psi_q M_{2Qk}$；$B_{s1}$ 和 B_{s2} 分别为预制构件的短期刚度和叠合构件第二阶段的短期刚度，按下式计算。

①钢筋混凝土叠合构件的预制构件短期刚度：

$$B_{s1} = \frac{E_s A_s h_0^2}{1.15\psi + 0.2 + \frac{6\alpha_E \rho}{1 + 3.5\gamma_t}} \tag{5-137}$$

②钢筋混凝土叠合构件的第二阶段的短期刚度：

$$B_{s2} = \frac{E_s A_s h_0^2}{0.7 + 0.6\frac{h_1}{h} + \frac{45\alpha_E \rho}{1 + 3.5\gamma'_f}} \tag{5-138}$$

式中：ψ 为裂缝间纵向受拉普通钢筋应变不均匀系数；α_E 为钢筋弹性模量 E_s 与叠合层混凝土弹性模量 E_{c2} 的比值，即 $\alpha_E = \frac{E_s}{E_{c2}}$；$\rho$ 为纵向受拉钢筋配筋率，对钢筋混凝土受弯构件，取 $\rho = A_s/(bh_0)$；γ_f 为受拉翼缘截面面积 $(b_f - b)h_f$ 与腹板有效截面面积 bh_0 的比值，$\gamma_f = \frac{(b_f - b)h_f}{bh_0}$。

3）构造要求

不配箍筋的叠合板斜截面剪力设计值小于 $0.4bh_0$(N)。水平预制构件全部箍筋伸入叠合层，竖向预制构件与植筋、焊接方式设置界面构造钢筋。叠合构件厚度、混凝土强度和钢筋构造措施满足表 5-25 要求。

表 5-25　叠合构件厚度、混凝土强度和钢筋构造措施

构件类型	叠合层厚度	混凝土强度等级	预制梁顶面凹凸差	预制梁箍筋伸入叠合层直线段长度
叠合梁	>100 mm	>C30	>6 mm	>10 倍箍筋直径
叠合板	>40 mm	>C25	>4 mm	—
叠合柱	>60 mm	>C20	>6 mm	—
叠合墙	>50 mm	>C20	>4 mm	—

5.5　城市综合管廊盾构隧道结构静力计算与设计

5.5.1　盾构隧道结构静力计算

盾构隧道结构横向静力计算方法分为荷载-结构法和地层-结构法。荷载-结构法主要可分为均质圆环法、多铰圆环法和梁-弹簧模型法。隧道结构纵向受力采用梁-弹簧模型法分析。

1. 均质圆环法

均质圆环法分为自由变形均质圆环法和考虑地层侧向弹性抗力均质圆环法(惯用法)。自由变形均质圆环法中假定结构为弹性均质体，基底地层仅有均匀分布竖向反力，地层无侧向弹性抗力。在自由变形均质圆环方法基础上，惯用法考虑地层侧向弹性抗力的影响。地层侧向弹性抗力为自衬砌环顶部向左右 45°~135°与水平直径相对称的三角形分布荷载。处于软弱地层和饱和软黏土中的整体式圆形衬砌，隧道衬砌向地层方向变形时，地层不会给予其很大的抗力，可简化为均质圆环进行计算。图 5-31 为均质圆环法隧道受荷作用示意图，荷载统计见表 5-26。表中 c、φ 分别为土体黏聚力、内摩擦角。

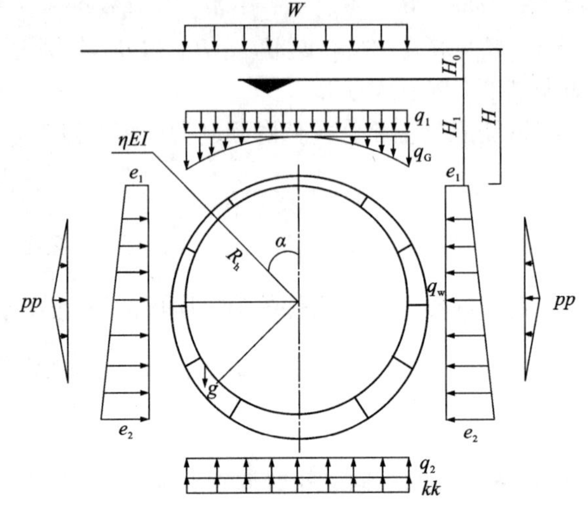

图 5-31　均质圆环法隧道受荷作用示意图

表 5-26　均质圆环法隧道所受荷载及其组合表

序号	荷载名称及符号	荷载计算式	施工阶段	运行阶段
1	垂直均布荷载 q（包括地面超载）	$q = \sum \gamma_i h_i$	√	√
2	水平均布荷载 e_1	$e_1 = q\tan^2\left(45° - \frac{\varphi}{2}\right) - 2c\tan\left(45° - \frac{\varphi}{2}\right)$, $\gamma = \frac{\sum \gamma_i h_i}{\sum h_i}$, $\varphi = \frac{\sum \varphi_i h_i}{\sum h_i}$, $c = \frac{\sum c_i h_i}{\sum h_i}$	√	√
3	水平三角形分布荷载 e_2	$e_2 = 2R_H\gamma\tan^2\left(45° - \frac{\varphi}{2}\right)$	√	√
4	自重荷载 g	$g = \gamma_h\delta$	√	√
5	拱背土压力 G	$G = 2\left(1 - \frac{\pi}{4}\right)R_H^2 \cdot \gamma = 0.43R_H^2\gamma$	√	√
6	水压力 q_w	$q_w = \gamma_w\left[H_w + \frac{t}{2} + R(1 - \cos\theta)\right]$	√	√
7	三角形地层侧向弹性抗力 p_k	$p_k = k\frac{(2q - e_1 - e_2 + \pi g)R_H^4}{24(\eta EI + 0.045kR_H^4)}$	√	√
8	基地地层竖向反力 p_R	$p_R = q + \pi g + 0.2146R_H\gamma - \frac{\pi}{2}R_H\gamma_W$	√	√

续表5-26

序号	荷载名称及符号	荷载计算式	施工阶段	运行阶段
9	盾构千斤顶顶力 P	P	√	
10	不均匀注浆压力	—	√	√

注：η 为考虑管片接头影响的系数；δ 是按照自由变形圆环法求出的。

从图 5-31 中可看出结构及荷载对称于竖轴，竖轴对称面上剪力等于零，结构为具有轴力和弯矩未知力的二次超静定结构。其力法位移协调方程见式(5-139)。圆环底截面无相对水平位移、转角位移和竖向位移，视为固定端。未知力 X_1、X_2 移到衬砌环的弹性中心，见图 5-32。

$$\begin{aligned} X_2\delta_{22} + \Delta_{2p} &= 0 \\ X_1\delta_{11} + \Delta_{1p} &= 0 \end{aligned} \tag{5-139}$$

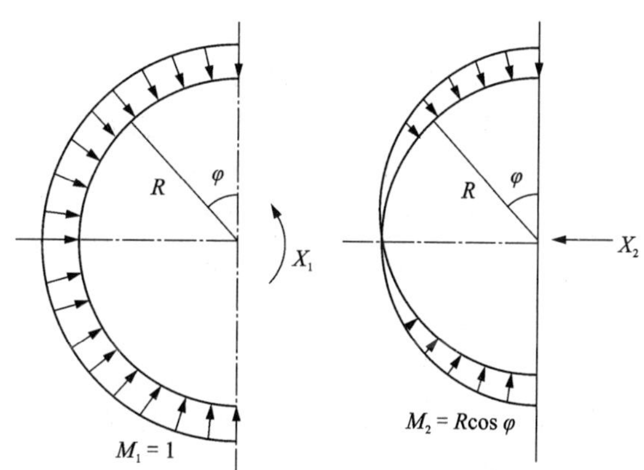

图 5-32　力法柔度系数计算简图

式中：X_1、X_2 为未知力；δ_{11}、δ_{22} 为柔度系数；Δ_{1p}、Δ_{2p} 分别为外荷载产生的位移。考虑到圆环衬砌的位移主要是弯矩引起的，因此位移计算公式为：

$$\begin{aligned} \delta_{ik} &= \int_0^x \frac{M_i M_k}{EI} ds = \int_0^\pi \frac{M_i M_k}{EI} R d\varphi \\ \Delta_{ip} &= \int_0^x \frac{M_i M_p}{EI} ds = \int_0^\pi \frac{M_i M_p}{EI} R d\varphi \end{aligned} \tag{5-140}$$

$$\begin{aligned} \delta_{11} &= \frac{R}{EI}\int_0^\pi 1 \times d\varphi = \frac{\pi R}{EI} \\ \delta_{22} &= \frac{R}{EI}\int_0^\pi (-R\cos\varphi)^2 d\varphi = \frac{\pi R^3}{2EI} \\ \Delta_{1p} &= \frac{R}{EI}\int_0^\pi 1 \times M_p d\varphi = \frac{R}{EI}\int_0^\pi \boldsymbol{M}_p d\varphi \\ \Delta_{2p} &= \frac{-R^2}{EI}\int_0^\pi \cos\varphi M_p d\varphi \end{aligned} \tag{5-141}$$

$$\begin{aligned} X_1 &= -\frac{\Delta_{1p}}{\delta_{11}} = -\frac{1}{\pi}\int_0^\pi M_p d\varphi \\ X_2 &= -\frac{\Delta_{2p}}{\delta_{22}} = \frac{2}{\pi R}\int_0^\pi M_p \cos\varphi d\varphi \end{aligned} \tag{5-142}$$

得到 X_1、X_2 后可求得衬砌中与竖轴成 φ 角的任一截面的弯矩、轴力及剪力：

$$M = M_p + X_1 - X_2\cos\varphi$$
$$N = N_p + X_2\cos\varphi \tag{5-143}$$
$$Q = Q_p + X_2\sin\varphi$$

依次将表5-26中荷载代入式(5-143)，可求得隧道圆环中M、N和Q的计算结果。计算结果见表5-27至表5-30。

修正惯用法是在惯用法的基础上引入弯曲刚度有效率η和弯矩提高率ξ。弯曲刚度有效率η小于1，体现环向接头对衬砌的影响。管片环可看成刚度为ηEI的均质圆环。相邻管片传递部分弯矩，错缝拼装管片间发生内力重分配。弯矩提高率ξ小于1，表征错缝拼装引起的附加内力值，见图5-33。计算选用参数η和ξ对计算结果会产生重要的影响，依据实验或经验确定。修正惯用法计算简单、结果比较符合实际。我国盾构法圆形隧道管片内力计算常采用此法。

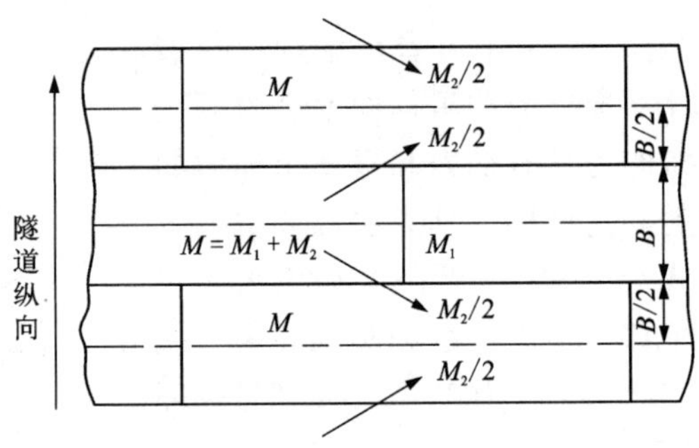

图5-33 错缝拼接弯曲传递及分配示意图

接头处内力：

$$M_{ij} = (1-\xi)M_i,\ N_{ij} = N_i \tag{5-144}$$

管片内力：

$$M_{ni} = (1+\xi)M_i,\ N_{ni} = N_i \tag{5-145}$$

表5-27 外力荷载作用下圆形隧道衬砌内力惯用法求解结果表(一)

内力	垂直均布荷载 q	水平均布荷载 e	水平三角形分布荷载 Δe
M_p	$-\frac{1}{2}qR^2\sin^2\varphi$	$-\frac{1}{2}eR^2(1-\cos\varphi)^2$	$-\frac{1}{12}\Delta eR^2(1-\cos\varphi+3\cos^2\varphi-\cos\varphi^3)$
N_p	$qR\sin^2\varphi$	$-eR(\cos\varphi-\cos^2\varphi)$	$-\frac{1}{4}eR(1-\cos\varphi)^2\sin\varphi$
Q_p	$-\frac{1}{2}qR\sin 2\varphi$	$eR(1-\cos\varphi)\sin\varphi$	0
X_1	qR^2	$\frac{3}{4}eR^2$	$\frac{5}{24}\Delta eR^2$
X_2	0	eR	$\frac{5}{16}\Delta eR$
M	$\frac{1}{4}qR^2(1-2\sin^2\varphi)$	$\frac{1}{4}eR^2(1-2\cos^2\varphi)$	$\frac{1}{48}\Delta eR^2(6-3\cos\varphi-12\cos^2\varphi+4\cos^3\varphi)$
N	$qR\sin^2\varphi$	$eR\cos^2\varphi$	$\frac{1}{16}\Delta eR(\cos\varphi+8\cos\varphi^2-4\cos\varphi^3)$
Q	$-\frac{1}{2}qR\sin 2\varphi$	$\frac{1}{2}eR\sin 2\varphi$	$\frac{1}{16}\Delta eR(\sin\varphi+4\sin 2\varphi-2\sin 2\varphi\cos\varphi)$

表 5-28　外力荷载作用下圆形隧道衬砌内力惯用法求解结果表(二)

内力	自重荷载 q		拱背土压力	
	$0 \leqslant \varphi < \pi/2$	$\pi/2 \leqslant \varphi \leqslant \pi$	$0 \leqslant \varphi < \pi/2$	$\pi/2 \leqslant \varphi \leqslant \pi$
M_p	$gR^2(1-\varphi\sin\varphi-\cos\varphi)$	$gR^2\left[1-\frac{\pi}{2}-\cos\varphi+(\pi-\varphi)\sin\varphi\frac{\pi}{2}\sin^2\varphi\right]$	$\left(-\frac{1}{3}-\frac{1}{2}\sin^2\varphi+\frac{1}{2}\varphi\sin\varphi+\frac{1}{4}\sin\varphi\sin 2\varphi+\frac{1}{3}\cos^3\varphi\right)\gamma R^3$	$\left[\frac{\pi}{8}-\frac{1}{3}+\left(\frac{\pi}{8}-\frac{1}{2}\right)\sin^2\varphi\right]\gamma R^3$
N_p	$gR\varphi\sin\varphi$	$gR(-\pi\sin\varphi+\varphi\sin\varphi+\pi\sin^2\varphi)$	$\left(\sin\varphi-\frac{1}{2}\varphi-\frac{1}{4}\sin 2\varphi\right)\sin\varphi\gamma R^2$	$\left(1-\frac{\pi}{4}\right)\sin^2\varphi\gamma R^2$
Q_p	$-gR\varphi\cos\varphi$	$gR[(\pi-\varphi)\cos\varphi-\pi\sin\varphi\cos\varphi]$	$-\left(\sin\varphi-\frac{1}{2}\varphi-\frac{1}{4}\sin 2\varphi\right)\cos\varphi\gamma R^2$	$-\left(1-\frac{\pi}{4}\right)\sin\varphi\cos\varphi\gamma R^2$
X_1	$gR^2\left(1-\frac{3\pi}{8}\right)$	$gR^2\left(1-\frac{3\pi}{8}\right)$	$\left(\frac{7}{12}-\frac{3\pi}{32}-\frac{8}{9\pi}\right)\gamma R^2 = 0.0059\gamma R^2$	$\left(\frac{7}{12}-\frac{3\pi}{32}-\frac{8}{9\pi}\right)\gamma R^2 = 0.0059\gamma R^2$
X_2	$-\frac{1}{6}gR$	$-\frac{1}{6}gR$	$-\frac{1}{48}\gamma R^2$	$-\frac{1}{48}\gamma R^2$
M	$\left(\frac{3}{8}\pi-\varphi\sin\varphi-\frac{5}{6}\cos\varphi\right)gR^2$	$gR^2\left(-\frac{\pi}{8}-\frac{5}{6}\cos\varphi+(\pi-\varphi)\sin\varphi-\frac{\pi}{2}\sin^2\varphi\right)$	$\left(-\frac{1}{3}-\frac{1}{2}\sin^2\varphi+\frac{1}{2}\varphi\sin\varphi+\frac{1}{4}\sin\varphi\sin 2\varphi+\frac{1}{3}\cos^3\varphi\right)\gamma R^3+0.0059\gamma R^3+\frac{1}{48}\cos\varphi\gamma R^3$	$(0.0653+0.0208\cos\varphi-0.1073\sin^2\varphi)\gamma R^3$
N	$\left(P\sin\varphi-\frac{1}{6}\cos\varphi\right)gR$	$(-\pi\sin\varphi+\varphi\sin\varphi+\pi\sin\varphi-\frac{1}{6}\cos\varphi)gR$	$\left(\varphi\sin\varphi-\frac{1}{6}\cos\varphi\right)\gamma R$	$\left[\left(1-\frac{\pi}{4}\right)\sin^2\varphi-\frac{1}{48}\cos\varphi\right]\gamma R^2$
Q	$-\left(\varphi\cos\varphi+\frac{1}{6}\sin\varphi\right)gR$	$[(\pi-\varphi)\cos\varphi-\pi\sin\varphi\cos\varphi-\frac{1}{6}\sin\varphi]gR$	$-\left(\varphi\cos\varphi+\frac{1}{6}\sin\varphi\right)\gamma R$	$-\left[\left(1-\frac{\pi}{4}\right)\sin\varphi\cos\varphi+\frac{1}{48}\sin\varphi\right]\gamma R^2$

表 5-29　外力荷载作用下圆形隧道衬砌内力惯用法求解结果表(三)

内力	水压力	
	$0 \leqslant \varphi \leqslant \pi/2$	$\pi/2 < \varphi \leqslant \pi$
M_p	$-\left(1-\frac{3}{4}\cos\varphi-\frac{1}{2}\varphi\sin\varphi-\frac{1}{4}\sin\varphi\sin 2\varphi-\frac{1}{3}\cos\varphi\cos 2\varphi\right)r_\omega R^3-r_\omega hR^2(1-\cos\varphi)$	$-\left[1-\frac{3}{4}\cos\varphi-\frac{1}{2}\varphi\sin\varphi-\frac{1}{4}\sin\varphi\sin 2\varphi-\frac{1}{3}\cos\varphi\cos 2\varphi\frac{\pi}{2}(1-\sin\varphi)^2\right]r_\omega R^3-r_\omega hR^2(1-\cos\varphi)$
N_p	$\left(1-\cos\varphi-\frac{1}{2}\varphi\sin\varphi\right)\gamma_\omega R^2+\gamma_\omega hR(1-\cos\varphi)$	$\left(1-\cos\varphi+\frac{\pi}{2}\varphi-\frac{\pi}{2}\sin^2\varphi-\frac{1}{2}\varphi\sin\varphi\right)\gamma_\omega R^2+\gamma_\omega hR(1-\cos\varphi)$

续表5-29

内力	水压力	
	$0 \leqslant \varphi \leqslant \pi/2$	$\pi/2 < \varphi \leqslant \pi$
Q_p	$\left(-\frac{6}{12}\sin\varphi + \frac{1}{2}\varphi\cos\varphi\right)\gamma_\omega R - \gamma_\omega hR\sin\varphi$	$\left(-\frac{6}{12}\sin\varphi - \frac{\pi}{2}\cos\varphi + \frac{\pi}{2}\cos\varphi\sin\varphi + \frac{1}{2}\varphi\cos\varphi\right)\gamma_\omega R^2 - \gamma_\omega hR\sin\varphi$
X_1	$\left(1 - \frac{3\pi}{16}\right)r_\omega R^3 + r_\omega hR^2$	$\left(1 - \frac{3\pi}{16}\right)r_\omega R^3 + r_\omega hR^2$
X_2	$\frac{7}{12}\gamma_\omega R^2 + \gamma_\omega hR$	$\frac{7}{12}\gamma_\omega R^2 + \gamma_\omega hR$
M	$\left(-\frac{1}{3} - \frac{1}{2}\sin^2\varphi + \frac{1}{2}\varphi\sin\varphi + \frac{1}{4}\sin\varphi\sin 2\varphi + \frac{1}{3}\cos^3\varphi\right)\gamma R^3 + 0.0059\gamma R^3 + \frac{1}{48}\cos\varphi\gamma R^3$	$\left(\frac{\pi}{16} + \frac{5}{12}\cos\varphi - \frac{\pi}{2}\sin\varphi + \frac{\pi}{4}\sin^2\varphi + \frac{1}{2}\varphi\sin\varphi\right)\gamma_\omega R^3$
N	$\left(1 - \frac{5}{12}\cos\varphi - \frac{1}{2}\varphi\sin\varphi\right)\gamma_\omega R^2 + \gamma_\omega hR$	$\left(1 - \frac{5}{12}\cos\varphi + \frac{\pi}{2}\sin\varphi - \frac{\pi}{2}\sin^2\varphi - \frac{1}{2}\varphi\sin\varphi\right)\gamma_\omega R^2 + \gamma_\omega hR$
Q	$\left(\frac{1}{12}\sin\varphi + \frac{1}{2}\varphi\cos\varphi\right)\gamma_\omega R$	$\left(\frac{1}{12}\sin\varphi - \frac{\pi}{2}\cos\varphi + \frac{\pi}{2}\cos\varphi\sin\varphi + \frac{1}{2}\varphi\cos\varphi\right)\gamma_\omega R^2$

表 5-30 外力荷载作用下圆形隧道衬砌内力惯用法求解结果表(四)

内力	三角形地层侧向弹性抗力			
	$0 \leqslant \varphi < \pi/4$	$\pi/4 \leqslant \varphi < \pi/2$	$\pi/2 \leqslant \varphi < 3\pi/4$	$3\pi/4 \leqslant \varphi \leqslant \pi$
M_p	0	$\left(-\frac{7}{12} + \frac{\sqrt{2}}{4}\cos\varphi + \frac{1}{2}\sin^2\varphi + \frac{\sqrt{2}}{6}\cos^3\varphi\right)k\delta R^2$	$\left(-\frac{7}{12} + \frac{\sqrt{2}}{4}\cos\varphi + \frac{1}{2}\sin^2\varphi - \frac{\sqrt{2}}{6}\cos^3\varphi\right)k\delta R^2$	$\frac{\sqrt{2}}{2}\cos\varphi k\delta R^2$
N_p	0	$\left(-\frac{3\sqrt{2}}{4} + \cos\varphi + \frac{\sqrt{2}}{2}\sin^2\varphi\right)\cos\varphi k\delta R$	—	—
Q_p	0	$\left(-\frac{3\sqrt{2}}{4} + \cos\varphi + \frac{\sqrt{2}}{2}\sin^2\varphi\right)\sin\varphi k\delta R$	—	—
X_1	$\left(\frac{\pi}{6} + \frac{19}{36} - \frac{2\sqrt{2}}{9}\right)k\delta R^2 \approx 0.2346k\delta R^2$	$\left(\frac{\pi}{6} + \frac{19}{36} - \frac{2\sqrt{2}}{9}\right)k\delta R^2 \approx 0.2346k\delta R^2$	$\left(\frac{\pi}{6} + \frac{19}{36} - \frac{2\sqrt{2}}{9}\right)k\delta R^2 \approx 0.2346k\delta R^2$	$\left(\frac{\pi}{6} + \frac{19}{36} - \frac{2\sqrt{2}}{9}\right)k\delta R^2 \approx 0.2346k\delta R^2$
X_2	$\frac{\sqrt{2}}{4}k\delta R \approx 0.3536k\delta R$	$\frac{\sqrt{2}}{4}k\delta R \approx 0.3536k\delta R$	$\frac{\sqrt{2}}{4}k\delta R \approx 0.3536k\delta R$	$\frac{\sqrt{2}}{4}k\delta R \approx 0.3536k\delta R$

续表5-30

内力	三角形地层侧向弹性抗力			
	$0 \leqslant \varphi < \pi/4$	$\pi/4 \leqslant \varphi < \pi/2$	$\pi/2 \leqslant \varphi < 3\pi/4$	$3\pi/4 \leqslant \varphi \leqslant \pi$
M	$(0.2346 - 0.3536\cos\varphi)k\delta R^2$	$(-0.3487 + 0.5\sin^2\varphi + 0.2357\cos^3\varphi)k\delta R^2$	—	—
N	$0.3536\cos\varphi k\delta R$	$(-0.7071\cos\varphi + \cos^2\varphi + 0.7071\sin^2\varphi\cos\varphi)k\delta R$	—	—
Q	$0.356\sin\varphi k\delta R$	$(\sin\varphi\cos\varphi - 0.7071\cos^2\varphi\sin\varphi)k\delta R$	—	—

2. 多铰圆环法

计算中将管片接头假设为铰结构，适用于隧道围岩状况良好且普遍具有抗力的情况。结构变形所引起的地基弹性抗力采用 Winkler 模型，用地基弹簧来表示地层和管片环间的相互作用。因此，作用在管片环的荷载分布以及围岩地基抗力的评价对多铰圆环法内力计算极为重要，使用时应慎重。

考虑管片错缝拼装，计算模型中减小管片接头部位抗弯刚度。

多铰圆环法计算原理为在主(被)动土压力作用下，多铰环衬砌产生变形，圆环由一个不稳定结构逐渐转变成稳定结构，圆环变形过程中，铰不发生突变。这样，多铰衬砌环在地层中就不会引起破坏，能发挥稳定结构的机能。多铰圆环法假定衬砌环在转动时，管片或砌块视作刚体运动；衬砌环外围土层弹性抗力为均布式分布，作用方向全部朝向圆心，土层弹性抗力和变位间的关系满足温克尔公式。

具有 n 个衬砌组成的多铰圆环结构计算见图 5-34，$n-1$ 个铰由地层约束，剩下 1 个成为非约束铰，其位置经常在主动土压力一侧，整个结构可按照静定结构通过列静力平衡方程组来解析。

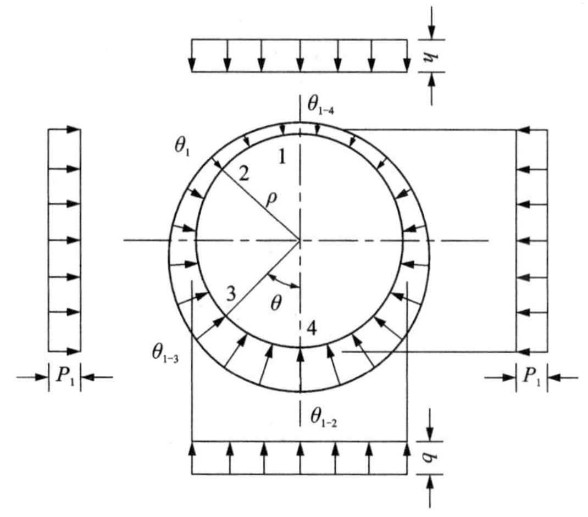

图 5-34　多铰圆环法示意图

衬砌各个截面处地层抗力方程式：

$$q_{\alpha_i} = q_{i-1} + \frac{(q_i - q_{i-1})\alpha_i}{\theta_i - \theta_{i-1}} \tag{5-146}$$

式中：q_{i-1} 为 $i-1$ 铰处的土层抗力，kN/m^2；q_i 为 i 铰处的土层抗力，kN/m^2；α_i 为以 q_{i-1} 为基轴的截面位置；θ_i 为 i 铰与垂直轴的夹角；θ_{i-1} 为 $i-1$ 铰与垂直轴的夹角。

解 1-2 杆(图 5-34)：

由图可知：

$$\theta_{i-1}=0,\ \theta_i=\frac{\pi}{3} \tag{5-147}$$

代入式(5-146)，得到1-2杆上各截面处地层抗力为：

$$q_{\alpha_i}=\frac{q_2\alpha_i}{\frac{\pi}{3}} \tag{5-148}$$

$$\Sigma X=0,\ H_1+H_2=pr(1-\cos\theta_i)+\frac{q_2 r}{\frac{\pi}{3}}\int_0^{\theta_i-\theta_{i-1}}\alpha_i\sin(\theta_{i-1}+\alpha_i)\mathrm{d}\alpha_i$$

查不定积分表知：

$$\int x\sin x\mathrm{d}x=\sin x-x\cos x+C,$$

$$\therefore H_1+H_2=0.5pr+0.327q_2 r$$

$$\Sigma Y=0,\ V_2=qr\sin\theta+\frac{q_2 r}{\frac{\pi}{3}}\int_0^{\theta_i-\theta_{i-1}}\alpha_i\cos\alpha_i\mathrm{d}\alpha_i$$

查不定积分表知：

$$\int x\cos x\mathrm{d}x=\cos x+x\sin x+C,$$

$$\therefore V_2=0.866qr+0.388q_2 r$$

$$\Sigma M_2=0$$

$$0.5H_1 r=q\cdot\frac{(r\sin\theta_i)^2}{2}+p\cdot\frac{[r(1-\cos\theta_i)]^2}{2}+\frac{3qr^2}{\pi}\int_0^{\frac{\pi}{3}}\alpha_i\sin(\theta_i-\theta_{i-1}-\alpha_i)\mathrm{d}\alpha_i$$

$$\therefore H_1=(0.75q+0.25p+0.346q_2)r$$

解2-3杆(图5-35)，由图可知：

$$\theta_{i-1}=\frac{\pi}{3},\ \theta_i=\frac{2\pi}{3}$$

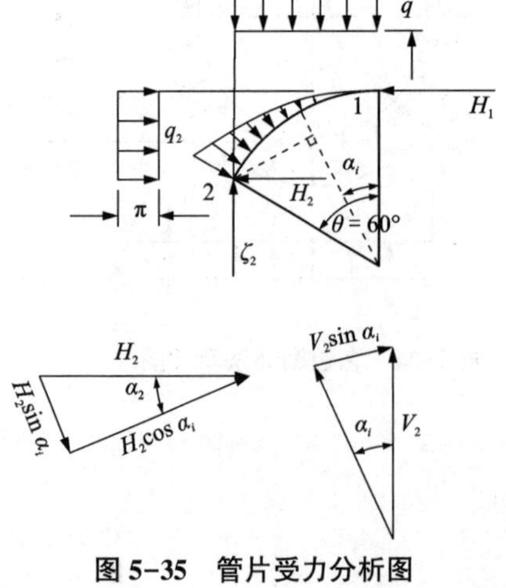

图5-35　管片受力分析图

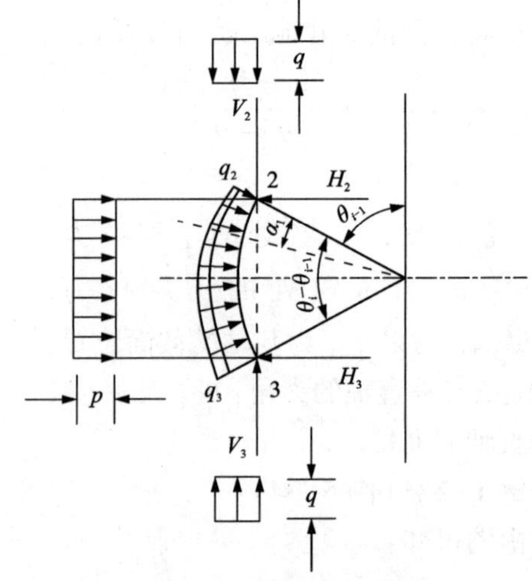

图5-36　管片弯矩计算图

代入式(5-112)，得到2-3杆上各截面处地层抗力为：

$$q_{\alpha_i}=q_2+\frac{q_3-q_2}{\frac{\pi}{3}}\alpha_i=\frac{3}{\pi}\left[\frac{\pi}{3}q_2+(q_3-q_2)\alpha_i\right]$$

$$\Sigma X=0,\ H_2+H_3=p\cdot 2r\sin\frac{\theta_i-\theta_{i-1}}{2}+\frac{3r}{\pi}\int_0^{\theta_i-\theta_{i-1}}\left[\frac{\pi}{3}q_2+(q_3-q_2)\alpha_i\right]\sin(\theta_{i-1}+\alpha_i)\mathrm{d}\alpha_i$$

$$\therefore H_2+H_3=pr+\frac{r}{2}(q_2+q_3)$$

$$\Sigma Y=0,\ V_2=V_3-\frac{3r}{\pi}\int_0^{\theta_i-\theta_{i-1}}\left[\frac{\pi}{3}q_2+(q_3-q_2)\alpha_i\right]\cos(\theta_{i-1}+\alpha_i)\mathrm{d}\alpha_i$$

$$=V_3+0.089(q_3-q_2)r$$

$$\Sigma M_3=0,\ H_2r=\frac{pr^2}{2}+\frac{3r^2}{\pi}\int_0^{\theta_i-\theta_{i-1}}\left[\frac{\pi}{3}q_2+(q_3-q_2)\alpha_i\right]\sin(\theta_i-\theta_{i-1}-\alpha_i)\mathrm{d}\alpha_i$$

$$=\frac{pr^2}{2}+0.173q_3r^2+0.327q_2r^2$$

$$\therefore H_2=\left(\frac{p}{2}+0.173q_3+0.327q_2\right)r$$

解3-4杆：

$$\theta_{i-1}=\frac{2\pi}{3},\ \theta_i=\pi$$

代入式(5-146)，得到3-4杆上各截面处地层抗力为

$$q_{\alpha_i}=q_3+\frac{q_4-q_3}{\frac{\pi}{3}}\alpha_i=\frac{3}{\pi}\left[\frac{\pi}{3}q_3+(q_4-q_3)\alpha_i\right]$$

$$\Sigma X=0,\ H_4=H_3+pr[1-\cos(\theta_i-\theta_{i-1})]+\frac{3r}{\pi}\int_0^{\frac{\pi}{3}}\left[\frac{\pi}{3}q_3+(q_4-q_3)\alpha_i\right]\sin(\theta_{i-1}+\alpha_i)\mathrm{d}\alpha_i$$

$$=H_3+0.5pr+0.327q_3r+0.173q_4r$$

$$\Sigma Y=0,\ V_3=qr\sin(\theta_i-\theta_{i-1})-\frac{3r}{\pi}\int_0^{\frac{\pi}{3}}\left[\frac{\pi}{3}q_3+(q_4-q_3)\alpha_i\right]\cos(\theta_{i-1}+\alpha_i)\mathrm{d}\alpha_i$$

$$=0.866qr+0.389q_3r+0.478q_4r$$

$$\Sigma M_4=0,\ H_3r[1-\cos(\theta_i-\theta_{i-1})]+\frac{p}{2}\{r[1-\cos(\theta_i-\theta_{i-1})]\}^2+q\frac{[r\sin(\theta_i-\theta_{i-1})]^2}{2}$$

$$+\frac{3r^2}{\pi}\int_0^{\frac{\pi}{3}}\left[\frac{\pi}{3}q_3+(q_4-q_3)\alpha_i\right]\sin(\theta_i-\theta_{i-1}-\alpha_i)\mathrm{d}\alpha_i$$

$$=V_3r\sin(\theta_i-\theta_{i-1})=0.866r\cdot V_3$$

$$\therefore 0.866V_3=0.5H_3+\frac{pr}{8}+0.375qr+0.328q_3r+0.173q_4r$$

以上，通过静力平衡得到包含9个方程的方程组，其中共9个未知数：q_2、q_3、q_4、H_1、H_2、H_3、H_4、V_2、V_3。

$$\begin{cases} H_1 + H_2 = 0.5pr + 0.327q_2r \\ V_2 = 0.866qr + 0.388q_2r \\ H_1 = (0.75q + 0.25p + 0.346q_2)r \\ H_2 + H_3 = pr + \dfrac{r}{2}(q_2 + q_3) \\ V_2 = V_3 + 0.089(q_3 - q_2)r \\ H_2 = \left(\dfrac{p}{2} + 0.173q_3 + 0.327q_2\right)r \\ H_4 = H_3 + 0.5pr + 0.327q_3r + 0.173q_4r \\ V_3 = 0.866qr + 0.389q_3r + 0.478q_4r \\ 0.866V_3 = 0.5H_3 + \dfrac{pr}{8} + 0.375qr + 0.328q_3r + 0.173q_4r \end{cases} \tag{5-149}$$

为便于计算，可将式(5-149)整理成矩阵方程的形式如下：

$$\boldsymbol{AX} = \boldsymbol{\alpha} \tag{5-150}$$

式中各矩阵展开如下：

$$\boldsymbol{A} = \begin{pmatrix} 1 & 1 & 0 & 0 & 0 & 0 & -0.327r & 0 & 0 \\ 0 & 0 & 0 & 0 & 1 & 0 & -0.388r & 0 & 0 \\ 1 & 0 & 0 & 0 & 0 & 0 & -0.346r & 0 & 0 \\ 0 & 1 & 1 & 0 & 0 & 0 & -0.5r & -0.5r & 0 \\ 0 & 0 & 0 & 0 & 1 & -1 & 0.089r & -0.089r & 0 \\ 0 & 1 & 0 & 0 & 0 & 0 & -0.327r & -0.173r & 0 \\ 0 & 0 & -1 & 1 & 0 & 0 & 0 & -0.327r & -0.173r \\ 0 & 0 & 0 & 0 & 0 & 1 & 0 & -0.389r & -0.478r \\ 0 & 0 & -0.5 & 0 & 0 & 0.866r & 0 & -0.328r & -0.173r \end{pmatrix}$$

$$\boldsymbol{X}^{\mathrm{T}} = (H_1 \quad H_2 \quad H_3 \quad H_4 \quad V_2 \quad V_3 \quad q_2 \quad q_3 \quad q_4)$$

$$\boldsymbol{\alpha} = \begin{pmatrix} 0.5pr \\ 0.866qr \\ 0.75qr + 0.25pr \\ pr \\ 0 \\ 0.5pr \\ 0.5pr \\ 0.866qr \\ 0.125pr + 0.375qr \end{pmatrix}$$

当给出具体的土层条件或荷载以及隧道尺寸时，代入式(5-150)中，可通过线性代数的知识很容易地解出六铰圆环的 9 个未知数。解出上述 9 个未知数后，即可算出各个截面上的 M、N、Q 值。

各个约束铰的径向位移：

$$\mu = q/k \tag{5-151}$$

式中：k 为土体弹性系数，kN/m^3。

计算过程中注意：衬砌圆环各个截面上的 q_i 值与侧向或底部的作用荷载叠加后的数值要有一定的控制，不能超越容许值。圆环除强度计算外，还要计算其变形及稳定要求。圆环破坏条件为以非约束铰为中心的三个铰 $i-1$、i、$i+1$ 的坐标排列在一条直线上时，结构丧失稳定。

3. 多铰圆环法例题

某综合管廊隧道项目欲采用盾构法施工，该区间隧道位于天然密度为 $\rho = 2.0\times10^3\ kg/m^3$ 的均一无黏性土层中，土层摩擦角 $\varphi = 30°$。隧道中心点设计埋深 $z = 20$ m，直径 $D = 6$ m，盾构隧道采用 6 片预制拼装管片。不考虑地下水的影响。请尝试采用多铰圆环法计算管片在 $\theta = 30°$ 的内力（假设铰结构不会丧失稳定）。

解土自重应力：

$$\sigma_c = \gamma z = 2 \times 10^3 \times 9.8 \times 20 = 392\ kPa$$

采用无黏性土的朗肯土压力计算，以隧道中心位置的侧向土压力值代替隧道侧壁各处的侧向土压力。其主动土压力为：

$$\sigma_p = \sigma_c k_a = 392 \times \tan^2\left(45° - \frac{30°}{2}\right) = 130.7kPa$$

对单位长度的管片进行设计，则：

$$q = \sigma_c l = 392 \times 1 = 392\ kN/m;\ p = \sigma_p l = 130.7 \times 1 = 130.7\ kN/m$$

根据题目，隧道半径 $r = 3$ m，带入式(5-150)得到

$$\begin{pmatrix} 1 & 1 & 0 & 0 & 0 & 0 & -0.981 & 0 & 0 \\ 0 & 0 & 0 & 0 & 1 & 0 & -1.164 & 0 & 0 \\ 1 & 0 & 0 & 0 & 0 & 0 & -1.038 & 0 & 0 \\ 0 & 1 & 1 & 0 & 0 & 0 & -1.5 & -1.5 & 0 \\ 0 & 0 & 0 & 0 & 1 & -1 & 0.267 & -0.267 & 0 \\ 0 & 1 & 0 & 0 & 0 & 0 & -0.981 & -0.519 & 0 \\ 0 & 0 & -1 & 1 & 0 & 0 & 0 & -0.981 & -0.519 \\ 0 & 0 & 0 & 0 & 0 & 1 & 0 & -1.167 & -1.434 \\ 0 & 0 & -0.5 & 0 & 0 & 0.866 & 0 & -0.984 & -0.519 \end{pmatrix} \boldsymbol{X} = \begin{pmatrix} 196.05 \\ 1018.416 \\ 980.025 \\ 392.1 \\ 0 \\ 196.05 \\ 196.05 \\ 1018.416 \\ 490.0125 \end{pmatrix}$$

解此方程得：

$$\boldsymbol{X} = \begin{pmatrix} 1403.51 \\ 807.23 \\ 806.51 \\ 1401.63 \\ 1493.31 \\ 1493.72 \\ 407.98 \\ 406.44 \\ 0.69 \end{pmatrix}$$

即 $H_1=1403.51$ kN，$H_2=807.23$ kN，$V_2=1493.31$ kN，$q_1=0$ kN/m，$q_2=407.98$ kN/m。取隔离体分析杆 1-2 见图 5-37。

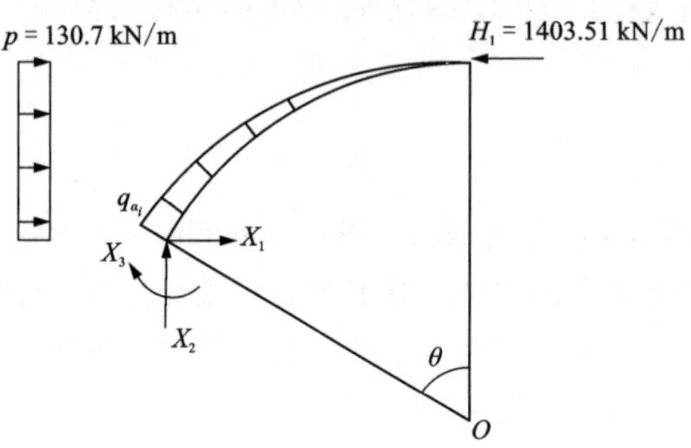

图 5-37　隔离体分析

由式(5-146)可得：

$$q_{\alpha_i}=\frac{q_2\alpha_i}{\frac{\pi}{3}}=389.79\alpha_i$$

$$\Sigma X=0,\ H_1=X_1+pr(1-\cos\theta)+389.79r\int_0^\theta \alpha_i\sin\alpha_i\mathrm{d}\alpha_i$$

$$\therefore X_1=1296.27\ \text{kN}$$

$$\Sigma Y=0,\ X_2=qr\sin\theta+389.79r\int_0^\theta \alpha_i\cos\alpha_i\mathrm{d}\alpha_i=737.32\ \text{kN}$$

于是角度为 θ 的截面处的轴力为：

$$N=X_1\cos\theta+X_2\sin\theta=1296.27\cos\frac{\pi}{6}+737.32\sin\frac{\pi}{6}=1491.26\ \text{kN}$$

剪力为：

$$V=X_1\sin\theta+X_2\cos\theta=1296.27\sin\frac{\pi}{6}+737.32\cos\frac{\pi}{6}=1286.67\ \text{kN}$$

$$\Sigma M_O=0\ \text{kN}\cdot\text{m},\ H_1r+0.5q(r\sin\theta)^2=X_3+Nr+0.5pr^2-0.5p(r\cos\theta)^2$$

$$\therefore M=30.71\ \text{kN}\cdot\text{m}$$

4. 梁-弹簧模型法

梁-弹簧模型法是一种用弹性地基弹簧来模拟管片衬砌与围岩的相互作用的设计计算方法。它将管片衬砌看作是弹性地基上的圆环，地层与衬砌之间的相互作用通过弹簧来表示。梁-弹簧模型法可较好地评估管片接头引起的地刚度下降和衬砌环错缝拼装效应，因此在研究中比较受欢迎。

梁-弹簧模型法中，衬砌结构被离散为有限梁单元，围岩与衬砌之间的相互作用则用弹簧单元模拟。梁单元和弹簧单元的刚度矩阵可通过有限元法求解。在模型中，管片环通常被假设为具有旋转弹簧的环，环与环之间则采用剪切弹簧来评估错缝接头的拼装效应。剪切弹簧的刚度值包括径向剪切刚度、切向剪切刚度和转动刚度等。通过坐标变换和刚度集成，可求解梁单元和弹簧单元的内力和位移。

然而，梁-弹簧模型法在实际设计中并不普遍采用，主要是因为旋转弹簧和剪切弹簧的刚度值难以确定，而且这些值对计算结果的影响较大。尽管梁-弹簧模型法可更接近实际情况，但由于这些困难，其他的设计计算方法更常用。

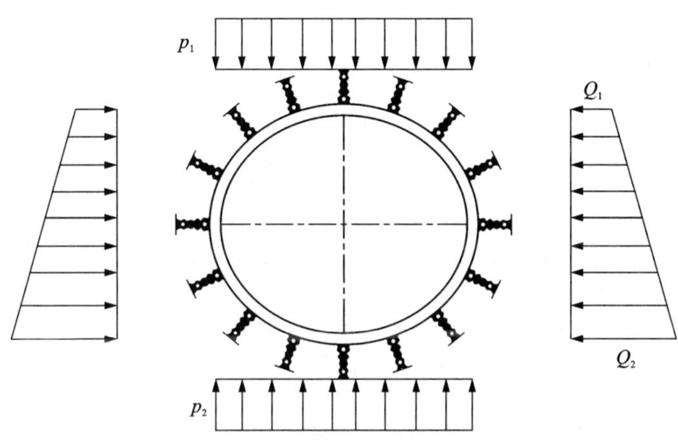

图 5-38　梁-弹簧模型法计算简图

上述惯用法、修正惯用法、多铰圆环法和梁-弹簧模型法，自重、上覆荷载、垂直土压力、水平土压力及垂直地层反力的假定是相同的，主要区别在于对地层侧向弹性抗力的设定。惯用法和修正惯用法是将水平地层抗力作为三角形分布荷载来考虑的，而多铰圆环法及梁-弹簧法则是通过地基弹簧来考虑的。

5.5.2　隧道衬砌管片设计

1. 衬砌管片选型和管片尺寸设计

城市地下管线盾构隧道和综合管廊中等直径盾构隧道衬砌采用钢筋混凝土平板型管片，大直径盾构隧道采用钢筋混凝土箱形管片。平板型管片为曲板型结构，开孔较小，管片截面削弱小，能抵抗盾构推进油缸的较大推力，且运维阶段隧道通风阻力较小。箱形管片截面削弱较大，单块管片重量较轻，安全方便，但管片强度较平板形管片小，盾构推力作用下容易开裂。

1) 管片厚度

按照表 5-31 确定钢筋混凝土管片厚度，且不小于 250 mm。

表 5-31　管片厚度取值

隧道外径 D_1/m	2~5	5~8	>8
管片厚度 δ/m	$(0.06 \sim 0.10)D_1$	$(0.05 \sim 0.06)D_1$	$(0.04 \sim 0.05)D_1$

2)管片宽度和管片分块

管片宽度要适中。增加管片宽度，可提高施工速度，节约造价，一次出渣量大，提高掘进效率，但管片过宽，重量大，则灵敏性差，运输安装困难，与盾构机的千斤顶行程不匹配。管片宽度过小，增加接缝数量，防水难度加大。管片宽度一般为 300~2000 mm，满足下式：

$$B < L - B_{\mathrm{d}} - 150 \tag{5-152}$$

式中：B 为管片宽度，mm；L 为千斤顶行程，mm；B_{d} 为块拼装搭接长度，mm。

管片环组合可用普通环组合，即直线段采用标准环管片，曲线段采用楔形环管片(左或右转弯环)。管片环组合也可用通用环组合。

标准环和楔形环管片分块数量应适中，数量少会产生管片拼装和运输困难，数量过多会导致管片拼装时间长。通常对于中等直径盾构衬砌采用 6 分块方案，由 3 块标准块(A 块)、2 块邻接块(B 块)和 1 块封顶块(K 块)组成。小直径、大直径盾构隧道衬砌管片分别采用 5 分块、7~9 分块方案。

楔形环楔形量受到多个因素影响，包括配筋、管片种类、管片宽度、隧道半径和直径。其中考虑配筋因素的影响，楔形量不超过 70 mm。曲线段楔形环楔形量采用下式计算：

$$\Delta = \frac{B_{\mathrm{c}}D}{R} \tag{5-153}$$

式中：Δ 为计算平均楔形量，m；B_{c} 为衬砌环在隧道中心轴线水平投影位置平均环宽，m；D 为隧道外径，m；R 为最小曲线半径，m。

3)管片拼接和连接

圆形环管片有通缝拼接和错缝拼接两种方式。通缝拼接简单，防水处理较为容易，错缝拼接能加强圆环接缝刚度，约束接缝变形，一般优先选用错缝拼接。在管片制作精度不够的情况下，错缝拼接容易导致盾构顶推过程中顶碎管片。

钢筋混凝土管片采用弯螺栓、直螺栓或斜螺栓连接。任一相邻管片间设置 3 个螺栓连接。弯螺栓较长且刚度小，材料消耗较大。直螺栓抗弯能力和对管片削弱均较大，安装工序比斜螺栓复杂。斜螺栓较短，材料消耗小，能有效地承担接头处的剪力和弯矩，加强构件连接，防止接头两边错动。

2. 截面承载力设计

确定管片上环向配筋最不利计算截面。通常隧道底部截面为最大弯矩截面和最大轴力作用截面，与水平轴线夹角 45°方向截面为最大剪力作用截面。按照压弯构件进行钢筋混凝土双向配筋计算。配筋具体计算过程见 5. 4. 3 节中的“现浇综合管廊本体结构截面设计”部分内容。

3. 隧道承载力和正常使用极限状态验算

隧道承载力和正常使用极限状态验算主要包括抗浮稳定性验算、管片接头强度验算和变形验算。

1)抗浮稳定性验算

地下水位以下且覆盖层厚度小于隧道外径，按最不利工况进行隧道抗浮稳定性验算。

$$\frac{q_s + q_a}{\gamma_w V_w} > K_f \tag{5-154}$$

式中：K_f 为抗浮稳定安全系数，在施工期间取 1.1，正常使用期取 1.2；q_s、q_a 分别为隧道结构自重、隧道覆盖层的有效压重，kN/m；V_w 为隧道结构排开水的体积，m^3/m；γ_w 为地下水重度，取 10 kN/m^3。施工期、正常使用期最不利工况水位分别为常水位、抗浮设防水位。正常使用期间结构自重为管片和道床自重之和。

2）管片接头强度验算

盾构千斤顶作用下管片环缝接头混凝土局部受压强度验算。

$$P \leqslant 1.35\beta_c\beta_l f_c A_{ln} \tag{5-155}$$

式中：P 为每组千斤顶顶推力，kN，$P = J\gamma_J / n_J$；J 为盾构最大总顶推力，kN；n_J 为千斤顶组数；γ_J 为千斤顶顶推力分项系数，$\gamma_J = 1.2$。β_c 为混凝土强度影响系数。β_l 为混凝土局部受压时的强度提高系数，$\beta_l = \min(\sqrt{A_b / A_{ln}}, 3)$；$A_b$、$A_{ln}$ 分别为局部受压面积、局部受压计算面积，mm^2，$A_b = (a+2c)(h-2e)$，$A_{ln} = ab$；参数 a、b 为局部受压区宽度、高度，分别取千斤顶撑靴的宽度、千斤顶撑靴高度与管片高度重叠部分，参数 c、e 分别为千斤顶撑靴沿宽度方向、管片边缘的距离，mm，$c<b$；b 为沿高度方向相对于管片中心线的偏心距，取 25 mm。

3）变形验算

荷载效应准永久组合作用下，盾构隧道收敛变形和接缝张开量满足下式：

$$f < \min(A‰ D_1, 50) \tag{5-156}$$

$$\omega < \omega_{lim} \tag{5-157}$$

式中：f、ω 分别为荷载效应准永久组合作用下，盾构隧道收敛变形、接缝张开量，mm；D_1 为管道外径，mm；A 为系数，对于错缝拼接，$A=2$，通缝拼接，$A=3$。ω_{lim} 为接缝张开量限制，对于岩质地层和软土地层，取值分别为 2 mm 和 4 mm；ω_{lim} 也小于弹性密封垫容许张开量。单一荷载作用下隧道收敛变形系数见表 5-32。

表 5-32　单一荷载作用下隧道收敛变形系数表

序号	荷载	收敛变形
1	竖向均布荷载 q	$\frac{1}{12}q \cdot r^4/EI$
2	水平均布荷载 p	$-\frac{1}{12}p \cdot r^4/EI$
3	三角形水平均布荷载 p_k	$-0.0454p_k r^4/EI$
4	自重 g	$0.1304g \cdot r^4/EI$

4. 构造要求

管片厚度最小取值不小于 250 mm。楔形环楔形量小于 90 mm。管片螺栓孔直径与螺栓直径相匹配，满足表 5-33 要求。构件配筋满足最小配筋率要求，保护层厚度满足要求。

表 5-33　管片螺栓孔直径

螺栓直径/mm	20	24	27	30	36	40
螺栓孔最小处直径/mm	23~26	27~30	30~33	33~36	39~42	43~46

5.6　架空管道结构静力计算与设计

5.6.1　架空管道受力分析

综合管廊内给排水、燃气和热力管道采用架空方式敷设于管廊本体内。典型架空管道结构见图 5-39，管道的受力构件有管壁、加劲环、支承环、支座滚轮、支承板等。为使管壁受力均匀，支座处管壁加支承环。为保持钢管抗外压稳定，有时在支承环间加设加劲环。

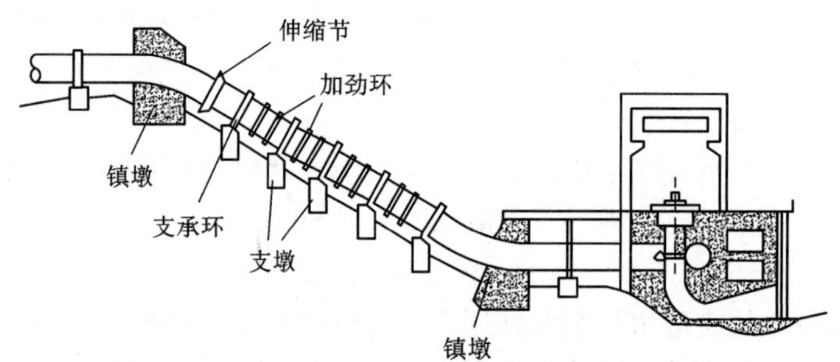

图 5-39　架空管道结构

架空管道简化为连续梁模型，见图 5-40。架空管道所受荷载包括：①内水压力 P（包括静水压力、动水压力、水重等）；②钢管自重及其管内水自重 g；③温度变化引起的力。建立柱坐标 x、r、θ（轴向、径向、环向），求解以上荷载作用下管壁上轴向应力 σ_x、径向力 σ_r 和环向应力 σ_θ。管身应力计算见图 5-41。

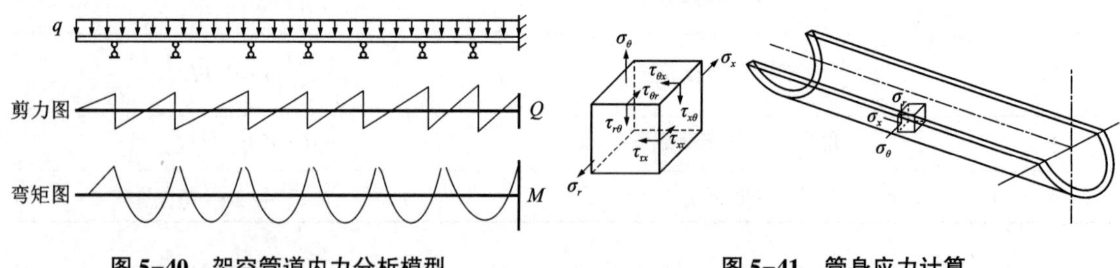

图 5-40　架空管道内力分析模型　　图 5-41　管身应力计算

1. 内水压力作用下环向应力 σ_θ

压力水管轴线与水平面夹角 α，其中心处的水头为 H，压力水管内一点到中心的连线与管顶半径的夹角为 θ，则压力水管壁该点处水头为 $H-r\cos\alpha\cos\theta$。

根据图5-42建立微圆弧受力平衡关系，推导出管壁中的切向拉力 T 和切向应力 $\sigma_{\theta 1}$。

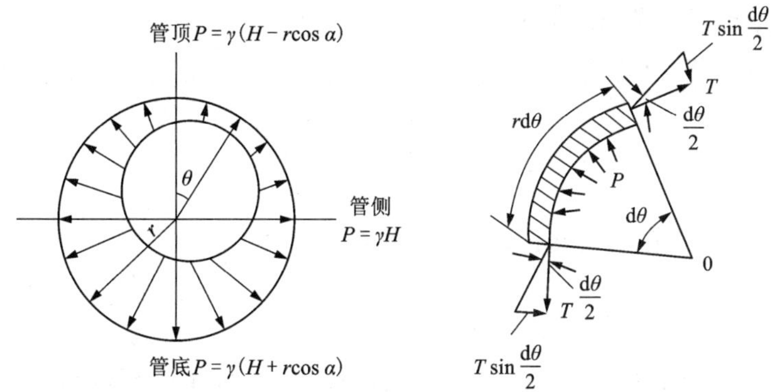

图5-42　压力管道水压力分布及管壁微圆弧受力分析图

由图5-42可知：

$$P=\gamma(H-r\cos\theta\cdot\cos\alpha) \tag{5-158}$$

沿着$\frac{d\theta}{2}$方向受力平衡：

$$P\cdot r\cdot d\theta=2\cdot T\cdot\sin\frac{d\theta}{2} \tag{5-159}$$

当$\frac{d\theta}{2}\to 0$时，$\sin\frac{d\theta}{2}=\frac{d\theta}{2}$，则有：

$$T=\gamma\cdot r(H-r\cdot\cos\theta\cdot\cos\alpha) \tag{5-160}$$

式中：P 为内水压强，MPa；T 为管壁中的切向拉力，N；α 为管轴线倾角，(°)；δ 为管壁厚度，mm；H 为计算水头，m；θ 为环向任意点与管顶半径的夹角，(°)。

$$\sigma_{\theta 1}=\frac{P}{\delta}r\left(1-\frac{r}{H}\cos\alpha\cos\theta\right) \tag{5-161}$$

2. 轴向应力 σ_x

轴向应力 $\sigma_x=\sigma_{x1}$（水重和管重法向力引起的轴向应力）$+\sigma_{x2}$（轴向作用力引起的轴向应力），见图5-43。

1）水重和管重法向力引起的轴向应力 σ_{x1}

将钢管视为一根连续的空心梁，法向力相当于均布荷载作用在连续梁上。跨中管壁的 θ 方向各点应力为：

$$\sigma_{x1}=-\frac{M}{W}\cos\theta=-\frac{M}{\pi r^2\delta}\cos\theta \tag{5-162}$$

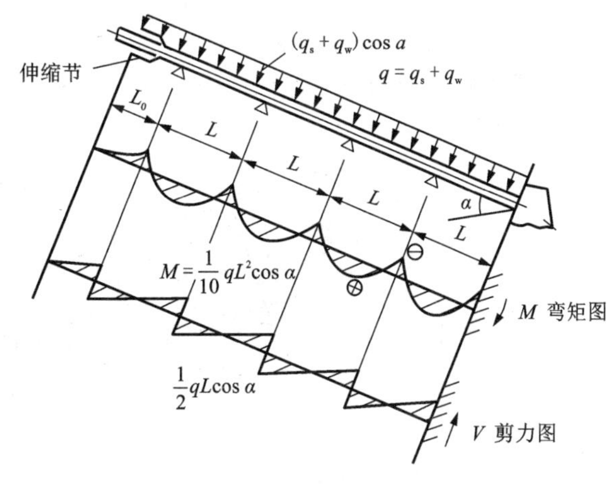

图5-43　轴向应力

式中：M 为水重和管重的法向分力作用下连续梁的弯矩，kN·m；W 为连续梁(空心圆环)的断面模量，$W=\pi r^2\delta$，m^2。

2)轴向作用力引起的轴向应力 σ_{x2}

在轴向力的合力 $\sum F$ 作用下，管壁中产生的轴向应力为 σ_{x2}，管壁的断面积为 A，则：

$$\sigma_{x2}=-\frac{\sum F}{A}=-\frac{\sum F}{\pi D\delta} \tag{5-163}$$

式中：$\sum F$ 为图 5-43 中作用在钢管上所有的轴向力总和，N；A 为横断面面积，m^2。

3. 径向应力 σ_r

在水管内表面承受内水压力，作用于径向的应力 σ_r 等于该处的内水压强。即管壁内表面：$\sigma_r=-\gamma H$，“-”表示压应力。管壁外表面径向应力较小，一般在计算中可忽略。

统计汇总以上管壁三维应力，见表 5-34。

表 5-34　管壁三维应力计算统计表

内水压力产生的环向正应力 $\sigma_{\theta1}$	$\sigma_{\theta1}=\frac{P}{\delta}r\left(1-\frac{r}{H}\cos\alpha\cos\theta\right)$
水重和管重的法向分力产生的轴向正应力 σ_{x1}	$\sigma_{x1}=-\frac{M}{W}\cos\theta=-\frac{M}{\pi r^2\delta}\cos\theta$
轴向力产生的轴向正应力 σ_{x2}	$\sigma_{x2}=-\frac{\sum F}{A}=-\frac{\sum F}{\pi D\delta}$
水重和管重的法向分力产生的剪应力 $\tau_{x\theta}$	$\tau_{x\theta}=\frac{VS_R}{bJ}=\frac{V\sin\theta}{\pi r\delta}$
内水压力产生的径向正应力 $\tau_{x\theta}$	$\tau_{x\theta}=-\gamma H$

架空管道不利内力计算截面见图 5-44，包括跨中断面 1-1，加劲环及其旁管壁断面 3-3，支承环及其旁管壁断面 2-2 和断面 4-4。

架空管道不利内力计算截面应力统计见表 5-35。

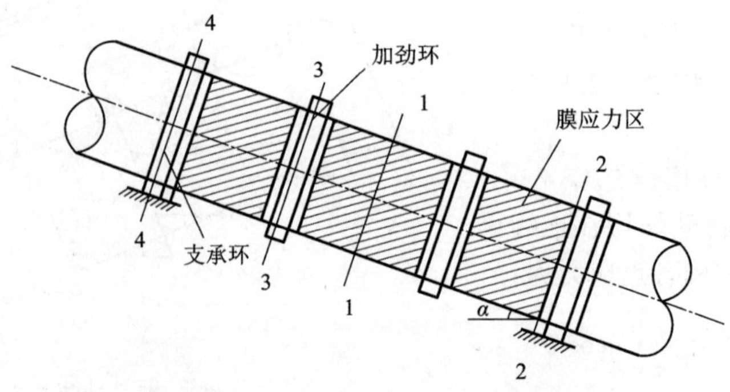

图 5-44　架空管道不利内力计算截面图

表 5-35　架空管道不利内力计算截面应力统计表

	跨中断面 1-1	加劲环及其旁管壁断面 3-3	支承环及其旁管壁断面 2-2 和断面 4-4
M 和 Q	$M = M_{max}$ $Q = 0$	$M \approx -M_{max}$ $Q \approx Q_{max}$	$M \approx -M_{max}$ $Q \approx Q_{max}$
$\sigma_{\theta 1}$	$\frac{P}{\delta}r\left(1-\frac{r}{H}\cos\alpha\cos\theta\right)$	$\frac{Pr}{F}(2\beta i+a)$	$\frac{P}{\delta}r\left(1-\frac{r}{H}\cos\alpha\cos\theta\right)$
$\sigma_{\theta 2}$	0	$\frac{Pr}{\delta}(1-\beta)$	—
σ_{x1}	$-\frac{M}{\pi r^2\delta}\cos\theta$	$\pm\frac{4W}{\pi D^2\delta}\cos\theta$	$-\frac{M}{\pi r^2\delta}\cos\theta$
σ_{x2}	$-\frac{\sum F}{\pi D\delta}$	$-\frac{\sum F}{\pi D\delta}$	$-\frac{\sum F}{\pi D\delta}$
σ_r	$-\gamma H$	$-\gamma H$	$-\gamma H$
$\tau_{x\theta}$	0	$\frac{V}{\pi R\delta}\sin\theta$	$\frac{V\sin\theta}{\pi r\delta}$
τ_{xx}	0	$\frac{1.5}{\delta}\beta\rho j$	—

5.6.2　城市给水架空圆形钢制管道结构设计

架空管道满足强度和稳定承载力极限状态要求。

1. 架空圆形钢质管道壁厚设计

根据管壁厚度法向力的平衡：

$$\sigma_\theta = \frac{PD_0}{2\delta} \leqslant [\sigma] \tag{5-164}$$

可由应力求得壁厚：

$$\delta = \frac{PD_0}{2\varphi[\sigma]} \tag{5-165}$$

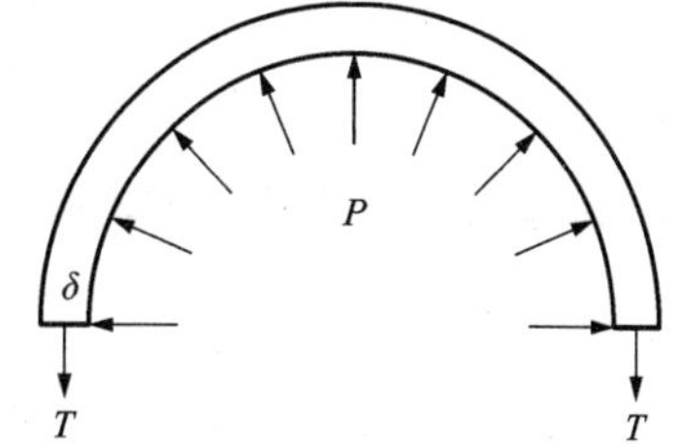

图 5-45　径向应力 σ_θ

式中：$[\sigma]$为允许应力，N；φ 为焊缝系数，考虑焊缝强度降低，取 0.75；δ 按式(5-165)估算厚度另加 2 mm 防锈厚度，且满足最小厚度，$\delta \geqslant \delta_{min} = 6$ mm；D_0 为管道内径，mm。

城市架空给水圆形管道运行过程中，管壁受到负压作用可能失稳，见图 5-46。管道负压的原因为机组负荷变化，管道放空通气孔故障等。

管壁厚度保证光面管抗外压稳定计算，见图 5-47。若光面管不满足抗外压稳定要求，则可加厚钢管壁厚或在钢管外设置加劲环。

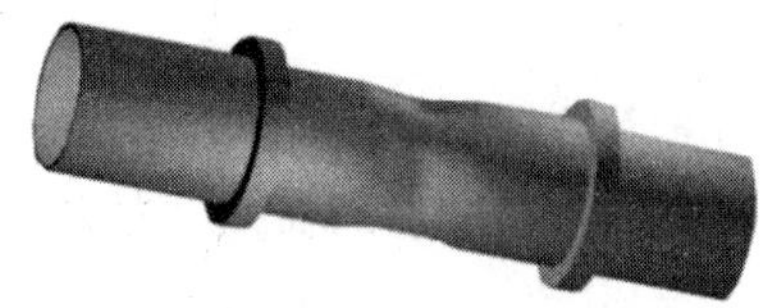
图 5-46　钢管失稳

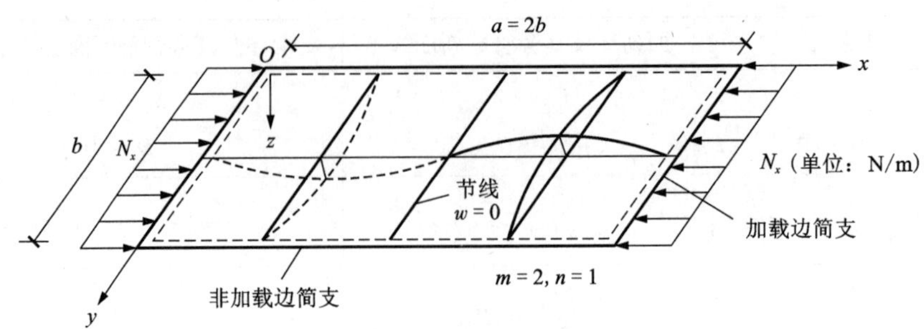

图 5-47　管壁抗外压稳定

$$\delta \geqslant \frac{D}{130} \tag{5-166}$$

管壁厚度保证加劲环之间的管壁外压稳定性计算：

$$P_{\mathrm{cr}} = \frac{E\delta}{r(n^2-1)\left(1+\dfrac{n^2L^2}{\pi^2r^2}\right)^2} + \frac{E\delta^3}{12r^3(1-\nu^2)} \times \left(n^2-1+\frac{2n^2-1-\nu}{1+\dfrac{n^2L^2}{\pi^2r^2}}\right) \tag{5-167}$$

式中：P_{cr} 为抗外压稳定临界压力计算值，N/mm²；L 为加劲环间距，mm；r 为钢管内半径，mm；ν 为钢材的泊松比。

屈曲波数：

$$n = 2.74\left(\frac{r}{L}\right)^{1/2}\left(\frac{r}{\delta}\right)^{1/4} \tag{5-168}$$

用上式计算时，应采用 P_{cr} 为最小值时的 n 值，用试算法。初估时先用屈曲波数计算 n，取整数，再用 $n+1$、n、$n-1$ 代入分别求 δ，所得的最小值为管壁厚度 δ。

2. 钢管管壁强度和稳定承载力验算

1) 强度验算

采用第四强度理论进行钢管强度校核：

$$\sigma = \sqrt{\frac{1}{2}\left[(\sigma_r-\sigma_x)^2+(\sigma_x-\sigma_\theta)^2+(\sigma_\theta-\sigma_x)^2\right]+3(\tau_{rx}^2+\tau_{r\theta}^2+\tau_{\theta x}^2)} \leqslant \varphi[\sigma] \tag{5-169}$$

式中：φ 为焊缝系数，取 0.9~0.95；$[\sigma]$ 为允许应力，MPa。

由于 σ_r、τ_{rx}、$\tau_{r\theta}$ 较小，故上式可简化为：

$$\sigma = \sqrt{\sigma_x^2+\sigma_\theta^2-\sigma_\theta\sigma_x+3\tau_{\theta x}^2} \leqslant \varphi[\sigma] \tag{5-170}$$

2) 光面管抗外压稳定验算

当外压力 P 增加到临界压力 P_{cr} 时，钢管管壁就丧失稳定。

$$P_{\mathrm{cr}} = \frac{3}{r^3} \times \frac{E\delta^3}{12(1-\mu^2)} = \frac{2E}{(1-\mu^2)} \times \left(\frac{\delta}{D}\right)^3 = KP \tag{5-171}$$

式中：K 为安全系数，取 $K=2.0$。若光面管不满足抗外压稳定要求，则可加厚钢管壁厚或在钢管外设置加劲环。

3）加劲环之间的管壁外压稳定性计算

$$P_{cr}=\frac{E\delta}{r(n^2-1)\left(1+\frac{n^2L^2}{\pi^2r^2}\right)^2}+\frac{E\delta^3}{12r^3(1-\mu^2)}\times\left(n^2-1+\frac{2n^2-1-\mu}{1+\frac{n^2L^2}{\pi^2r^2}}\right) \tag{5-172}$$

屈曲波数：

$$n=2.74\left(\frac{r}{L}\right)^{1/2}\left(\frac{r}{\delta}\right)^{1/4} \tag{5-173}$$

用上式计算时，应采用 P_{cr} 为最小值时的 n 值，用试算法。初估时先用屈曲波数计算 n，取整数，再用 $n+1$、n、$n-1$ 代入分别求 P_{cr}，所得的最小值即临界荷载。

5.6.3　城市热力架空圆形管道结构设计

1. 城市热力架空圆形管道壁厚设计

$$\delta=\frac{PD_1}{2[\sigma]\eta+P} \tag{5-174}$$

式中：δ 为管道壁厚，mm；P 为管内流体设计压力，MPa；D_1 为管道外径，mm；$[\sigma]$为钢材基本容许应力，MPa；η 为纵向焊缝减弱系数，对无缝钢管，取 $\eta=1.0$，对单面焊接的螺旋缝焊接钢管，取 $\eta=0.8$。

计算管壁厚度取值：

$$\Delta=\delta+C \tag{5-175}$$

式中：C 为管道壁厚附加值，mm，对无缝钢管取 $C=A_1\delta$，其中，A_1 称作管道壁厚负偏差系数，见表 5-36。参考管道产品技术条件中规定的壁厚允许负偏差百分数值：对焊接钢管，壁厚为 5.5 mm 及以下时，取 $C=0.5$ mm；壁厚为 6~7 mm 时，取 $C=0.6$ mm；壁厚为 8~25 mm 时，取 $C=0.8$ mm。任何情况下管道壁厚附加值 C 不得小于 0.5 mm。

表 5-36　管道壁厚负偏差系数 A_1

管道壁厚允许偏差	0	-5	-8	-9	-10	-11	-12.5	-15
A_1	0.05	0.105	0.141	0.154	0.167	0.18	0.20	0.235

城市热力架空圆形活动支座间距为：

$$[L]=\sqrt{\frac{15[\sigma]W\varphi}{q}} \tag{5-176}$$

式中：$[L]$为供热管道活动支座的允许间距，m；$[\sigma]$为管材基本容许应力，MPa；W 为管道断面抗弯模量，cm^3；φ 为管道横向焊缝系数，取值见表 5-37；q 为管道上线荷载，N/m。

表 5-37　管道横向焊缝系数取值

焊接方式	取值	焊接方式	取值
手工电弧焊	0.7	手工双面加强焊	0.95
有垫环对焊	0.9	自动双面焊	1.0
无垫环对焊	0.7	自动单面焊	0.8

2. 强度承载力验算

强度承载力验算包括内压力产生的管壁折算应力 σ_{zs} 和热胀应力 σ_T 验算。

$$\sigma_{zs}=\frac{P[D_1-(\Delta-C)]}{2\eta(\Delta-C)} \tag{5-177}$$

$$\sigma_T\leqslant 1.2[\sigma]_j^{20}+1.2[\sigma]_j^t=1.4[\sigma]_j^{20} \tag{5-178}$$

式中：P 为管道流体设计压力，MPa；D_1 为管道外径，mm；C 为管道厚度附加值；σ_T 为热胀应力，取补偿器最不利截面的应力，MPa；$[\sigma]_j^{20}$、$[\sigma]_j^t$ 分别为钢材在 20 ℃和计算温度下的基本许用应力，MPa。

习　题

1. 推导过程是以 6 个铰的衬砌结构为例进行的，试独立推导 4 个铰的圆形衬砌的计算公式及矩阵。

2. 如何进行城市地下综合管廊框架结构选型？

第 6 章　城市地下管网工程施工原理

城市地下管网工程可采用直埋和综合管廊等方式进行埋设。直埋管道通常采用非开挖技术进行敷设，综合管廊则根据其本体结构(现浇、预制和叠合类型)的不同，而采用不同的施工方法。综合管廊的施工方法取决于施工环境的限制，可选择明挖、浅埋暗挖或盾构法进行施工。

6.1　城市地下直埋管道敷设非开挖技术

管道敷设非开挖技术指在地表极小部分开挖(一般指入口和出口小面积开挖)的情况下，用于敷设、更换和修复各种地下管线的新施工技术，主要包括导向钻进法、定向钻进法、冲击矛法、夯管法、微隧道法和水平顶管法。该技术可避免大面积开挖所带来的环境污染、交通受阻、地层结构破坏、施工安全事故、施工周期长、渣土运输和堆放以及高昂的施工成本等缺点，具有显著的社会效益和经济效益，并被广泛应用。

导向钻进法是采用水平导向钻机和水射流协助，在地表通过接收钻头或钻杆内的电磁信号来实现钻孔轨迹控制，利用钻具切削和挤压方式成孔的方法，见图 6-1。

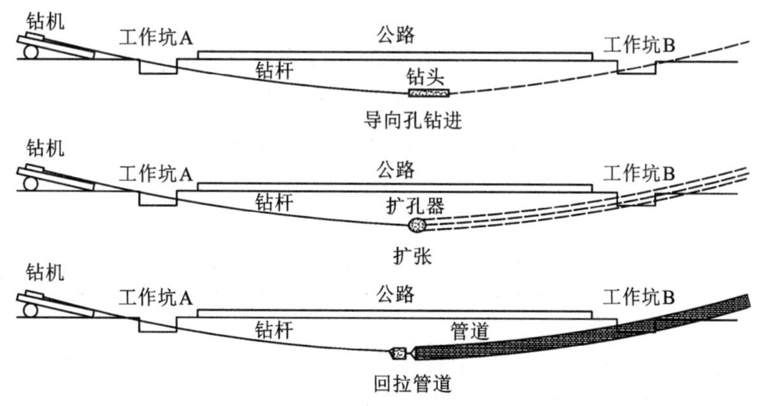

图 6-1　导向钻进铺设管道示意图

定向钻进法指通过控制钻杆或钻头的方向和角度，将钻孔定向至预定的方向和位置，并将管道拉入其中的管道敷设技术。

冲击矛法指在开挖起始工作井和接收工作井后，在起始工作井内利用压缩空气反复冲击推进冲击矛，直到达到接收工作井的位置，从而形成直线钻孔，并将管道拉入其中的管道敷设技术。

夯管法指在开挖起始工作井和接收工作井后，在起始工作井内利用夯管锤夯击并推动管道，直到达到接收工作井的位置，将管道管节夯入地层中的一管道敷设技术。

微隧道法指在开挖起始工作井和接收工作井后，在起始工作井内安装微隧道掘进机或钻探机，并朝接收工作井方向开挖微型隧道，将管道管节推入隧道中的管道敷设技术。

水平顶管法指在开挖顶进井和接收井后，在顶进井内利用千斤顶将工具管和顶管机顶入土体，直到达到接收井的位置，并在顶进过程中逐步安装管道管节的管道敷设技术，见图 6–2。

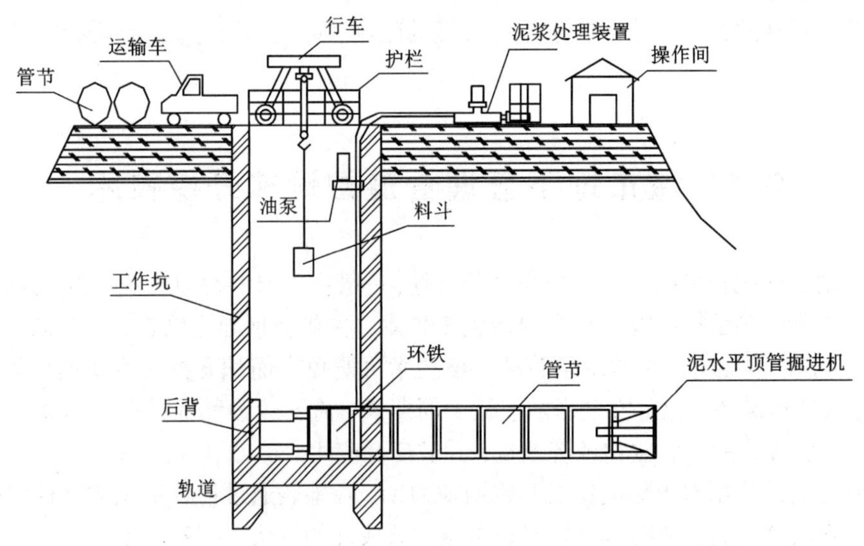

图 6–2　水平顶管法示意图

以上六种管道敷设非开挖技术对比分析见表 6–1。由表 6–1 可知，管道敷设非开挖技术大体可分为两类，一类是无须工作井的导向钻进法和定向钻进法，另一类是需要工作井的冲击矛法、夯管法、微隧道法和水平顶管法。本书以无工作井的导向钻进法和需要工作井的水平顶管法为例进行介绍。

表 6–1　常见管道敷设非开挖技术对比分析表

名称	优点	缺点	适用范围
导向钻进法	施工效率高，环境无污染，不影响交通，安全性能良好，管道连接质量好且施工周期短	设备和技术要求高，施工较为复杂；不能用于较大直径的管道敷设	管径 0. 2～1. 2 m，长度小于 1. 5 m 的钢管和 PE 管敷设

续表6-1

名称	优点	缺点	适用范围
定向钻进法	施工效率高，环境无污染，不影响交通，安全性能良好，管道连接质量好且施工周期短	设备和技术要求高，施工较为复杂；不能用于较大直径的管道敷设	较小直径的管道敷设
冲击矛法	施工效率高、安全性能良好，运输方便，操作简单且施工周期较短	能耗高，设备较复杂，产生噪声和振动污染，不适合弯曲管道敷设	浅埋、小直径短距离地下管道敷设
夯管法	施工效率高，施工质量好且施工周期短	能耗高，设备较复杂，产生噪声和振动污染，不适合弯曲管道敷设	适用于较大直径管道敷设
微隧道法	施工效率高，安全性能良好，运输方便且施工周期较短	设备较复杂，对周围环境有一定的影响	内径大于2.0 m、长距离管道敷设
水平顶管法	施工速度快，安全性能良好，施工质量好且无管片运输和安装	技术要求高，大口径超长距离或小曲率半径管道顶进困难	内径0.5~5 m管道以及矩形截面管道敷设

19世纪的铁道隧道修建水平顶管法是最早的城市地下直埋管道敷设非开挖技术。在20世纪50年代，我国开发水平定向钻进法，并成功铺设长度为48.5 m的三条高压动力电缆。随后，国外相继开发冲击矛法、导向钻进法、微隧道法以及新型的顶管机和夯管法。在20世纪80年代初，这些现代非开挖技术进入我国，并推动我国非开挖技术的发展。

20世纪90年代中期开始，我国非开挖技术的开发和应用速度明显加快，非开挖施工设备从无到有，得到广泛应用。特别是小型钻机成为国产钻机的主要设备，在与国外同类型钻机的竞争中表现出较强的竞争力。目前，这些设备广泛应用于给排水、燃气、电力、通信等领域的新型管道敷设，成功避免道路的“开膛破肚”，减少对地面的破坏和干扰。非开挖技术已经成为我国市政基础设施建设中不可或缺的有效手段。

6.1.1　导向钻进技术

1. 导向钻进原理

导向钻进技术采用倾斜15°斜面的射流辅助切削钻头进行回转前进和顶进运动，见图6-3和图6-4。导向钻具受力见图6-5。水平和竖向力受力分析见式(6-1)和式(6-2)。

$$F_x = N_x - P + F \tag{6-1}$$

$$F_y = N_y - 1/2qL \tag{6-2}$$

式中：P为钻头受顶推力，N；F和q分别为摩阻力和约束力，N；N_x和N_y分别为钻头斜面受到的土体反作用力水平和竖向方向分量，N；L为钻头长度，mm；F_x、F_y分别为导向钻头水平方向和竖直方向合力分量，N。

当满足$F_x<0$，$F_y=0$时，钻头直线式水平钻进。导向钻头周围的土层硬度大致相同，当钻杆不停前进且匀速回转时，水射流钻头四周切出相同深度的圆槽，实现$F_x<0$，$F_y=0$，导向钻头将直线顶进。

当满足 $F_x \leqslant 0$，$F_y > 0$ 时，钻头倾斜式钻进。当钻头只给顶进不回转时，水射流持续冲蚀土层某一方向，实现 $F_x \leqslant 0$，$F_y > 0$，导向钻头将造斜钻进。

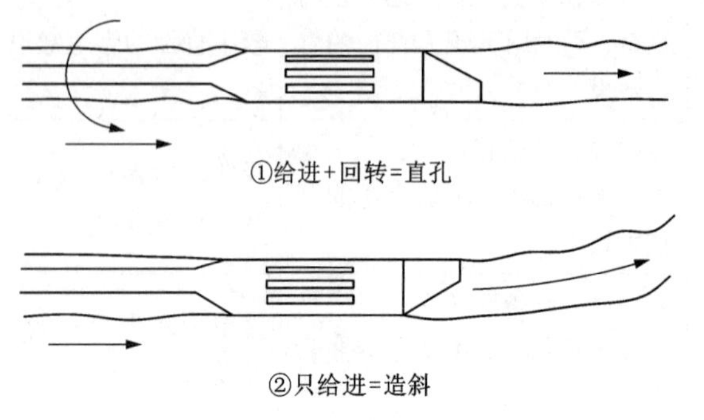

图 6-3　导向钻具示意图

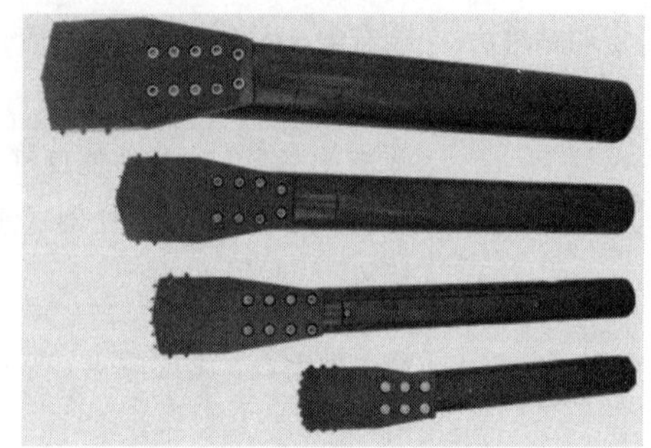

图 6-4　导向钻具实物图

2. 导向钻进施工设计

导向孔轨迹由第一造斜段、直线段和第二造斜段三部分组成，其轨迹见图 6-6。导向钻进孔主要由起始点、终点、轨迹深度 h、第一段造斜段钻杆管道曲率半径 R_1、第二段造斜段钻杆管道曲率半径 R_2 等 5 个基本参数表征，见图 6-6。通常情况下，$R_1 \geqslant R_0$、$R_0 = 1200D$，其中 R_0 为钻杆最小曲率半径，D 为钻杆直径。导向钻进开孔角计算图见图 6-7。

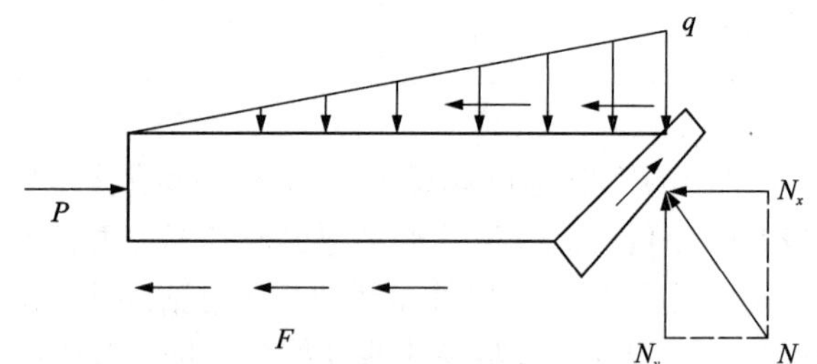

图 6-5　导向钻具受力分析示意图

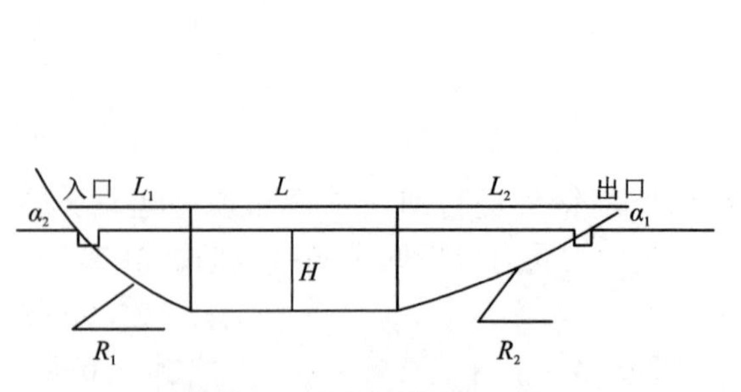

图 6-6　导向钻进轨迹示意图

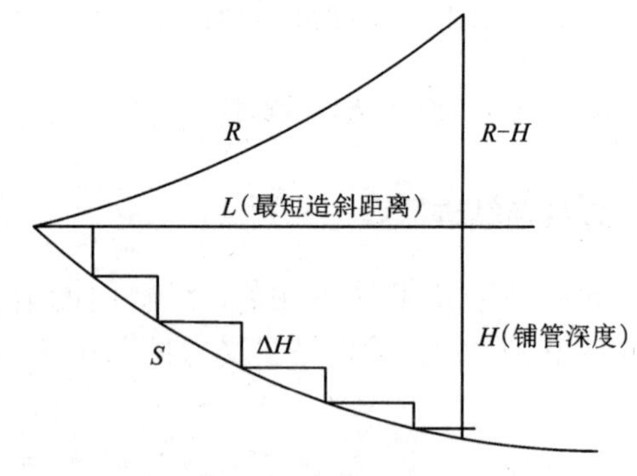

图 6-7　导向钻进开孔角计算图

图 6-6 中，α_1、α_2 分别为进口倾角、出口倾角，取值为 8°~20°。L_1、L_2 分别为第一段、第二段造斜面距离。L 为直孔钻进段长度。L_i、α_i 计算式如下：

$$L_i = \sqrt{h(2R_i - h)} \tag{6-3}$$

$$\alpha_i = 2\arctan\sqrt{\frac{h}{2R_i - h}} \tag{6-4}$$

式中：$i=1$，2，分别表示第一造斜段、第二造斜段。

造斜段钻杆数量为：

$$N_i = L_i/S \tag{6-5}$$

式中：N_i 为造斜段钻杆数量；S 为钻杆单根长度，m。

单根钻杆深度改变量为：

$$\Delta H_i = h/N_i \tag{6-5}$$

式中：ΔH_i 是第一造斜段、第二造斜段中单根钻杆深度改变量，mm。

将造斜段每一根钻杆的轨迹弧线简化为直线，然后以简化的直线(每一根钻杆)为斜边作直角三角形，得到造斜段简化计算模型。则 ΔH_i 计算式为：

$$\Delta H_i = S \times \sin\alpha \tag{6-6}$$

式中：α 为单根长度内钻孔改变角度，(°)；S 为钻杆单根长度，mm。考虑单根钻杆改变角度允许值小于10%，根据三角函数的特性，$\sin\alpha\approx\tan\alpha$，深度改变量公式可简化为：

$$\Delta H_i = S \times \tan\alpha \tag{6-7}$$

式中：$\tan\alpha$ 是钻杆的倾角值，控制仪上显示为 $\alpha\%$。

用反推法计算出开孔角后，以每根钻杆倾角允许改变量取最大值，顺推出来后，再加以调整。$\tan\alpha$ 小于杆的倾角值的容许值$[\tan\alpha]$。$[\tan\alpha]$计算公式为

$$[\tan\alpha] = \tan\left(\frac{180S}{\pi R}\right) \times 100\% \tag{6-8}$$

式中：R 为钢管管道最小转弯半径，指管道或钻杆在弯曲时所能容忍的最小半径，mm。如果管道或钻杆在实际施工中的弯曲半径小于最小转弯半径，就会导致管道或钻杆的变形和损坏。

3. 导向钻进法主要施工工序

导向钻进法主要施工工序为施工准备→导向孔轨迹设计和回拉力计算→管道轴线测量放样→钻进就位→导向孔钻进及泥浆护孔→单级或多级扩孔及泥浆护孔→清孔及铺管→清理现场→施工结束。

在导向孔钻进阶段，首先根据定位装置的引导，使用导向钻头钻出一个小口径的导向孔。但该导向孔的直径较小，不能直接用于敷设管道。然后采用锥形扩孔器将导向孔的直径扩大至设计直径。最后将孔内的碎屑、泥土、砂石等杂质清理干净，进行管道敷设。

1) 导向孔钻进

首先，安装并测试探头。将探头装入探头盒内，并测试探头是否能够正常发射。然后将导向钻头连接到钻杆上，按设计轨迹施工回转钻进2 m。根据扭矩表的变化情况确定土质层(若扭矩表指针左右摆动幅度较大，表明土质为回填土卵石层；若扭矩表数值忽然增大，表明可能碰到砂层)。根据所作记录，配制合适的泥浆。

在黏土层中，导向孔施工长度超过100 m时，须连续作业，否则容易出现抱钻情况从而增加扩孔难度。在淤泥中施工导向孔时，可采取加大钻头斜面、加快钻进速度和提高泥浆黏度等措施以保证钻进的顺利进行。

2)扩孔

采用扩孔器进行扩孔施工是导向钻进非开挖施工技术中的关键工艺之一。其目的主要是减小铺管时的原阻力。扩孔器扩孔原理主要是利用切削力和挤压力对导向孔周围土体进行切削和挤压，从而扩大孔洞直径。

扩孔器可通过挤压、刮削破岩、犁削破岩和滚刀破岩等方式来扩大孔径。其中，刮削破岩指切削刀具在岩体或土体表面连续旋转或平动运动，施加轴向压力和扭矩，刀具作用于岩体或土体前方，通过张拉、挤压和剪切破坏逐层剥离岩体或土体。犁削破岩则是通过锥形刀具在岩体或土体表面连续旋转或平动运动，引发与刀具接触前方区域以及刀具两侧的岩体或土体的张拉、挤压和剪切破坏，实现岩体或土体的犁削型破坏。滚刀破岩指滚刀在岩石表面滚动，施加轴向压力和扭矩，引发岩石的张拉、剪切和挤压破坏，以实现对岩石的压碎和碾碎。三种破岩机理示意图见图 6-8。

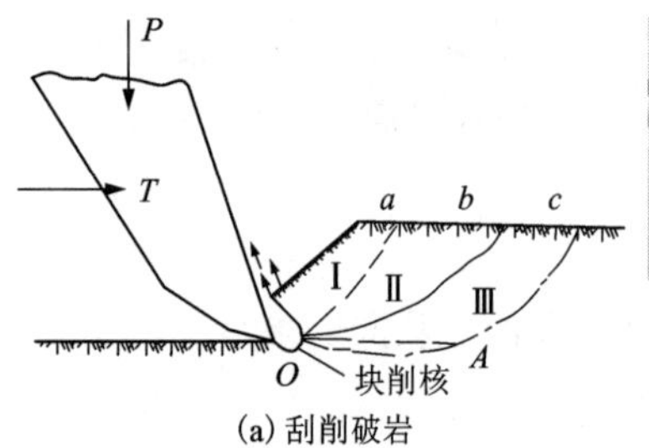

(a) 刮削破岩

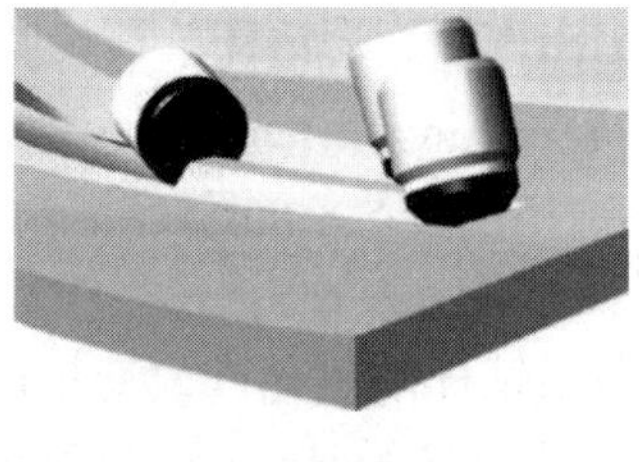
(b) 犁削破岩

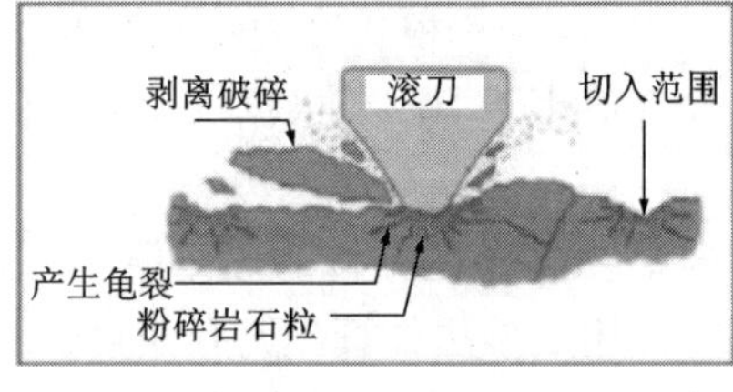

(c) 滚刀破岩

图 6-8　破岩机理示意图

最终扩孔直径与铺管直径间的最佳间隙是 10 mm。终孔直径过大会影响地表安全，过小则会增加铺管的阻力。终孔一般是铺管直径的 1.2~1.5 倍，见下式：

$$D_k = KD_1 \tag{6-9}$$

式中：D_k 为终孔直径，mm；D_1 为待铺管道的管外径，mm；K 为管径系数，取 1.2~1.5(当地层均匀完整时，取小值，当土层复杂时，取大值)。

扩孔方式按照地层情况分为一级扩孔和多级扩孔。软弱地层、黏土地层、砂土地层、砾石地层、卵石地层、土夹石地层考虑采用一级扩孔；而岩质地层扩孔较为困难，考虑采用多级扩孔。

扩孔方法按照地层性质和管道直径分为反拉回转扩孔、正向回转扩孔和反拉切割扩孔，见表 6-2。反拉回转扩孔是非开挖施工中最常用的方法，通常利用可转钻杆来完成扩孔。正向回转扩孔是通过钻杆施加给扩孔钻头轴向推力和扭矩完成扩孔。反拉切割扩孔是通过钻杆或钢丝绳直接回拉环刀型扩孔钻头而不旋转的扩孔方法，并不常用。

表 6-2　常见扩孔方法对比分析

序号	扩孔方法	优点	缺点	适用范围
1	反拉回转扩孔	扩孔效率高；地面破坏小	管道较长；地质条件复杂可能会增加施工难度	适用于地质条件较好的地层内直径较小的管道

续表6-2

序号	扩孔方法	优点	缺点	适用范围
2	正向回转扩孔	扩孔精度高	扩孔效率较低；施工速度慢	适用于地质条件相对较好(较稳定的岩石、砂土和普通黏土)的地层内直径较大的管道；不适用于软土地层
3	反拉切割扩孔	扩孔效率高	切割操作可能对周围的地下设施造成一定的影响	适用于各种地质条件下直径较大的管道；目前使用较少

根据地层性质选择合适的扩孔器可提高扩孔效率，从而提高施工效率和质量。

扩孔器按照扩孔机理分为挤压式扩孔器、流道式扩孔器、刀板式扩孔器、牙轮式扩孔器和滚刀式扩孔器，见图 6-9。

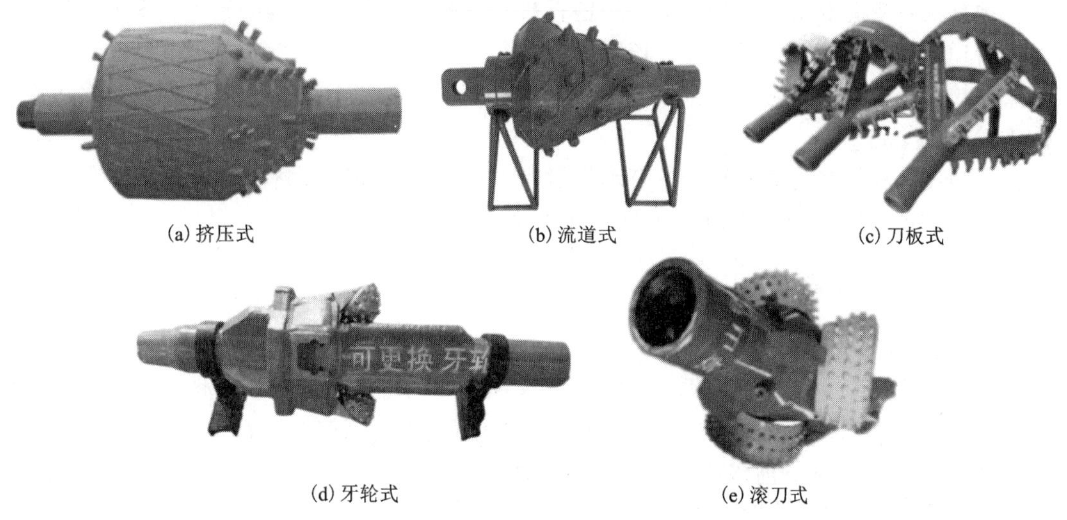

(a) 挤压式　(b) 流道式　(c) 刀板式　(d) 牙轮式　(e) 滚刀式

图 6-9　导向钻进扩孔器类型

①挤扩式扩孔器：该扩孔器利用锥面对孔周土进行挤压以实现扩孔，适用于黏土和软土地层，但不适用于砂土地层。

②流道式扩孔器：流道式扩孔器属于挤压切削式扩孔器。该扩孔器呈锥形，锥面上设置有点或线状分布的切削刃。通过挤压和切削导向孔周围土体实现扩孔。锥面上设有流道，用于引导和分配切削液体或泥浆，以实现冷却、润滑和排渣功能。其适用于砂层和含有石块的紧密砂层，也在许多不良地层中表现出良好的应用效果。

③刀板式扩孔器：刀板式扩孔器属于切削式扩孔器。该扩孔器由安装多个刀具的刀板、进出连接口和支撑结构组成，通过切削导向孔周围土体实现扩孔，适用于黏土密实地层、砂层和卵石地层。

④牙轮式扩孔器：牙轮式扩孔器属于犁削式扩孔器。该扩孔器由心轴、牙轮托架和牙轮掌等组成，适用于硬、脆、碎岩石或强风化、半风化的岩石。其结构复杂，成本高；扩孔时，一般要求大轴载，大泵量，转速适当。

⑤滚刀式扩孔器：该扩孔器摆动大，扭矩不稳，需要增加中心定位器来增加稳定性，适用于硬度较大的岩质地层。

3）清孔

由于水平导向钻进的施工孔通常较浅，使用大泵量循环来悬浮钻渣会引起地表垮塌或沉陷。因此，可采用以下三种方式进行清孔：

①活塞式清孔：在扩孔后，可使用软质材料包裹钻头或者专用活塞，通过拉土的方式进行清孔。

②冲洗清孔：通过在钻头上设计几个水孔，向孔壁喷射高压水，使得钻井液可冲刷并流动排出钻渣。

③土挤压：通过将土体挤压到孔壁内或拉出孔外的方式进行清孔。

4）铺管

通常使用顶推、回拉、顶拉结合法将待铺的管道安装到位。

①顶推法：使用专门的顶管设备将管道直接顶入预先钻好的孔洞中，适合于大口径、直线刚性管道铺设，但不适用于柔性管道铺设。

②回拉法：使用钻机将管道拉入预先钻好的孔洞中，适合于铺设小直径管道、柔性管道和曲度较大的管道。

③顶拉结合法：在管道前端配备有牵引设备，后端使用顶管设备将管道顶入，适合于导向孔平直度差或铺管阻力较大情况下的管道铺设。

4. 导向钻进技术案例

1）工程概况

本案例为南通市世纪大道与跃龙南路的交叉路口电力电缆管道敷设工程。该工程使用直径为 800 mm 的 PE 管来收纳 6 条 225 mmHDPE 电缆保护管。该管道穿越世纪大道、跃龙南路以及宽 50 m、深 4 m 的海港引河，总穿越距离为 250 m。由于现场不具备开挖铺设条件，采用导向钻进非开挖技术铺设方式。

2）施工技术要点

（1）导向孔施工

为满足工程中管径 800 mm PE 管敷设要求，选用 ZT-45 型非开挖钻机。该钻机具备 450 kN 的回拖力，能够敷设最大直径 1 m，最大管道长度 250 m 的管道。由于施工场地限制，钻杆入土、出土的角度分别设置为 12°、8°。导向孔的直径为 280 mm，曲率半径取 400 mm。在钻机固定后，使用导航仪协作钻头定位，并缓慢进行造斜段的钻进，以确保导向孔准确定位、轨迹平滑及成孔质量。管道施工配套的泥浆泵所产生的压力为 1.20 MPa。

（2）回扩孔施工

导向钻孔施工完成后，考虑管道管径 800 mm 以及 1.5 倍管径扩孔，确定终孔直径为 1180 mm。为将误差控制在 10 cm 以内，考虑采用 10 级扩孔方式扩孔，确定导向孔直径为 280 mm，终孔直径为 1180 mm。同时，采用反转回拉配合泥浆扩孔方法，不仅能有效地控制孔壁厚度和孔周土密实度，防止塌孔并减小铺管后的地表沉降，还能快速清理孔内残余泥砂，保持施工的顺利进行。

为加强扩孔过程中的施工质量，需要严格控制每级扩孔的扩孔器钻头直径、回转速度、挤压力、喷射水流的压力和流量等关键指标，以确保符合施工要求。同时，为避免流砂地层中发生塌孔，减小孔内土体对管道的压力，提高管道的使用性能及泥浆出渣能力，在施工过程中应优化泥浆配比。最终泥浆配比方案为：每升泥浆中含有 40 g 膨润土、3 g 碳酸钠、0.7 g 羧甲基纤维素钠(Na-CMC)和 0.46 g 聚丙烯酰胺(PHP)。此外，泥浆密度为 1.15 g/cm^3，pH 为 8，黏度为 36 Pa·s。

施工过程中，需要实时监控入口和出口位置的液面，确保泥浆液面能够覆盖孔口，保持孔内泥浆的饱满状态。如果泥浆不足，应立即补充，确保形成完整的泥浆保护层，从而避免孔壁不完整的情况发生。

(3)回拖管

本案例中存在砂土地层，钻孔稳定性较差。因此在扩孔器完成最后一个钻孔作业后，应立即进行钻孔检测。确认钻孔质量无质量问题后，尽快且合理有序地完成拖孔回管作业。

6.1.2　水平顶管技术

按照铺设管道管径的不同，水平顶管法直径小于 500 mm、500～1000 mm、1200～1800 mm 和大于 1800 mm 的顶管法，分别称为微型顶管法、小口径顶管法、大中口径顶管法和大口径顶管法。

根据是否出渣，水平顶管法可分为不出渣的挤压式水平顶管法和出渣的水平顶管法。出渣的水平顶管法又可根据掌子面稳定方式进一步分类。掌子面能自稳的顶管机称为敞开式顶管法；掌子面采用泥水平衡稳定、土压平衡稳定和气压平稳稳定的顶管施工分别称为泥水平衡顶管法、土压平衡顶管法和气压平稳顶管法。

根据掘进方式，水平顶管法分为手掘式顶管法、挤压式顶管法、半机械式顶管法和机械顶管法。

应根据实际情况来选择适合的水平顶管方法，以确保施工的顺利进行和工程的质量。水平顶管法不仅仅适用于刚性管道直埋敷设，也适用于综合管廊本体的敷设。两者的施工方法是一样的。

1. 水平顶管技术原理

水平顶管掘进过程主要由顶进、岩土(体)破碎、出渣、掌子面稳定和壁后注浆五个方面组成。

1)顶进

顶管施工过程中，水平方向(也称为管道轴向)上管道受力示意图见图 6-10。

$$F_x = F - F_f - F_N \tag{6-10}$$

$$F_f = \pi D l k_2,\ F_N = \pi (D_1^2 - D_0^2) k_1 / 4 \tag{6-11}$$

式中：F 为液压千斤顶的顶进力，kN；F_f 为顶管侧壁总摩擦阻力，kN；k_2 为顶管侧壁摩擦阻力系数，kN/m^2，取值为 5～10；l 为顶管长度，随管节数量增加而增加，m；

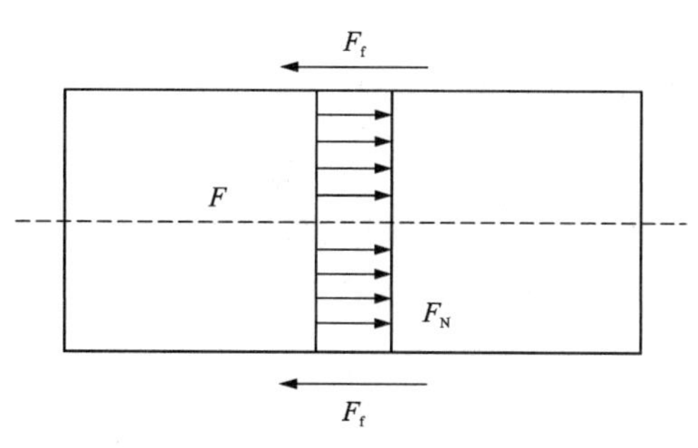

图 6-10　顶进原理图

D_1 为顶管外径，m；D_0 为顶管内径，m；F_N 为顶管迎阻力，kN；k_1 为顶管正阻力系数，kN/m^2，软土层取值为200~300，硬土层取值为300~600。

当 $F_x>0$（即液压千斤顶的顶推力 F 足够大）时，能够克服顶管轴向摩擦阻力和顶管迎面阻力，从而推进顶管施工。然而，当 $F_x=0$（即液压千斤顶的顶推力 F 不够大或 $F=0$）时，不足以克服顶管轴向摩擦阻力和顶管迎面阻力，导致顶管施工无法开始或停顿、结束。因此，在水平顶管施工过程中，顶进力 F_x 的大小对于顶管的推进至关重要。只有当顶进力 $F_x>0$ 时，才能保证顶管顺利推进和施工的进行。

2）岩土（体）破碎

顶管顶进过程中，岩土（体）破碎机理包括刮削破岩、犁削破岩和滚刀破岩，相对应的刀具分别为切削类刀具、犁削类刀具和滚刀类刀具。切削类刀具适用于土层和软岩破碎，犁削类刀具和滚刀类刀具则适合于硬岩的破碎。

3）出渣

出渣指在地下工程、隧道施工或岩石钻探等过程中，因钻探或挖掘作业而产生的破碎岩屑和泥土排出的过程。常见的出渣方式包括挤压式出渣、泵送出渣、输送带出渣和轨道出渣。泵送出渣是将岩屑、泥土和泥浆混合后，通过泥浆泵输送至地面。该出渣方式具有时间连续性，不影响顶进速率，但不适合于长距离输送。输送带出渣和轨道出渣指直接将岩屑、泥土通过输送带或轨道输送至工作井，再通过龙门吊输送至地面。输送带出渣和轨道出渣具有时间上的不连续性，对顶进速率有一定的影响，适合于长距离运输。

4）掌子面稳定

掌子面稳定方法包括自稳、泥水平衡、土压平衡和气压平稳。掌子面泥水平衡稳定指在顶管机泥水舱内迅速形成一层适当厚度的泥膜，通过这层泥膜将施加的泥水压力有效传递至掌子面，以平衡掌子面外侧的水土压力，从而保持掌子面的稳定。值得注意的是，掌子面泥水平衡稳定方法只与泵送出渣相匹配。

掌子面土压平衡稳定指通过调整顶管机土仓内土体的土压力，以平衡掌子面外侧的水土压力，从而保持掌子面的稳定。掌子面气压平稳稳定指通过调整顶管机头密封舱内的气体压力，以平衡掌子面外侧的水土压力，从而保持掌子面的稳定。

5）壁后注浆

顶管施工过程中壁后注浆的作用主要有三个：①将管土之间的干摩擦变为湿润摩擦，减小摩擦阻力，起到润滑作用；②在注浆压力作用下，浆液向管道周围围岩扩散，改善管道围岩力学性能，进而提高管道围岩的稳定性，具有岩土体改良作用；③注浆可填充管道围岩内的裂缝，减少围岩涌水，具有封堵裂隙作用。

2. 水平顶管施工设计

1）顶管管材和顶管方法选型

常用顶管管材包括钢筋混凝土管、预应力钢筋混凝土管、钢管、玻璃纤维增强塑料夹砂管、球墨铸铁管和无机超高性能混凝土管。可根据表6-3进行管材选型。

表 6-3　管材选型表

	钢筋混凝土管	预应力钢筋混凝土管	钢管	玻璃纤维增强塑料夹砂管	球墨铸铁管	无机超高性能混凝土管
排水工程	√	√	×	√	√	×
给水工程	×	√	√	√	√	√
腐蚀水体输送及腐蚀性土体	√	×	×	√	×	×
电力管道工程	√	×	×	×	×	√

在管材选型的基础上，根据工程地质条件，可初步选择适合的顶管方法和出渣方式，然后进一步合理选择顶管机型。

①若对微风化岩层进行掘进，可采用滚刀破岩的岩石顶管机；若对均一土层进行掘进，可选择切削破岩的顶管机。若对强分化、土岩复合地层和卵石地层进行掘进，考虑采用具有滚刀破岩和切削破岩的复合刀盘顶管机。

②对于强度低、含水量高、渗透系数小、容易切削的淤泥质和粉质黏土层，可选择挤压式顶管法、土压平衡顶管法、泥水平衡顶管法或气压平衡顶管法，并采用泵送出渣。

③对于砂土层，由于其渗透系数较大且处于地下水位以下，容易受水动力作用而产生流砂现象，导致掌子面不稳定。因此，掘进砂土地层时可选择泥水平衡顶管法或气压平衡顶管法，并采用泵送出渣、输送带或轨道出渣。

④在地下水位以上地层中掘进时，顶进过程不受地下水影响。若掌子面可自稳，则采用敞开式顶进方法。

⑤对坚硬程度高的地层，采用机械掘进；对坚硬程度低的地层，采用人工掘进。

2）工作井和接收井设计

工作井指顶管始发端，在其中安装顶进设备并进行顶进作业的地下作业空间结构。接收井是顶管接收端，并在其中接收顶管机的地下作业空间结构。工作井和接收井的尺寸需满足安放顶进设备和顶进设备的始发和接收要求。

工作井的宽度 B：

$$B = D_1 + 2b + 2c \tag{6-12}$$

式中：D_1 为顶管外径，m；b 为管两侧的操作空间，m，根据管径大小及操作空间而定，一般可取 1.2~1.6 m；c 为撑板的厚度，一般为 0.2 m。

工作井长度 L：

$$L = L_1 + L_2 + L_3 + L_4 + L_5 + L_6 \tag{6-13}$$

式中：L_1、L_2 分别为管节长度和千斤顶长度，一般为 0.9~1.1 m；L_3 为后座墙厚度，约为 1 m；L_4 为前一节已顶进管节留在导轨上的最小长度，通常为 0.3~0.5 m；L_5 为管尾出土所留的工作长度，根据出土工具而定，用小车时为 0.6 m，用手推车时为 1.2 m；L_6 为调头顶进时的附加长度。

工作井深度 H_1 和接收井深度 H_2：

$$H_1 = h_1 + h_2 + h_3 \tag{6-14}$$

$$H_2 = h_1 + h_3 \tag{6-15}$$

式中：h_1 为地面至管道底部外缘的深度，m；h_2 为管道外缘底部至导轨底面的高度，m；h_3 为基础及其垫层的厚底，m。

在设计工作井和接收井的支护结构和开挖方法时，常采用钢筋混凝土沉井或钢板桩作为支护类型。当顶管的管径大于 1.8 m 或顶管埋深超过 5.5 m 时，通常会选择沉井作为工作井。

3)注浆量估算

$$V = 3\pi(D_w^2 - D_1^2)/4 \tag{6-16}$$

式中：V 为单位长度顶管泥浆注入量，m^3；D_1 为隧道外径，m；D_w 为隧道开挖直径，m。

3. 水平顶管技术主要工序

顶管施工的主要工序有：施工准备→工作井和接收井开挖及洞口加固→管道轴线测量放样→顶管机井下安装调试→工作井洞口凿除和顶管机进洞→顶进管节、渣土输排、注浆和监测→接收井洞口凿除、顶管机出洞和拆除→清理现场→施工结束。

1)工作井和接收井开挖及洞口加固

根据设计图纸和工程要求，需要对工作井和接收井的位置进行定位，并确定开挖的尺寸。为保证进出洞口工作顺利，开挖前应对洞口土体进行加固处理，加固范围依据土质情况综合确定。

2)顶管机井下安装及进洞

进行顶进施工前，在开挖好的工作井内进行吊运和安装顶管设备。

3)顶进管节及渣土输排

通常采用泥水平衡和土压平衡顶管法进行顶管施工。在这两种顶管方法中，管节顶进和渣土输排工序要点包括：

①控制顶进力。在顶进过程中，需要确保顶进力不过大，以防止顶进速度过快，导致土体塌方、管道变形和破裂等工程事故发生。

②做好环境变形监测。

③控制出渣速度。通过调整出渣速度，可进一步调整泥水仓或土仓的压力，保持掌子面平衡，防止掌子面坍塌。

4)注浆

①加强注浆过程监控。在注浆过程中，实时监控并记录注浆压力、注浆量、注浆速度等参数。通过监控和记录，能够及时发现问题并进行调整，确保注浆效果和施工质量。

②加强泥浆监测。通过监测泥浆及时调整泥浆的密度、黏度、失水量和含砂量，保证泥浆的作用正常发挥。

5)顶管机出洞和拆除

①在准备进行出洞之前和拆除掘进后，须对出洞口进行清理和准备工作，主要包括清除泥浆、杂物和残留物等，以确保出洞口通畅。

②在顶管机出洞过程中，需要控制出洞速度，避免过快或过慢。出洞速度过快可能会引起冲击和振动，对管道和周围土体造成不良影响；出洞速度过慢则可能导致工期延误。此外，出洞力度应均匀，避免出现局部过大或过小的情况，以确保出洞过程的稳定性和顺利性。

③顶管机出洞后，须安全拆除顶管机。

④出洞和拆除后，须对管道进行检查和验收，主要包括检查管道的连接情况、密封性和承载能力等，确保管道的质量符合设计要求。

4. 水平顶管施工案例

1）工程概况

本案例为上海市普陀区某科技智慧城综合管廊工程。该工程沿敦煌路、景泰路和永登路敷设，全长 2.29 km，在与永登路的交叉口位置需下穿 3.5 kV 变电站。考虑到顶管施工法在一定的条件下具有优越的技术经济性能，该段采用水平顶管施工方案。顶管直线顶进长度为 165.50 m，内径为 3.50 m，壁厚为 0.32 m。选用 ϕ4160 mm 泥水平衡顶管机，自北向南顶进，北侧为工作井，南侧为接收井。顶管覆土厚度为 8.6~9.6 m，顶管顶进区间主要穿越淤泥质黏土层。

2）施工技术要点

（1）工作井和接收井及洞口加固

①工作井和接收井基坑尺寸：长 8 m，宽 10 m。

②基坑支护：地下连续墙+水平内支撑+坑底加固的组合支护体系。钢筋混凝土墙厚 800 mm，内衬墙墙厚 400 mm，采用 C35 混凝土，抗渗设计等级为 P10。墙缝外侧采用 ϕ2200 mm、桩长 24 m 的 MJS 工法（全方位高压喷射法）进行止水补强。水泥掺量 40%，28 d 无侧限抗压强度≥1.2 MPa。共设 4 道水平支撑，其中第 1、2 道为钢筋混凝土支撑，第 3、4 道为钢支撑。基坑开挖区域坑底以下均采用 ϕ800 mm@ 600 mm 高压旋喷桩满堂加固，加固范围为坑底以下 0~4 m，三重管工艺，水泥掺量 25%，28 d 无侧限抗压强度≥1.0 MPa。

③洞口加固：顶管洞口采用高压旋喷桩加固，共 7 排 ϕ800 mm@ 600 mm 高压旋喷桩。其中，涉及 2 处墙缝各 4 根旋喷桩加长至 24 m，其余加固范围为洞口上 4 m 至洞口下 5 m，总长 13.5 m，三重管工艺，水泥掺量 25%，28 d 无侧限抗压强度≥1.0 MPa。

（2）顶管机井下吊装、进洞、顶进和出洞

顶管机总重量为 65 t，选用徐工 XCA350 型 350 t 汽车吊吊放及回收。根据现场工况，作业回转半径控制在 11 m，主臂长度控制在 25.3 m。

①洞口凿除：在顶管施工中，当洞口周围土体加固达到设计强度要求，并满足自立性和渗透性等技术指标后，可进行洞口凿除工作。首先，在洞门周围打设 8 个深度为 100 cm 的孔洞，用以观察是否出现渗漏状况。洞口槽壁的混凝土采用粉碎性凿除，分层进行。先凿除外层，遵循“先下部，后上部”的原则，将钢筋及预埋件彻底割除，以保证预留门洞的尺寸符合设计要求。

②进洞准备及顶进：进洞前应确保基座抗偏压强度、导轨顺直度、标高及中心轴线偏位等在允许范围内。为减少推进阻力，在基座轨道上涂抹润滑油。在机头前端进入洞口 50 cm 时，设置托架托住机头，防止进洞时占 2/3 的重量的机头前倾导致 1 号、2 号混凝土管脱节。进洞后的前 20 m 范围内，需要采集地表隆陷和地中位移等数据，以分析地层位移规律。

顶进施工过程中，对顶管机姿态要“勤测量、微纠偏”，做好轴线控制。顶进速度宜缓慢，一般不超过 0.5 cm/min。如果顶管机出现较大转角，可采用刀盘正反转的措施进行调整纠偏。在刀盘切削土体时，可通过加水来降低机头的正面压力，防止其上飘。每个管节顶进完成后，焊接钢板使管节固定于基座上千斤顶油缸收缩前的位置，起到止推的作用。顶进150 m以后，必须改为人工测量。正常情况下，每顶进3 m测量一次。当测量成果与设计轴线有偏差时，需要适当增加测量密度。在顶进里程距离接收井20 m以内，测量频率改为每顶进1.5 m测量一次。

③出洞准备及顶进：在接收井洞口凿除之前，确保接收井内的接收排架已经安装完成，以便顶管机进入接收井后能够顺利接收和固定。当机头切口到达接收井前60 m左右时，复测顶管轴线，校核顶管机的姿态，为出洞做准备。在顶管机距离洞门约3 m时，打开预先设置在洞门上的2个应力释放孔，释放顶进引起的挤压应力，避免顶管机正面顶力过大而造成洞门变形，进而造成水土涌入井内。

(3)注浆

注浆时遵循“先压后顶、随顶随压、及时补浆”原则。合理布置注浆孔，注浆压力控制在0.3~0.4 MPa。

6.2 城市地下综合管廊本体明挖法施工

城市地下综合管廊明挖法施工分为明挖基坑工程施工、综合管廊本体结构施工和管廊内管线及附属设施安装调试三个部分。城市地下综合管廊主要施工工序为：施工准备→基坑支护结构施工→基坑土方明挖及监测→垫层施工、管廊底板现浇和防水施工→管廊侧墙和顶板现浇及防水施工→土方回填→管廊内管线及附属设施安装调试→施工结束。

城市地下综合管廊本体明挖法施工包括明挖基坑工程施工和综合管廊本体结构施工两部分。综合考虑基坑开挖深度、周边地质条件以及其他影响因素，确定适合的基坑支护类型，并制定相应的施工方法和基坑开挖方式。

6.2.1 城市地下综合管廊明挖基坑工程施工

在城市地下综合管廊本体结构施工前，需要进行明挖基坑工程。明挖基坑工程是建造一个竖向支护结构体系，挖除该体系内的土体或岩体，并利用支护结构平衡后的水平土压力，形成一个与城市地下综合管廊大小、深度相适应的基坑。竖向支护结构的主要作用是保证基坑稳定，减少基坑开挖对周围环境产生的变形影响。基坑土压力主要包括主动土压力、被动土压力和内支撑轴力。主动土压力和被动土压力的计算可采用经典库仑理论和朗肯理论(见5.2节)。

1. 明挖基坑支护结构施工

基坑支护结构受力示意图见图6-11。常见的基坑支护结构有放坡、土钉或锚杆、水泥土搅拌桩挡土墙、地下连续墙、板桩、灌注桩、组合式支护。

1)放坡

放坡是一种利用土体边坡自身稳定性来保证基坑稳定的方法，见图6-12。边坡的倾角大小是决定稳定性的一个重要因素。倾角过小，基坑开挖时占用场地范围大；倾角过大，可能导致基坑失稳。

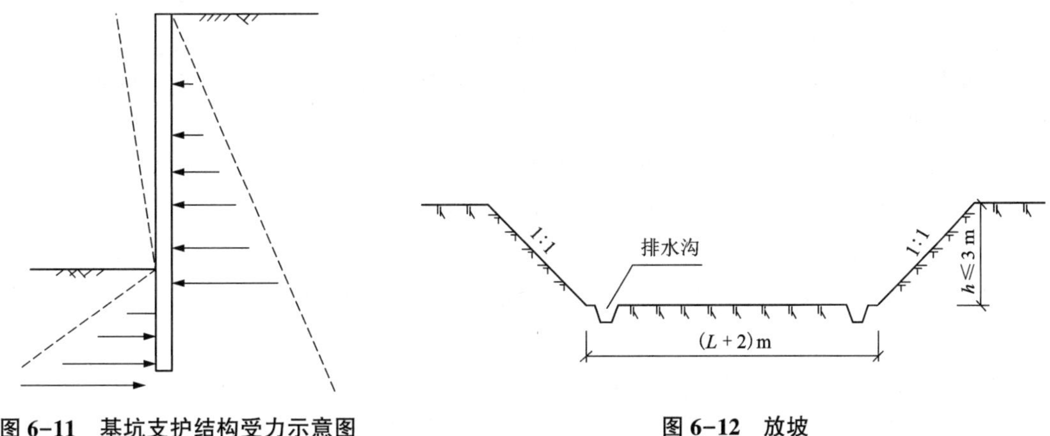

图 6-11　基坑支护结构受力示意图　　　　**图 6-12　放坡**

2) 土钉或锚杆

土钉加固边坡土指在边坡土体中安装钢筋或其他材料的土钉，相当于给边坡土体加筋，改善边坡土体的力学性能。锚杆对边坡土体具有挤压和锚固作用，见图 6-13。锚杆的挤压作用通过施加预拉力来实现，锚固作用则是通过锚杆穿过边坡的潜在滑移面，利用浆液将其与滑移面下方的土体胶结起来，形成锚固段，并通过锚固段的抗力来实现。土钉和锚杆虽然作用机理不同，但都有利于增加边坡倾角并保证边坡稳定，且施工方法相似。基坑开挖可与土钉或锚杆同步施工。

土钉或锚杆的支护施工指利用工程钻机在边坡上钻孔，将土钉或锚杆植入钻孔内，然后在孔内注浆，使土钉或锚杆与边坡土体胶结形成整体，增加边坡的稳定性。其主要施工工序为：工作面准备→定位→钻孔→安装土钉或锚杆→注浆→养护→安装锚头预应力张拉→挖土，见图 6-14。

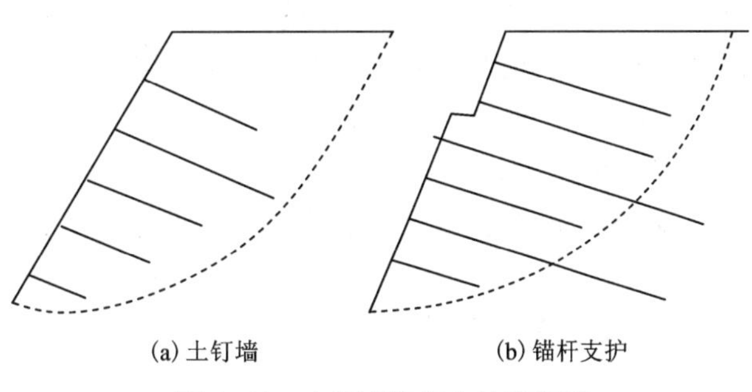

(a) 土钉墙　　(b) 锚杆支护

图 6-13　土钉或锚杆支护原理图

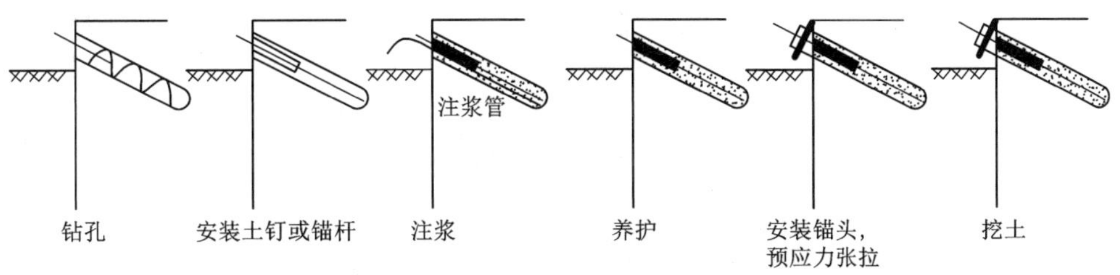

图 6-14　土钉或锚杆支护施工示意图

①工作面准备：首先，需要将基坑开挖至工作面的设计标高，并清理工作面上的杂物、碎石、泥土等，以确保工作面的整洁，便于施工操作。如果出现明显的欠挖和超挖，都会增

加工作平台的搭设难度。

②定位：根据设计要求，在边坡上标出土钉或锚杆的位置和间距。

③钻孔：按照设计倾角和孔径，采用工程地质钻机钻孔至设计孔深。必要时可采用泥浆护孔，防止钻孔坍塌。

④安装土钉或锚杆：将制作好的土钉或锚杆和注浆管捆绑在一起，并安装定位器以确保土钉或锚杆位于钻孔的中央，然后将其一起植入钻孔内。

⑤注浆：通过注浆管连续注入水泥等注浆材料，直至孔口溢出浆液。待浆液凝固达到设计强度后，施加设计预应力，进一步增强土钉或锚杆与土体的相互作用，将被动支护转变为主动支护。

⑥施工钢筋网喷射混凝土面层：使用喷射混凝土机将混凝土喷射到土钉或锚杆及其周围的边坡表面，形成一个坚固的面层，防止边坡表层雨水冲刷破坏。

3) 水泥土搅拌桩挡土墙

水泥土搅拌桩挡土墙指通过深层搅拌机或高压旋喷搅拌机将水泥和土体搅拌混合形成水泥土搅拌桩，然后将形成的水泥土搅拌桩两两相互搭接，形成连续的墙状加固块体。水泥土搅拌桩挡土墙属于重力式挡土结构，依靠本身自重、强度和刚度对抗土压力，防止基坑失稳。水泥土搅拌桩挡土墙可分为深层水泥土搅拌桩挡土墙和高压旋喷水泥土搅拌桩挡土墙。

深层水泥土搅拌桩挡土墙就是通过喷浆和机械搅拌形成水泥土搅拌桩。搅拌方式有单轴、双轴和三轴三种，喷浆方式分为叶片喷浆和中心管喷浆。核心装置由空心钻杆、搅拌叶片及中心管组成，其中，中心管被平行安装在双轴或三轴搅拌钻杆的中部。单轴搅拌时，空心钻杆将搅拌力和钻进力传递给搅拌叶片，并将水泥等固化浆液输送至搅拌叶片内部，然后从叶片上的多个小孔中喷出。搅拌叶片连续均匀地混合水泥和土体，同时破碎土体颗粒以促进混合。双轴和三轴搅拌时，固化浆液则从中心管中喷出。相较于叶片，中心管的直径更大，因此不易被浆液堵塞。

深层水泥土搅拌桩挡土墙施工工序包括定位→预搅拌下沉→喷浆搅拌上升→重复搅拌下沉→重复喷浆搅拌上升→养护至基坑开挖，见图 6-15。

部分主要工序分述如下。

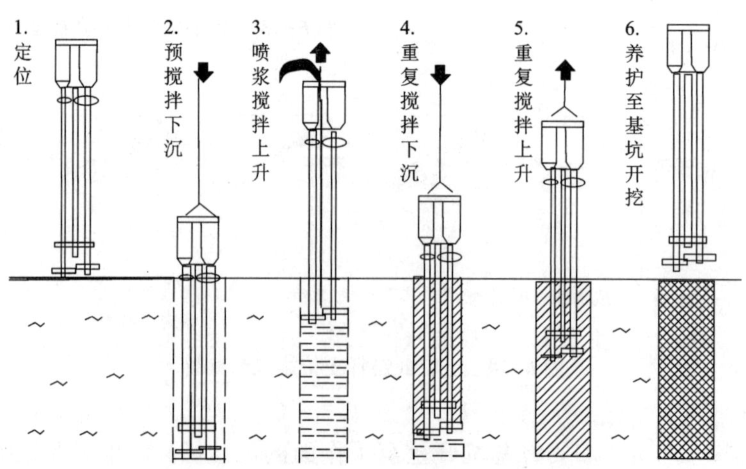

图 6-15　深层水泥土搅拌桩挡土墙施工工序

①预搅拌下沉：借助深层搅拌机自重，按设计的速度下沉，并沿着导向架进行旋转，同步下沉至设计深度。在旋转过程中，叶片搅拌并破碎土体。

②喷浆搅拌上升：在预搅拌下沉至设计深度后，按照设计的钻杆提升速度和喷浆压力，边提升、边搅拌、边喷浆以确保水泥浆与土体充分混合。开始提升时，在桩底部喷浆停留 30 s 以保证水泥土搅拌桩桩端的质量。

③养护至基坑开挖：水泥土挡墙至少养护 28 d 达到设计强度，再进行基坑开挖。

高压旋喷水泥土搅拌桩挡土墙就是通过高压喷浆和混合搅拌形成水泥土搅拌桩。核心装置由空心钻杆和高压泵组成。高压泵将水泥等浆液泵入空心钻杆，然后高压浆液从钻杆小孔中高速高压喷射出来。混合搅拌作用指钻杆旋转提升过程中，从钻杆喷射出来的高压高速浆液会切割破碎钻杆周围土体，并在喷射压力下，向与喷嘴移动方向相反的方向(即阻力较小的方向)移动，与水泥等浆液混合。

高压旋喷水泥土搅拌桩挡土墙施工工序为：定位→钻孔→旋喷上升→养护至基坑开挖，见图 6-16。

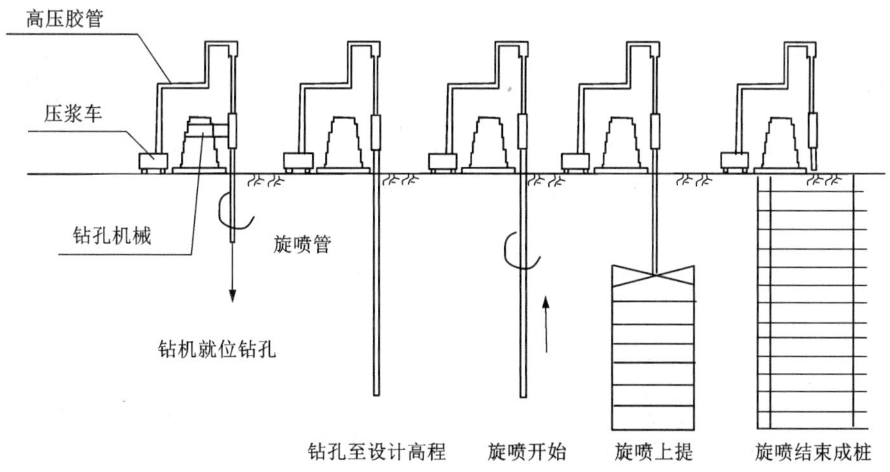

图 6-16　高压旋喷水泥土搅拌桩挡墙施工原理图

其具体过程为：首先使用全站仪精确定位桩位，并钻孔至设计的深度。接着反向提升钻杆进行旋喷。在旋喷上升过程中，根据工程地质实际情况，适时调整旋喷量和上升速度。若地层的坚硬程度增加，应适当降低上升速度并增大旋喷量。整个施工过程中，需要实时监测旋喷流量和压力，如果出现异常，如流量或压力异常增大或降低，应及时查明原因。高压喷射注浆过程中，应采用分序隔孔的施工方式，防止旋喷过程中破坏已喷射注浆固结体。

4)地下连续墙

地下连续墙指沿待开挖基坑的周边轴线，利用铣槽机和泥浆的护壁作用开挖出深槽，并在槽内现浇钢筋混凝土，在地下形成一道连续的钢筋混凝土墙壁。地下连续墙具有强度高、刚度好和防水性能好等优点，能有效地抵抗墙后的土压力，防止基坑失稳。

地下连续墙施工过程中，常常采用冲击破岩、刮削破岩和泥浆护壁等方法来形成槽段。刮削破岩的核心装置是铣槽机机体底部的铣轮，见图 6-17。在铣槽机自重和钢索悬吊作用下，铣轮对地层产生压力，并且铣轮刀具在岩土体表面发生旋转，实现对地层的切削。泥浆护壁指在槽内注入适宜密度和黏度的泥浆来防止槽壁坍塌。其机理是泥浆在槽壁一定深度处形成一层泥皮，阻止槽内泥浆向槽壁渗透。同时，泥浆能有效平衡槽壁侧土压力和渗透压力，从而增加槽壁的稳定性，防止槽壁坍塌。在进行泥浆护壁时，需要控制泥浆的密度、黏度、失水量和含砂量。若泥浆密度和黏度过大，将增加铣轮转动能耗。若泥浆密度和黏度过小，会增加泥皮破坏风险，削弱护壁效果。此外，泥浆失水量过大时会导致泥皮剥落，含砂量过高时则会增加机械磨损。

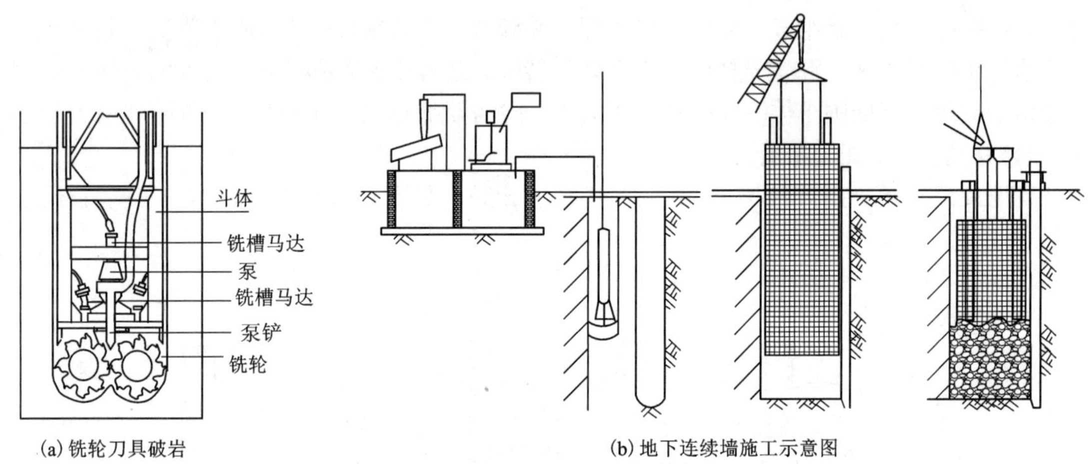

(a) 铣轮刀具破岩　　(b) 地下连续墙施工示意图

图 6-17　地下连续墙施工原理图

地下连续墙施工主要施工工艺为：定位→导墙施工→挖槽和清槽→槽段接头施工→制作与安放钢筋笼→水下混凝土浇筑→养护至基坑开挖。部分主要工艺分述如下：

①导墙施工：在地下连续墙施工前，建造一面具有足够刚度和承载能力的导墙为槽机成槽、钢筋笼安放及混凝土导管的安置提供导向。槽段放线后，沿地下连续墙轴线两侧构筑导墙。导墙施工过程与普通钢筋混凝土构件的施工过程相似，主要包括绑扎钢筋、支模、浇筑混凝土、养护和拆模。

②挖槽与清槽：为控制施工进度和质量，每个单元槽段的挖槽分段不宜超过 3 个。护壁泥浆液面应高于导墙底面 500 mm 以保证稳定和安全。此外，成槽后必须通过泵送清水或其他清洗液体对槽底的泥浆进行置换和清理。

清渣通常采用泥浆循环出土，包括正循环和反循环两种。正循环指泥浆从槽底进入泥浆池中，再通过泵送回到槽底，形成循环。反循环则指泥浆从槽底经过分离处理后，将废渣排出，再重新注入槽底的循环过程。

③槽段接头施工：槽段接头施工示意图见图 6-18。其主要施工过程为：在吊放地下连续墙钢筋笼之前，使用刷槽器等工具对已施工完毕的槽段接头和相邻墙段的槽壁混凝土面进行清洁，确保清洁后的槽段接头和混凝土面没有泥浆残留。然后，将直径与槽宽相同的接头管放置在槽段两端预定的接头孔位上。接着，将钢筋笼吊装沉放至槽段内，并进行水下浇筑混凝土施工。在水下浇筑的混凝土尚未初凝时，使用自动液压拔管机按照一定顺序将接头管拔出，形成接头孔。

槽段接头防渗机理是通过增加渗流路径和减小渗透系数来减小槽段接头处的渗水量，见

图 6-19。与直线接头相比，圆形接头或折线接头可增加渗流路径。此外，还可在接缝内添加渗透性较小的柔性材料，以降低渗透系数。

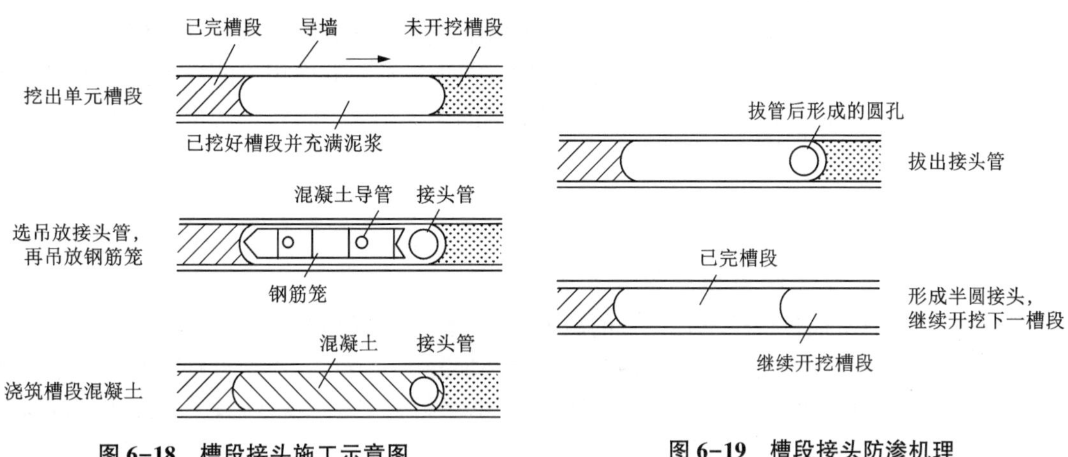

图 6-18　槽段接头施工示意图

图 6-19　槽段接头防渗机理

④水下混凝土浇筑

导管内先设置隔水栓再浇筑混凝土，可防止初灌混凝土与槽底泥浆混合，发生离析。浇筑过程中导管始终埋在混凝土顶面以下 3~10 m。

5）板桩

板桩指打（振）入土层内以抵抗水平方向压力及水压力的板型桩结构。根据成桩材料，板桩可分为钢板桩和预制混凝土板桩。钢板桩可分为 U 形钢板桩、H 形钢板桩和 Z 形钢板桩等，见图 6-20。

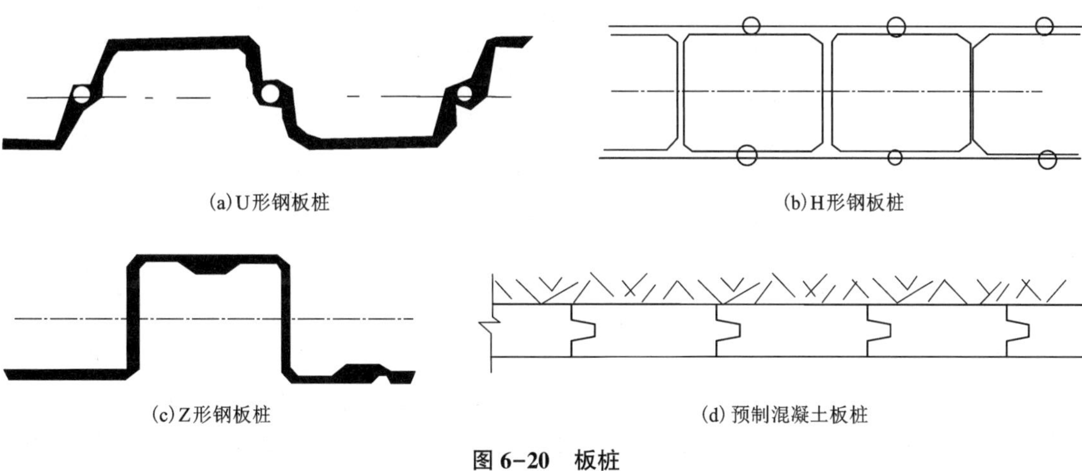

(a) U形钢板桩

(b) H形钢板桩

(c) Z形钢板桩

(d) 预制混凝土板桩

图 6-20　板桩

钢/预制混凝土板桩施工工序为：施工准备→定位→板桩打桩施工→基坑开挖后板桩拔除→施工结束。其中：

①施工准备：指准备钢/预制混凝土板桩和相关打桩机械。

②板桩打桩施工：采用打桩机在板桩墙一侧平行移动，并在移动过程中进行打桩；也可

采用打桩机跨过板桩墙轴线沿轴线前进或后退打桩。后者有利于通过打桩机控制板桩之间的咬合，提高板桩接缝的防水性能。当土层较坚硬时，可采用钢质桩尖或增加混凝土强度等级，以提高板桩的抗锤击能力。

③基坑开挖后板桩拔除：基坑开挖后，主要采用静力和振动的方式进行拔桩。静力拔桩利用拔桩设备提供的竖直向上力，克服桩周摩擦力实现拔桩。静力拔桩的设备简单但拔桩能力有限，效率较低。振动拔桩利用机械振动减小桩周摩擦阻力，然后再用竖直向上的力将桩体拔除。振动拔桩效率高，应用广泛。

6)灌注桩

灌注桩是一种通过就位成孔，灌注混凝土或钢筋混凝土而制成的桩，分为钻孔灌注桩、挖孔灌注桩。

钻孔灌注桩通常通过旋挖机钻头上的截齿(切割齿)刮削破岩成孔。其主要施工工序为：施工准备→定位→钻孔→清孔→吊装钢筋笼→灌注混凝土→养护至基坑开挖。其施工准备包括准备好旋挖机、制作好钢筋笼和混凝土材料(或联系好可及时运输到施工现场的商品混凝土)。旋挖机成孔过程中需要一次完成，不中断。

工程地质条件较差时，为防止塌孔，可采用泥浆护壁辅助旋挖机钻孔。当钻孔至设计深度后，须立即进行清孔，减小泥浆在孔底的沉积厚度，提高桩的承载力。清孔是在孔底上方，旋转旋挖机钻头搅动孔底沉积的泥浆，同时不断注入洁净的泥浆水。清孔和吊装钢筋骨架完成后，开始水下灌注混凝土。钻孔灌注桩水下灌注混凝土施工与地下连续墙水下灌注混凝土施工要求相同。

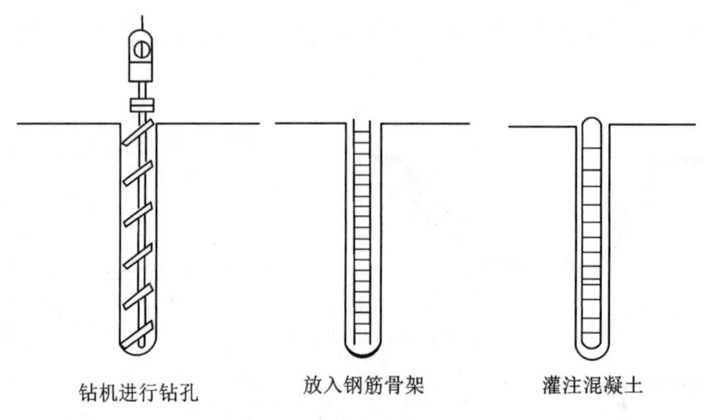

图 6-21　钻孔灌注桩

挖孔灌注桩施工指采用人工挖掘桩身土方，从上到下逐段灌注混凝土支护至设计深度，然后在桩孔内灌注钢筋混凝土成桩的过程。挖孔灌注桩要求地下水位或降水后的地下水位低于桩底标高。施工工序为：定位→挖孔→钢筋混凝土护壁施工→吊装钢筋笼→灌注混凝土→养护至基坑开挖。挖孔通常先采用锄、镐和风镐凿挖，再通过装土容器和卷扬机等设备将挖出的土提升至井口，见图 6-22(a)。钢筋混凝土护壁上口厚度应大于下口厚度，上下节护壁需要一定的搭接长度，防止混凝土灌注过程中漏浆，保证护壁的完整性。

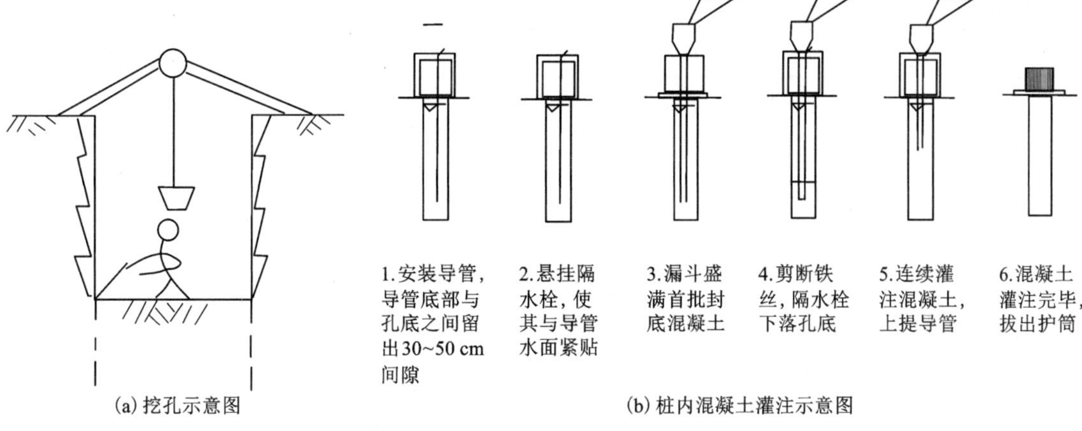
1.安装导管，导管底部与孔底之间留出30~50 cm间隙
2.悬挂隔水栓，使其与导管水面紧贴
3.漏斗盛满首批封底混凝土
4.剪断铁丝，隔水栓下落孔底
5.连续灌注混凝土，上提导管
6.混凝土灌注完毕，拔出护筒
(a) 挖孔示意图
(b) 桩内混凝土灌注示意图

图 6-22　挖孔灌注桩施工示意图

7) 组合式支护

组合式支护结构是利用锚杆(锚索)、板桩、灌注桩、水泥土搅拌桩及内支撑组合而成的支护结构体系。常见的组合形式包括由水泥土搅拌桩和钢板桩组合形成的 SMW 工法、锚索和灌注桩组合形成桩锚支护、板桩和灌注桩组合形成的桩板式支护，水泥土搅拌桩与灌注桩组合形成的组合支护体系等。

当基坑深度较大，板桩、灌注桩、地下连续墙、SMW 工法、桩锚、桩板等支护结构无法有效抵抗基坑土压力，或者无法满足基坑变形的控制要求时，要在基坑内部设置内支撑，组合形成复杂的基坑支护体系。常见的内支撑包括钢管支撑和钢筋混凝土支撑。

各种支护结构类型优缺点的对比分析见表 6-4。在确定基坑支护类型和相应的施工方法时，要综合考虑工程地质条件、周围环境、工程功能要求及经济等因素。

表 6-4　基坑支护类型对比分析

序号	名称	分类	优点	缺点	适用范围
1	放坡	—	施工简便、经济性高	占用空间、具有安全风险、工期延长	土质稳定、规模不大、场地宽敞、挖深不大的基坑
2	土钉或锚杆	土钉支护	用量少、施工速度快、安全可靠	占用空间、变形大	地下水位以上的人工填土、黏性土等
		锚杆支护	成本低、工期短、操作简单、安全可靠	支护范围有限	一般黏土、砂土地区及基坑等
3	水泥土搅拌桩挡土墙	深层水泥土搅拌桩挡土墙	噪声小、振动小、结构止水性好、造价低	围护挡墙为 3 ~ 4 m，占地多	软土地区、环境保护要求不高、深度<7 m 的基坑
		高压旋喷水泥土搅拌桩挡土墙	噪声小、振动小、对周围环境影响小、止水性好；旋喷桩深度可达 30 m	施工需作排污处理，工艺复杂，造价高	软土地区、环境要求不高，深度< 7 m 基坑

续表6-4

序号	名称	分类	优点	缺点	适用范围
4	地下连续墙	—	噪声小、振动小，就地浇制、墙接头止水效果较好、整体刚度大、对周围环境影响小、防水性能好	施工工艺复杂、造价较高、施工技术和管理水平要求高	软弱地层、建筑设施密集城市市区的深基坑
5	板桩	钢板桩	可靠性高、耐久性好、可回收、施工方便、工期短	防水要求高、变形大、打拔桩振动大、噪声大	软土地区较深基坑
		预制混凝土板桩	施工方便、快捷、造价低、工期短	对周围环境影响较大、防水性能差	不太硬的土层
6	灌注桩	钻孔灌注桩	噪声和振动小、刚度较大、就地浇制施工对周围环境影响较小	接头防水性能差、施工质量要求高	软弱地层；砂砾层和卵石中慎用
		挖孔灌注桩	施工方便、造价低、成桩质量容易保证	施工劳动保护条件较差	地下水位以上的稳定地层基坑支护
7	组合式支护	(水泥土+钢板桩)SMW 工法	噪声小、对周围环境影响小、止水性好、结构强度可靠	施工要求高	土浅层基坑
		灌注桩与搅拌桩相结合	噪声小、振动小，施工方便、造价低，止水效果好	施工要求高	软弱地层中挖深<12 m的深基坑
		桩锚式	噪声小、振动小，施工方便	施工要求高	软弱地层中挖深<12 m的深基坑
		桩板式	施工方便、造价低	防水性能差、基坑变形大	开挖宽度较窄、深度较浅的市政管线基坑工程

2. 明挖基坑开挖施工

明挖基坑可采用全面分层开挖或台阶式分层开挖。分层厚度一般不超 4 m，避免施工难度。临时边坡坡度不宜大于 1∶1.5，防止开挖过程中发生失稳。

对于综合管廊的狭长基坑，常设置水平内支撑，可从一端向另一端纵向斜面分层分段开挖（图 6-23），也可从中间向两端的纵向斜面分层分段开挖。分层厚度一般为 3～4 m，分段长度为 3～8 m。纵向斜面坡度不宜过大，平台宽度不宜过小，基础底板的分段浇筑长度不宜大于 25 m，防止产生混凝土温度裂缝和收缩裂缝。

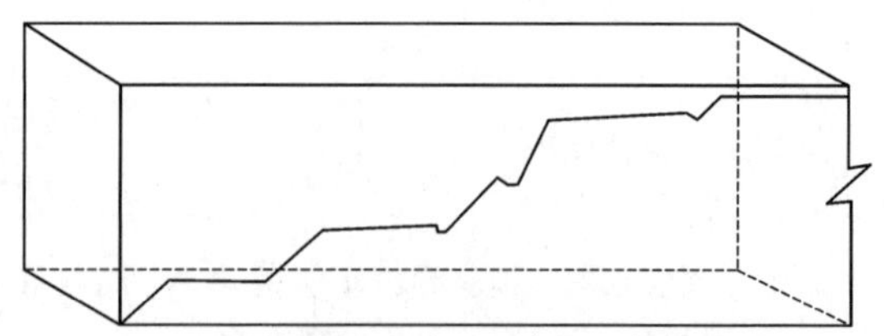

图 6-23　狭长基坑一端向另一端纵向斜面分层分段开挖方法示意图

对于有内支撑的基坑，按照先支撑后开挖、限时支撑、分层开挖、严禁超挖的原则确定开挖顺序。只有在混凝土支撑达到设计强度后，才能进行下层土方的开挖。

机械挖土时，坑底以上 200～300 mm 范围内的土方应采用人工修底的方式挖除，防止机械超挖。基坑开挖至坑底标高后，及时完成垫层施工。

6.2.2　城市地下现浇综合管廊本体结构施工

现浇式综合管廊本体施工指根据设计图，在预先开挖好的基坑内，依次完成垫层浇筑、钢筋下料和绑扎、组合式整体钢模板安装、混凝土现场浇筑、养护至一定强度后移除钢模板等工序，以形成综合管廊本体结构。

通常情况下，现浇式综合管廊本体施工采用的是组合式整体钢模板，也被称为模板台车，见图 6-24。这种台车使用大块定型钢模板设计，其支撑结构可靠，模板刚度高，能够克服组合钢模拼缝多、刚度差、易涨模的质量缺陷，极大提高混凝土的外观质量。此外，这种方法支持流水线施工，能有效加快施工进度，实现高度机械化，节约人力，降低成本。但现浇式综合管廊本体施工主要适用于结构单一、断面尺寸统一的管廊施工。对于结构复杂或断面尺寸不统一的管廊本体结构，可能需要考虑采用其他施工方法。

图 6-24　组合式整体钢模板

1. 现浇式综合管廊本体结构施工主要工艺

现浇式综合管廊本体结构施工主要工艺包括：定位→钢筋下料和钢筋绑扎→模板台车就位→混凝土浇筑和养护→模板台车移除→继续养护至设计强度。部分主要工艺分述如下：

1) 钢筋下料和钢筋绑扎

根据计算的下料长度，使用闸机进行下料。采用焊接和机械方式连接钢筋。钢筋常用的焊接方法为电弧焊、闪光对焊、电渣压力焊、埋弧压力焊和气压焊等。机械连接可选择套筒挤压连接、锥螺纹连接、直螺纹连接和绑扎连接。主筋两端的搁置长度应保持一致。在同一构件中，相邻纵向受力钢筋的绑扎搭接接头应相互错开，见图 6-25。

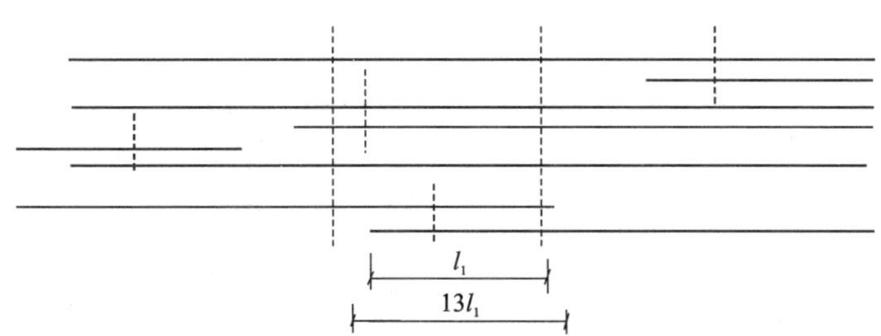

图 6-25　钢筋绑扎搭接接头

2)模板台车就位

绑扎好钢筋后，先在台车上涂脱模剂，再使用卷扬机缓慢、匀速地牵引台车并精确定位至待浇筑的混凝土断面。待混凝土浇筑完成，养护至一定强度后(表 6-5)，移除模板台车。

表 6-5　承重模板拆除时的混凝土强度要求

构件类型	构件跨度/m	达到设计混凝土立方体抗压强度标准值的百分率/%
板	≤2	≥50
	>2 或≤8	≥75
	>8	≥100
梁、拱、壳	≤8	≥75
	>8	≥100

3)混凝土浇筑与养护

混凝土浇筑工作应尽可能分段、分层连续进行，并实行随浇随捣的原则。在混凝土浇筑过程中，若混凝土自高处倾落时，其自由倾落高度不超过 2 m。若混凝土自由下落高度超过 2 m，则须设置串筒、斜槽、溜管或振动溜管等设备。施工缝通常设置在结构受力(剪力)较小且便于施工的部位。在施工缝处继续浇筑混凝土时，应先清除缝内的杂质，同时要确保混凝土的抗压强度不小于 1.2 MPa。

2. 现浇式综合管廊本体结构施工案例

1)工程概况

本案例为贵州省贵安新区的地下综合管廊工程。该工程包括电力舱、管道舱和燃气舱 3 个舱室。地质条件为强风化及中风化白云岩，节理发育，存在地下水，局部溶洞发育。该管廊最大埋深约 19 m，总长约 1575 m，净空横断面尺寸为(2.6 m+2.9 m+1.65 m)×3.2 m。管廊底板厚 450~750 mm，侧墙厚 400~700 mm，中墙厚 250 mm，顶板厚 400~750 mm。管廊本体结构采用 C35，P8 抗渗混凝土。每隔 30 m 设置一道变形缝。防水级别为一级，底板、墙体、顶板变形缝均采用外贴式橡胶止水带、中埋式橡胶止水带及密封膏等形成防水体系，结构外防水采用双层外贴式防水卷材(1.5 mm 厚单/双面自黏聚合物改性沥青防水卷材)。

2)主要施工工艺

(1)垫层施工

基坑验收合格后，开始垫层施工。浇筑前，按照设计标高，使用水准仪来定位垫层顶标高，并插钢筋进行标识。浇筑混凝土至垫层设计标高后，用振动器振捣密实，并使用大木抹或钢抹等工具，对混凝土表面进行收光和平整处理。浇筑完成后及时进行养护。

(2)钢筋加工制作及钢筋绑扎

首先根据计算结果确定下料尺寸，绘制出钢筋的加工详图并制作钢筋。加工完成的钢筋应按部位和种类进行分类和堆码，避免混淆误用。

接下来绑扎底板钢筋。首先，根据结构轴线的位置和尺寸，将结构平面位置定位至底板钢筋，并将其测放至混凝土保护层面上。放置底板钢筋保护层垫块和定位钢筋，按设计钢筋间距要求画线标识，摆放和绑扎牢固底板底层钢筋。设置并定位牢固马凳钢筋，按同样的方法安装底板的上层钢筋。

按照设计要求的钢筋间距，绑扎好墙体竖向、水平钢筋以及拉筋等。确保墙体钢筋锚固段与底板钢筋牢固连接。顶板钢筋也要与各墙体钢筋绑扎牢固。顶板钢筋绑扎方法同底板钢筋绑扎方法类似：先绑扎顶板下层钢筋，设置并固定马凳钢筋，再绑扎顶板上层钢筋。

(3)模板安装

为确保混凝土表面平整光滑，本工程采用木模板，模板背楞处采用直径为 48 mm 的钢管。模板接缝处使用气钉枪固定，使用双面胶带或透明胶布封堵缝隙，以防止漏浆。

为防止侧墙和中墙模板浇筑过程中发生变形，侧墙模板采用直径为 14 mm 的带止水翼环对拉螺杆或 PVC 塑料套管对拉螺杆。使用吊垂线法对模板垂直度进行控制，每 3~5 m 吊一根垂线，保证垂直度在 8 mm 以内。顶板模板支架采用碗扣式脚手架，底部和顶部设有可调式的底座和托撑。

在综合管廊本体结构底板以上侧墙体 500 mm 处设置施工缝。

(4)混凝土浇筑

本地下综合管廊墙工程体厚度较薄，对混凝土质量的控制要求尤为严格。以下是一些具体的控制措施和要求：

①原材料质量控制：混凝土中氯离子含量不得超过胶凝材料总量的 0.1%。混凝土中各类材料的总碱量不得超过 3.0 kg/m^3。在选择水泥时，应使用强度等级不低于 42.5 MPa 的普通硅酸盐水泥。砂石应采用坚硬、抗风化性强且洁净的中粗砂，其粒径不小于 0.3 mm，含泥量不超过 0.3%。石子应满足级配良好、强度高、吸水率不超过 1.5%、含泥量不超过 1.0%、粒径不大于 40 mm 等要求。外加剂应选择低碱外加剂，使用含量不超过 1.0 kg/m^3，并不能含有对人体健康有害的物质。

②混凝土浇筑控制：底板混凝土从两侧向中间逐渐浇筑，最后浇筑底板腋角部分及侧墙底部，以防止侧墙部分的混凝土从底板部位滑出。墙体浇筑时要采用对称、分层(<400 mm)的方式进行，每一分层浇筑至墙端 2 m 时，改成由墙端向中间浇筑，避免模板变形。顶板混凝土的浇筑则采用水平分层方法，顶面收浆时要进行赶光压实，保证平整光滑。使用振捣棒进行振捣时，要快速插入、慢慢拔出，避免触碰到钢筋、预埋件和模板。在混凝土浇筑后、初凝和终凝时，进行三次压光，减少表面裂纹。混凝土泵送时，要边浇筑、边振捣、边平整，避免混凝土堆积在泵管口附近。

③养护控制：混凝土浇筑完成后要及时进行覆盖保温和保湿养护，养护时间不少于 14 d。在非冬季施工时，墙体带模养护不少于 3 d，并在模板拆除后采用土工布覆盖和洒水养护。顶板在最后一次压光后，持续 3 d 喷洒少量水并覆盖塑料薄膜进行保温和保湿养护。3 d 后，拆除顶板上的塑料薄膜，并采用土工布进行洒水保温和保湿养护。冬季施工时，应严格按照冬季施工要求进行保温和保湿养护。

(5)防水施工

本工程采用 1.5 mm 厚的双面自黏聚合物改性沥青防水卷材及 1.5 mm 厚的单面高分子膜基自黏聚合物改性沥青防水卷材进行防水处理。

在墙体和顶板的防水施工中，首先要清理和处理基面，确保无孔洞、裂缝和尖锐突起物等。等基层处理剂干燥后，通过自黏密封的方式将防水卷材铺贴在基面上。值得注意的是，上幅卷材要压盖下幅卷材，同时采取措施(如使用强力黏结剂)进行固定，防止卷材下滑。搭接部位的短边搭接缝要错开至少 500 mm，上下两层和相邻两幅卷材的接缝要错开 1/3 ~ 1/2 幅宽，且不得相互垂直铺贴。防水卷材铺贴完成后，要保证其平整、顺直，没有扭曲、折皱或起泡等现象。

对于底板的外侧防水卷材，采用空铺法进行施工。在铺贴防水卷材之前，必须确保基面干净干燥，无孔洞、裂缝和尖锐突起物等。阴阳角处需要做成圆弧或 45°坡角。基面处理完成后，涂刷基层处理剂，待其干燥后方可铺贴防水卷材。在铺设防水卷材时，要尽可能排除卷材下面的空气，并进行辊压，确保粘贴牢固。

在底板与墙体相交的阳角处设置 500 mm 宽的防水卷材附加层。铺贴完成后，进行细石混凝土防水保护层施工。

在施工缝的处理过程中，首先要进行凿毛处理和清理，确保施工缝的表面干净无杂物。然后，在 350 mm×3 mm 止水钢板的定位处焊接好钢筋，确保止水钢板的位置准确。接下来，沿止水钢板的迎水面方向将 30 mm×30 mm 遇水膨胀止水条固定好。

混凝土硬化后，使用小型电锤凿除缝处的浮浆、软弱混凝土层和松散石子，并用水冲洗干净，确保不留下积水。然后，在施工缝处铺设 30 mm 厚的抗渗水泥砂浆。

最后，底板与侧墙的变形缝采用外贴式橡胶止水带+中埋式橡胶止水带+密封膏的方式进行处理，顶板变形缝采用中埋式橡胶止水带+密封膏的方式处理，确保施工缝的防水效果。处理时要注意保护橡胶止水带，避免损坏，如有损坏须及时修复或更换。同时，橡胶止水带的接头要采用热接，不得叠接，且要与变形缝平面互相垂直，中心线要重合。要使用专用工具将密封膏连续密实地挤压填充至变形缝中。

(6)回填

在确认综合管廊本体结构混凝土已达到设计强度，顶板细石混凝土防水保护层达到设计强度的 75%并完成侧墙防水保护层施工后，开始进行回填。回填前，清理基坑内的积水和杂物，确保基坑内干净。

回填采用透水性材料的细粒土，其粒径不得大于 50 mm。回填方式是采用分层对称回填，墙背和顶板以上的回填区域要按照设计要求进行夯实。在距离防水保护层 50 cm 范围内，使用手扶式夯实机进行夯实；在 50 cm 范围外则使用压路机进行碾压密实。在顶板以上的 1 m 范围内，采用人工分层夯实的方式进行夯实；在 1 m 范围外则使用压路机进行碾压密实。确保压实度达到设计要求。各分层夯实的厚度不得超过 300 mm。

在回填过程中，需要注意对结构防水成品进行保护，避免损坏或影响防水层的性能。

6.2.3 城市地下预制拼装综合管廊本体施工

预制拼装综合管廊本体施工指在工厂内对综合管廊的构件进行分节段或分片预制，然后将预制好的构件运输到现场拼装组装，形成整体综合管廊本体的过程。

1. 城市地下预制拼装综合管廊本体施工工艺

城市地下预制拼装综合管廊本体施工工艺流程为：定位→吊装管节→拼装预制管节→张拉各管节成整体→清理现场→施工结束，现场施工图见图 6-26。

1)吊装管节

根据施工现场的具体情况，在进行预制管廊的吊装前，需要进行吊装受力分析。选择合适的吊装机械吊装预制管廊。吊装机械起吊能力大于 Q。

$$Q = K_1(G + \xi_1 + \xi_2) \qquad (6-17)$$

式中：Q 为吊装载荷，t；K_1 为动载系数；G 为管道质量，t；ξ_1、ξ_2 分别为索具、钩头质量，t。

图 6-26　节段式综合管廊现场施工图

2)拼装预制管节

①节段式拼装预制管节。在吊装管节后，需要进行拼装预制管节，确保管节的起口精准定位，并进行接缝施工。在进行接缝施工前，需要将接缝处混凝土表面的污迹、杂物和隔离剂等清理干净，以确保接缝施工的质量。

接缝施工时，涂胶是一个重要的环节。涂胶的总原则是快速、均匀。应采用双面涂胶。每个面的涂胶厚度应以满布企口为宜，使用特制的刮尺检查涂胶质量。

②分片式拼装预制管节。根据设计要求，先现浇底板或预制底板。然后安装外圈和内隔墙，最后安装顶板。如果底板和顶板是分上下两片预制的，需要在现场先将它们组合为完整阶段，再按节段式预制拼装管廊工艺进行安装。墙体和底板连接可采用钢筋连接或杯口连接。钢筋连接应采用套筒连接。杯口连接后，使用拌和灌浆料填充至杯口四周，同时调整灌浆料的高度，使其与底板和顶板位置齐平。

3)张拉各管节成整体

在预制管廊的安装过程中，为形成有一定刚度的整体管道，可进行管节的拉紧操作，以压缩接口，防止管节的沉降。同时，为防止钢绞线的锈蚀和损失预应力，需要在张拉后使用细石混凝土进行封锚。预应力张拉过程可分为以下 4 个步骤：①安装张拉设备；②进行张拉施工、过程控制、张拉力和伸长值控制；③严格质量控制、保护钢绞线；④压浆、流动度控制。

2. 预制拼装综合管廊本体施工案例

1)工程概况

本案例为上海临港地区地下预制装配式城市综合管廊工程。该工程为节段式管廊，每节长 2.4 m，重 40 t，覆土厚度为 1.5~1.8 m，总长度 1.9128 km。由综合仓和燃气仓组成，标准段结构外包尺寸为 5.7 m×4.1 m，见图 6-27。基坑开挖深度为 5.95~6.65 m，SMW 工法桩，内插 H 型钢(HN700 mm×300 mm×13 mm×24 mm)。基坑内侧设置 1 道 ϕ609 mm 钢支撑@4~8 m。

考虑单节重 40 t，最大作用半径需要 16 m，吊臂长 30 m，故选用 SCC8150 履带式起重机(150 t)，额定起重量为 45.4 t，满足吊装要求。吊点设置在结构侧墙及隔墙正上方，每道墙体预埋 2 个吊点，采用预埋 6 个 10 t×ϕ340 mm 销钉，每个销钉通过 8 t 铁链与吊架连接，见图 6-28。销钉和铁链总承载力分别为 60 t 和 48 t，大于 40 t，满足承载力要求。

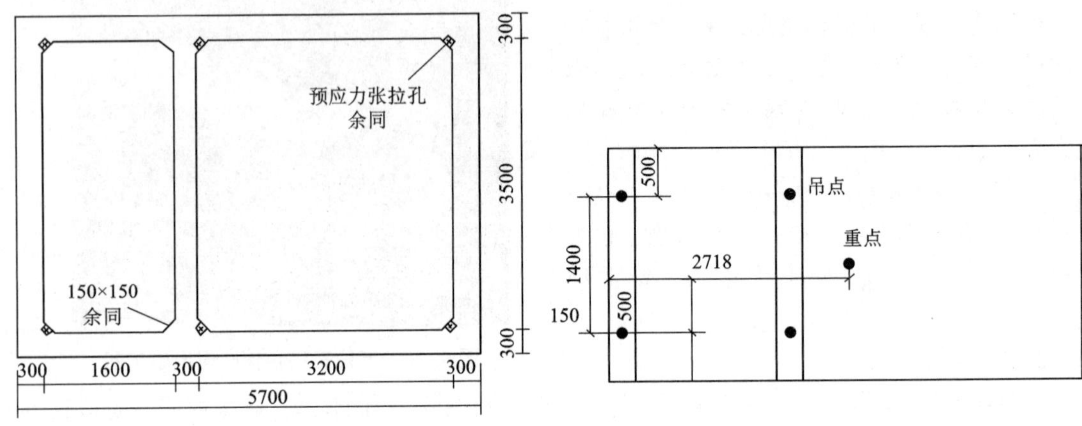

图 6-27　标准段横截面图(单位：mm)

图 6-28　管节起吊点布置图(单位：mm)

2)主要施工工艺

将预制构件运至现场，并在施工基坑上进行垫层和防水层的施工。

在垫层上涂抹一层石蜡，利用其润滑作用，方便节段的线形精确定位。

确定纵向拼缝施工方式。采用丁腈软木橡胶衬垫+橡胶止水带+剪力销(钢塑复合销锁)+预应力的复合接缝形式。

在待吊装管节的断面上安装橡胶止水带和 PVC 衬垫。

使用履带式起重机将首节管段吊装就位。在后续吊装其余管段的过程中，通过在构件中施加上下 2 个预应力进行临时张拉，以保证每个管节之间的拼缝均匀、拼缝宽度可控，实现预制节段的初始精准定位。

待整个张拉区间所有节段全部吊装就位后，施加永久预应力。永久预应力可调整张拉区间内节段的总体线形和姿态，以满足设计安装精度要求，见表 6-6。

表 6-6　预制节段及安装的容许偏差

项目	高度/长度	宽度	壁厚及剪力销钉
容许偏差/mm	±5	±3	±1

在基坑中，每隔 4~8 m 安装一道水平钢支撑。在管节吊装过程中，如果钢支撑影响到管节拼装，可将钢支撑平移至其前后 2 m 左右的临近位置。

6.2.4　城市地下装配叠合式综合管廊本体施工

城市地下装配叠合式综合管廊本体施工指将工厂生产的预制构件运输至现场进行拼装和浇筑，形成整体综合管廊本体的过程。

1. 城市地下装配叠合式综合管廊本体施工主要工艺

现场施工过程中顶底板和侧墙预制叠合施工工艺流程为：定位→施工垫层和防水层施

工→吊装预制底板及安装底板叠合层面筋→夹心墙及其内竖向连接钢筋笼→浇筑钢筋底板叠合层混凝土→吊装预制顶板→浇筑顶板及侧墙叠合层混凝土→清理现场→施工结束。叠合过程示意图见图 6-29。图 6-30 为明挖基坑内装配叠合式综合管廊施工底板叠合层和安装侧墙夹心墙的实物图。

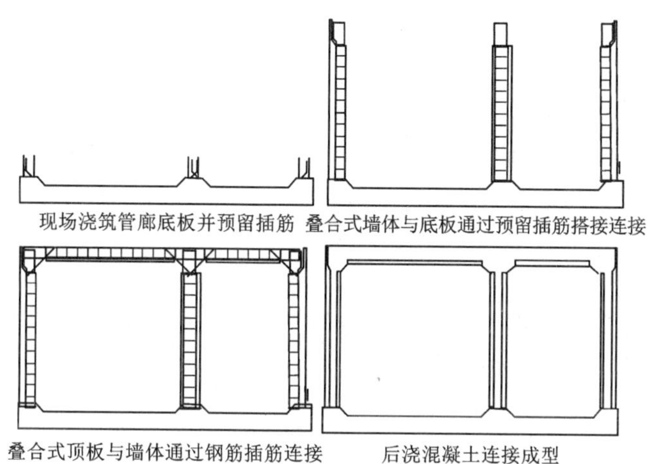

现场浇筑管廊底板并预留插筋
叠合式墙体与底板通过预留插筋搭接连接
叠合式顶板与墙体通过钢筋插筋连接
后浇混凝土连接成型

图 6-29　装配叠合式综合管廊叠合方式

图 6-30　装配叠合式综合管廊施工

1)施工垫层和防水层施工

在管廊的底板上进行素混凝土的浇筑，形成垫层。将自黏性防水卷材铺设于垫层上部。在自黏性防水卷材上方，进行混凝土的浇筑，形成混凝土保护层。

2)吊装预制底板及安装底板叠合层面筋

在吊装城市地下装配叠合式综合管廊的底板、侧墙和顶板之前，需要进行受力分析。

(1)底板定位

在底板吊装前，需要进行底板定位。在保护层上放置每个标准节底板的控制线，设置控制底板纵向位置和标准节之间拼缝宽度的垫块隔垫。

(2)底板吊装

使用适合的起吊机械将预制底板吊装至准确位置。安装时需要填塞拼缝，确保后续浇筑混凝土时不会发生漏浆现象。

(3)底板叠合层面筋安装

在安装过程中，需要合理避让底板面筋和侧墙伸出的钢筋位置，防止侧墙底部钢筋与底板面筋发生冲突。

3)吊装叠合夹心墙及其内竖向连接钢筋笼

在底板上放置内侧墙体的控制线，同时安装标高调整垫片和垫块隔垫。使用适合的起吊机械将侧墙水平起吊，并在空中将其翻转成垂直状态，防止直接吊墙顶吊环翻转导致墙底部钢筋弯曲和构件损坏。在叠合侧墙安装完成后，填塞拼缝，确保后续浇筑的混凝土不会漏浆。在底板上安装斜支撑，确保管节的每一侧墙至少有 2 套斜撑。调整并固定斜支撑的长度，使侧墙保持垂直且不发生位移。对相邻标准节间预埋的止水钢板进行满焊焊接。吊装竖向钢筋笼至夹心墙之间，确保竖向连接钢筋笼能够在浇筑混凝土后将各标准节夹心墙连接成一个整体。

4）浇筑底板叠合层混凝土

浇筑前对底板两端侧模和侧墙底部预留缺口进行封模。底板叠合层混凝土由一端向另一端进行连续浇筑。底板叠合层混凝土初凝后，开始浇筑侧墙的混凝土，直至止水钢板的中部，减小管廊发生渗漏的风险。

5）吊装预制顶板

使用高强度螺栓安装固定叠合顶板支撑牛腿。通过调整支撑牛腿上的调平螺栓，将其调整至所需的安装高度。吊装叠合顶板时，要确保其与夹心墙板有效搭接，并嵌入墙体内一定深度。在叠合墙体和叠合顶板的搭接位置进行封堵，防止发生漏浆。安装顶板叠合层的双层双向钢筋。在顶板与夹心墙、顶板与顶板的拼缝位置设置拼缝钢筋。底部钢筋应平行于接缝，上部钢筋垂直于接缝。

6）浇筑顶板及侧墙叠合层混凝土

侧墙内混凝土应分层连续浇筑至顶板。每层浇筑高度不应超过 800 mm，浇筑速度不超过 800 mm/h。顶板叠合层混凝土应一次性浇筑到位。

2. 地下装配叠合式综合管廊本体施工案例

1）工程概况

本案例为深圳市梅观高速市政化改造综合管廊工程。该综合管廊位于梅观高速市政化道路左、右辅道下方，总长度为 4.605 km，西侧为综合舱和高压电力舱，东侧为综合舱和燃气舱（图 6-31 和图 6-32）。管廊主体标准段采用预制装配叠合式结构。管廊顶底板和侧墙均采用叠合板构件，由预制混凝土模板与后浇混凝土连接形成整体结构。预制叠合顶板、底板厚 13 cm，外叠合侧墙板厚 9 cm+11 cm，中叠合墙板厚 9 cm。混凝土标号均为 C40，抗渗等级为 P8。每块预制构件的最大重量为 5 t，纵向按 2 m 一节进行拆分。节点部位均采用现浇连接方式，构造与现浇结构基本相同。考虑到管廊预制构件重量和现场周边条件，基坑放坡开挖段采用 80 t 汽车起重机。

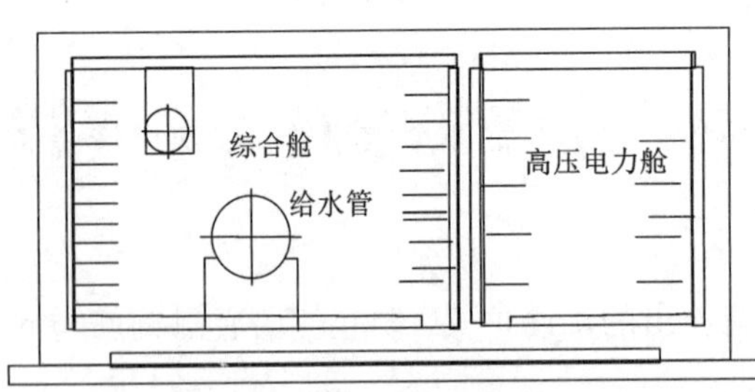

图 6-31　西侧综合管廊断面图

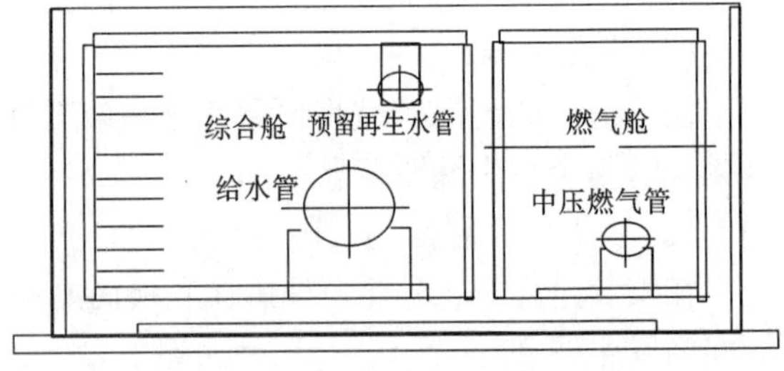

图 6-32　东侧综合管廊断面图

2）施工工艺

（1）综合管廊构件预制

采用工厂流水生产线制作综合管廊顶底板和夹心墙两侧墙体。具体过程包括清理和安装模具、钢筋笼和预埋件安装、混凝土浇筑、脱模养护等。

①清理和安装模具：首先对模具进行清理，然后将模具安装在制作线上，确保模具位置

准确和稳定性。

②钢筋笼和预埋件安装：在模具中安装预先制作好的钢筋笼。同时在预定位置安装预埋件，以便后续使用。

③混凝土浇筑：通过自动布料系统，将混凝土均匀地倒入模具中。浇筑时需要使用振动台振捣，确保混凝土的密实性和均匀性。

④脱模养护：采用先蒸养、后洒水养护的方式。蒸汽养护分为静养、升温、恒温和降温四个阶段，环境温度可控，养护效果好，应用广泛。

(2)装配叠合板现场安装

通过车辆运输预制构件至工地现场，并按吊装顺序分别堆放。采用80 t汽车起重机吊装底板和侧墙板，并使用垫块调整侧墙板标高至设计标高，确保墙体竖直。安装好底板和侧墙板后，绑扎底板上层钢筋、拼缝加强筋、施工预埋件和止水钢板，并用嵌缝胶将预制板缝间填实。

将安装好的底板和侧墙板作为叠合层钢筋混凝土模板。在预制底板上安装底板叠合层钢筋，在侧墙夹心墙内放置墙体钢筋笼，然后浇筑自密实防水混凝土的底板叠合层。采用天泵车对底板及底板以上50 cm高的墙板浇筑混凝土。浇筑按照由中间向两边、由低向高的顺序进行。

底板混凝土强度养护至设计强度后，搭设盘扣式钢管脚手架，以便安装预制顶板。立杆间距1200 mm×1200 mm，步距1 m。首根立杆距墙边小于50 cm。立管上端设置顶托，顶托上设置12.6号工字钢，方向与叠合板拼缝垂直。工字钢上放置100 mm×100 mm的木枋，间距30 cm，将木枋与12.6号工字钢及顶托进行固定，防止顶板安装时木方滑落或移位。

在脚手架上安装预制顶板，并进一步安装顶板叠合层钢筋。然后浇筑墙体和顶板叠合层混凝土。混凝土的浇筑按照先侧墙后顶板的顺序进行，横向从两侧向中间均匀布料。由于叠合板间钢筋密集，空间较小，自密实混凝土浇筑时须辅以30型振动棒振捣以保证施工质量。

6.3　城市地下综合管廊本体浅埋暗挖法施工

城市地下综合管廊本体浅埋暗挖法是一种利用管棚(小导管)和初期支护结构抵抗围岩压力，保证开挖围岩和掌子面稳定，开挖一个与之大小相适应的隧道，然后在该隧道内现浇修筑城市地下综合管廊本体的方法。浅埋暗挖法适用于第四纪软弱地层和含水量较小的土层，在建筑物密集、交通繁忙、地下管线密布的区域使用较多。特别是对于有严格沉降要求的区域，浅埋暗挖法更为适用。

6.3.1　城市地下综合管廊本体浅埋暗挖法施工原理

管棚*AE*由*AB*段(隧道初期支护)、*BC*段(开挖未支护段)和*CE*段(未开挖段)三段组成(图6-33)。其分析方法可借助本书5.4.1中弹性地基梁模型来分析管棚的内力和变形。因此有利于减少管棚变形，增加浅埋暗挖掌子面稳定性的方式有：增加管棚刚度、增加*AB*段初期支护的刚度、减小*BC*段长度、改善*CE*段未开挖土体的力学性能、再施加一个垂直于掌子面的压力等。

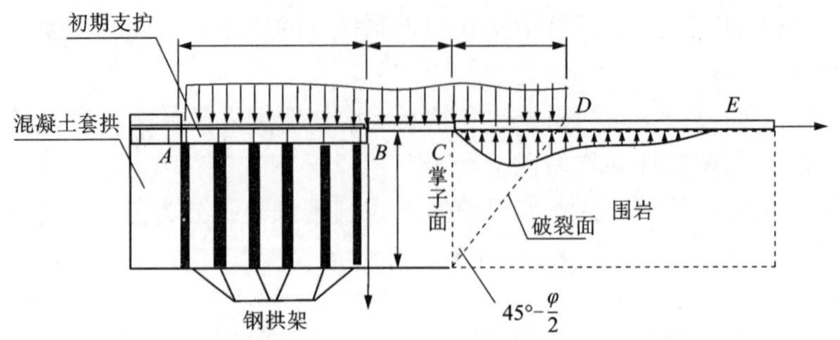

图 6-33　管棚和初期支护原理图

6.3.2　城市地下综合管廊本体浅埋暗挖法施工技术

城市地下综合管廊浅埋暗挖法施工技术包括两阶段：第一阶段是结合浅埋暗挖施工“管超前、严注浆、短进尺、强支护、快封闭、勤测量”的“十八字”原则开挖一个与综合管廊大小相适应的隧道；第二阶段为在该隧道现浇综合管廊本体结构，与 6.2.2 节城市地下现浇综合管廊本体施工大体相同。

①管超前：隧道土方开挖前，在隧道前方土体中进行管棚和小导管施工。管棚主要起到棚护作用，在开挖过程中可防止掌子面大规模塌方。小导管主要用于改良土作用及协作管棚作用。一般来讲，尤其是对松软地层，40%以上的围岩变形由管棚及超前小导管来控制。

②严注浆：通过管棚和小导管注浆加固可改良隧道前方土体，减小围岩围压，增大围岩弹性抗力，利于掌子面稳定。

注浆原理是通过低压浆液在隧道开挖前方地层中扩散，并与岩土体发生化学反应，形成具有一定强度的加固体。浆液在地层中的扩散方式包括渗透扩散、劈裂扩散、裂隙充填和挤压充填等 4 种方式，见图 6-34。

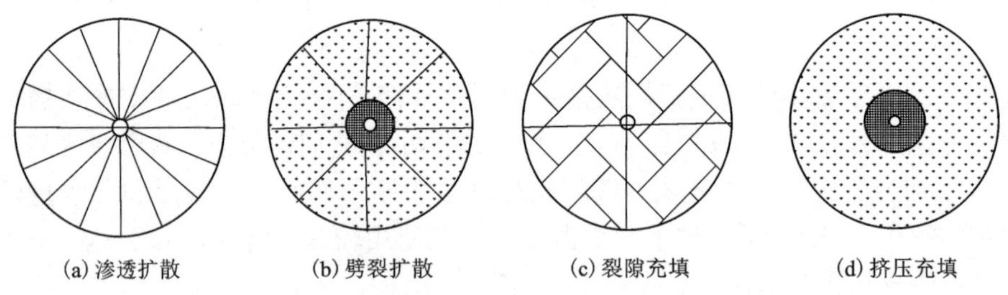

图 6-34　低压浆液在隧道开挖前方地层中扩散作用

渗透扩散指浆液在不同浓度或压力条件下，通过岩土体多孔介质从高浓度或高压区域向低浓度或低压区域传递的过程。在渗透扩散过程中，浆液沿着浓度或压力梯度进行自发地运动，直到达到平衡状态，适用于砂土地层。劈裂扩散指在弱透水性地层中，当注浆压力超过土体的劈裂压力(即渗透注浆和挤压注浆的极限压力)时，土体会发生水力劈裂，即土体内突然出现裂缝，导致地层吸浆量突然增加，浆液呈脉状渗透，适用于黏土地层。

考虑到浅埋暗挖施工的地层常为土层，因此管棚注浆过程中浆液扩散通常为渗透扩散或劈裂扩散。

③短进尺：减少 *BC* 段开挖未支护隧道长度。

④强支护：增加提高 *AB* 段施工完成的初期支护的刚度。

⑤快封闭：根据不同的地质条件和工程要求，浅埋暗挖法在实际应用中分为全断面法、台阶法、CD 法、CRD 法、双侧壁导坑法、中洞法及侧洞法等开挖方法。当掌子面土体自稳定能力较强时，采用全断面法开挖。

⑥勤测量：考虑到岩土体工程地质条件的复杂性和不确定性，施工过程中及时获取地下工程结构和周围环境的变化是至关重要的。通过测量数据来调整支护参数，是地下工程施工的一般原则，也是地下工程信息化的重要步骤。

6.3.3　城市地下综合管廊本体浅埋暗挖法施工工艺

城市地下综合管廊本体浅埋暗挖法施工工艺包括：测量定位→管棚和小导管施工及注浆→掌子面土方开挖留核心土→初期支护底板以上的网片、格栅及锁脚导管施工→早强混凝土喷射及壁后回填注浆→初期支护基面找平→防水层施工→现浇综合管廊本体结构施工。部分主要工序分述如下：

1. 管棚和小导管施工及注浆

根据综合管廊截面大小、埋深和周围环境控制要求，确定综合管廊施工中管棚+小导管、管棚或小导管超前支护方案。

隧道截面大小分类见表 6-7。根据隧道截面大小分类，一般开挖特大断面综合管廊时，拱顶部分采用管棚+小导管方案；对于大断面的综合管廊，在洞门或结构受力转换的地方及过重要管线段时，一般采用管棚方案；开挖中等断面综合管廊时，截面拱顶部分采用小导管方案。管棚(小导管)施工及注浆是两项工作一体化施工。

表 6-7　隧道截面大小分类表

截面面积/m^2	隧道类型
<3	极小断面隧道
3~10	小断面隧道
10~50	中等断面隧道
50~100	大断面隧道
>100	特大断面隧道

管棚的一般规格为@ 108 m，壁厚 5 mm 的无缝钢管。节长 4~6 m，采用丝扣连接，长度一般不超过 40 m。每节管棚的钻注浆孔直径为 $\phi 8$ mm，注浆孔间距为 200 mm，采用梅花形布置。为减少相邻棚管间的相互影响，管棚施工采用间隔施工。具体做法：安装好一个棚管后立即进行注浆，再间隔进行下一个棚管的安装。

超前长管棚施工中，采用全液压水平工程钻机进行成孔施工，具体操作步骤如下：

①钻孔准确定位：将钻孔机准确定位在施工位置上。

②安装冲击钻头：将 ϕ125 mm 冲击钻头安装在钻机前端。

③开孔钻进：启动钻机，开始进行开孔。在开孔过程中，要本着“轻压、慢钻”的原则，避免孔位和钻进角度偏差。当钻进 1 m 后，可适当加压加速。待孔深达到设计要求时，退出钻具。

④注浆：将棚注注浆管从导向管内穿入，安装在孔内。估算单孔注浆数量并用注浆泵进行注浆。在注浆过程中，要随时观察注浆泵压力和注浆量，分析注浆是否正常。如果单孔注浆量过大，仍无法达到终压要求，可暂停注浆，在 4~6 h 后用钻机清孔后继续注浆。注浆结束的条件有两个，一是注浆压力逐渐升高到设计终压，并继续注浆 10 min 以上；二是进浆量小于 5 L/min。

超前小导管施工与管棚施工类似，具体操作步骤如下：

①小导管准备：小导管的长 2.5 m，管径 42 mm，壁厚 3 mm。小导管的环向间距为 0.3 m，两排小导管的搭接长度不小于 1.0 m。小导管预先制成花管，并在花管上布置注浆孔。注浆孔的孔距为 200 mm，采用梅花形布置，孔径为 8 mm。

②钻孔施工：使用全液压水平工程钻机进行钻孔施工。准确定位后，启动钻机进行成孔。达到设计深度后，退出钻具，将花管放入钻孔中。

③注浆：根据不同的地层情况，选择合适的浆液进行注浆。注浆过程中要注意压力和流量的变化，及时调整注浆参数。

2. 掌子面土方开挖留核心土

综合管廊浅埋暗挖法掌子面开挖施工方法包括全断面法、台阶法、预留核心土环形开挖法等基本方法及其基本方法的组合（图 6-35），如台阶分部开挖法、中隔墙法（central diaphragm，CD 法）、交叉中隔墙法（central ross diaphragm，CRD 法）和双侧壁导坑法（both-side leading pit，双 CRD 法）等（图 6-36）。

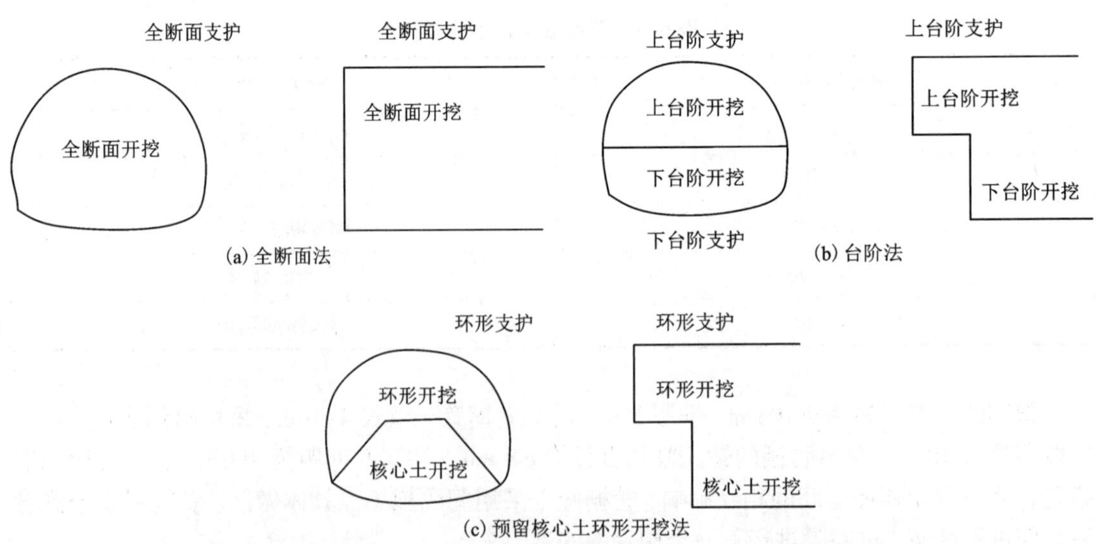

图 6-35 综合管廊隧道浅埋暗截面开挖基本方法示意图

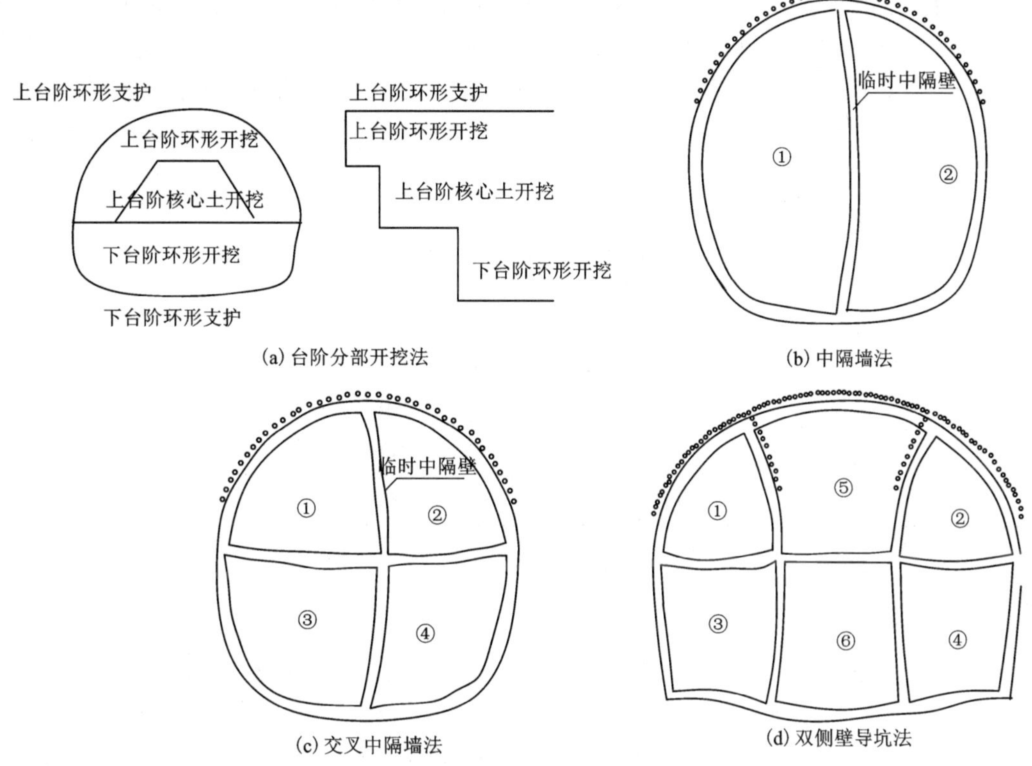

图 6-36　综合管廊隧道浅埋暗截面开挖方法示意图

全断面法指将整个掌子面一次性开挖到设计断面，机械化程度高，施工速度快，适用于Ⅰ、Ⅱ、Ⅲ级围岩段。

台阶法指将开挖断面分成上下若干个断面进行开挖，按照断面个数不同，一般可分为两台阶法和三台阶法；按照台阶长度的不同，可分为长台阶法（大于 15 m）、短台阶法（10～15 m）和超短台阶法（3～10 m）。台阶法适用于跨度小于 8 m 隧道的Ⅲ、Ⅳ和Ⅴ级围岩段。

预留核心土环形开挖法指利用挖掘机、人工风镐等开挖机具，在断面下部预留核心土，先开挖并支护环形部分，后开挖核心土的开挖方法，常用于Ⅴ级围岩段。

台阶分部开挖法：在上台阶预留核心土支挡掌子面，先开挖上台阶环形部分并支护，后开挖核心土与下台阶。环形部分一般进尺长度为 0.5～1.0 m。台阶分部开挖法适用于易坍塌的软弱围岩地段。

中隔墙法（central diaphragm，CD 法）指在隧道中间增设一道临时中隔壁将断面分为左右两个洞壁法室进行开挖。

交叉中隔墙法（central ross diaphragm，CRD 法）指将隧道分为多个导洞（划分数量视隧道断面大小而定）按顺序逐个开挖。每个导洞在开挖后需要及时进行封闭，形成一个个封闭的环。导洞与导洞之间需要保持一定的纵向安全距离。交叉中隔墙法适用于地质条件差、隧道断面大、沉降控制要求较高的隧道。

双侧壁导坑法（both-side leading pit，双 CRD 法）指利用两个中隔壁把整个隧道大断面分成左中右3个小断面施工，左右导洞先行，中间断面紧跟其后，初期支护仰拱成环后，拆除两侧导洞临时支撑，形成全断面的方法。双侧壁导坑法适用于地质条件较差的地层。

按照断面开挖的顺序和方式，针对不同的地质条件和断面尺寸，选择合适的开挖方法。当地质条件较好且开挖断面较小时，可采用全断面法、预留核心土环形开挖法和台阶法。当地质条件较差且开挖断面较大时，可采用CD法、CRD法和双CRD法。开挖时超挖不能超过容许超挖值，见表6-8。

表6-8　开挖容许超挖值

围岩类型	部位	平均值/mm	最大值/mm
土质	拱部	60	100
	边墙及仰拱	60	100
软岩	拱部	100	150
	边墙及仰拱	80	120

3. 网片、格栅及锁脚导管施工

钢格栅和钢网片是综合管廊的钢筋混凝土初期支护中的钢筋骨架。钢格栅主筋直径一般不超过25 mm，主筋端部与钢板之间采用周圈焊接，焊缝厚不小于12 mm。所有焊缝采用E43焊条。格栅与格栅之间连接采用螺栓连接。钢格栅之间通过纵向钢筋焊接连接，钢筋连接间隔在1.0 m内外进行交错设置，焊接长度不小于200 mm。钢筋网片直径不小于8 mm，间隔100 mm×100 mm，网片尺寸一般为2000 mm×700 mm，两个网片搭接长度100~200 mm。格栅内外满铺钢筋网片，格栅主筋与钢筋网片绑扎牢固，防止喷射混凝土后出现起伏。安装好钢格栅和网片后，施工锁脚锚杆并注浆。

在综合管廊底板以上和底板处的初期支护中，使用钢格栅和钢网片可尽快形成封闭环境，确保结构和围岩的稳定。

4. 早强混凝土喷射及壁后回填注浆

土方开挖完成后，先挂网进行初喷。初喷的目的是封闭工作面，防止表面土体风干导致局部坍塌。初喷厚度通常为30~50 mm。安装钢格栅拱架后，从底部向上分段、分片喷射混凝土。喷射应采用螺旋式均匀喷射，喷头与受喷面的距离应为0.6~1.0 m。喷射压力需要控制为0.15~0.2 MPa，一次喷射的厚度距拱部30~50 mm，距墙体50~80 mm。每喷完一层后应有一定的间隔时间，等待混凝土初凝后再喷射下一层。

在初期支护封闭后，需要及时回填注浆，以使初期支护和周围围岩得到密实，减少地表沉降和止水。注浆位置距掌子面不应超过5 m。回填注浆时需控制好注浆压力，压力过小会导致回填不够密实，压力过大则容易压裂初期支护。一般来说，注浆的压力应控制为0.3~0.5 MPa。

5. 防水层施工

在铺设防水层之前，必须确保初期支护结构表面没有明显的渗漏水。如有渗漏，需要根据渗漏水量的大小采取适当的处理方法。对于少量渗水，应先清理干净，然后刷上高强度防水砂浆进行止水。而对于具有多处漏点和大面积渗漏的情况，施工中需要将其作为重点来处理，采取防渗为主，结合排水的方式。主要的防水方法包括钻孔引水、使用高强度抗裂防水砂浆抹面及注浆封堵引水孔等。

防水层采用无纺布加防水板。铺设过程如下：首先使用作业台车将单幅无纺布固定到预定位置。具体方法是在初期支护上安装梅花形布置的膨胀螺栓，利用热熔垫片将无纺布固定在膨胀螺栓上。从底部向顶部循环固定，确保无纺布的搭接长度不小于 50 mm。专用的热熔衬垫和膨胀螺栓按梅花形布置，拱部间距为 0.5~0.8 m。无纺布要与喷射混凝土表面紧密贴合。铺设过程中应保持平顺，没有隆起和褶皱，并进行气密性检测。

铺设防水板的具体步骤如下：首先使用作业台车将防水板固定到预定位置。然后使用热熔器进行加热，将防水板焊接在固定无纺布的专用热熔衬垫上。在焊接过程中，要注意防水板的松紧适度，避免过紧导致撕裂或过松形成人为蓄水点。为防止加热时损坏防水板，可在手动电热熔压焊器与防水板之间加上隔热布垫层。确保防水板能够牢固地焊接在固定无纺布的专用热熔衬垫上。

铺设防水板时首先采用自动双缝热熔焊机，按照预定的温度和速度进行焊接。焊接前先将防水板表面的灰尘清除干净。单缝焊的有效焊缝宽度不应小于 15 mm。防水板的搭接宽度应大于 15 cm。防水板的搭接缝应与变形缝、施工缝、集中出水处等防水薄弱环节错开，距离不应小于 100 cm。

施工缝处需要设置钢边缘橡胶止水带，并使用止水胶进行防水。同时外贴止水带并使用双组份聚硫密封胶嵌缝密封。

6. 现浇综合管廊本体结构施工

初期支护和防水层施工验算完毕后，进行现浇综合管廊本体结构施工。施工方法与本书 6.2.2 节城市地下现浇综合管廊本体结构施工的方法相同。首先绑扎底板钢筋，然后绑扎墙体和顶板钢筋。钢筋绑扎时不能破坏防水层。可采用组合整体式模板临时支撑体系。底板采用普通防水混凝土进行浇筑，而墙体和顶部则采用自密实混凝土进行浇筑。混凝土的养护时间不少于 7 d。待顶部和墙体混凝土强度达到 100%的设计强度后，拆除组合整体式模板。

6.3.4　城市地下综合管廊浅埋暗挖法施工案例

1. 工程概况

本案例为雄安新区起步区五组团 NA12 综合管廊工程。NA12 综合管廊设计三舱结构，由电力舱、综合舱和能源舱组成。综合管廊净高 3.2 m，净宽 10.8 m，覆土深度为 4~9 m，总长度为 3.3 km。综合管廊拟建场地岩土层上部为素填土，下部以粉质黏土、粉土和粉细砂为主，承载力较弱。场地内地下水潜水埋深 3.9~11.9 m，浅于综合管廊覆土深度。NA12 综合管廊工程下穿已经建的 EA2 道路，并与 EA2 道路下 EA2 综合管廊相交。为避免道路开挖，采用浅埋暗挖法施工，见图 6-37。施工过程中，在 EA2 道路两侧设置施工竖井作为浅埋暗挖的工作空间。施工竖井支护为钻孔灌注桩 ϕ800 mm@ 1400 mm+水平钢内支撑+预应力锚索。综合管廊采用管棚及超前支护和台阶分部开挖法。

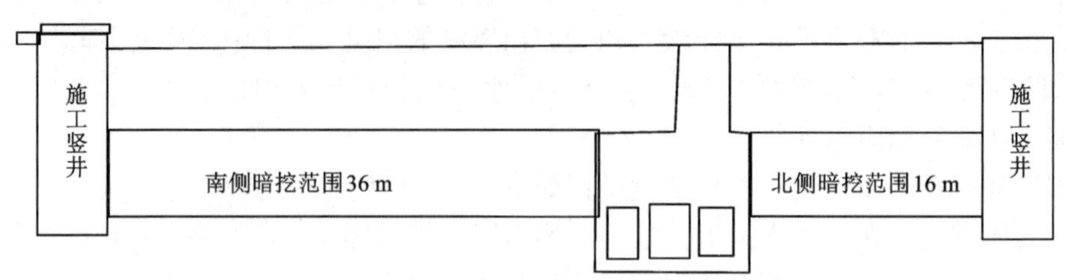

图 6-37　浅埋暗挖结构示意图

2. 主要施工工序

该综合管廊主要施工工序包括竖井基坑钻孔灌注桩+内支撑+预应力锚索支护施工、管棚和超前小导管施工、初期支护、防水层施工、二次衬砌施工等。

待钻孔灌注桩施工完成后，需要进行冠梁压顶施工，冠梁高 800 mm。采用商品混凝土。灌注桩、钢支撑施工尺寸满足表 6-9 要求。

表 6-9　灌注桩、钢支撑施工尺寸容许偏差

项目	水平轴线及垂直轴线	孔位	桩垂直度
灌注桩施工容许偏差/mm	≤50	≤300	≤0. 3%H(桩长)
钢支撑施工容许偏差/mm	≤30	—	—

1) 竖井基坑钻孔灌注桩+内支撑+预应力锚索支护施工

在边开挖边施工的过程中，需要进行水平钢内支撑、预应力锚索和喷射混凝土面层的安装。在水平钢内支撑的安装过程中，采用千斤顶向钢支撑施加五级预应力，每级预应力稳压 10 min 后方可施加下一级预应力，直至达到设计预应力值。预应力锚索采用高压旋喷施工，使用 1860 级高强钢绞线作为锚索材料，PO42. 5 普通硅酸盐水泥为注浆材料。注浆压力范围为 20~25 MPa。锚索的封锚端采用 ϕ200 mm×100 mm 钢板锚固盘进行封锚固定。喷射混凝土采用湿喷工艺，自下而上均匀喷射，每次喷射的厚度不超过 40 mm。

2) 管棚和超前小导管施工

竖井开挖至管棚位置后，向下开挖出管棚的作业空间，并按要求施工钢支撑。待竖井开挖到位后，临时封底竖井。随后，遵循“管超前、严注浆 短进尺、强支护、快封闭、勤测量”的施工原则开始浅埋暗挖法施工。

采用根管钻进施工方式施工管棚。管棚单节长 2. 0 m，钻进过程中接长管棚管。钻头顶部设置有感应探头，通过激光制导控制和调节钻进方向。当护管钻进至设计孔深后，停止钻进开始注浆。注浆材料为 1：1 水灰比的水泥砂料，注浆压力 0. 3 MPa。

3)初期支护

该综合管廊工程跨度较大，横向分为3个区进行施工，见图6-38。施工按照①、②、③导洞的顺序依次进行。开挖前，首先向①导洞的超前导向护管注浆，然后采用台阶分部开挖法进行开挖。开挖后尽快进行初期支护钢格栅的施工，同时在靠近钢格栅节点处施工锁脚锚杆，完成挂网喷锚初期支护混凝土和支护注浆，形成一个整体的支护体系，控制围岩变形。

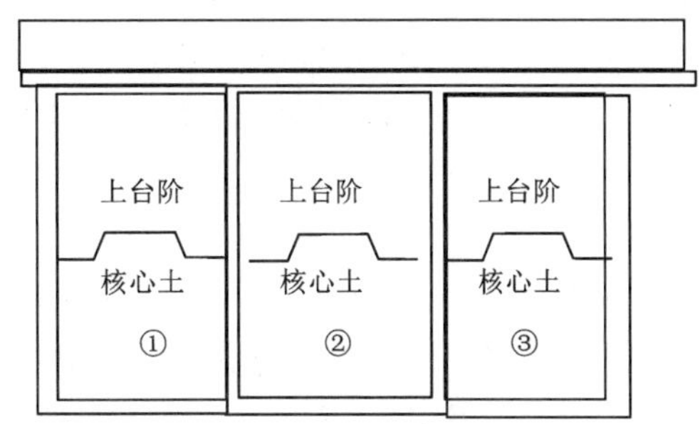

图6-38　导洞开挖断面顺序示意图

4)防水层施工

初期支护施工完成后，进行防水层的施工。防水层采用400 g/m^2 的土工布作为防水缓冲层，并满铺ECB防水板。铺设防水板时使用膨胀螺栓将防水板固定在防水缓冲层上。固定点按梅花形布设，侧墙固定间距为800~1000 mm，顶拱固定间距为500~800 mm。

5)二次衬砌施工

防水层施工完毕后，采用定型钢模板施工二次衬砌结构。二次衬砌底板、侧墙、顶板和中墙厚度分别为600 mm、500 mm、600 mm和300 mm。为保证施工质量，二次衬砌浇筑施工按分段施工原则，北侧分3段，南侧分6段，分段长度为4~6 m，最大分段长度≤12 m。

6.4　城市地下综合管廊本体盾构法施工

城市地下钢筋混凝土综合管廊盾构法指利用盾构隧道掘进机(盾构机)沿隧道轴线边向前掘进，同时对地层进行支护，以保证掘进掌子面和隧道围岩的稳定，最终形成综合管廊的本体的方法。

6.4.1　城市地下钢筋混凝土综合管廊本体盾构法原理

1. 盾构组成

盾构包括盾构主机、连接桥架和后配套台车。盾构主机由刀盘、前盾、中盾和盾尾四部分组成，见图6-39。

图6-39　盾构主机组成

1)刀盘

刀盘是盾构主机前端的圆形钢制结构，上面装有刀片。刀盘通过旋转和推进来进行土层的切削和破碎，将岩土材料带入盾构机内部。

2)前盾

前盾又称切开环，主要包括隔板、

主驱动装置、螺旋输送机和人员舱。隔板是位于前盾中段位置的一个金属板，作用是在掌子面空间内形成土仓，便于施加掌子面法向压力。主驱动装置是盾构机的核心部分，由主轴承、驱动马达、减速器和主轴承密封组成。它驱动刀盘旋转，完成土层的切削和破碎。螺旋输送机是用于输送渣土的装置。人员舱用来安装盾构设备控制系统和保证施工技术人员的安全。

3)中盾

中盾又叫支撑环，主要包括推进千斤顶和管片拼装机等设备。推进千斤顶是固定在中盾内圈周边上的设备，通过液压杆和塑料靴来控制并推进已安装好的管片，实现盾构推进。管片拼装机是固定在中盾内圈周边的设备，通过自身水平大梁固接到前盾隔板上，用于安装盾构隧道的管片。推进千斤顶液压杆端部安装塑料靴，可分组控制顶推已安装好的管片，从而可曲线或直线推进盾构。当推进千斤顶曲线推进盾构时，铰接油缸也能跟着进行相应的曲线运动。

4)盾尾

盾尾主要用于掩护隧道管片拼装工作，防止围岩失稳对管片拼装的影响。同时，盾尾也通过三道密封刷密封盾体尾部，为盾尾同步注浆提供密封条件，见图6-40。

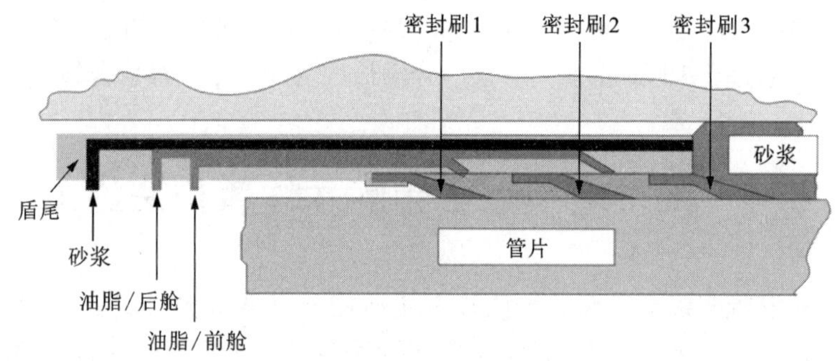

图6-40　盾尾密封

2. 盾构分类

盾构内土体挖掘和出土方式包括人工挖掘和人工出土、部分人工挖掘和部分机械挖掘出土以及完全机械化的挖掘和出土方式。相应的盾构称为手掘式盾构、半机械式盾构和机械式盾构。

盾构推进过程中，隧道掌子面可受盾构支挡，也可部分或完全不受盾构支挡。相应的盾构称为开放式盾构、部分开放式盾构和密封式盾构。

对于封面式盾构，盾构可通过气体、泥水或切削的土体等方式施加掌子面法向压力，以平衡掌子面的水平土压力，保持掌子面稳定。相应的盾构称为气压平衡盾构、泥水平衡盾构和土压平衡盾构。

3. 盾构法施工原理

盾构法的施工原理可分为保持隧道掌子面稳定、掌子面岩土(体)破碎、盾构推进、隧道出渣、隧道围岩支护和地表沉降控制等6个部分。

1)保持隧道掌子面稳定

隧道掌子面稳定是保证掌子面岩土体破碎、盾构推进和隧道围岩稳定的基础。只有掌子面稳定，盾构才能有效地完成掌子面岩土(体)破碎、盾构推进，并保持隧道围岩的稳定。

盾构机通过施加掌子面法向力 N 来保持掌子面稳定。同时，盾构机会受到掌子面后方土体产生的水平土压力 P 的作用。水平土压力可分为主动土压力 P_a 和被动土压力 P_p。其计算可采用朗肯理论或库仑理论，具体见本书5.2.1节。隧道掌子面受力分析见图6-41。

$$N = P \in (P_a, P_p) \qquad (6-19)$$

若 $N<P_a$，掌子面可能发生塌方，导致地表下沉破坏；若 $N<P_p$，掌子面前方土体可能会破坏，导致地表隆起破坏。只有 $N=P(P_a, P_p)$，掌子面才能保持稳定。

法向力 N 的施加可在掌子面和盾构机之间形成一个封闭空间，封闭空间内压力分别通过气体、泥水和松散土传递给掌子面。

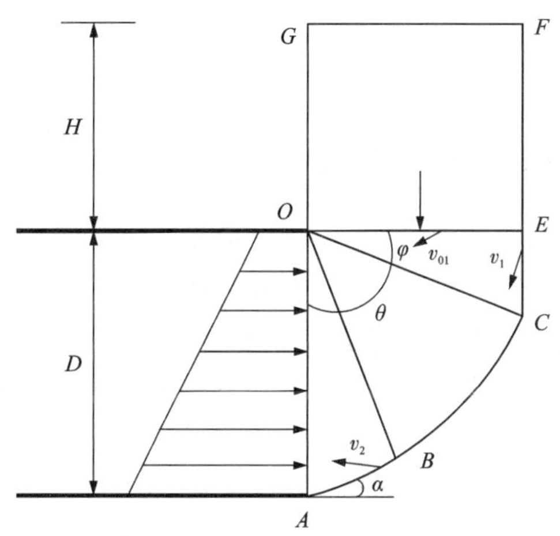

图6-41　隧道掌子面受力分析

2)掌子面岩土(体)破碎

掌子面岩土(体)破碎后，可为盾构推进提供前进空间。掌子面岩土(体)破碎机理包括刮削破岩和滚刀破岩。刮削破岩指在刀盘施加轴向压力和扭矩的情况下，切削刀具在岩土(体)表面连续旋转或平动运动，引发岩土(体)的张拉、挤压和剪切破坏，从而实现岩土(体)的逐层剥离破坏。滚刀破岩指在刀盘施加轴向压力和扭矩的情况下，滚刀在岩石表面滚动，引发岩石的张拉、剪切和挤压破坏来实现对岩石的压碎和碾碎破岩。

3)盾构推进

在盾构推进过程中，盾构受到液压千斤顶的顶进力 F、掌子面稳定的水平压力 N 以及顶管侧壁的总摩擦阻力 F_f 的作用。具体受力分析示意图见本书6.1.2节。

4)隧道出渣

掌子面岩土(体)破坏后，产生的渣土需要运输到地面并倾倒至弃土场，这个过程被称为出渣。常见的出渣方式包括挤压式出渣、泵送出渣、输送带出渣和轨道出渣。

挤压式出渣指使用挤压式掌子面，通过施加足够的侧壁支撑力来防止渣土从掌子面中溢出，实现出渣。泵送出渣是将岩屑、泥土和泥浆混合，通过泥浆泵输送至地面。具有时间连续性，不影响顶进速率，但不适用于长距离输送。输送带出渣和轨道出渣是将岩屑和泥土通过输送带或轨道输送至工作井，再通过龙门吊等设备进行提升和输送至地面，具有时间上的不连续性，对顶进速率产生一定的影响，但适用于长距离运输。

5)隧道围岩支护

隧道推进后，盾构机后方会形成一段未支护的隧道围岩需要支护(图6-42)。常见的支护方式是通过在隧道内拼装隧道衬砌来抵抗围岩的压力和围岩的弹性抗力。

在围岩的荷载作用下，隧道衬砌会产生环向和径向的内力。当衬砌结构抗力大于其内力时，衬砌就能够起到有效的支护作用。合理提高钢筋混凝土衬砌的配筋和混凝土强度，能有效提高结构抗力，加强支护效果。

6)地表沉降控制

隧道掘进后，由于出渣和盾构壁后孔隙，地层会形成不均匀沉降槽。为减小地表沉降，进行隧道壁后同步注浆。

同步注浆指在盾构安装完管片后，盾构一边进行下一环掘进工作，一边进行刚安装完的管片壁后注浆。在壁后注浆压力作用下，地层中的壁后孔隙得到充填密实，地层逐步向上隆起，减小地表沉降。同时，注浆浆液通过渗透、扩散、压密和劈裂作用进入地层，与地层岩土体固化成一个整体，提高地层的变形模量，使得在注浆压力作用下恢复的地层不再发生继续沉降，从而较好地控制隧道掘进引起的地表变形。城市地下综合管廊本体盾构法壁后同步注浆地表沉降控制机理见图 6-43。

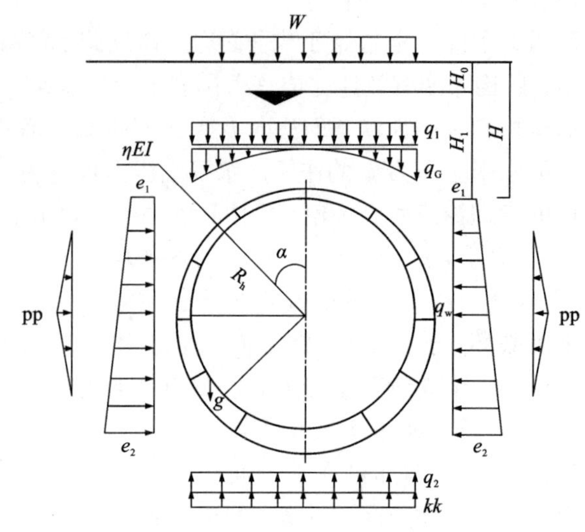

图 6-42 盾构隧道围岩支护

通常情况下，单环理论注浆量 Q：

$$Q = \pi(D_w^2 - D_1^2)L/4 \tag{6-20}$$

式中：D_w 为盾构开挖外径，m；D_1 为管片外径，m；L 为管片环宽，m。

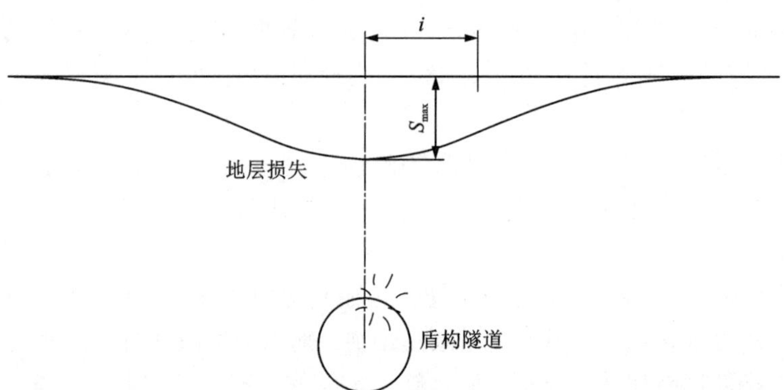

图 6-43 城市地下综合管廊本体盾构法壁后同步注浆地表沉降控制机理

6.4.2 城市地下综合管廊盾构施工设计

1. 盾构选型、推进千斤顶设计及刀盘扭矩验算

盾构机选型时，需要综合考虑工程地质水文条件(包括地层类型和力学性能等)、掌子面稳定性能、隧道埋深、隧道设计断面、隧道开挖周围环境、衬砌类型、工期、造价、辅助工法、设计路线、线形、坡度和电气设备等。

首要考虑因素是工程地质条件。若无地层地下水，施加土压力就可保持掌子面平衡，因此可考虑使用土压力平衡盾构法；若隧道位于含水地层，盾构直径较大，地下水压力极大，地层渗透性较好，有可能发生流砂风险，这时施加土压力仍无法保持平衡，考虑采用泥水平衡盾构法。对于水下隧道，由于存在掌子面突水的风险，采用泥水平衡盾构法也无法保证掌子面平衡，考虑使用气压平衡盾构法。

在卵石地层或土压组合地层中，刮削刀具适合切削土层，而滚刀刀具适合岩石地层。为满足土岩组合地层掘进，考虑使用刮削和滚刀刀具组合的复合盾构或者采用配置颚式破碎机的泥水平衡盾构法，对于微风化硬岩，考虑使用装备滚刀刀具的岩石盾构机。

盾构千斤顶数量的计算需要考虑盾构直径和千斤顶直径的影响。计算如下：

$$N=(D/d)+(2\sim3) \tag{6-21}$$

$$P=\frac{F_e}{N} \tag{6-22}$$

$$F_e=K(F_1+F_2+F_3+F_4+F_5+F_6) \tag{6-23}$$

式中：D 和 d 分别为盾构直径和千斤顶直径，m；P 为单台千斤顶推力，kN；F_e 为所需装备推力，kN；K 为安全系数，取 $K=2$；F_1 为盾构壳体与地层间的摩擦力或黏结力，$F_1=\mu_1(\pi DL_m P_m+G_1)$，砂性土或黏土时 $F_1=C\pi DL_m$，kN；μ_1 为钢与土的摩擦系数；P_m 为作用在盾构上的平均土压力，kPa；L_m 为盾构机主体结构长度，m；G_1 为盾构机主体结构重量，kN。F_2 为切口环切入土层产生的贯入阻力，$F_2=utK_pP_m$，kN；u 为开挖面周长，m；t 为切环刀口贯入深度，m；K_p 为被动土压力系数；F_3 为开挖面正面阻力，$F_3=\frac{\pi}{4}D^2P_f$，kN；P_f 为开挖面正面阻力，kPa；F_4 为曲线施工、纠偏时的变向阻力，$F_4=RS$，kN；R 为地层抗力，kPa；S 为阻力板（与盾构推进方向垂直伸出的板，以器制盾构方向）在推进方向的投影面积，m^2；F_5 为盾尾板与衬砌间的摩擦阻力，$F_5=\mu_2G_2$，kN，G_2 为盾尾板重量，kN，μ_2 为盾尾板与衬砌间摩擦系数；F_6 为盾构后面平台车的牵引阻力，$F_6=\mu_3G_3$，kN；μ_3 为车轮与钢轨间的摩擦系数；G_3 为平台车重量，kN。

刀盘扭矩验算公式如下：

$$T_r\geqslant\sum T=T_1+T_2+T_3+T_4 \tag{6-24}$$

式中：T_r 为盾构机刀盘实际有效扭矩，kN·m；T_1 为刀盘正面与土体之间的摩擦阻力扭矩，$T_1=\frac{\pi D^3}{12}Kf\gamma H$，kN·m；$K$ 为土体的侧压力系数；f 为土与钢的摩擦系数；γ 为土体重力密度，N/m^3；H 为隧道埋深，m；T_2 为刀盘背面与压力舱内的土体摩擦阻力扭矩，kN·m，$T_2=k_1T_1$，k_1 为与刀盘正面相比刀盘背面摩擦阻力扭矩计算的调节系数，一般取 $k_1=0.6\sim0.8$；T_3 为刀盘侧面与土体之间的摩擦阻力扭矩，$T_3=f\gamma WD^2\left[\frac{(1+K)\pi H}{4}-\frac{(2+K)D}{6}\right]$，kN·m；$W$ 为刀盘圆周侧面的宽度，mm；T_4 为刀具切削土体时的地层抗力产生的扭矩，$T_4=\frac{1}{8}D^2\frac{V_{max}}{n_e}q_u$，kN·m；$V_{max}$ 为盾构机的最大推进速度，m/s；n_e 为刀盘的额定转速，r/min；q_u 为土体单轴抗压强度，kPa。

2. 工作井尺寸设计

盾构工作井分为始发工作井和接收工作井。盾构的安装和拆卸、洞门的拆除、后背墙的设置、施工车架或临时平台的安装、测量以及垂直运输等相关施工操作均在此井中完成。因此，工作井的平面尺寸必须满足以上施工操作所需的空间尺寸要求。

1）工作井预留洞门直径 D_s

$$D_s \geqslant H \cdot \tan\alpha + \left(\frac{D_1}{\cos\alpha}\right) + \Delta e + \Delta s + \Delta g \tag{6-25}$$

式中：H 为洞门井壁厚度，m；α 为隧道轴线与洞门轴线的夹角，(°)，通常取平面或纵坡夹角值；D_1 为盾构外径，m；Δe 为设计规定的始发或接收工作井预留口直径大于盾构外径的差值，m，始发工作井取 0.10 m，接收工作井取 0.2 m；Δs 为测量误差，取 0.1 m；Δg 为盾构基装安装高程误差，取 0.05 m。

2）工作井宽度 B

$$B = D_1 + 2b + 2c \tag{6-26}$$

式中：D_1 为盾构的外径，m；b 为盾构两侧的操作空间，根据盾构大小及操作空间而定，m；c 为撑板的厚度，m。

3）工作井长度 L

$$L = L_1 + \max(L_2 + L_3,\ L_4,\ L_5,\ L_6) \tag{6-27}$$

式中：L_1 为盾构长度，m；L_2 为所有负管节长度，m；L_3 为后背墙设置长度，m；L_4 为前施工车架长度，m；L_5 为垂直测量及运输长度，m；L_6 为设备吊装所需长度，m。

4）工作井深度 H

$$H = H_0 + 600 \tag{6-28}$$

式中：H_0 为盾构隧道底埋深，m；H 为工作井埋深，m。

6.4.3 城市地下综合管廊盾构施工主要工序

城市地下综合管廊盾构施工主要工序流程包括：施工准备→工作井施工→隧道进洞口加固及洞门凿除→盾构机井下组装→盾构始发→盾构掘进→盾构达到接收施工→盾构机拆除→清理现场→施工结束。部分主要工序分述如下：

1. 工作井施工

工作井的支护方式根据工程地质和水文地质情况而定。常见的支护方式包括沉井支护、地下连续墙支护、桩锚支护和锚喷支护。一般采用明挖法开挖工作井。支护结构设计和开挖方式与 6.2.1 节城市地下综合管廊明挖基坑工程施工相同。

2. 盾构机井下组装

盾构机井下组装可分为整体始发下井组装和分体始发下井组装两种方法。

整体始发下井组装的具体过程为将盾构机的各节台车按由后到前的顺序依次下井并连接，形成盾构机整体，并进行调试。在后配套台车组装完成后，再吊装盾构基座、前盾、刀盘、中盾和盾尾，完成主机的安装。最后使用桥架将台车和主机连接起来。

分体始发下井组装方法是先将 1 号台车下井，然后吊装盾构基座、前盾、刀盘、中盾和盾尾，完成主机的安装。接着将 1 号台车与主机连接起来。同时，在地面上将剩余的台车连接并通过加长管线将地面台车与井下连接。待井下具备安装台车条件后再将台车下井，并与盾构机主机进行最后组装。

当始发井长度满足整体始发条件时，可进行整体始发下井组装，不满足时，进行分体始发井下组装。

3. 盾构始发

盾构始发指利用反力架和临时组装的负环管片等设备，在盾构始发工作竖井内将盾构推入端头加固土体，然后进入地层原状土区段，并沿着设计线路进行掘进的一系列作业过程。盾构始发是盾构隧道施工中的关键工序，具有相对较高的施工风险。

盾构始发之前，需要拆除盾构工作井的端头墙。在盾构完全进入地层之前，有可能发生地下水和泥砂涌出，导致端头失稳。因此，在考虑工程地质、水文条件、隧道埋深和周边环境等因素的基础上，需要综合考虑盾构进出洞端头的加固措施。常见的端头加固方法包括深层搅拌法、高压旋喷法和冷冻法。加固的范围通常为隧道衬砌轮廓线外左右两侧各 3 m，顶板以上 3 m，底板以下 2.5 m。具体的加固长度根据土质情况而定。

4. 盾构掘进

盾构掘进过程中，监控和控制好千斤顶推进力、盾构推进速度和出土量等参数非常重要。一般正常的掘进速率为 2~4 cm/min，而经过建筑物等敏感区域时，掘进速度通常会被控制在 1 cm/min 以下。

软土地层盾构施工中，通常会采用预制拼装的形式进行管廊衬砌。预制拼装衬砌是由多块弧形预制构件(即“管片”)拼装而成。管片可采用铸铁、铸钢、钢筋混凝土等材料制成，具有不同的构件形式。在确定盾构及衬砌结构后，其拼装方法也会基本确定，通常有通缝拼装和错缝拼装两种方式。通缝拼装过程中管片的纵缝要环环对齐。该拼装方法方便、易定位，衬砌环施工应力较小，但环面不平整的误差会逐渐累积，尤其是在采用较厚的现浇防水材料时，这种误差更加明显。

管片拼装方法按其程序可分为“先环后纵”和“先纵后环”两种。“先环后纵”指在拼装前将所有盾构千斤顶缩回，管片先拼装成圆环，然后用千斤顶将拼好的圆环纵向靠拢，与已成环连接成洞。这种方法拼装的环面较为平整，纵缝拼装质量好，但不适用于易后退的盾构。“先纵后环”的拼装方法可有效防止盾构后退，即拼装某一块管片时就只缩回该管片部分的千斤顶，而其他千斤顶则以轴对称支撑或升压的方式保持稳定，通过逐块轮流缩回与伸出部分千斤顶的操作，逐步拼装成环。在整个拼装过程中，需要保持盾构机的位置保持不变。

5. 盾构达到接收施工

盾构达到接收施工指从盾构机掘进到达接收井之前 50 m 到盾构机掘进贯通进入接收井并被推上盾构接收基座的整个施工过程。其工作内容包括：

①到达端头加固：防止出现突涌水和掌子面失稳破坏。

②调整盾构姿态：当盾构达到接收井 100 m 时，需要调整盾构的姿态，使其与接收井的位置和角度匹配。

③减少掘进速度和土仓压力：当盾构达到接收井 10 m 内时，需要减小掘进速度和土仓压力，当盾构达到接收工作井时，需要对管片环缝进行挤密压实，确保密封方式的效果。

④接收基座安装及盾构机步上接收基座。

⑤洞门圈封堵。

6.4.4 城市地下综合管廊本体盾构法施工案例

1. 工程概况

本案例为江苏苏通综合管廊工程。苏通管廊隧道连接苏州与南通，全长 5.54 km，管廊外径 11.6 m，断面为 105.7 m^2；内径 10.5 m，断面为 86.6 m^2。上部覆盖土层的最大厚度为 48.6 m，最小厚度为 12.3 m，见图 6-44。

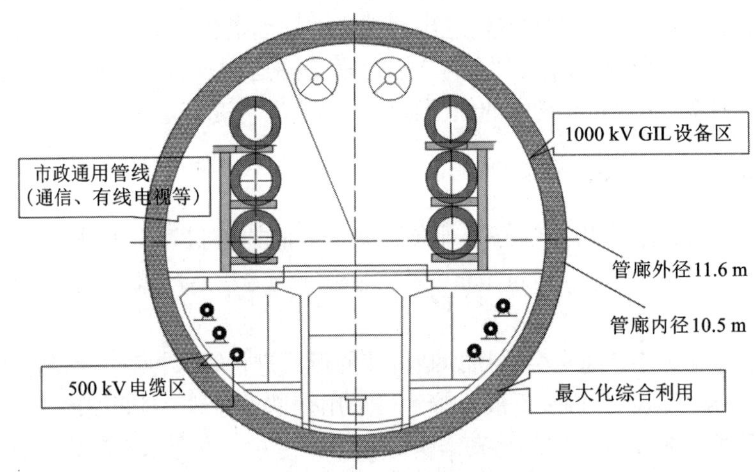

图 6-44　苏通盾构过江综合管廊横截面示意图

2. 主要施工工艺

采用高压旋喷水泥土搅拌土桩加固盾构始发井。加固宽度为 12 m，即隧道两侧各 6 m。加固深度为 10 m，分为上下两段。上段从拱顶开始向下 5 m，下段从隧道底部向上 5 m。在始发井一侧 3 m 处提前开挖两处降水井，以创造良好的施工条件。

掘进过程中需密切关注盾构推进压力、盾构掘进速度、盾构刀盘压力、刀盘转速、泥水仓压力、泥浆流量、注脂压力、注浆压力、盾构竖直及水平偏差等参数和盾构机各设备运行状态变化及渗水和周围环境变形情况。要求渗漏量不超过 0.2 L/m^3，变形量不超过 0.02 mm/d，隧道轴线和折角变化不能超过 0.5%。

习　题

1. 简述城市地下直埋管道敷设导向钻进法施工原理。
2. 简述城市地下综合管廊本体明挖基坑支护原理。
3. 对比分析城市地下直埋管道敷设水平顶管法和综合管廊本体隧道盾构法施工原理。
4. 简述城市地下综合管廊本体浅埋暗挖法机理。

第7章　城市地下管网运维管理与技术

城市地下管网运维管理与技术基于全生命周期管理理念，借助于先进的管理制度体系和技术，促进城市地下管网及其环境的有效调控。其目标是建设一个可持续的、安全耐久的、低碳的城市地下管网工程，保证城市地下管网保值增值。通常，城市地下管网工程的运维管理与技术包括城市地下管网运维管理模式、管道缺陷检测与维护技术、运维数字化技术，以及城市地下综合管廊管理。

7.1　城市地下管网工程运维管理模式

建设资金的来源决定着城市地下管网的管理模式。国外的城市地下管网发展比较早，其运维模式经验对我国城市地下管网运维具有重要的参考价值。

给排水、供气、供热、热力、电力和电信等皆属于自然垄断产品，也是社会公共产品，通常由政府统一投资建设及运维管理，以此来尽可能地实现公平最大化和公共利益最大化。然而，这往往以牺牲效率为代价。

在供水问题上，英国和新加坡城市政府不仅拥有供水系统所有权和经营权，也负责运维管理。该模式旨在实现公平和公共利益最大化，但效率相对较低。美国和法国城市政府拥有大部分供水系统的所有权，许可或特许私人资本拥有经营权，旨在兼顾公平性和效率，从而改善由政府直接经营可能导致的效率低下问题。德国采用城市政府持有超过51%的供水系统所有权，余下所有权则由私人资本拥有的混合所有制模式，同时许可或特许私人资本拥有经营权。

在排污问题上，英国城市政府既不持有供水系统所有权也不持有经营权，即完全私有化。该模式导致政府监管难度大，水质排名不佳，并时常发生污染事件，给公众利益带来损害。在美国，政府对污水处理管制严格，污水处理投资成本高，利润水平相对较低，限制私人资本的介入，因此城市政府拥有大部分排污系统的所有权和经营权。法国城市政府拥有污水处理设施的所有权，许可或特许私人资本拥有建设权和经营权。这种模式使得法国的私营水务公司具有强大的竞争力并在全球范围内取得成效。德国城市政府采用混合所有制，即政府持有超过51%的排污系统所有权，余下所有权由私人资本拥有，同时许可或特许私人资本拥有经营权。

在燃气供应问题上，美国、英国、德国和法国等国家全面实行私有化，政府并未持有燃气勘探和输配系统的所有权或经营权。在正常情况下，当燃气供应供大于求时，市场竞争较为充分。然而特殊情况下，如近年的俄乌冲突，导致燃气价格飙升，政府缺乏所有权或经营权，市场监管变得困难，无法有效抑制燃气价格上涨。在这种情况下，德国政府将经营困难的燃气公司国有化，以稳定燃气价格。俄罗斯政府拥有绝大部分燃气勘探采集和输配系统的所有权和经营权，可实现燃气公平最大化。印度政府则采用混合所有制，政府持有超过51%的所有权，兼顾公平性和效率。

在供热问题上，美国几乎没有集中供暖，90%用户采用分户供暖。英国、法国和德国城市政府不拥有供热系统的所有权和经营权。

在电力生产和传输上，美国、德国和英国主要依赖私营企业，市场竞争相当充分。但存在设施老化、单靠私人资本难以完全支撑庞大的设施更新费用等问题。法国采用公私混合所有制的模式。

针对综合管廊，英国和法国政府拥有综合管廊的所有权和经营权，通过出租给管线单位进行经营。日本政府采用公私混合所有制，政府拥有大部分所有权和经营权。新加坡政府拥有综合管廊的所有权和经营权。因此，可说国外的城市地下管网工程被视为社会公共产品，通过法律进行规定，并统一明确其管理归属部门。

综上所述，在城市给排水、燃气、热力和电力供应方面，世界各国采取不同管理方式。但各国对综合管廊管理方式是一致的，即由国家持有所有权和经营权。这反映出发达国家充分意识到综合管廊对国家安全的重要战略价值。例如，英国完全拥有城市供水设施所有权，美国、法国、德国采用混合所有制。英国的排污设施完全私有化，但效果并不理想；相较之下，完全拥有排污所有权和经营权的美国政府和采用混合所有制的法国政府均表现良好。大多数发达国家的燃气设施已实现气源勘探和燃气管道输配设施的分离，并采用私有制。此外，大多数发达国家的供暖设施和电力设施都高度私有化，并以分户采暖为主。在供大于求、竞争充分的市场下，完全私有制能促进竞争、提高效率，但也可能导致价格波动较大，同时私人资本往往难以承担庞大的管网设施升级和更新改造费用。

国外城市地下管网的运维模式对我国具有极大的参考价值，表现为：

①给排水、燃气、供热、电力、电信以及综合管廊对国家安全具有重要的战略意义。

②给排水、燃气、供热、电力、电信以及综合管廊的拥有权和经营权是可分离的。

③坚持国家全部拥有或拥有超过50%的所有权，在战争、自然灾害等极端情况下，行业仍然能给公众提供良好的服务。

④正常情况下，给排水、燃气、供热、电力、电信以及综合管廊私有化能促进业内竞争。但在战争、自然灾害等极端情况下，行业服务可能失灵。

我国城市地下管网运维模式是以上三种方法的综合应用。在城市地下管网(包括综合管廊)的运维过程中，正确处理国有与私有之间的关系，有助于推动行业的健康发展。反之可能会导致公共利益受损和环境污染。

我国城市地下管网(包括综合管廊)的运维模式涉及政府、管网用户及管网运维单位。各单位角色作用不同，分述如下。

1. 政府

城市地下管网(包括综合管廊)作为城市基础设施建设的重要组成部分，极大地改善城市环境和提高居民的生活质量，这种效益主要由城市居民获得。因此，该管网具有公共产品的特性。从投资方面而言，城市地下管网(包括综合管廊)投资较大，直接经济效益较低，虽然具有显著的外部效益，但效益难以量化，也无法直接向受益的城市居民收费。这导致在市场机制下，城市地下管网(包括综合管廊)的供应不足，需要政府发挥主导作用，确保足够的供应。同时，城市地下管网作为城市生命线工程，关系到城市的安全与正常运转，更需要政府负起相应的职责。

为保证足够的城市地下管网(包括综合管廊)供给，政府必须进行必要的投资和建设。在确定项目的建设规模和建设区域时，政府需要充分考虑城市的发展水平和财政能力，并综合评估项目的投入与效益。在财力有限但又需要发展城市地下管网的情况下，政府可考虑引入社会资本，探寻混合所有制的发展路径。然而，由于城市地下管网对城市安全和民众生活的重要性，政府必须保持主导地位，即所有权必须超过51%。

在城市地下管网(包括综合管廊)运维期间，政府需要确保综合管廊的安全，可采用政府直接负责城市地下管网(包括综合管廊)运维、混合运维或特许运维三种模式实现。政府直接负责城市地下管网(包括综合管廊)运维，指政府通过收取用户管网使用费、水费、排污费、燃气费、热力费、电费等方式、政府拨款等方式维持运维。混合运维指综合管廊建成后，政府、管网运维单位等单位按照一定的规则，协商各自负担一定的运维管理费用。特许运维指地方政府采取特许经营协议等方式授权管线(管廊)运维单位作为被特许人，按照合同约定，从事城市地下管网(综合管廊)运维活动。

2. 管网用户

管网用户包括使用给水、燃气、热力、电力和电信以及产生排水的企业和社会公众。管网企业用户和社会公众用户是城市地下管网(包括综合管廊)使用者和受益者。例如管网企业用户可利用综合管廊提供的管道空间，埋设管道并进行运维管理，从而节省直埋时的成本，并减少自身的运维难度和成本，提高管道材料的使用寿命，易于扩展容量。社会公众纳税是政府财政收入的主要来源，城市地下管网(包括综合管廊)资金最终也是由社会公众来支付。因此，事实上，社会公众也是综合管廊建设资金的最终提供者。

3. 管网运维单位

管网运维单位指负责城市地下管网(包括综合管廊)日常管理的机构，通过出租、混合运维、特许或许可等方式从政府获取运维权。其主要职责是保证城市地下管网的日常运营和维护，包括对管道的安全监控和巡查，定期检测、养护和维修管道，以及利用先进技术实现城市地下管网的信息化和智能化运维等，为各管网用户提供高效安全的服务，并对此收取相应的服务费。

7.1.1　政府运维

政府运维模式由财政资金比较雄厚的政府负责城市地下管网(包括综合管廊)投资建设，

完全拥有城市地下管网(包括综合管廊)所有权，也负责运维管理，承担大部分运维费用。该模式下城市地下管网(综合管廊)建设资金由政府通过财政拨款、政策性银行贷款或财政专项资金划拨等方式筹集。建成之后，政府持有城市地下管网(包括综合管廊)的所有权，同时，政府直接负责运维工作。

政府运维模式下，政府承担运维费用并委托专业机构负责运维工作。这些专业机构按政府的委托，将城市地下管网和综合管廊的内部空间及管道租给企业用户，并收取租金以回收部分建设资金。租金的定价参照其他公共基础设施的定价模型。政府也会制定相关法律，禁止直接埋设管线，并要求相关单位使用综合管廊敷设新管线并缴纳费用，以此在一定程度上为政府资金回笼提供法律保障。我国采用政府运维模式的项目有很多，如上海世博园区综合管廊项目。在运维期间，世博综合管廊的管理单位通过招投标方式确定，政府负责大、中修项目，日常使用费由相关企业用户按比例缴纳。天津、杭州、顺德等城市也采用这种运作模式。

针对综合管廊，政府也委托专业机构参考直埋建设成本，一次性收取使用单位的入廊费。当政府投资建设综合管廊时，为筹集建设费用会向相关管线单位收取费用。建成后对使用单位一次性收取入廊费，以弥补前期的建设成本。我国广州大学城地下综合管廊就采用了这种运维模式。

7.1.2 政企混合运维

政企混合运维模式是由政府和管线单位共同承担综合管廊的建设和运维费用。在这种模式下，政府和企业共同拥有城市地下管网(包括综合管廊)的所有权，并共同负责运维。政府投资新组建一家由国有企业负责建设的综合管廊，其资金来源包括政府财政资金、政府贷款及社会资金，其中社会资金的占比甚至可超过 50%，极大地缓解政府的财政压力。比如在我国台湾，政府负责 1/3 的建设费用，其他的管线单位分摊剩余的建设费用。这些单位在支付费用时，需要综合考虑使用频率和占用空间的比例，以公平地分摊剩余 2/3 的费用。同时，为进一步保障综合管廊建设过程中的运维资金，政府还积极筹集资金，建立公共建设管线基金。

7.1.3 政府特许运维

政府特许运维指政府授权具体的管网运维单位进行城市地下管网(包括综合管廊)的运维工作。在此模式下，城市地下管网的建设可由政府投资建设、政府和企业共同投资或是由企业独立投资。

地方政府通过特许经营协议等方式授权供水、供气、供热、供电等企业通过收取入网费、管网建设费和并网配套费等方式来补偿收入。这种收费方式需要结合水电气暖价格的调整，并建立完善的补贴机制以便逐步取消，具体的取消时间由各地政府自行确定。

青岛高新区综合管廊项目采用政府投资建设与管网运维企业特许运维的模式。在这种模式下，管廊运维单位需要自主经营并自行承担盈亏，同时接受政府的考核与监督。财政部门会根据管廊维护的实际面积和长度，结合现有的人工费、机械费和用工量等指标，来核定维护费用的单位额度，并与管廊运维单位签订合同，根据实际纳入管理的管廊工程量，每月拨付维护管理费用。公用事业中心则负责对管廊的管理进行监督考核，考核结果将直接影响管廊运维单位的收益。在工作量、费用总额和工作业绩目标确定的情况下，管廊运维单位需自负盈亏，并在保证达到管廊管理维护标准和业绩目标的前提下，对管理流程、用工、材料和机械数量进行自我调节和优化。这种模式的优点：一是能提高管廊的管理效率，避免传统国企体制的弊端，激发管廊运维单位的积极性和主动性，提高资源使用效率；二是能为政府管理提供便利。政府主管部门只需对管廊管理的成果进行评价和监督，避免过度干预管理过程可能导致的效率降低、主观能动性不足、政府主管部门与企业之间权责不清、职能混乱、推诿扯皮、实际工作量难以核定及资金使用量难以控制等问题。

政府设立管廊运维单位，负责综合管廊的建设和运维。建设资金主要来源于管廊公司的银行贷款。建设完成后，管廊运维单位通过向相关管线单位收取维护费用，来偿还前期的建设资金。政府赋予管廊运维单位特许经营管理权，允许其进行项目建设以及后期的运维和发展。目前昆明市呈贡地下综合管廊项目采用这种模式。该项目有50年的特许经营期，政府虽在政策上予以支持，但不提供资金和财政担保。为简化流程，城市发展改革委对项目审批手续进行简化，同时在建设综合管廊的路段，城市规划局不再审批新的管线路由，建设局也不再批准新的掘路申请。与政府投资建设+国有公司运维管理相比，该模式在项目实施前，已制定关于管线入廊和不再新建直埋管线的法规和政策。

广西南宁的地下综合管廊及厦门翔安新机场片区的综合管廊等一系列项目，均采取政企共同投资建设和政府特许的运维模式。在此模式下，建设资源主要由政府财政资金、政府借款及社会资金提供，其中社会资金的比例往往超过50%。政府将特许经营管理权授予这些公司，允许它们负责项目的建设和后续的运营维护发展。管网运维单位可获得政府给予的30年的特许经营管理权。这种模式最大程度地激发社会资本的活力，鼓励更多的资金流向项目建设。同时，公司还可获取一定额度的免息资金，保障资金链条的流动，确保项目的顺利实施。佳木斯、南京、抚州等城市也采用相同的政府特许运维模式。

我国综合管廊建设运维模式见表7-1。

表7-1　我国综合管廊建设运维模式

运维模式	投资模式	资金来源	产权归属	优点	缺点
政府运维	政府全资：政府出资组建或由已成立政府直属国有公司建设	财政资金	政府拥有	全权控制，产权清晰，直接操作	财政压力大，建设效率低
政企混合运维	政府以资金与地下空间资源管线入股，与社会资本单位共同出资	政企按比例共同出资	政企共同拥有	减轻财政负担，管线入廊运维风险小	产权不明晰，管网企业用户风险大，资金压力大，分摊比例难以确定

续表7-1

运维模式	投资模式	资金来源	产权归属	优点	缺点
政府特许运维	授予特许经营权的社会投资商独资建设运维	社会资金	企业拥有	降低成本，便于资金筹措，政府风险较小，财政压力小，建设运维高效	政府失去控制权，对法律要求高，公共利益可能受损害
	政府全资：政府出资组建或由已成立政府直属国有公司建设	财政资金	政府拥有	保障项目的顺利进行和后续的维护管理	存在资金压力较大和运营风险，也存在垄断的风险
	政府以资金或(和)地下空间资源管线入股，与社会资本单位共同出资	政企按比例共同出资	政企共同拥有	减轻财政负担，管线入廊运维风险小	存在资金压力较大和运营风险，也存在垄断的风险

7.1.4 运维资金保障制度

城市地下管网是社会公共产品，其运维资金额度的确定通常遵循保本微利的原则。由于市场竞争不充分，这些行业往往具有垄断性或自然垄断性，因此世界上多数国家都实行严格的价格管制，依法实行政府定价或政府指导价。例如，一些欧美发达国家在确定水、气、热力、电等公用事业的价格和收费体系时，通常遵循成本补偿、合理利润、反映市场变化、及时调整价格、用户公平负担及提高资源配置效率等原则。

城市地下管网的资金保障方式通常遵循“谁使用谁付费”的原则。世界上大多数国家给排水、燃气、热力、电力和电信管网的运维资金主要由地方政府提供，也会通过收取业主的水费、气费、热力费、电费等方式来补充。总的来说，城市地下管网的运维管理费用主要由业主承担。

我国城市地下综合管廊的运维管理资金相对难以保障，目前尚没有成熟的模式。城市地下综合管廊的运维资金主要包括管线入廊费和日常维护管理费。在确定管线入廊费时，需要遵循以下原则。

1.效率优先、兼顾公平原则

地下综合管廊费用的分摊方法需尽可能科学合理且具有可操作性，避免采用过于复杂的分摊方法，以确保所有利益相关方能更容易达成共识。费用分摊必须具有客观性和公平性，在分析项目的成本收益基础上，需要确保分摊的费用与分摊方的经济承受能力和预期相匹配，提高分摊方的积极性，保证项目的整体稳定性。在选择费用分摊方法时，不应一味追求理论上的深度和复杂度，应更加贴近管廊项目的实际情况。具体的方法应该更加简单明了，便于实际应用。

2.受益者和使用者付费原则

综合管廊的使用者和受益者承担管廊的建设和运维费用。社会公众是地下综合管廊的受益者，也是综合管廊建设资金的最终使用者。我国政府收取人民税收，代表人民利益，因此政府作为社会大众的代理人，应按照受益者付费原则，分摊综合管廊的部分费用。管线单位作为综合管廊的使用者，应按照使用者付费原则，负担相应的费用。通过这一费用分摊原则，可明确地下综合管廊费用分摊的主体是政府和管线单位。

3. 坚持公用事业价格政策的基本价值取向原则

影响入廊费和运维管理费的因素包括建设投资的合理回报和运维管理公司的合理利润率。

基于我国综合管廊实际情况和地下综合管廊的社会公共产品属性，城市地下综合管廊运维管理资金由政府、管线单位和业主共同分摊。分摊方法包括平均分摊法、比例分摊法和直埋成本法。我国地下综合管廊项目费用分摊的常用方法为比例分摊法。

1）平均分摊法

平均分摊法就是将项目建设费用和运维管理费用均匀地分摊给各个参与主体。这种方法假设各主体均等，不考虑各分摊主体之间的差异和接受程度，这显然不符合现实情况。其计算公式如下：

$$X_i = \frac{C(N)}{n},\ i = 1,\ 2,\ \cdots n \tag{7-1}$$

式中：X_i 为参与主体需分摊的费用现值；$C(N)$ 为拟分摊的费用现值；n 为费用分摊主体个数。

2）比例分摊法

比例分摊法是依据项目某个分摊因子的比值对项目费用进行分摊，分摊费用与分摊因子成正比，即主体分摊因子越高，分摊的费用也越高。其计算公式如下：

$$X_i = \frac{f_n}{\sum f_n} C(N),\ i = 1,\ 2,\ \cdots n \tag{7-2}$$

式中：f_n 为管线 n 的分摊因子。

比例分摊法的核心在于费用分摊因子的选择。在综合管廊项目中，费用分摊因子的选取包括管网用户占用综合管廊空间的比例。相应的比例分摊法被称为空间比例法。

3）直埋成本法

我国台湾地区共同管线的建设与维护管理费用分摊采用“传统体积值法”进行分摊，以解决在多种管线共沟时，传统铺设成本较低但管体较大者过度负担的问题。广东大学城综合管廊的费用标准经广东省物价局批准，入廊费的收费标准参考直埋成本，通过总价分摊法一次性收取。直埋成本法的核算不包括管线单位自行投入的管线和安装成本，原则上不超过管线直接敷设的成本。

国内管廊收费方法/标准对比见表7-2。

国内部分典型管廊项目运维费用统计（不含大、中修费）见表7-3。

表 7-2　国内管廊收费方法/标准对比表

地点	入廊收费方法/标准	日常维护管理收费方法/标准
厦门、十堰、石家庄、杭州	参照各管线直埋成本法确定	按占用管廊空间比例法分摊
昆明	综合考虑新建直埋管线的土建费用及配套设施设备成本	按占用管廊的空间比例法分摊
广州大学城	参照各管线直埋成本法确定，按实际铺设长度一次性收取	各类管线设计截面空间比例
包头	参照各管线直埋成本法确定	使用的频率和占用的管廊空间等按比例分摊
沈阳	参照综合管廊建设总投资和入廊管线在地下综合管廊内实际敷设长度确定	对附属设施使用强度和占用管廊空间比例分摊
郑州、四平、重庆、威海、海口	参照各管线直埋成本法确定	对附属设施使用强度和占用管廊空间比例分摊
合肥	各类管线设计截面空间比例	占用管廊空间比例分摊
成都、长沙、银川	各管线实际入廊长度和单位计价	各管线实际入廊长度和单位计价
南宁	各管线实际入廊长度和单位计价	各管线实际入廊长度和单位计价、占管廊空间比例分摊

表 7-3　国内部分典型管廊项目运维费用统计(不含大、中修费)

序号	管廊项目	运维费用/(万元·年$^{-1}$)	运维费用/(万元·km^{-1}·年$^{-1}$)	人员费用/(万元·年$^{-1}$)	人员费用占比/%	管廊长度/km
1	佛山新城综合管廊	210.2	21.7	130	61.8	9.7(单舱)
2	广州大学城综合管廊	175	9.8	120	68.6	17.9(双舱)
3	横琴新区综合管廊	434.2	13	347	79.9	33.4(双舱)
4	宁波东部新城综合管廊	400	42.6	200	50.0	9.38(双舱)
5	上海世博园综合管廊	440	68.75	300	68.2	6.4(双舱)
6	长沙市综合管廊	1915.62	45.61	1323	69.1	42(三舱四舱)

7.2　城市地下直埋管道缺陷检测与维护技术

7.2.1　管道缺陷检测技术

城市地下管网(包括综合管廊)在使用过程中会因材料老化和腐蚀、管内固体物质堆积和冲刷管壁、地基沉降、温度等外界因素的影响而产生各种不同的管道缺陷。与综合管廊内的管道缺陷相比，直埋管道更难检测、养护和维修。直埋管道常见的缺陷有管道渗漏、管道阻塞、管位偏移、机械磨损、管道腐蚀、管道变形、管道裂纹、管道破裂和管道塌陷等。表7-4总结了常见的管道缺陷。

表7-4　管道缺陷汇总表

序号	缺陷类型	缺陷位置	原因	后果
1	管道渗漏	管道接头、管壁、检查井	材料老化；管道其他类型缺陷	流体溢出；地下水或土颗粒进入管内
2	管道阻塞	管道坚硬沉积物处、结垢处、阻塞物处	管道渗漏	过流能力减小，甚至管道堵塞
3	管位偏移	管道任一位置	地质条件发生改变，管道渗漏	管接头开裂、破损；管线的坡度反向变化而导致管线排水功能失效；管线维护成本增加；管道渗漏；管壁裂纹；管道破裂
4	机械磨损	管道内壁	流体冲刷、气穴气蚀、管液冲击	增加管壁粗糙度，降低过水能力，减少管壁厚度
5	管道腐蚀	管道内外壁	防腐涂层破坏；管材和填料不相容；环境侵蚀	增加管壁粗糙度，降低过水能力；减少管壁厚度
6	管道变形	柔性管道	温度变化，地质条件发生改变	降低过水能力；导致管道阻塞
7	管道裂纹	管道任一位置	温度变化，施工过程中破损、管道其他缺陷	管道破裂；管道坍塌
8	管道破碎	管道任一位置	管道渗漏、磨损、腐蚀和裂纹缺陷	管道渗漏；管道坍塌
9	管道塌陷	管道任一位置	管道其他缺陷	管道彻底破坏

管道渗漏指管道内流体明显地从管道外部溢出，或管道未能满足正规的管道渗透检测要求。管道阻塞指管道内堆积固体物质或其他材料，导致流体无法顺畅流动。管位偏移指管道与设计位置存在偏差，或在施工时特定条件下产生的非特定偏移。机械磨损指管壁与管内的砂土等固体颗粒、流体介质和气体之间发生摩擦，导致管壁材料脱落。管道腐蚀指管道材料因发生化学反应和电化学反应而导致材料流失和力学性能降低。管道变形指管道的形状、大小和位置发生变化。管道破裂指管道外部压力超过其承受力，导致管壁发生纵向、环向或纵向和环向复合开裂。

通过对管道进行检测，可获取管道的健康状态并进行适当的养护和维修措施，延长管道的使用寿命，减少管道事故的发生。常见的管道检测技术包括可视化检测技术、电法检测技术、电化学法检测技术、瞬变电磁法检测技术、超声波检测技术、声发射法检测技术、红外线辐射检测技术和红外线光谱检测技术等。

1. 可视化检测技术

管道可视化检测技术包括电视检测技术、管道扫描检测技术和潜望镜检测技术。电视检测利用闭路电视系统对管道内的渗漏、阻塞、磨损、腐蚀、裂纹、破碎和坍塌等缺陷进行摄像记录和分析。该技术适用于管道内水位较低的情况下，对管道进行较全面的检查；缺点是需要技术人员手动操作摄像头。

为克服这一不足，管道扫描技术应运而生。该技术在电视检测方法的基础上，增加管道内表面 360°扫描可视图像技术。这些图像可由技术人员在办公室内进行数据分析，避免遗漏。

潜望镜检测技术利用电子摄像高倍变焦，结合高质量的聚光灯和散光灯，在管道内部进行检测。该技术便携方便，操作简单，能够判断管道是否存在严重堵塞和渗漏情况。但较难识别管道结构的腐蚀、磨损等细微缺陷。

管道扫描检测见图 7-1。

图 7-1　管道扫描检测

2. 电法检测技术

电法检测技术是通过对比分析缺陷管道在直流电、交流电或高压电作用下的电场响应特征来识别管道缺陷。根据施加的电压和电流不同，电法检测技术分为直流电法、高频选频法和高压电火花法。

除涂刷防腐层材料，金属埋地管道通常也采用强制电流法来防止腐蚀，见图 7-2。因此，金属埋地管道上会有外加直流电流通过。其检测过程为，管道防腐蚀缺陷处的上方地面会形成一个电压梯度场，这时可在缺陷附近地表随机选择两个点（点 A 和点 B），固定其中一个点，移动另一个点（例如固定点 A，移动点 B），测量两个点的电位，并绘制缺陷附近地表的电场分布图，见图 7-3。通过分析电场分布图，可确定电场中心即为管道缺陷处的位置。

在金属管道及其周围土层的电阻与电感组成的传输电路中，可将金属管道、金属管道防腐层和周围土层视为一个由许多微小段组成的传输电路。每个微小段的金属管道和周围土层沿管道方向可简化为 *RL* 串联电路，金属管道防腐层和周围土层沿垂直管道方向可简化为 *RC* 并联电路，见图 7-4 所示。图中，R_i 和 R、L 分别表示金属管道纵向的电阻和电感，R_s 和 L_s 分别表示周围土层的纵向电阻和电感，G_i 和 C_i 分别表示金属管道横向电导和电容。需要注意的是，防腐层的电阻远大于金属管道的电阻，因此金属管道横向电阻主要由防腐层的电导决定。

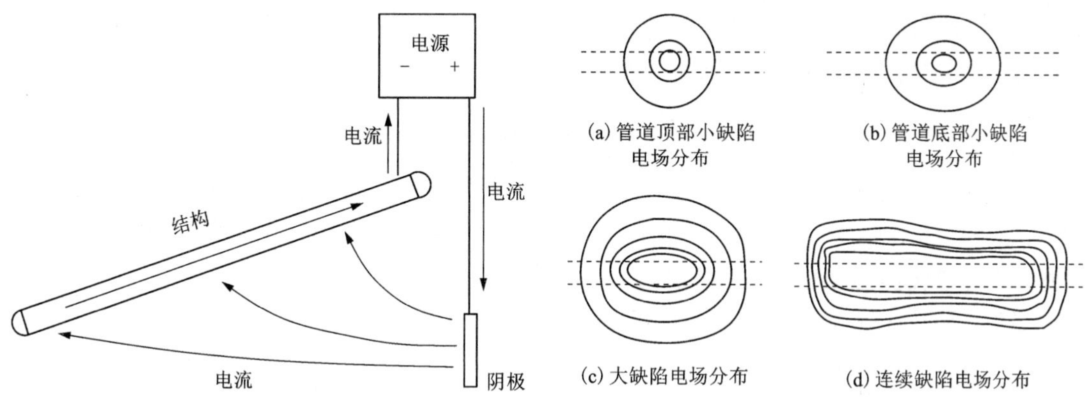

图 7-2　阴极保护强制电流示意图　　**图 7-3　管道缺陷处上方地表强制电场分布图**

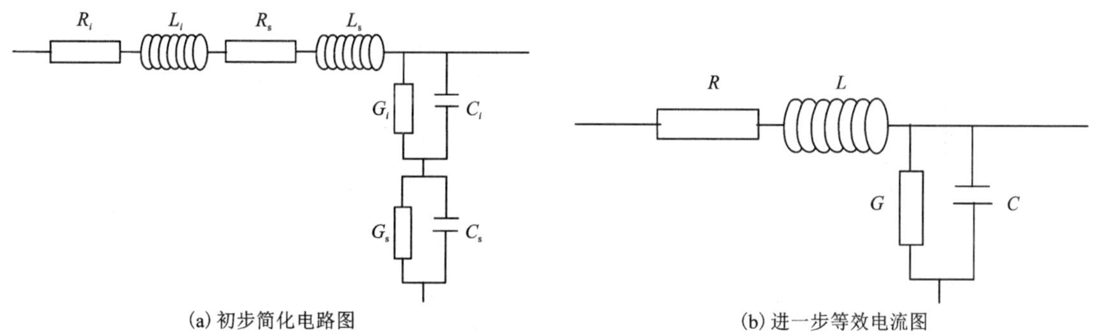

图 7-4　高频选频检测法等效电路图

在该电路上施加一交流电压 U，则有：

$$\frac{\mathrm{d}U}{\mathrm{d}x} = -(R + \mathrm{j}\omega L)I \tag{7-2}$$

$$\frac{\mathrm{d}I}{\mathrm{d}x} = -(G + \mathrm{j}\omega C)U \tag{7-3}$$

$$\frac{\mathrm{d}^2 I}{\mathrm{d}x^2} = (R + \mathrm{j}\omega L)(G + \mathrm{j}\omega C)I = RI \tag{7-4}$$

式中：$r=(R+\mathrm{j}\omega L)(G+\mathrm{j}\omega C)=\alpha+\mathrm{j}\beta$；j 为单位虚数；$\beta$ 为相移系数；α 为衰减系数，$\alpha=RG-\omega^2LC$；R 为管道和周围土层的纵向电阻，Ω；L 为纵向电感，H；ω 为电流角频率，rad/s；G 为管道和周围土层的横向电导，S；C 为管道和周围土层的横向电容，F。

求解该式得：

$$I = Ae^{-rx} + B\mathrm{e}^{rx} \tag{7-5}$$

上式第 1 项随距离 x 增大而减小，第 2 项随距离 x 增大而增大。在埋地管道检测中可忽略第 2 项的影响。当起点电流为 I_0 时，则距离起点 x 处的电流为：

$$I = I_0\mathrm{e}^{-\alpha x} \tag{7-6}$$

取对数，转换用分贝(dB)表示电流值，得：

$$I_{dB} = 20\lg I = 20\lg e \times (-\alpha x) + 20\lg I_0 \tag{7-7}$$

式中：K 为常数。

进一步用 I_{dB} 的距离变化率表示，则有，

$$Y = \frac{\Delta I_{dB}}{\Delta x} = -20\lg e\alpha = -8.686\alpha \tag{7-8}$$

管道上任一点的电流可由仪器检测得到，取计算参数 α，进一步得到 Y 值。根据衰减系数表达式可知：α 随管道和周围土层的横向电导增加而增加，随外加电流角频率增加而减小。因此，当管道腐蚀层破损后，管道和周围土层的横向电导增加，α 相应增加。外加电流的角频率增加，导致 α 减小。图 7-5 展示了破损管道上的 Y-X 曲线和 I_{dB}-X 曲线。

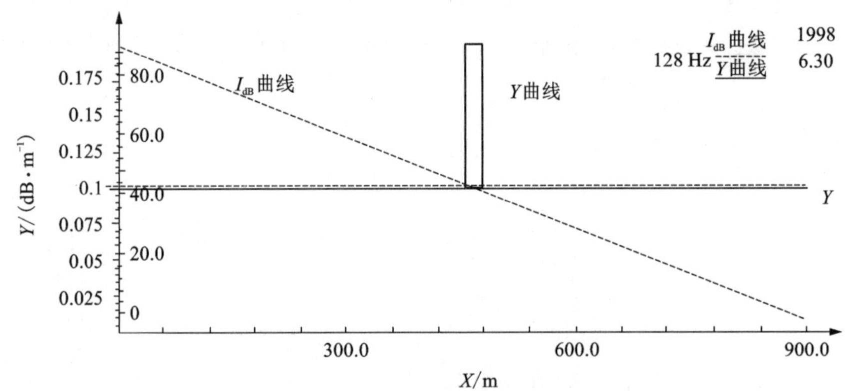

图 7-5　高频选频检测结果示意图

给涂刷防腐层金属管道施加高压电，该高压电称为检漏电压。当检漏电压线经过防腐层过薄处，由于该处的电阻值和气隙密度很小，检漏电压会击穿气隙而产生电火花放电，同时产生脉冲电压触发报警电路发出声光报警信号。检漏电压计算式为：

$$V = \begin{cases} 7843\sqrt{\delta_0} & \delta \geq 1 \text{ mm} \\ 3294\sqrt{\delta_0} & \delta < 1 \text{ mm} \end{cases} \tag{7-10}$$

式中：V 为检漏电压，V；δ_0 为缺陷处涂层厚度，mm，取值为(0.08～0.13)δ；δ 为涂层厚度，mm。

同时，式(7-10)还可检出防腐涂层厚度严重不合格位置。

3. 电化学法检测技术

金属管道的极化电位越小，越难以发生腐蚀。根据《埋地或水下金属管道系统外腐蚀控制标准》(SP 0169—2013)的规定，采用阴极保护防腐措施的金属管道阴极电位需要小于 -850 mV(v. s. CSE)。其中，v. s. CSE 表示“相对于铜/饱和硫酸铜参比电极”。因此，可采用电化学法测量管道相对于铜/饱和硫酸铜参比电极的极化电位。管道极化电位测量示意图见图 7-6。电路中采用内阻为 R_1、nR_1 的电压表和电流表分别测量电路的电压 V_1、V_2 及电流 I_1、I_2。电路真实的极化电位为 V。由欧姆定理得：

$$I_1=\frac{V}{R+R_1}=\frac{V_1}{R_1} \tag{7-9}$$

$$I_2=\frac{V}{R+nR_1}=\frac{V_2}{nR_1} \tag{7-10}$$

消去 R，由此可得：

$$V=\frac{V_1V_2(1-n)}{V_2-nV_1} \tag{7-11}$$

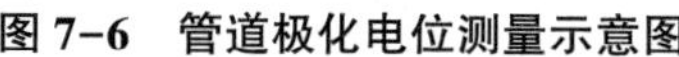

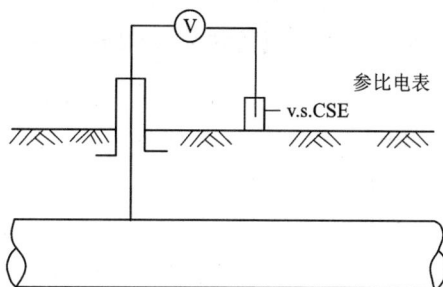

图 7-6　管道极化电位测量示意图

4. 瞬变电磁法检测技术

瞬变电磁法是一种利用感应电压检测管道厚度的非破坏性检测方法。其原理是通过在中心回线装置中激励线圈(发射线圈)通脉冲电流，向管道发射脉冲磁场，管道产生感应二次脉冲磁场，导致检测线圈(接收线圈)内产生感应电压，见图 7-7。

感应电压可通过理论或数值解析法求解。理论解析法首先将脉冲电流通过傅里叶变换表示为不同频率的谐波线性组合。然后根据每个谐波激励下激励线圈在管道区域产生的涡流场，计算涡流场在检测线圈内产生的感应电压。最后将每个谐波激励下的感应电压叠加得到脉冲电流作用下检测线圈内的感应电压。

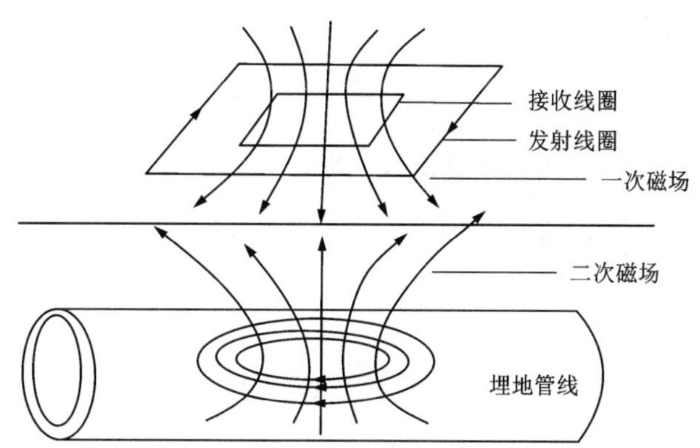

图 7-7　瞬变电磁法检测埋地管道示意图

数值解析法则是利用 Maxwell 方程组和物质本构关系，表示为：

$$\begin{cases}\nabla\times H=J_s+J+\dfrac{\partial D}{\partial t}\\ \nabla\times E=-\dfrac{\partial B}{\partial t}\\ \nabla\cdot B=0\\ \nabla\cdot D=\rho\\ D=\varepsilon E、J=\sigma E、B=\mu H\end{cases} \tag{7-14}$$

式中：$\nabla=\left(\dfrac{\partial}{\partial x},\dfrac{\partial}{\partial y},\dfrac{\partial}{\partial z}\right)$，$\nabla\times H=\begin{vmatrix} i & j & k\\ \dfrac{\partial}{\partial x} & \dfrac{\partial}{\partial y} & \dfrac{\partial}{\partial z}\\ H_x & H_y & H_z\end{vmatrix}$，$\nabla\cdot B=\left(\dfrac{\partial B_x}{\partial x},\dfrac{\partial B_y}{\partial y},\dfrac{\partial B_z}{\partial z}\right)$。$H$ 为磁场强度，A/m；E 为电场强度，V/m；J_s 为源电流密度，$J_s=I\delta(r-r_0)\delta(z-l_0)$，A/m^2；$I$ 为激励线圈电流密度幅值；δ 为 DiracDelta 函数，在 $r=r_0$ 或 $z=l_0$ 时，$\delta=1$，其他情况下 $\delta=0$；J 为传递电流密度，A/m^2；D 为电位移，C/m^2；B 为磁感应强度，T；ρ 为电荷密度，C/m^3；μ 为磁导率，H/m；ε 为介电常数，F/m；σ 为电导率，S/m。

考虑正弦交流电角频率 $\omega=2\pi f$ 作用下，$\frac{\partial}{\partial t}=\mathrm{j}\omega$，式(7-14)改写为

$$\begin{cases}\nabla \times H = J_s + (\sigma + \mathrm{j}\omega\varepsilon)E \\ \nabla \times E = -\mathrm{j}\omega B \\ \nabla \cdot B = 0 \\ \nabla \cdot D = \rho\end{cases} \tag{7-15}$$

引入矢量磁位 $\boldsymbol{A}$，满足 $B=\nabla\times\boldsymbol{A}$、$\nabla\cdot\boldsymbol{A}=0$，得：

$$\nabla \times E = -\mathrm{j}\omega\,\nabla \times \boldsymbol{A} \tag{7-16}$$

得 $E=-\mathrm{j}\omega\boldsymbol{A}$，进而得：

$$\nabla \times \left(\frac{\nabla \times A}{\mu}\right) = J_s + (\sigma + \mathrm{j}\omega\varepsilon)(-\mathrm{j}\omega\boldsymbol{A}) \tag{7-17}$$

考虑 $\nabla\times\nabla\times\boldsymbol{A}=\nabla(\nabla\cdot\boldsymbol{A})-\nabla^2\boldsymbol{A}$ 得：

$$-\nabla^2\boldsymbol{A} = J_s + (\sigma + \mathrm{j}\omega\varepsilon)(-\mathrm{j}\omega\boldsymbol{A}) \tag{7-18}$$

考虑 $\sigma\gg\omega\varepsilon$：

$$\nabla^2\boldsymbol{A} = -\mu I\delta(r-r_0)\delta(z-l_0) + \mathrm{j}\omega\mu\sigma\boldsymbol{A} \tag{7-19}$$

引入常数 $\alpha\in(0,\infty)$，进行分离变量法求解方程，得 $\boldsymbol{A}$。

进一步采用法拉第定律，求得：

$$U = \mathrm{j}\omega\int\boldsymbol{A}\cdot\mathrm{d}s = U_1 + \Delta U \tag{7-20}$$

$$U_1 = \mathrm{j}\pi\omega\mu_0 I\int_0^\infty T(\alpha)\mathrm{d}\alpha \tag{7-21}$$

$$\Delta U = \mathrm{j}\pi\omega\mu_0 I\int_0^\infty \Gamma(\alpha)S(\alpha)\mathrm{d}\alpha \tag{7-22}$$

式中：ΔU 为二次磁场在检测线圈上的感应电势，V；U_1 为一次磁场在检测线圈上的感应电势，V；$T(\alpha)=n_d n_p\frac{\chi(\alpha r_{1d},\alpha r_{2d})\chi(\alpha r_{1p},\alpha r_{2p})}{(r_{2d}-r_{1d})\alpha^5\quad(r_{2p}-r_{1p})}\frac{2(l_{2p}-l_{1p})\alpha+e^{\alpha(l_{1p}-l_{2d})}-e^{-\alpha(l_{2p}-l_{2d})}+e^{-\alpha(l_{2p}-l_{1d})}-e^{-\alpha(l_{1p}-l_{1d})})}{(l_{2d}-l_{1d})(l_{2p}-l_{1p})}$；

$S(\alpha)=n_d n_p\frac{\chi(\alpha r_{1d},\alpha r_{2d})\chi(\alpha r_{1p},\alpha r_{2p})}{(r_{2d}-r_{1d})\alpha^6\quad(r_{2p}-r_{1p})}\frac{(e^{-\alpha l_{2d}}-e^{-\alpha l_{1d}})}{(l_{2d}-l_{1d})}\frac{(e^{-\alpha l_{2p}}-e^{-\alpha l_{1p}})}{\alpha(l_{2p}-l_{1p})}$；$r_{1p}$、$r_{2p}$ 分别为接收线圈的内半径、外半径，m；r_{1d}、r_{2d} 分别为激励线圈的内半径、外半径，m；l_{1p}、l_{2p} 分别为接收线圈底部、顶部到钢管顶部的距离，m；n_p 为接收线圈匝数。

ΔU 的变化规律受到管壁检测厚度、管道壁的磁导率 μ、电导率 σ 等参数的影响。因此可通过分析感应电势的变化规律，反演管壁厚度的变化。当管壁厚度变小时，感应电压增加。

5. 超声波检测技术

机械波传播满足 Navier 公式：

$$\mu\,\nabla^2\boldsymbol{u} + (\lambda+\mu)\,\nabla(\nabla\cdot\boldsymbol{u}) = \rho\left(\frac{\partial^2\boldsymbol{u}}{\partial t^2}\right) \tag{7-23}$$

式中：λ、μ 为 Lame 常数，Pa；ρ 为密度，kg/m^3；$\boldsymbol{u}$ 为位移矢量，$\boldsymbol{u}=(u,v,\omega)$；$\lambda=\frac{Ev}{(1+v)(1-2v)}$；$\mu=G=\frac{E}{2(1+v)}$。

考虑不同的边界条件和 Lame 常数的取值，可将机械波分为纵波、横波和导波。当机械波在流体中传播，满足 $\mu=0$、$u\neq0$、$v=\omega=0$ 时表示纵波，质点振动方向与波传播方向一致，见图 7-8(a)。当不考虑弹性模量的直接影响，满足 $\lambda=0$、$u=0$、$v=0$、$\omega\neq0$ 时表示横波，质点振动方向与波传播方向垂直，见图 7-8(b)。当声波在管道内或管壁内传播时，一定的频率条件下，声波发生全反射，没有能量损失，这种现象称为导波。此时边界条件满足边界上法向方向应力、剪应力均为 0。

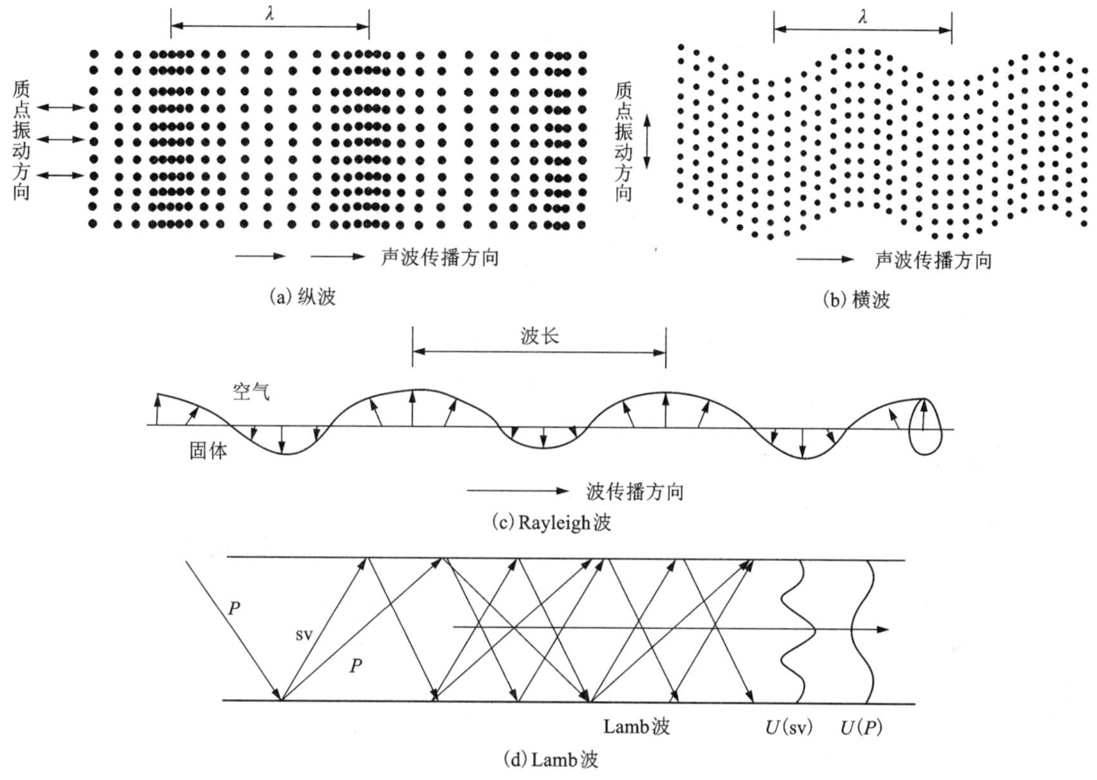

图 7-8　波传播示意图

地下管道超声波无损检测技术主要用于管道腐蚀性检测和长距离管道缺陷探测。该技术利用导波在管道中传播时，传播速度会受到管道不连续处、几何形状的改变以及管壁厚度的变化等因素的影响，产生携带结构缺陷信息的反射回波。通过分析接收信号和反射回波的特征，可判断出管道中结构缺陷的位置，并对缺陷尺寸进行估计。

根据缺陷产生的波形转换信号，还可对金属缺损与管道的外形特征(如焊缝轮廓)进行识别。具体而言，对称模态的导波信号遇到环形焊缝和法兰时会产生对称模态的回波信号；遇到管道垂直方向的缺陷时会产生垂直弯曲模态的回波信号；遇到管道水平方向的缺陷时会产生水平弯曲模态的回波信号。

此外，若管道管壁发生开裂，超声波速度减小，管壁及其腐蚀层减小，接收波到达时间同步减小。

导波发射与接收示意图见图 7-9。

导波检测原理见图 7-10。

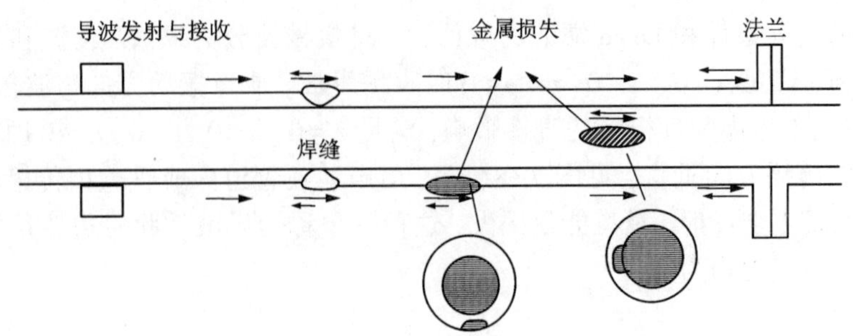

图 7-9　导波发射与接收示意图

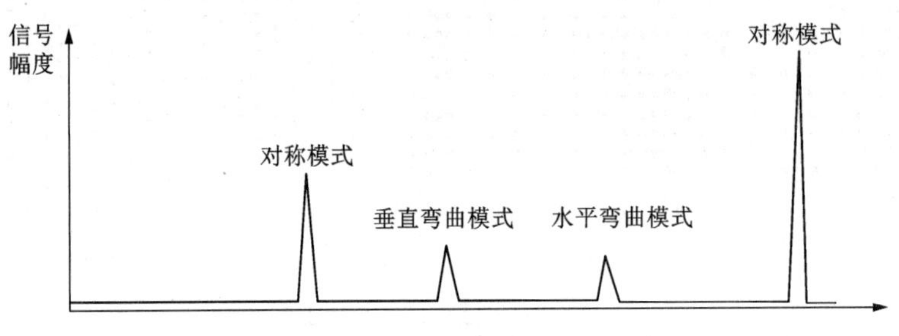

图 7-10　导波检测原理

管道裂缝深度和管壁厚度超声波检测见图 7-11。

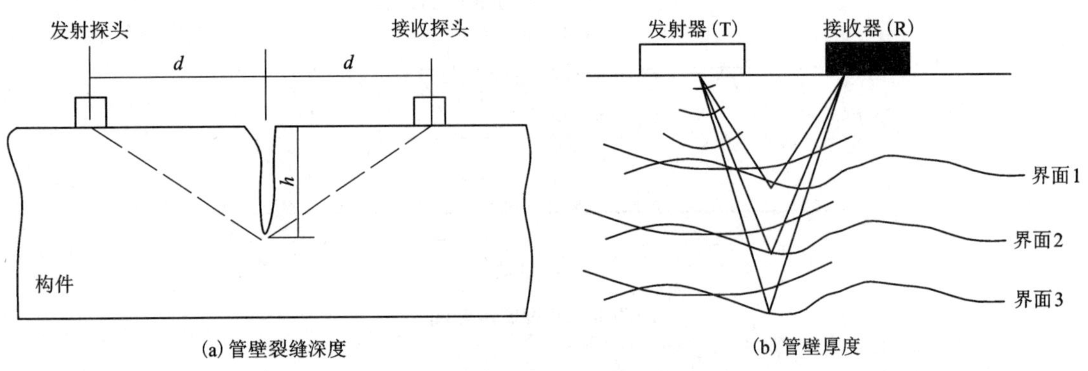

图 7-11　管道裂缝深度和管壁厚度超声波检测

低频超声波技术是一种较为先进的无损检测手段。该技术通过激发低频扭曲波或纵波，有效传播超声波。理论上，一个检测点激发的超声导波可在 100 m 范围内有效传播，即有效检测距离可达到 100 m，适用于管路和管道甚至在地下埋管不开挖状态下的长距离检测。

磁致伸缩超声波利用扭转磁致伸缩效应(即魏德曼效应)产生超声波激励源。魏德曼效应是一种磁致伸缩材料在径向和轴向两个相互垂直的磁场的作用下，在圆周方向产生机械作用力，使材料发生径向扭转变形的现象。当一个圆形铁杆被置于环形磁场中时，施加外力使其拉、压或扭转，杆件圆周方向上的线圈产生感应电流。这是因为杆件扭转或纵向力引起的形变会导致线圈内产生感应电流，这种现象被称为逆魏德曼效应。

利用磁致伸缩效应和逆魏德曼效应，可实现电—机械—电的能量转换。

扭曲波传播示意图和纵向波传播示意图见图 7-12 和图 7-13。

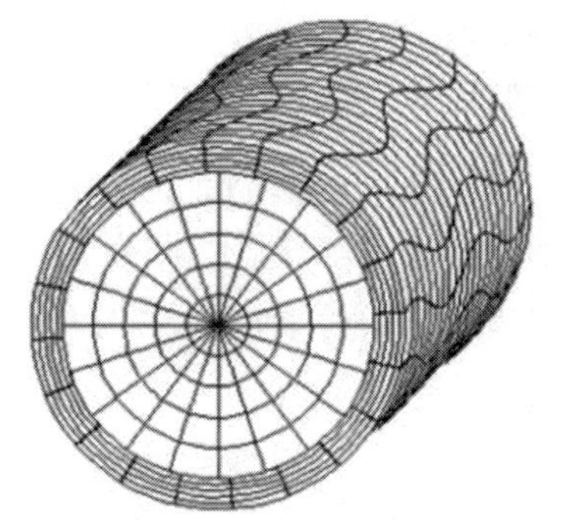

图 7-12　扭曲波传播示意图

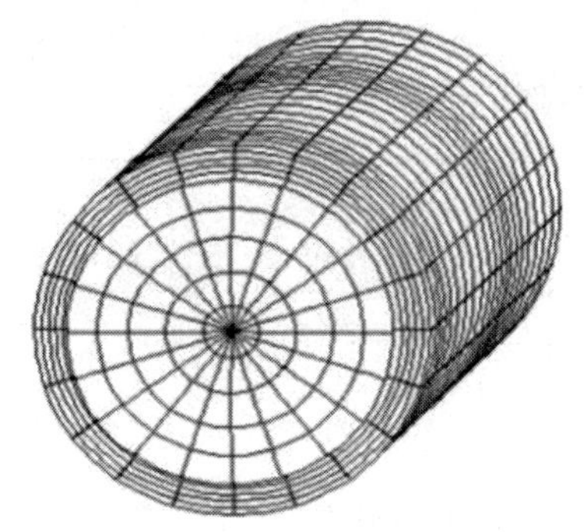

图 7-13　纵向波传播示意图

磁致伸缩超声波检测示意图见图 7-14。

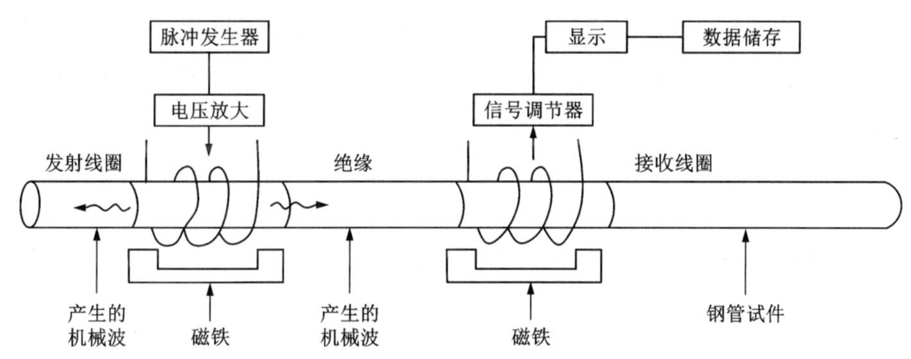

图 7-14　磁致伸缩超声波检测示意图

6. 声发射法检测技术

声发射法检测技术是一种基于凯赛效应的管道缺陷检测技术。凯赛效应指当物体受到外部载荷作用时，在重复载荷达到原先所加最大载荷之前不会产生明显的声发射信号，而在达到最大载荷后会产生明显的声发射信号。

管道存在缺陷时，外部作用力会导致缺陷区域产生声发射波。这些声发射波会向周围扩散并在内部传播，最终传播到被测物表面。布置在被测物表面的声发射传感器可接收到这些声发射波，并将其转化为电信号。电信号经过放大后，传输给声发射检测系统。最后通过系统自带软件，对声发射信号进行处理和分析，从而识别出管道缺陷所在位置。

声发射信号分析包括撞击计数、持续时间、有效值电平、平均信号电平、事件计数、幅度、能量计数、振铃计数和上升时间几个方面，具体说明见图 7-15 和表 7-5。

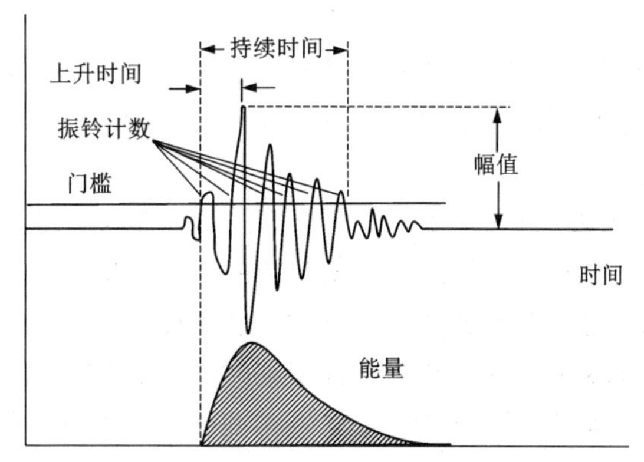

图 7-15　声发射信号分析内容

表 7-5 声发射信号分析内容说明

参数	含义	特点和用途
撞击计数	超过门槛并使某一通道获取数据的任何信号称为一个撞击，分为总计数和计数率	反映声发射活动的总量和频度，常用于声发射活动性评价
持续时间	信号第一次越过门槛到降至门槛所经历的时间，以 ms 表示	与振铃计数十分相似，常用于特殊波源类型和噪声的鉴别
有效值电平	采样时间内，信号的均方根值，以 V 表示	与声发射的大小有关，测量简便，不受门槛的影响，适用于连续型信号，可用于连续型声发射活动性评价
平均信号电平	采样时间内，信号电平的均值，以 Db 表示	适用于对幅度动态范围要求高而时间分辨率要求不高的连续型信号，也用于背景噪声水平的测量
事件计数	产生声发射的一次材料局部变化称为一个声发射事件，分为总计数和计数率	反映声发射事件的总量和频度，与材料内部损伤、断裂源多少有关。用于源的活动性和定位集中度评价
幅度	信号波形的最大振幅值，通常用 dBae 表示(传感器输出 1 μV 为 0 dB)	与事件大小有直接的关系，直接决定事件的可测性，常用于波源的类型鉴别、强度及衰减的测量
能量计数	信号检波包络线下的面积，分为总计数和计数率	反映事件相对能量或强度。对门槛、工作频率和传播特性不甚敏感，可取代振铃计数，也用于波源类型鉴别
振铃计数	当一个事件撞击传感器时，传感器产生振铃。越过门槛信号的振荡次数，分为总计数和计数率	信号处理简便，适于两类信号，又能粗略反映信号强度和频度，广泛用于声发射活动性评价，但受门槛值大小的影响
上升时间	信号第一次越过门槛到最大振幅所经历的时间间隔，以 μs 表示	因受传播的影响而其物理意义变得不明确，有时用于机电噪声鉴别

7. 红外线辐射检测技术

所有物体都会发射红外线能量，其强度与物体的表面温度密切相关。红外线辐射检测技术原理就是利用管道缺陷和管道正常部分不断辐射红外光能量，通过红外探测器接收红外辐射，利用材料的热电效应或半导体材料特性将温度变化转化为电信号，进而区分管道缺陷和正常管道。

例如，管道堵塞是由堵塞部位与其他部位热容量不同而导致温差。这些温差传递到管线外壳时，可使用红外热像仪在管道外部拍摄并判断是否存在堵塞。管道内壁磨损或腐蚀时，故障部位温度会高于正常部位，也可通过红外热像仪检测出故障。当管道局部温度波动较大导致材料热疲劳产生裂纹或泄漏时，故障部位会渗漏管道内介质。如果管道内介质为低温介质(如氨气)或高温介质，管道渗漏介质与管道外壁的温差是不同的，因此可使用红外热像仪在故障处进行拍摄检测。

与此同时，物体也会吸收外界的，辐射能量，进而改变其温度。其过程符合红外辐射基尔霍夫定律、普朗克定律、斯蒂芬-玻尔兹曼定律和维恩定律。

1)红外辐射基尔霍夫定律

在给定温度下，对于某一特定波长来说，物体的吸收能力和发射能力的比值对于所有物体都是恒定的，与物体本身的性质无关，可表示为：

$$M_\lambda(T)=\alpha(\lambda,T)E_\lambda(T) \tag{7-24}$$

式中：$\alpha(\lambda,T)$为物体的吸收率。为研究物体的辐射特性，提出黑体的概念，即对于理想黑体有$\alpha(\lambda,T)=\alpha=1$。

2)普朗克定律

普朗克定律给出一定温度下黑体辐射随频率的变化关系。计算如下：

$$M_{\mathrm{b}\lambda}=\frac{c_1}{\lambda^5}\frac{1}{e^{c_2/\lambda T}-1} \tag{7-25}$$

$$M_{\mathrm{b}v}=\frac{2\pi h v^3}{c^2}\frac{1}{e^{hv/kT}-1} \tag{7-26}$$

式中：$M_{\mathrm{b}\lambda}$、$M_{\mathrm{b}v}$为黑体光谱辐射度($10/m^2$)；λ为波长，um；v为频率，Hz；c为光速，取值为2.997925×10^{10} cm/s；h为普朗克常数，取值为6.626196×10^{-34} W/s^2；k为玻尔兹曼(Boltzmann)常数，取值为1.380622×10^{-23}(W·s)/K；T为绝对温度，℃；c_1为第一辐射常数，$c_1=2\pi hc^2=3.741844\times10^{-12}$ W/cm^2；c_2为第二辐射常数，$c_2=ch/k=1.438833$ cm。

3)斯蒂芬-玻尔兹曼定律

斯蒂芬-玻尔兹曼定律由式(7-25)积分，即$M_\mathrm{b}=\int_0^\infty M_{\mathrm{b}\lambda}\mathrm{d}\lambda=\int_0^\infty\frac{2\pi hc^2}{\lambda^5}\frac{1}{e^{hc/\lambda kT}-1}\mathrm{d}\lambda$得出。该定律表明黑体的辐射度$M_\mathrm{b}$与温度$T$的四次方成正比。

$$M_\mathrm{b}=\sigma T^4 \tag{7-27}$$

式中：σ为斯蒂芬-玻尔兹曼常数，取值为5.6697×10^{-8} W/(m^2·K^4)。

4)维恩定律

对式(7-25)进行波长求导，即$\frac{\partial M_{\mathrm{b}\lambda}}{\partial\lambda}=0$，可得维恩定律。该定律表明最大光谱辐射功率的波长$\lambda_{\max}$与绝对温度$T$成反比例关系。

$$\lambda_{\max}T=C \tag{7-28}$$

式中：C为常数，取值为2897.8 um·K。

8. 红外光谱检测技术

物质对红外辐射的吸收和散射特性与其分子结构和化学键的振动、转动和拉伸等相关。红外光谱仪通过发射一段连续的红外辐射，经过待测样品后，利用检测器测量样品吸收红外辐射的能量。根据吸收不同波长的红外辐射程度，可构建物质的红外光谱图。红外光谱图通常以波数(cm^{-1})或波长(μm)为横轴，以吸收强度为纵轴。不同的吸收峰代表着不同的化学键和分子结构。通过与已知物质的光谱进行比对，可确定待测物质的组成和结构。如燃气管道的主要气体成分为甲烷，其红外光谱图见图7-16。

综上所述，不同的管道缺陷对应不同的检测技术。同一种缺陷，可对应多种检测技术，

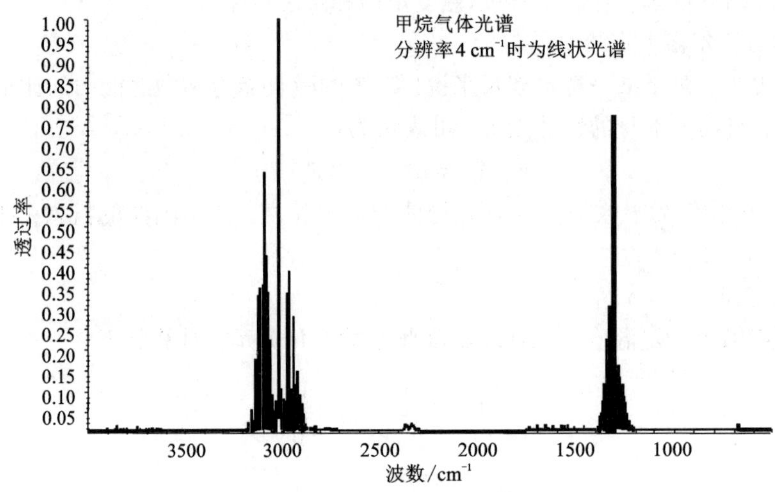

图 7-16　甲烷红外光谱图

同一种检测技术也可检测多种管道缺陷。因此，实际操作中要结合实际情况，综合多种方法进行综合分析。不同管道缺陷对应的检测方法见表 7-6。

表 7-6　不同管道缺陷对应的检测方法

序号	缺陷类型	检测方法
1	管道渗漏	可视化法、电法、电化学法、电磁法、声波法、声发射法、红外线辐射法、红外线光谱法
2	管道阻塞	可视化法、声波法、红外线辐射法、红外线辐射法
3	管位偏移	埋深观测点进行监测
4	机械磨损	可视化法、电法、电化学法、电磁法、声波法、声发射法、红外线辐射法
5	管道腐蚀	可视化法、电法、电化学法、电磁法、声波法、声发射法、红外线辐射法
6	管道变形	埋深观测点进行监测
7	管道裂纹	可视化法、电法、电化学法、电磁法、声波法、声发射法、红外线辐射法
8	管道破碎	可视化法、电法、电化学法、电磁法、声波法、声发射法、红外线辐射法
9	管道塌陷	可视化法、电法、电化学法、电磁法、声波法、声发射法、红外线辐射法

7.2.2　管道评估方法

管道缺陷评估是通过科学合理的方法分析管道缺陷检测数据，并进行管道维修和养护决策的过程。给水、排水、燃气、热力、电力和电信管道缺陷的评估方法不尽相同，现分别介绍如下。

1. 给水管道

目前，我国没有给水管道全面的评估方法。其原因可能是给水管道的管道评估较为复杂，同时我国给水行业对管道评估的重视程度相对较低，积累的评估数据有限。但针对渗漏问题，我国有较为成熟的评估方法。

1）评定指标

管道的漏损评定指标包括漏损率和漏失率。漏损率和漏失率计算式为：

$$R_{WL} = \frac{(Q_s - Q_a)}{Q_s} \times 100\% \tag{7-29}$$

$$R_{RL} = \frac{Q_{r1} + Q_{r2} + Q_{r3} + Q_{r4}}{Q_s} \times 100\% \tag{7-30}$$

式中：R_{WL} 为漏损率，%；Q_s 为供水总量，万 m^3；Q_a 为注册用户水量，万 m^3；R_{RL} 为漏失率，%；Q_{r1}、Q_{r2} 分别为明漏水量、暗漏水量，Q_{r3} 为水箱、水池的渗漏，Q_{r4} 为溢流水量，万 m^3。

2）漏失率

给水管网漏失率满足：

$$R_{RL} < 70\% R_n \tag{7-31}$$

$$R_n = R_0 + R_1 + R_2 + R_3 + R_4 \tag{7-32}$$

式中：R_n 为修改后的漏损率标准，%；R_0 为基本漏损率，一级取10%，二级取12%；R_1 为居民抄表到户水量修正值，$R_1 = 0.08r \times 100\%$，%；r 为居民抄表到户水量占总供水量比例；R_2 为单位供水量管长的修正值，$R_2 = 0.99(A - 0.0693) \times 100\%$，%；$R_2$ 取值范围为[-3%～3%]，低于-3%，取-3%，超过3%，取3%；A 为单位供水量管长，$A = L/Q_s$，km/万 m^3；L 为DN75及其以上管道的长度，km；R_3 为年平均出厂压力的修正值，%；R_3 取值见表7-7。R_4 为最大冻土深度的修正值，%；R_4>1.4 m时，取1%。

表7-7 R_3 取值表

年平均出厂压力/MPa	(0.35, 0.55]	(0.55, 0.75]	>0.75
R_3/%	0.5	1	2

评估结果可为管网更新改造的中长期规划和年度计划提供参考。

2. 排水管道

排水管道的评估对象和指标相对较全面。管道缺陷评估时分为结构性缺陷和功能性缺陷。结构性缺陷指直接影响排水管道结构本体包括管道结构强度和使用寿命的缺陷。常见的结构性缺陷包括管道破裂、腐蚀、漏水、变形等。功能性缺陷指管道截面发生改变，影响排水管道过流和畅通性能的缺陷。常见的功能性缺陷包括管道积水、堵塞、管径变小等。

根据缺陷的危害程度，评估结果可分为轻微、中等、严重和重大四个等级，分别对应1、2、3、4级别。对于结构性缺陷，常见的维护措施是修复。对于功能性缺陷，常见的维护措施是养护。

1）结构性缺陷评估及其等级

（1）管段结构性缺陷参数

管段结构性缺陷参数主要包括缺陷平均分值 S 和损坏最严重处的缺陷分值 S_{max}，计算公式如下：

$$S = \frac{1}{n_w}\left(\sum_{i_1=1}^{n_1} P_{i_1} + \alpha \sum_{i_2=1}^{n_2} P_{i_2}\right) \quad (7-33)$$

$$S_{max} = \{P_i\}_{max} \quad (7-34)$$

式中：n_w 为管段的结构性缺陷数量，$n_w=n_1+n_2$；n_1 为纵向净距大于 1.5 m 的缺陷数量；n_2 为纵向净距大于 1.0 m 且不大于 1.5 m 的缺陷数量；P_{i_1} 为排水管道纵向净距大于 1.5 m 的结构性缺陷分值；P_{i_2} 为纵向净距大于 1.0 m 且不大于 1.5 m 的缺陷分值；α 为结构性缺陷影响系数，与缺陷间距有关。当缺陷的纵向净距大于 1.0 m 且不大于 1.5 m 时，$\alpha=1.1$。

计算管段结构性缺陷参数 F，按表 7-8 评定管段结构性缺陷等级。

$$F = \begin{cases} S_{max} \geq S \\ S_{max} < S \end{cases} \quad (7-35)$$

表 7-8　结构性缺陷名称等级划分

缺陷名称	缺陷描述			
	Ⅰ级	Ⅱ级	Ⅲ级	Ⅳ级
破裂	当下列一个或多个情况存在时：(1)在管壁上可见细裂痕；(2)在管壁上由细裂缝处冒出少量沉积物；(3)轻度剥落	破裂处已形成明显间隙，但管道的形状未受影响且破裂无脱落	管壁破裂或脱落处所剩碎片的环向覆盖范围不大于弧长 60°	当下列一个或多个情况存在时：(1)管道材料裂痕、裂口或破坏向覆盖范围大于弧长 60°；(2)管壁材料发生脱落的环向范围大于弧长 60°
变形	<5%D	5%D~15%D	15%D~25%D	>25%D
腐蚀	表面轻微剥落，管壁出现凹凸面，轻度腐蚀	表面剥落，管壁显露粗骨料或钢筋，中度腐蚀	粗骨料或钢筋完全显露，重度腐蚀	—
横向错口	<1/2δ	1/2t~1δ	1t~2δ	>2δ
竖向起伏	<20%D	20%D~35%D	35%D~50%D	>50%D
脱节	管道端部有少量泥土挤入，轻度脱节	<2 cm	2~5 cm	>5 cm
接口材料脱落	接口材料在管道内水平方向中心线上部	接口材料在管道内水平方向中心线下部	—	—
支管暗接	<10%Φ	10%Φ~20%Φ	>20%Φ	—
异物穿入	<10%S	10%S~30%S	>30%S	—
渗漏	液体持续从缺陷点滴出，沿管壁流动	液体持续从缺陷点滴出，脱落管壁流动	液体持续从缺陷点涌出，涌漏水面积小于1/3过水面积	液体持续从缺陷点涌出，涌漏水面积大于1/3过水面积

注：表中 D 为管道直径，δ 为管壁厚度，Φ 为主管直径，S 为过水断面面积。

管段结构性缺陷等级评定对照表见表 7-9。

表 7-9　管段结构性缺陷等级评定对照表

等级	缺陷参数 F	损坏状况描述
Ⅰ	$F\leqslant 1$	无或有轻微缺陷，结构状况基本不受影响，但具有潜在变坏可能
Ⅱ	$1<F\leqslant 3$	管段缺陷明显超过Ⅰ级，具有变坏的趋势
Ⅲ	$3<F\leqslant 6$	管段缺陷严重，结构状况受到影响
Ⅳ	$F>6$	管段存在重大缺陷，损坏严重或即将导致破坏

(2)管段结构性缺陷密度

管段结构性缺陷密度 S_M 按下式计算：

$$S_M = \frac{1}{SL}\left(\sum_{i_1=1}^{n_1} P_{i_1} L_{i_1} + \alpha \sum_{i_2=1}^{n_2} P_{i_2} L_{i_2}\right) \tag{7-36}$$

式中：L 为管段长度，m；L_{i_1} 为纵向净距大于 1.5 m 的结构性缺陷长度，m；L_{i_2} 为纵向净距大于 1.0 m 且不大于 1.5 m 的结构性缺陷长度，m。管段结构性缺陷类型评估按表 7-10 确定。

表 7-10　管段结构性缺陷类型评估参考表

缺陷密度 S_M	<0.1	0.1~0.5	>0.5
管段结构性缺陷类型	局部缺陷	部分或整体缺陷	整体缺陷

(3)管段修复指数

管段修复指数 R_I 按下式计算：

$$R_I = 0.7 \times F + 0.1 \times K + 0.05 \times E + 0.15 \times T \tag{7-37}$$

式中：R_I 为管段修复指数；K 为地区重要性参数，按表 7-11 确定；E 为管道重要性参数，按表 7-11 确定；T 为土质影响参数，按表 7-12 确定。

根据计算出的管段修复指数 R_I，按表 7-13 确定管段修复等级。

表 7-11　地区重要性参数 K 和管道重要性参数 E 取值表

地区类别	管径 D(或 F)/mm	K 值	E 值
中心商业、附近具有甲类民用建筑工程的区域	$D>1500$	10	10
交通干道、附近具有乙类民用建筑工程的区域	$1000<D\leqslant 1500$	6	6
其他行车道路、附近有丙类民用建筑工程区域	$600<D\leqslant 1000$	3	3
所有其他区域或 $F<4$ 时	$D\leqslant 600$ 或 $F<4$	0	0

表 7-12　土质影响参数 T 取值表

土质	一般土质或 $F=0$	粉砂层	湿陷性黄土			膨胀土			淤泥类土		红黏土
			Ⅳ级	Ⅲ级	Ⅰ、Ⅱ级	强	中	弱	淤泥	淤泥土质	
T 值	0	10	10	8	6	10	8	6	10	8	8

表 7-13 管段修复等级划分表

等级	修复指数 R_I	修复建议及说明
Ⅰ	$R_I \leqslant 1$	结构条件基本完好，不修复
Ⅱ	$1<R_I \leqslant 4$	结构在短期内不会发生破坏现象，但做修复计划
Ⅲ	$4<R_I \leqslant 7$	结构在短期内可能会发生破坏，尽快修复
Ⅳ	$R_I>7$	结构已经发生或即将发生破坏，立即修复

2）功能性缺陷评估及其等级

（1）管段功能性缺陷参数

管段功能性缺陷参数主要包括缺陷平均分值 Y 和损坏最严重处的缺陷分值 $Y_{\max}$，计算公式如下：

$$Y = \frac{1}{m_w}\left(\sum_{j_1=1}^{m_1} P_{j_1} + \beta \sum_{j_2=1}^{m_2} P_{j_2}\right) \tag{7-38}$$

$$Y_{\max} = \{P_j\}_{\max} \tag{7-39}$$

式中：m_w 为排水管段的功能性缺陷数量，$m_w = m_1 + m_2$；m_1 为纵向净距大于 1.5 m 的缺陷数量；m_2 为纵向净距大于 1.0 m 且不大于 1.5 m 的缺陷数量；P_{j_1} 为排水管道纵向净距大于 1.5 m 的功能性缺陷分值；P_{j_2} 为纵向净距大于 1.0 m 且不大于 1.5 m 的缺陷分值；β 为功能性缺陷影响系数，与缺陷间距有关，当缺陷的纵向净距大于 1.0 m 且不大于 1.5 m 时，β= 1.1。

计算管段功能性缺陷参数 G，按照表 7-14 评定管段结构性缺陷等级。

$$G = \begin{cases} Y_{\max} Y_{\max} \geqslant Y \\ Y Y_{\max} < Y \end{cases} \tag{7-40}$$

表 7-14 功能性缺陷名称及等级划分

缺陷名称		缺陷描述			
		1 级	2 级	3 级	4 级
沉积		沉积物厚度为 20%D~30%D	沉积物厚度为 30%D~40%D	沉积物厚度为 40%D~50%D	沉积物厚度 >50%D
结垢	硬质	<15%S	15%S~25%S	25%S~50%S	>50%S
	软质	15%S~25%S	25%S~50%S	50%S~80%S	>80%S
障碍物		<15%S	15%S~25%S	25%S~50%S	>50%S
残墙和坝根		<15%S	15%S~25%S	25%S~50%S	>50%S
树根		<15%S	15%S~25%S	25%S~50%S	>50%S
浮渣		<30%S	30%S~60%S	>60%S	—

注：表中 D 为管道直径，S 为过水面积。

管段功能性缺陷等级评定对照表见表 7-15。

表 7-15　管段功能性缺陷等级评定对照表

等级	缺陷参数 G	运行状况说明
Ⅰ	$G \leqslant 1$	无或有轻微缺陷，管道运行基本不受影响
Ⅱ	$1<G \leqslant 3$	管道过流有一定的受阻，运行受影响不大
Ⅲ	$3<G \leqslant 6$	管道过流受阻比较严重，运行受到明显影响
Ⅳ	$G>6$	管道过流受阻很严重，即将或已经导致运行瘫痪

(2)管段功能性缺陷密度

功能性缺陷密度 Y_M 按下式计算：

$$Y_M = \frac{1}{YL}\left(\sum_{j_1=1}^{m_1} P_{j_1} L_{j_1} + \beta \sum_{j_2=1}^{m_2} P_{j_2} L_{j_2} \right) \quad (7-41)$$

式中：L 为管段长度，m；L_{j_1} 为纵向净距大于 1.5 m 的功能性缺陷长度，m；L_{j_2} 为纵向净距大于 1.0 m 且不大于 1.5 m 的功能性缺陷长度，m；β 为功能性缺陷影响系数，与缺陷间距有关，当缺陷的纵向净距大于 1.0 m 且不大于 1.5 m 时，$\beta=1.1$。管段结构性缺陷类型评估可按表 7-16 确定。

表 7-16　管段结构性缺陷类型评估参考表

缺陷密度 Y_M	<0.1	0.1~0.5	>0.5
管段结构性缺陷类型	局部缺陷	部分或整体缺陷	整体缺陷

(3)管段养护指数

管段养护指数 M_{wI} 按下式计算：

$$M_{wI} = 0.8 \times G + 0.15 \times K + 0.05 \times E \quad (7-42)$$

式中：M_{wI} 为管段养护指数；K 为地区重要性参数，按表 7-11 确定；E 为管道重要性参数，按表 7-11 确定。

根据计算出的管段养护指数 M_{wI}，按表 7-17 确定管段养护等级。

表 7-17　管段养护等级划分表

等级	修复指数 M_{wI}	养护建议及说明
Ⅰ	$M_{wI} \leqslant 1$	没有明显需要处理的缺陷
Ⅱ	$1<M_{wI} \leqslant 4$	没有立即进行处理的必要，但应安排处理计划
Ⅲ	$4<M_{wI} \leqslant 7$	根据基础数据进行全面考虑，尽快处理
Ⅳ	$M_{wI}>7$	输水功能受到严重影响，立即进行处理

3. 燃气管道

根据 W. K. Muhlbauer 编著的《管道风险管理手册》，燃气管道风险评价指标包括第三方破坏指标、腐蚀指标、设计指标、误操作指标和泄漏系数指标，其相对风险率 R 按照下式计算：

$$R=\frac{R_1+R_2+R_3+R_4}{R_5} \tag{7-43}$$

式中：R 为相对风险率，取值 0~2000；R_1 为第三方破坏风险评分指标，取值 0~100 分；R_2 为腐蚀评分指标，取值 0~100 分；R_3 为设计风险评分指标，取值 0~100 分；R_4 为误操作风险评分指标，取值 0~100 分；R_5 为泄漏系数，$R_5=N_x/R_k$；N_x 为管道传输介质危害性系数；R_k 为扩散系数。以上参数取值见表 7-18。

表 7-18 燃气管道风险评估指标取值表

评估指标	次级评估指标		分值范围	分值
第三方破坏风险评分指标	A. 覆土最小厚度		0~20 分	20 分
	B. 地面活动程度		0~20 分	20 分
	C. 地面设施		0~10 分	10 分
	D. 公众热线电话		0~15 分	15 分
	E. 公众教育		0~15 分	15 分
	F. 管道路权状况		0~5 分	5 分
	G. 巡线频率		0~15 分	15 分
腐蚀评分指标	A. 大气腐蚀	1. 设施	0~5 分	20 分
		2. 大气条件	0~10 分	
		3. 涂层/检查	0~5 分	
	B. 内腐蚀	1. 输送介质腐蚀性能	0~10 分	20 分
		2. 内涂层保护	0~10 分	
	C. 埋地金属腐蚀	1. 阴极保护	0~8 分	60 分
		2. 涂层状况	0~10 分	
		3. 土层腐蚀性	0~4 分	
		4. 管道系统年龄	0~3 分	
		5. 其他金属	0~4 分	
		6. 交流干扰电流	0~4 分	
		7. 机械腐蚀	0~5 分	
		8. 测试接线头	0~6 分	
		9. 定期观测	0~8 分	
		10. 内检测工具	0~8 分	

续表7-18

<table>
<tr><th>评估指标</th><th colspan="3">次级评估指标</th><th>分值范围</th><th>分值</th></tr>
<tr><td rowspan="21">误操作风险评分指标</td><td rowspan="5">A. 设计</td><td colspan="2">1. 危险识别</td><td>0~4分</td><td rowspan="5">30分</td></tr>
<tr><td colspan="2">2. 潜在最大允许操作压力(MAOP)</td><td>0~12分</td></tr>
<tr><td colspan="2">3. 安全系统</td><td>0~10分</td></tr>
<tr><td colspan="2">4. 材料选择</td><td>0~2分</td></tr>
<tr><td colspan="2">5. 检查</td><td>0~2分</td></tr>
<tr><td rowspan="6">B. 施工</td><td colspan="2">1. 检验</td><td>0~10分</td><td rowspan="6">20分</td></tr>
<tr><td colspan="2">2. 材料</td><td>0~2分</td></tr>
<tr><td colspan="2">3. 连接</td><td>0~2分</td></tr>
<tr><td colspan="2">4. 回填</td><td>0~2分</td></tr>
<tr><td colspan="2">5. 处理</td><td>0~2分</td></tr>
<tr><td colspan="2">6. 涂层</td><td>0~2分</td></tr>
<tr><td rowspan="7">C. 运行</td><td colspan="2">1. 规程</td><td>0~7分</td><td rowspan="7">35分</td></tr>
<tr><td colspan="2">2. SCADA/通信</td><td>0~5分</td></tr>
<tr><td colspan="2">3. 药物测试</td><td>0~2分</td></tr>
<tr><td colspan="2">4. 安全措施</td><td>0~2分</td></tr>
<tr><td colspan="2">5. 检测</td><td>0~2分</td></tr>
<tr><td colspan="2">6. 培训</td><td>0~10分</td></tr>
<tr><td colspan="2">7. 机械错误防护器</td><td>0~7分</td></tr>
<tr><td rowspan="3">D. 维护</td><td colspan="2">1. 工作文件</td><td>0~2分</td><td rowspan="3">15分</td></tr>
<tr><td colspan="2">2. 日程表</td><td>0~3分</td></tr>
<tr><td colspan="2">3. 规程</td><td>0~10分</td></tr>
<tr><td rowspan="5">设计风险评分指标</td><td colspan="3">A. 管道安全系数</td><td>0~20分</td><td rowspan="5">90分</td></tr>
<tr><td colspan="3">B. 系统安全系数</td><td>0~20分</td></tr>
<tr><td colspan="3">C. 疲劳</td><td>0~15分</td></tr>
<tr><td colspan="3">D. 水击可能性</td><td>0~10分</td></tr>
<tr><td colspan="3">E. 系统水压试验</td><td>0~25分</td></tr>
<tr><td rowspan="7">泄漏系数</td><td rowspan="4">A. 管道传输介质危害性系数 N_x</td><td rowspan="3">1. 当时性危害</td><td>Nf</td><td>0~4分</td><td rowspan="4">22分</td></tr>
<tr><td>Nr</td><td>0~4分</td></tr>
<tr><td>Nh</td><td>0~4分</td></tr>
<tr><td colspan="2">2. 长期性危害 RQ</td><td>0~10分</td></tr>
<tr><td rowspan="3">B. 扩散系数 R_k</td><td colspan="2">1. 液体泄漏</td><td>0~6分</td><td rowspan="3">16分</td></tr>
<tr><td colspan="2">2. 气体泄漏</td><td>0~4分</td></tr>
<tr><td colspan="2">3. 人口密度</td><td>0~6分</td></tr>
</table>

4. 热力管道

热力管道评估方法分为失效可能性评估和失效后果严重性评估。

1) 失效可能性评估及失效可能性等级

失效可能性评估可根据底层失效可能性影响因素分值、底层失效可能性影响因素权重和中间层失效可能性影响因素权重来计算，计算公式如下：

$$P^{\mathrm{f}} = \sum_{i=1}^{m} \alpha_i^{\mathrm{p}} \left[\sum_{j=1}^{n} (\beta_j^{\mathrm{p}} \times p_j) \right] \tag{7-44}$$

$$p_{\mathrm{r}j} = \sum_{l=1}^{q} s_l^j \tag{7-45}$$

式中：P^{f} 为失效可能性分值；α_i^{p} 为第 i 个调整后的中间层失效可能性影响因素权重；β_j^{p} 为第 j 个调整后的底层失效可能性影响因素权重；p_j 为热力管道第 j 个底层失效可能性影响因素分值；m 为第 i 个中间层影响因素数量；n 为第 j 个底层影响因素数量；s_l^j 为第 j 个底层影响因素第 l 个调查项目分值。失效可能性等级划分参考表 7-19。

表 7-19　失效可能性等级划分

失效可能性分值 P^{f}	<40	[40, 60)	[60, 80)	[80, 100]
失效可能性等级	P1	P2	P3	P4

2) 失效后果严重性评估及失效后果严重性等级

失效后果严重性评估可根据底层失效后果严重性影响因素失效后果严重性分值、底层失效后果严重性影响因素权重和中间层失效后果严重性影响因素权重来计算，计算公式如下：

$$C^{\mathrm{f}} = \sum_{i=1}^{m_{\mathrm{q}}} \alpha_i^{\mathrm{c}} \left[\sum_{j=1}^{n} (\beta_j^{\mathrm{c}} \times c_j) \right] \tag{7-46}$$

$$c_j = \sum_{l=1}^{q} s_{\mathrm{r}l}^j \tag{7-47}$$

式中：C^{f} 为失效后果严重性分值；α_i^{c} 为第 i 个调整后的中间层失效后果严重性影响因素权重；β_j^{c} 为第 j 个调整后的底层失效后果严重性影响因素权重；c_j 为第 j 个底层失效后果严重性影响因素分值；m_{q} 为燃气管道第 i 个中间层影响因素数量；$s_{\mathrm{r}l}^j$ 为热力管道第 j 个底层影响因素第 l 个调查项目分值。失效后果严重性等级划分参考表 7-20。

表 7-20　失效后果严重性等级划分

失效可能性分值 C^{f}	<20	[20, 70)	[70, 80)	[80, 100]
失效可能性等级	C1	C2	C3	C4

5. 电力管道

电力管道缺陷评估主要以管井、管段及线路为基本单元进行。

1) 管段评估

管段评估主要包括管段隐患程度 RS 和管段恢复指数 TS，计算公式如下：

$$RS = \frac{1}{m}\left(\sum_{j=1}^{m} P_{dj}/Q_{dj}\right) \times S \tag{7-48}$$

$$TS = 0.8 \times RS + 0.12 \times E/4 + 0.08 \times K/4 \tag{7-49}$$

式中：RS 为管段隐患程度；m 为管段隐患个数，不包含两端管井隐患；P_{dj} 为电力管道第 j 个隐患的分值；Q_{dj} 为电力管道第 j 个隐患的等级；S 为隐患长度，S 不足 0.5 m 的按照 0.5 m 计算，点隐患 1、2 级按照 0.5 m 计算，3 级按照 3 m 计算，4 级按照 6 m 计算，隐患总长度超过管段长度时，按照管段长度计算；TS 为管段恢复指数，按表 7-21 取值；E 为管道重要性参数，按表 7-11 取值；K 为地区重要性参数，按表 7-11 取值。

表 7-21 管段恢复指数 *TS*

等级	修复指数	恢复建议及说明
Ⅰ	$TS \leqslant 1.3$	管段基本状况基本完好，暂时不需要处理
Ⅱ	$1.3 < TS \leqslant 1.6$	管段基本状况一般，需要做恢复计划，择机处理
Ⅲ	$1.6 < TS \leqslant 2$	管段隐患情况复杂，已发生或即将发生安全隐患，立即修复
Ⅳ	$TS > 2$	管段隐患情况非常复杂，已发生或即将发生安全隐患，立即修复

2）管井评估

管井评估主要包括管井隐患程度 RJ 和管井恢复指数 TJ，计算公式如下：

$$RJ = \frac{1}{m_d}\left(\sum_{j=1}^{m_d} P_{dj}/Q_{dj}\right) \times 0.8 + (0.05 \times FS) \times 0.1 + 0.25 \times DS \tag{7-50}$$

$$TJ = 0.92 \times RJ + 0.8 \times K/4 \tag{7-51}$$

式中：RJ 为管井隐患程度；m_d 为管井隐患个数，不包含两端管井隐患；P_{dj} 为电力管井第 j 个隐患的分值；Q_{dj} 为电力管井第 j 个隐患的等级；FS 为管井内方向数量；DS 为最大断面尺寸/1000，例如断面尺寸为 400 mm×600 mm 时，DS 为 600/1000，当 $DS>1$ 时，DS 取值为 1；TJ 为管井恢复指数，按表 7-22 取值；K 为地区重要性参数，按表 7-11 取值。

表 7-22 管井恢复指数 *TJ*

等级	修复指数	恢复建议及说明
Ⅰ	$TJ \leqslant 1.3$	管井基本状况基本完好，暂时不需要处理
Ⅱ	$1.3 < TJ \leqslant 1.6$	管井基本状况一般，需要做恢复计划，择机处理
Ⅲ	$1.6 < TJ \leqslant 2$	管井隐患情况复杂，已发生或即将发生安全隐患，立即修复
Ⅳ	$TJ > 2$	管井隐患情况非常复杂，已发生或即将发生安全隐患，立即修复

3）线路评估

结合管段隐患程度 RS 和管井隐患程度 RJ，线路评估参数主要包括线路隐患密度 RP、线路重大隐患密度 RC 和线路恢复指数 TP。计算公式如下：

$$RP = \sum(\text{隐患分值})/\text{线路长度} \tag{7-52}$$

$$RC = \sum (\text{重大隐患分值}) / \text{线路长度} \tag{7-53}$$

$$TP = \frac{1}{2} \times \frac{\sum TS}{\text{管段数}} + \frac{2}{5}\frac{\sum TJ}{\text{管井数}} + \frac{1}{10}(0.35 \times RP + 0.65 \times RC) \tag{7-54}$$

式中：*RP* 为线路隐患密度；*RC* 为线路重大隐患密度；*TP* 为线路恢复指数，按表 7-23 取值。

表 7-23　线路恢复指数 *TP*

等级	恢复指数	恢复建议及说明
Ⅰ	$TP \leqslant 1.0$	线路基本状况基本完好，暂时不需要处理
Ⅱ	$1.0 < TP \leqslant 2.2$	线路基本状况一般，需要做恢复计划，择机处理
Ⅲ	$2.2 < TP \leqslant 3.2$	线路隐患情况复杂，已发生或即将发生安全隐患，立即修复
Ⅳ	$TP > 3.2$	线路隐患情况非常复杂，已发生或即将发生安全隐患，立即修复

7.2.3　管道非开挖修复更新技术

传统的道路开挖严重影响城市交通和居民生活，非开挖修复更新技术应运而生。这些技术可在不开挖或微开挖道路的情况下对地下管线和管道进行铺设、修复或更换。非开挖修复技术可分为管道整体修复和局部修复两种方法。整体修复方法包括穿插法及改进穿插法、原位固化法、碎裂管法、喷涂法和螺旋缠绕法。局部修复方法有不锈钢发泡筒法、PVC 管片法、点状原位固化法、化学稳定法和机器人修复方法。

1. 穿插法及改进穿插法

1）穿插法及改进穿插法原理

为将直径大于或等于原管道管径的聚乙烯管植入原管中，植入前需将新管截面折叠或缩小直径，使得新管的截面小于原有管道截面。因此，根据新管截面减小的方法，改进穿插法分为折叠内衬穿插法和缩径内衬穿插法。

穿插法是一种尽量不破坏原有管道，将新管直接插入原有管道中，并使用水泥砂浆注浆充填两者间隙的管道修复方法。新管通常采用聚乙烯材料的柔性管或混凝土、钢材材料的刚性管。针对柔性新管，通常使用检查井或开挖工作井作为新管道的起点和终点，并通过牵引的方式将其拖入原有管道中。针对刚性新管，同样使用检查井或开挖工作井作为新管道的起点和终点，并将新管段逐段推入原有管道中，见图 7-17。

通常情况下，管道内衬入聚乙烯管，其直径会小于原管道直径，过水能力最大可下降 30%。为解决这个问题，对穿插法进行改进：将直径大于或等于原管道直径的聚乙烯管衬入管道，然后利用水压、高温水或高压蒸汽的作用，使衬装后的聚乙烯管变形并恢复原状，与原有管道内壁紧密贴合而无须灌入砂浆固定。因此需要在插入之前将新管的截面折叠或缩小其直径，使其截面小于原有管道的截面。对应的方式称为折叠内衬改进穿插法和缩径内衬改进穿插法，见图 7-18。

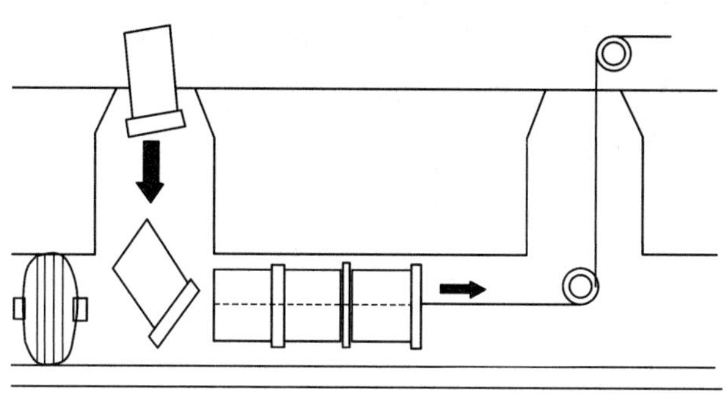

图 7-17　短管穿插法

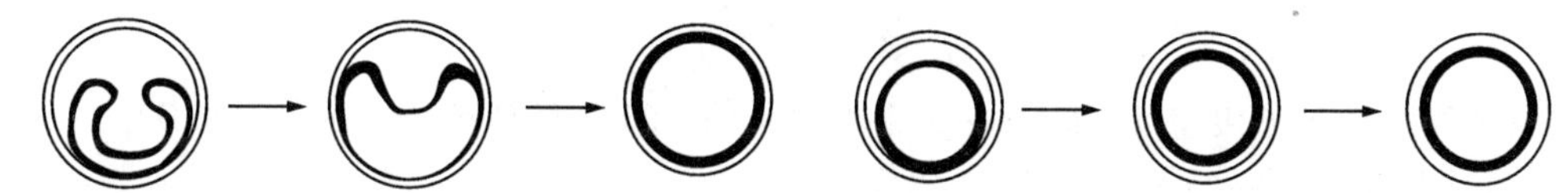

(a) 折叠内衬改进穿插法

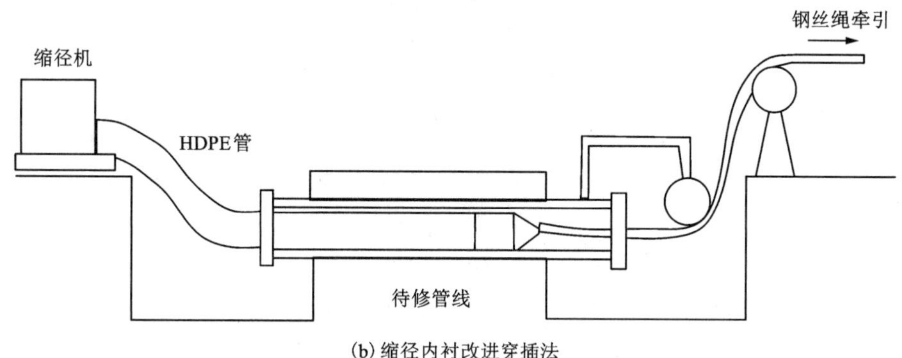

(b) 缩径内衬改进穿插法

图 7-18　改进穿插法

2) 穿插法及改进穿插法设计

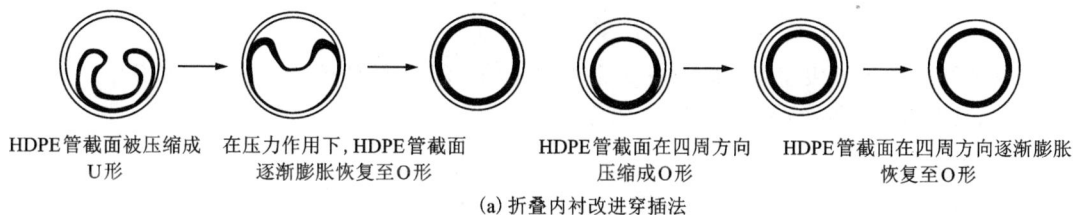

穿插法及改进穿插法设计包括内衬管直径选择、牵引力和顶推力设计、拉入或顶入长度设计、管壁厚度设计和内衬管曲率半径设计。

(1) 内衬管直径选择

在选择内衬管的直径时，首先需要尽可能避免内衬管相对于原管道的直径缩小以及管道过流能力降低；其次，需要考虑旧管道的坡度和方向性、管道个别接头的严重偏移和旧管道的结构完整性。此外，内衬管道和原有管道之间应有足够大的间隙。聚乙烯内衬管的外径通常要比原有管道的内径小 10%。

(2) 牵引力和顶推力设计

内衬管牵引力不大于最大抗拉力 F_{max}。

$$F_{max} = K_y K_t f_y \pi D_1 \left(\frac{1}{SDR} - \frac{1}{SDR^2}\right) \tag{7-55}$$

式中：F_{max} 为最大抗拉力，kN；K_y 为拉伸屈服设计常数，一般取 0.40；K_t 为拉伸状态下的时间常数，一般取 0.95；f_y 为管道的拉伸屈服强度，MPa，对于 23 ℃条件下的 PE3408，取 f_y = 23.8 MPa；D_1 为管道外径，mm；SDR 为管道标准尺寸比，$SDR=D_1/\delta$，δ 为管道壁厚，mm。

内衬管顶推力不大于最大顶推力 F'_{max}：

$$F'_{max}=\frac{1}{2}D_0\delta_1\pi[P] \tag{7-56}$$

式中：F'_{max}为最大顶推力，kN；D_0 为管道内径，mm；δ_1 为管道外壁厚，mm；$[P]$为允许最大压应力，MPa。

(3)拉入或顶入长度设计

最大拉入或顶入长度 L_{max}：

$$L_{max}=\frac{F_{max}}{q\times\mu} \tag{7-57}$$

式中：q 为管道单位长度重度，kN/m；μ 为摩擦系数，旧管道中有流体存在时取 0.1，旧管道表面湿润时取 0.3，在砂质土上时取 0.7。

(4)管壁厚度设计

对于重力流管道，其临近弯曲失稳应力 P_{cr} 小于静水压力 P_0。

$$P_{cr}<P_0\times K \tag{7-58}$$

$$P_{cr}=E\times\left(\frac{2}{1-\nu^2}\right)\times\left(\frac{1}{SDR-1}\right)^3\times f \tag{7-59}$$

式中：K 为安全系数，通常不小于 2.0；E 为管材短期弹性模量，MPa；ν 为泊松比，聚乙烯管取 0.45；f 为变形协调系数(图 7-19)，与管道偏斜度 Δf 相关，Δf 取值见式(7-60)。

$$\Delta f=\frac{D_E-D_{min}}{D_E}\times100\% \tag{7-60}$$

式中：D_E 为管道平均直径，mm；D_{min} 为管道最小半径，mm。

对于压力管道，管壁厚度设计需要考虑土压力、静水压力和其他荷载组合条件下作用效应。

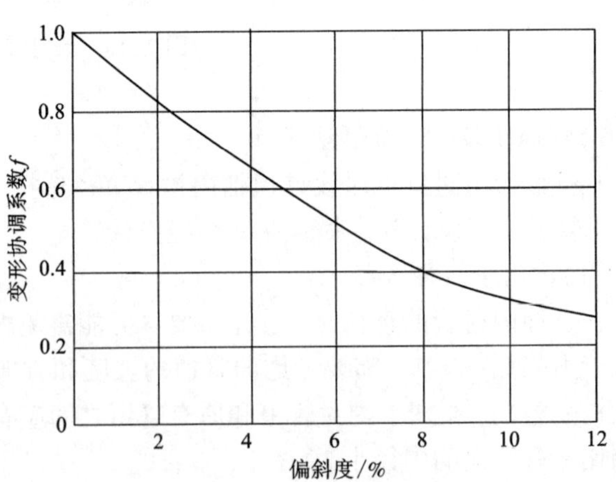

图 7-19　变形协调系数 f

(5)曲率半径设计

$$R_e=\frac{D_E}{2\xi_s} \tag{7-61}$$

式中：R_e 为曲率半径，mm；D_E 为内插管道平均直径，mm；ξ_s 为允许轴线应变。

3)穿插法及改进穿插法施工

穿插法及改进穿插法主要施工步骤为：原有管道的检查→管道预处理→穿插管道连接→开挖工作井→穿插、固定内衬管道→环状间隙注浆(改进穿插法不需要注浆，省略这步)→支管连接→管道端部连接。

2. 原位固化法

1) 原位固化法修复原理

原位固化法(简称 CIPP)由英国工程师 Eric Wood 于 1971 年开发，至今仍被广泛使用。该方法通过将浸渍树脂的软管置入原有管道中，待树脂固化后形成管道内衬的修复层。这里软管的作用是携带树脂并提供支撑。常用的树脂材料包括不饱和聚酯树脂、乙烯树脂和环氧树脂。

原位固化法中，软管进入原有管道的方法主要有翻转衬入法和牵引拉入法，见图 7-20。翻转衬入法指将浸有树脂的软衬管一端翻转并夹持在待修复管道的入口处，然后利用水或压缩空气的力量使软衬管内部的树脂翻转到外部，与旧管道内壁黏接。牵引拉入法则是将经树脂充分浸渍后的软管牵引或拉入待修复管道中。

树脂固化工艺包括热水固化法、蒸汽固化法和紫外线光固化法。其中，紫外线光固化法是目前最常用的方法，见图 7-21。

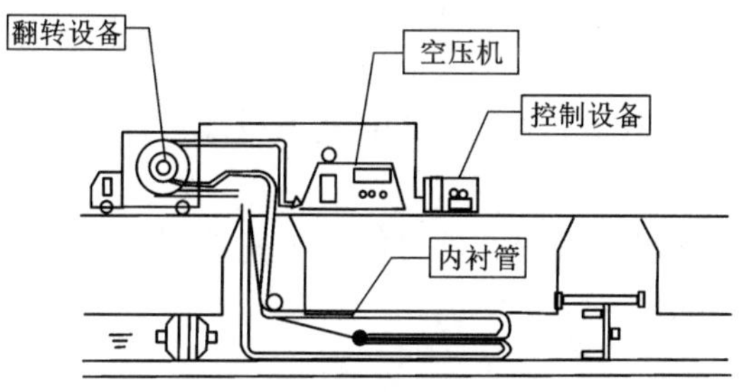

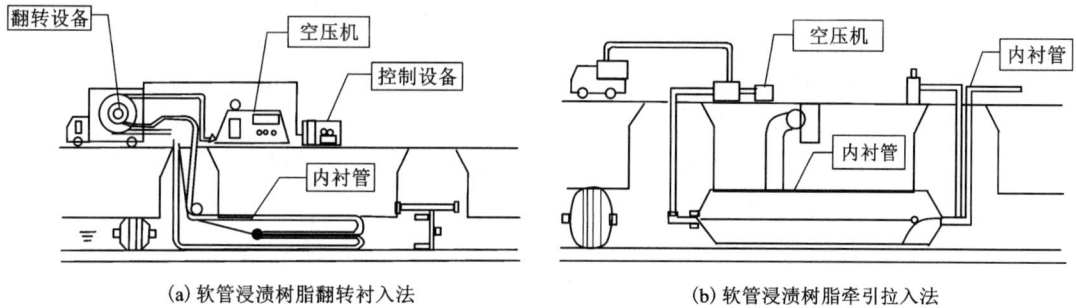

(a) 软管浸渍树脂翻转衬入法　　(b) 软管浸渍树脂牵引拉入法

图 7-20　软管浸渍树脂法

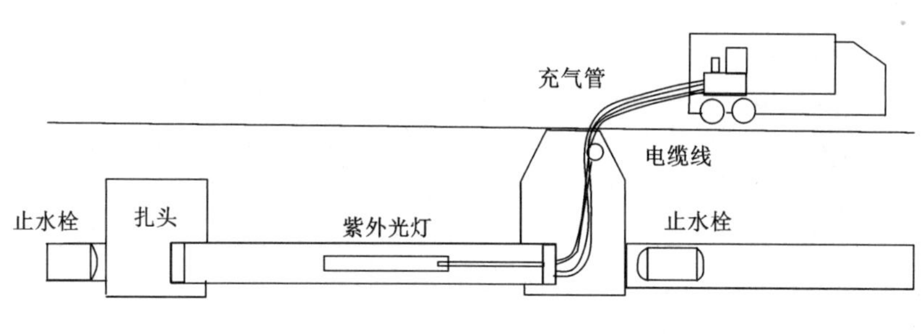

图 7-21　紫外线光固化法

表 7-24　原位固化法管材及固化方法以及应用领域分析

内衬管材料	固化方式	树脂类型	应用领域	备注
聚酯树脂油毡	加热固化法	聚酯树脂 乙烯树脂 环氧树脂	重力管道	初创的 CIPP 工艺，仍被广泛地应用于污水管道

续表7-24

内衬管材料	固化方式	树脂类型	应用领域	备注
玻璃增强聚酯树脂油毡	加热固化法	乙烯树脂 环氧树脂	压力管道	应用于半或全结构修复
玻璃纤维结构布	加热固化法	聚酯树脂 乙烯树脂 环氧树脂	重力管道 压力管道	应用于重力管道可减小壁厚
	光固化法	特殊材料	重力管道	壁厚小，固化快
圆形编织聚酯树脂纤维软管	加热固化法	环氧树脂	压力管道	根据结合情况可形成半结构修复
编织软管+油毡	加热固化法	环氧树脂	压力管道	半结构修复
编织软管+油毡+玻璃纤维结构布	加热固化法	环氧树脂	压力管道	全结构修复

2)原位固化法内衬管设计

原位固化法内衬管设计主要涉及软管直径设计、软管长度设计和内衬管壁厚设计。

(1)软管直径设计

软管直径要与待修复管道的直径相匹配。若软管直径过小，可能无法完全覆盖管道内壁。若软管直径过大，可能无法顺利安装在管道内部。

(2)软管长度设计

$$L = L_1 + L_2 + H \tag{7-62}$$

式中：L_1 为两座检查井间的中心距离，m；L_2 为两端端部的所需长度，m；H 为翻转压力所需的水头高度，m。

(3)内衬管壁厚设计

原位固化法内衬管壁厚设计可分为重力流管道和压力管道的半结构性修复和结构性破损修复。半结构性修复指原管道中存在接头错位、裂纹和腐蚀等现象，但管道结构仍然可承受土压力等外部荷载。在此情况下，原有结构提供全部的结构性支撑。结构性破损修复指管道发生严重腐蚀、管道部分缺失或出现纵向裂纹和严重变形等情况。此时内衬管需要作为独立承载的新结构来承受土压力、水压力和动荷载等相关荷载。

重力流管道半结构性修复时，圆形管壁厚度：

$$\begin{cases} \delta = \dfrac{D_E}{\left(\dfrac{2K_0 E_L C}{(P_W + P_v)K(1 - \nu^2)}\right)^{1/3} + 1} \\ \delta = \dfrac{D_E}{100} \end{cases} \tag{7-63}$$

重力流管道结构性破坏修复时，圆形管壁厚度：

$$\delta = 0.721D_E \sqrt[3]{\left[\frac{\left(\frac{KP_t}{C}\right)^2}{E_L R_W B' E_d}\right]} \quad 且 \quad \delta \geqslant 0.1973\frac{D_E}{\sqrt[3]{E}} \tag{7-64}$$

重力流管道半结构性修复和结构性修复时，椭圆形管壁厚度：

$$\frac{\sigma_L}{P_w K_0} = \frac{1.5q}{100}\left(1 + \frac{q}{100}\right) SDR^2 - 0.5\left(1 + \frac{q}{100}\right) SDR \tag{7-65}$$

式中：SDR 为管道标准尺寸比，$SDR=D_E/\delta$；δ 为内衬管壁厚度，mm；D_E 为原有管道平均外径，mm，$D_E=D_1-\delta$；K_0 为管外土体对管道圆周支持系数，通常取7；E_L 为管道的长期弹性模量，MPa，取值见表7-25；C 为椭圆管道修正系数，$C=[(1-0.01q)/(1+0.01q)^2]^3$；$q$ 为原有管道的椭圆度，$q=(D_E-D_0)/D_E$，D_E 为原有管道的平均半径，mm；D_0 为原有管道的最小内径，mm；P_w 为管道施工时外部水压力，MPa；σ_L 为内衬管材的长期抗弯强度，MPa；P_t 为作用在管道上的总荷载(包括水压力、土压力和活荷载等)，$P_t=0.0098H_w+0.001\gamma H_s R_W+P_Q$，MPa；$P_Q$ 为管道活荷载，MPa；R_W 为浮力常数(不小于0.67)，$R_W=1-0.33H_w/H_s$；H_w 为管底以上地下水位高度，m；H_s 为管顶覆土厚度，m；B' 为经验弹性支撑常数，$B'=1/[1+4\exp(-0.21H)]$；H 为管道埋深深度，m；E_d 为管壁土综合变形模量，MPa；E 为内衬管材的弹性模量，MPa，见表7-25。

表7-25 内衬管的长期抗弯强度和弹性模量

内衬管材	短期抗弯强度/MPa	长期抗弯强度 σ_L/MPa	短期抗弯弹性模量 E/MPa	长期抗弯弹性模量 E_L/MPa	短期抗拉强度 $\sigma_{f,s}$/MPa	长期抗拉强度 $\sigma_{f,L}$/MPa
不含玻璃纤维内衬管	≥31	≥15.5	≥1724	≥862	≥21	≥10.5
含玻璃纤维内衬管	≥125	≥62.5	≥8000	≥4000	≥80	≥40

压力管道半结构破损修复时，圆形管道壁厚：

$$\delta = \frac{D}{\left[5.33\left(\frac{D_E}{d_h}\right)^2\left(\frac{\sigma_L}{K_1 F_{wd,k}}\right)\right]^{\frac{1}{2}} + 1} \tag{7-66}$$

$$\frac{d_h}{D_E} \leqslant 1.83\left(\frac{\delta}{D}\right)^{\frac{1}{2}} \tag{7-67}$$

当不满足式(7-67)时，压力圆形管道壁厚，满足

$$\delta = \frac{K_1 F_{wd,k} D}{2\sigma_{f,L}} \tag{7-68}$$

式中：d_h 为原有管道中缺口或孔洞的最大直径，mm；K_1 为强度安全系数；D 为内衬管道计算直径，$D=D_1-\delta$；$F_{wd,k}$ 为管道工作压力标准值，MPa；$\sigma_{f,L}$ 为管道环向长期抗拉强度标准值，MPa。

3)原位固化法施工

热水固化法施工步骤为：管道堵水→管道清淤、清洗→管道可视化检测→搭建翻转塔(或输送滚轮)→吊装内衬材料并用水翻转→连接锅炉设备→安装进出水管→加热固化过程→固化完成冷却物料→切除管口的扎头、处理管口→可视化检测验收→拆堵通水。

紫外线光固化法施工步骤为：管道堵水→管道清淤、冲洗→管道可视化检测→管道预处理→软管拉入及扩径→紫外光固化→管道冲洗→可视化检测→拆堵通水。

3. 碎裂管法

1)碎裂管法管道更新原理

碎裂管法管道更新原理是通过施加动力或静力在原有管道管壁上，使得管道发生环向拉伸或压碎破坏，将破碎管片挤压进周围土体，并拉入新管道的更新方法。根据施加力的方式不同，碎裂管法分为气动碎裂管法、静拉碎裂管法(图 7-22)和液压碎裂管法。气动碎裂管法利用气动锤产生的一定频率的比静压力大得多的冲击力，使原有管道发生环向拉伸或压碎破坏。静拉碎裂管法指通过静力牵引切割刀具和扩管头等装置，对原有管道进行切割和破碎，扩大管孔并将新管道同步置入旧管道。液压碎裂管法指通过液压碎片设备施加管道环向扩张力和沿管道方向的推力，将新管道顶入旧管道。

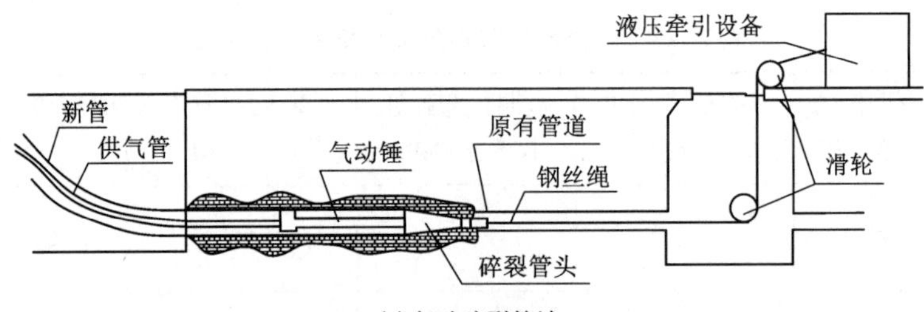

(a) 气动碎裂管法

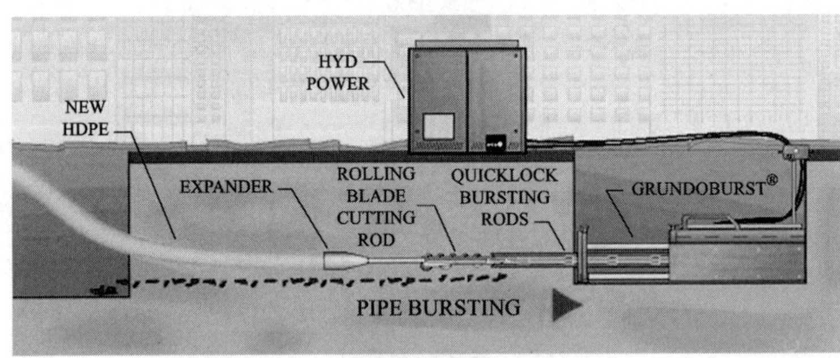

(b) 静拉碎裂管法

图 7-22　碎裂管法管道更新原理

2)碎裂管法管道更新设计

碎裂管法管道更新设计包括管道碎裂方法选择、管道结构设计和管道碎裂力设计。

(1)管道碎裂方法选择

气动碎裂管法和静拉碎裂管法适用于混凝土、水泥等刚性管道和高密度聚乙烯管、玻璃钢管、聚氯乙烯管、钢管、铸铁管、聚乙烯管和聚丙烯管等绝大多数延性管道。液压碎裂管法则适用于混凝土、水泥等刚性管道和延性的高密度聚乙烯管、玻璃钢管。若旧管道强度超过液压设备的加载力范围或破坏过程中变形过大，超过液压设备的作动行程时，液压碎裂管法则不适用。

因此在选择管道修复方法时，需要根据管道类型和材质的特点来确定最合适的修复方法，以确保修复效果和安全性。

(2)管道结构设计

在管道结构设计中，需要按照新管道结构承载力和正常使用极限状态要求进行设计。静拉碎裂管法中法向拉力 F_p 分析图见图7-23，计算式见式(7-69)~式(7-72)。

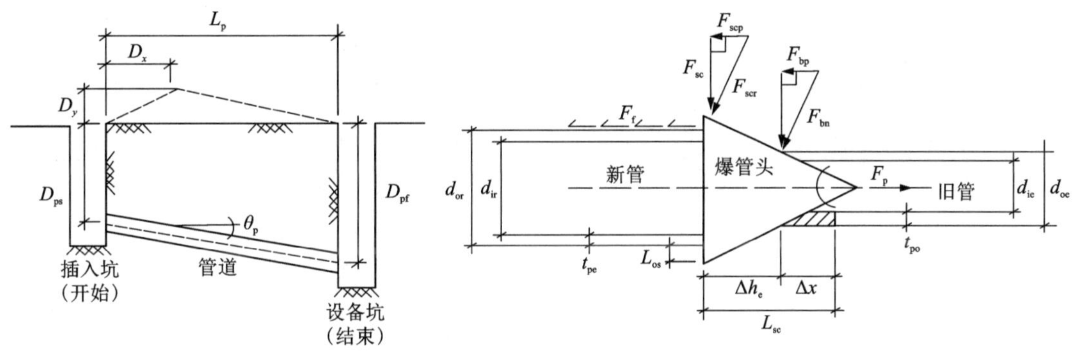

图7-23 静拉碎裂管法法向拉力分析图

$$F_p = \frac{\alpha_k}{\Phi_p}(C_f F_f + C_b F_{bp} + C_{sc} F_{scp}) \tag{7-69}$$

$$F_f = \mu_{sp} \cos\left[\arctan\left(\frac{D_{pf} - D_{ps}}{L_p}\right)\right] \times \left[P_h \frac{\pi d_{or} L_p}{1000} + \frac{\pi(d^2 - d^2)}{4 \times 1000^2} L_p \gamma_{pr}\right] \tag{7-70}$$

$$F_{bp} = \frac{\tan(\theta_n/2)\sigma_{1e} f_{np} f_{bl} t_{pe}^2}{1000} \tag{7-71}$$

$$F_{scp} = \frac{f_{scl} \tan\frac{\theta_n}{2} \times \cos\left(\arctan\frac{D_{pf} - D_{ps}}{L_p}\right) \times \sigma_r \pi(d_{or} + 2L_{os})\left[f_{bl} t_{pe} + \frac{\frac{d_{or}}{2} + L_{os} - \frac{d_{oe}}{2}}{\tan\frac{\theta_n}{2}}\right]}{1000^2} \tag{7-72}$$

式中：F_p 为碎裂管所需总拉力，kN；F_f 为碎裂管施工的摩擦力，kN；F_{bp} 为碎裂力平行于管道方向的分力，kN；F_{scp} 为土层压力平行于管道方向的分力，kN；Φ_p 为拉力降低因子，一般取0.9；α_k 为荷载不确定因子，一般取1.1；C_f、C_b 和 C_{sc} 分别为摩擦力、爆破力和土层压力修正系数；μ_{sp} 为管道外壁与土的摩擦系数，见表7-26；P_h 为土层压力，kPa；γ_{pr} 为新管道容重，kN/m^3；σ_{1e} 为原管道材料强度，kPa；f_{np} 为管片破碎系数；f_{bl} 为经验破管长度因子；f_{scl} 为土体压缩受限因子。其他的参数见图7-23。

表 7-26　管道外壁与土的摩擦系数

岩土类别		管道类别		
		混凝土管	玻璃纤维增强塑料夹砂管	球墨铸铁管、钢管
黏性土	可塑	0.30~0.35	0.30~0.35	0.25~0.35
	硬塑	0.35~0.45	0.35~0.40	0.30~0.40
	坚硬	0.45~0.55	0.40~0.55	0.40~0.50
粉土		0.30~0.45	0.30~0.40	0.30~0.40
中砂、粗砂、砾砂		0.45~0.55	0.45~0.55	0.45~0.50
碎石土		0.45~0.60	0.45~0.55	0.45~0.55
极软岩、软岩、较软岩		0.50~0.65	0.50~0.65	0.50~0.60
表面粗糙的坚硬岩、较硬岩		0.70~0.80	0.65~0.75	0.60~0.75

(3)管道碎裂力设计

采用静压破裂管法时，管道容许顶推力不能超过管道承载力，满足：

$$[N] = 1000\eta f_n A_0 \tag{7-73}$$

$$[F] = \sigma_s \frac{\pi(D_1^2 - D_0^2)}{4K} \tag{7-74}$$

式中：$[N]$为静压破裂管法管材容许顶力，kN；$[F]$为静拉破裂管管材容许顶力，kN；f_n 为管材的纵向抗压强度设计值，MPa；A_0 为管材环向最小截面面积，m^2；η 为不同管材的折减系数，玻璃纤维增强塑料管取 0.4，混凝土管取 0.6，球墨铸铁管或钢管取 0.5，HDPE 管取 0.3；σ_s 为管材的屈服强度，kPa；D_1 和 D_0 分别为管道外径和内径，mm；K 为安全系数，一般取 2.0。

3)碎裂管法管道更新施工

静拉破裂管法施工步骤为：施工准备→启动卷扬机→切割和碎裂管材→扩管头将管道碎片推入周围土层→牵引新管形成一条完整的管道→测试和检验→恢复现场。

4. 喷涂法

1)喷涂法修复原理

喷涂法修复是通过一个快速回转的喷涂头将浆液喷涂到管道内壁，形成管道内衬，进行管道修复的方法。在喷涂法修复中，可使用卷扬机拉力作用下的旋转喷头或者人工方法将修复材料直接喷涂在原管道内壁上进行翻新，见图 7-24。修复材料可选择普通硅酸盐水泥砂浆、环氧树脂、聚氨酯类和高强度聚氨酯等。

图 7-24　喷涂法修复管道

2）喷涂法修复设计

喷涂法修复设计包括喷涂材料选择和喷涂层厚度设计。

进行非结构性修复和结构性修复时，喷涂层厚度应满足最小要求厚度。

$$\delta_0 \geqslant \frac{D_1}{\left[\frac{2K_0E_LC}{PK(1-\nu^2)}\right]^3+1} \tag{7-75}$$

式中：δ_0 为喷涂内衬厚度，mm；D_1 为喷涂内衬管外径，mm；K_0 为管外土体对管道的圆周支持系数，取7.0；E_L 为喷涂内衬管的长期弯曲模量，长期弯曲模量取短期弯曲模量的50%，MPa；C 为原有管道椭圆度折减系数，$C=\left(\frac{1-\frac{q}{100}}{1+\frac{q}{100}}\right)^3$，$q=2$；$P$ 为喷涂内衬管的管顶地下水压力和管内真空压力之和，MPa；K 为安全系数，取2.0；ν 为泊松比，水泥砂浆取0.6，聚合物水泥砂浆取0.18，环氧树脂取0.38，聚氨酯取0.42，高强度聚氨酯取0.45。

3）喷涂法修复施工

喷涂法修复施工步骤为：管道清理与预处理→管体结构修补→喷涂施工→端口连接处理→测试和检验→恢复现场。

5. 螺旋缠绕法

1）螺旋缠绕法修复原理

螺旋缠绕法修复是通过机械缠绕，在原有管道内形成一条新的管道，并通过注浆充填缠绕管与旧管之间环形间隙的修复方法，见图7-25。

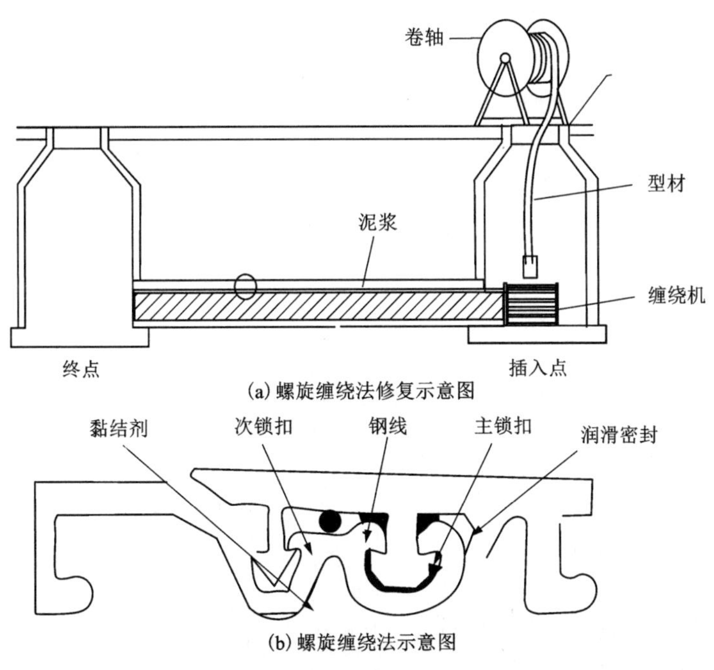

(a) 螺旋缠绕法修复示意图

(b) 螺旋缠绕法示意图

图7-25　螺旋缠绕法修复管道

在螺旋缠绕法修复中，缠绕机会将带状型材卷入原有管道内，并通过螺旋旋转，使带状型材两边的主次锁扣互相锁定，形成一条比原管道小的、连续的无缝新管。常用的缠绕型材有聚氯乙烯(PVC)和聚乙烯(PE)等。

2)螺旋缠绕法修复施工

螺旋缠绕法施工步骤为：检查井通风→管道清洗和检测→水流改道→开挖工作坑→管道形成过程→稳管→封口→注浆→工作井复原→通水→恢复现场。

6. 管道局部修复技术

管道局部修复技术主要包括以下几种方法：

①不锈钢发泡筒法：该方法使用遇水膨胀化学浆与带状不锈钢片等材料，在管道接口或局部损坏部位安装不锈钢套环。将不锈钢薄板卷成筒状与同样卷成筒状并涂满发泡胶的泡沫塑料板一同就位，然后使用膨胀气囊使之紧贴管口。发泡胶固化后起止水作用，不锈钢薄板起管道结构支撑作用，发泡剂起填充作用。常用的发泡剂有聚氨酯或聚乙烯等聚合物材料。

②PVC 管片法：该方法使用 PVC(聚氯乙烯)管片作为修复材料，将其安装在管道的局部损坏部位进行密封和修复。修复过程中要确保 PVC 管片与管道表面紧密贴合，通过热熔或胶黏剂等方式将 PVC 管片固定在管道上，形成一个新的管道层。

③点状原位固化法：该方法在管道内部使用点状修复材料，对管道的裂缝、孔洞或腐蚀等局部损坏区域进行修复，适用于较小的管道损伤或渗漏。点状修复常使用聚氨酯树脂、环氧树脂、聚酯树脂等修复材料。这些修复材料通常是双组份的，需要在使用前将两个组份混合搅拌，以触发化学反应并开始固化过程。

④化学稳定法：该方法通过注浆或灌浆的方式，将化学物质注入管道内部，形成一层稳定的保护膜在管道内部表面，用以修复和稳定管道内部腐蚀、侵蚀或内壁损坏等部分。这层保护膜能够防止进一步的腐蚀或侵蚀，增加管道耐久性和稳定性。点状原位固化法着重于修复物质在管道局部损伤区域内快速固化和硬化，形成修复层。而化学稳定法则注重修复物质在内部表面形成一层稳定的保护膜，以提供管道的保护和稳定。

⑤机器人修复法：该方法使用特殊的机器人设备，通过遥控或自主操控的方式进行管道修复。管道机器人通常由机械臂、摄像头、传感器和工具等组成，具备自主移动和操作的能力，并能使用摄像头和传感器进行实时监测和检测，以便发现管道中泄漏、堵塞或腐蚀等问题。

管道非开挖修复方法优缺点见表 7-27。

表 7-27　管道非开挖修复方法优缺点

修复方法	优点	缺点
穿插法	无须投资购置新设备；管道运行时，可同步更换管道；用于结构或者非结构修复	管道过流面积减小；水平连接的地方开挖量比较大；需要灌浆
原位固化法	内衬管与原有管道紧密贴合；无须灌浆；工期短；用于修复非圆形管道，利于减小流量损失	需要特殊的施工设备；技术水平要求高；固化水中可能含有苯乙烯，容易污染环境

续表7-27

修复方法	优点	缺点
碎裂管法	施工速度快、效率高；成本低廉；减少环境污染；对地面干扰少；唯一能增加管道过流能力的施工方法；用于管壁腐蚀严重的管道	需要开挖并连接支管；需要开挖工作井和接收井；若原有管道严重错位，新管道也严重错位
喷涂法	无须连接支管；施工速度快；过流截面损失小；可适应管径、断面形状和弯曲度的变化	树脂固化需要一定的时间；技术水平要求高；管道变形严重情况下施工困难
螺旋缠绕法	可用于曲率大的弯曲管道；能适应管径的变化；施工速度快；适用于长距离施工	仅适用于圆形或椭圆形断面的管道；过流截面有损失；施工技术水平要求高
化学稳定法	对周围环境影响小	难以控制质量；仅限于小口径管道修复
PVC 管片法	操作简单；成本低廉；施工速度快；适用于金属和塑料等各种材料的管道	技术要求高；强度较低；不适用于极端环境条件下的修复；不适用于范围较大的管道修复；不适用于严重损坏情况
点状原位固化法	快速、精准修复；操作简单；适用范围广；适用于大部分损坏管道	对修复材料选择要求高；不适用于范围较大的管道修复；不适用于极端环境条件下的修复
化学稳定法	操作简单；效果持久；经济高效；用于大部分损坏管道	对修复材料选择要求高；不适用于范围较大的管道修复；不适用于极端环境条件下的修复
机器人修复法	施工时可保证管道的正常工作；施工速度快；减少人力和时间成本；适用范围广	需要专用设备；一次性投入大

管道非开挖修复更新方法比选见表7-28。

表7-28　管道非开挖修复更新方法比选

方法名称	适用范围和适用条件						
	适应管径/mm	内材管材质	工作井需求	注浆需求	最大允许转角/(°)	原有管道截面形状	局部/整体修复
穿插法	≥200	聚乙烯、PVC-U、玻璃钢、金属管等	需要	根据设计要求	0	圆形	整体修复
原位固化法	翻转式：200~2700 拉入式：200~2400	玻璃纤维、针状毛毡、树脂等	不需要	不需要	45	圆形、蛋形、矩形	整体修复
碎裂管法	200~1200	聚乙烯	需要	不需要	7	圆形	整体更新

续表7-28

方法名称		适用范围和适用条件						
		适应管径/mm	内材管材质	工作井需求	注浆需求	最大允许转角/(°)	原有管道截面形状	局部/整体修复
折叠内衬法	工厂折叠	200~450	聚乙烯	不需要或小量开挖	不需要	15	圆形	整体修复
	现场折叠	200~1400	聚乙烯	需要	不需要	15	圆形	整体修复
缩径内衬法		200~1100	聚乙烯	需要	不需要	15	圆形	整体修复
螺旋缠绕法		200~3000	PVC-U、聚乙烯型材	不需要	根据设计要求	15	圆形、矩形、马蹄形等	整体修复
不锈钢发泡筒法		200~1500	止水材料、不锈钢套筒等	不需要	不需要	—	圆形	局部修复
PVC 管片法		200~1500	PVC	不需要	不需要	—	圆形、矩形、马蹄形等	局部修复
点状原位固化法		200~1500	玻璃纤维，针状毛毯、树脂等	不需要	不需要	—	圆形、蛋形、矩形	局部修复
化学稳定法		200~1500	玻璃纤维，针状毛毯、树脂等	不需要	不需要	—	圆形、矩形、马蹄形等	局部修复
机器人修复法		200~1500	—	不需要	不需要	—	圆形、矩形、马蹄形等	局部修复

7.3 城市地下管网工程运维数字化技术

相较于综合管廊的建设成本，直埋、管沟及排管敷设的费用较低，主要由各政府部门进行投资建设、运维和维护。早期，我国政府各部门单位在建设直埋、管沟和排管管网的过程中，由于管线信息不完整，地下空间开发过程中易发生管线破坏，影响城市地下空间的开发进程；然而，经过管线普查工作，地下管网的信息化水平显著提高。以北京、上海和广州为例，这些城市的直埋管线建设历史悠久，开发了一系列的信息化管理系统，方便政府监管。后来通过结合信息系统和传感器，能及时发现管道缺陷，方便管道维修技术的制定，实现管网工程的保值增值。

城市地下管网工程的运维数字化技术包括智能巡检和健康监测技术、人员定位技术以及智能机器人巡检技术，还包含 BIM/GIS 集成技术以及数字孪生技术等。

7.3.1 城市地下管网工程智能巡检和健康监测技术

1. 智能巡检技术

由于城市地下综合管廊内部环境属狭长密闭空间，在运维阶段如果设备故障不能及时发现并排除，可能会引起连锁反应和衍生灾害，对整个城市的公共安全构成直接威胁，给人民日常生活造成重大影响。因此，管廊设备和管线的巡检、养护和维修是运维过程必不可少的重要环节。为进一步实现对巡检人员的实时监督、巡检路线的优化及确保巡检任务的质量和效率，解决巡检人员定位问题和提高巡检效率显得至关重要。

当巡检人员在管廊内工作时，巡检终端会通过自身集成的蓝牙模块接收基站发出的无线信号。内置的定位算法将计算出的定位结果以图标形式在巡检终端显示，巡检人员可随时了解自己在管廊中的位置。定位结果还可通过管廊内网传输到平台，便于监控室值班人员实时查看巡检人员的位置。发生紧急情况时可通过无线通信系统指导巡检人员沿着逃生路线迅速撤离事故现场。

定期巡查是地下综合管廊监测和管理工作的重要部分。然而，传统的人工巡查方式存在巡查不及时不到位、无法覆盖危险地带的所有区域、无法在监控中心实时查看等问题。而最早应用于电力行业的巡检机器人技术，能够取代人工在高压危险区域进行巡查，有效避免上述问题。

管廊巡检机器人采用轨道移动方式，搭载高清摄像头和红外热成像仪，以实现对管廊的实时监控和红外热成像诊断。巡检机器人能够集成有害气体、烟雾、光照度、温湿度等传感器，以及定位设备和语音对讲系统，使用户可实时掌握管廊环境信息。通过监控平台，用户可实现对巡检机器人的控制，数据接入、存储、统计，以及进行 GIS 定位和立体展示。

巡检机器人可根据具体需求进行速度设定，包括预设速度和在运行过程中调整速度，满足用户在各种复杂环境中的应用需求，保证在长距离的巡检路线上的快速定位。正常巡检时，巡检机器人可以 5～15 m/min 的速度移动，确保图像移动时有足够的时间来监视目标物的状态，实现视频采集对比。

巡检机器人具有精确定位功能，可实现毫米级的定位精度，为实现自动识别和分析提供依据。此外，巡检机器人还可根据巡检对象的布局规划巡检路线，设计巡检轨道，实现复杂的巡检路线。

巡检机器人可提供多种宽带通信方式和交互功能。它可接收用户指令进行动作，也可反馈自身参数和当前状态给用户，供用户判断巡检机器人运行状态，实现电子地图上巡检机器人的位置更新，实现动态电子地图功能。

2. 健康监测技术

城市地下管网工程健康监测对象包括建设环境、地形地貌以及管道运行流量、压力、温湿度、气体、水位、管道沉降、倾斜及振动等，并对管网体结构进行评价，得出健康指数，保证管廊结构的安全，有效地保障管网的运行寿命；采用先进的压差式沉降仪、倾角测量仪、三轴测振仪等设备测量管道沉降、倾斜及振动，实时监测管网结构。

为实时监测管网结构，需要采用先进的测量设备如压差式沉降仪、倾角测量仪、三轴测振仪等测量管道的沉降、倾斜和振动等参数。这些设备可提供实时、精确的数据，帮助我们及时发现问题，保证管网的稳定运行。

为获得综合管廊的健康状态，采用 H_2S 无线传感器监测综合管廊内 H_2S 气体浓度，便于开展有效的安全防范措施，提供良好的综合管廊环境。采用 CH_4 无线传感器监测综合管廊内 CH_4 气体浓度，有效地对燃气管道的气体泄漏进行监测和预警，保证综合管廊运维安全。采用无线 O_2 浓度传感器监测综合管廊内的 O_2 浓度，给检修和巡检工作提供安全的工作环境。采用无线温湿度传感器监测综合管廊的环境温湿度情况，根据温湿度值进行降温、排风和除湿工作，为综合管廊内部设备设施提供良好环境。

通过无线传输技术，每个区间的环境信息(O_2 含量、H_2S 含量、CH_4 含量、温湿度等)可通过无线传感网络实时上传至传感管理主机。无线传感管理主机会统一接收综合管廊内无线传感器采集的数据，然后通过以太网、GPRS、RS485 等方式传输到监控服务器，实现对现场数据的监测和预警，见图 7-26。

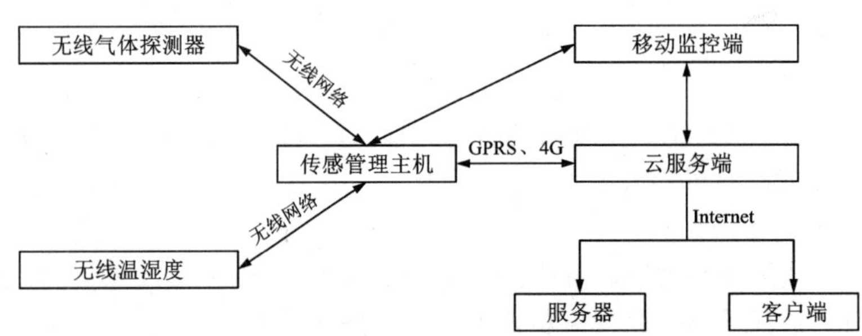

图 7-26 无线监测系统拓扑图

7.3.2 城市地下管网工程 BIM/GIS 集成技术

传统的管网信息化主要是通过数据库管理系统管理管线的性质、类型和数量等。但这种方式缺乏地下管网的信息化三维数字模型，无法进行图形空间属性的管理。

而城市地下管网工程的 BIM(建筑信息模型)技术则是一种集成三维图形和数据库信息的技术。它可创建并使用空间数据和属性数据，表达地下管线的空间、物理和功能特性。BIM 技术的引入，使得地下管网的管理更加精确高效，提高城市地下管网工程的设计、施工和运维的质量和效率，也为城市的规划和发展提供重要的信息支持。

目前一种常用的 BIM 技术是土木工程中以 Autodesk Revit 软件为核心，基于相同的数据格式进行数据转换，以实现建筑工程的全寿命周期分析。该技术包括 PKPM 施工综合管理平台、超强的 3D 建模工具 Rhino 犀牛和全球最顶尖的施工管理软件之一 Navisworks 软件等，见图 7-27。另一种是以 Bentley 软件为核心的 BIM 整体解决方案，用于基础设施行业的全生命周期计算机分析，见图 7-28。

BIM 建模数据转换指将各种不同类型的管线数据转换成可共享使用的数据格式，涉及的 BIM 软件繁多，比如 WaterGEMS(用于给水水力计算的软件)、浩辰 CAD 给排水软件、AUTO CAD 软件、管立得市政管网设计软件、鸿业管立得管网设计软件、艾三维 PNL 构件库管理软件、泛普燃气管道建设工程管理软件、长输管道设计的 SPS、tgnet/tlnet(单管、管网瞬态)、

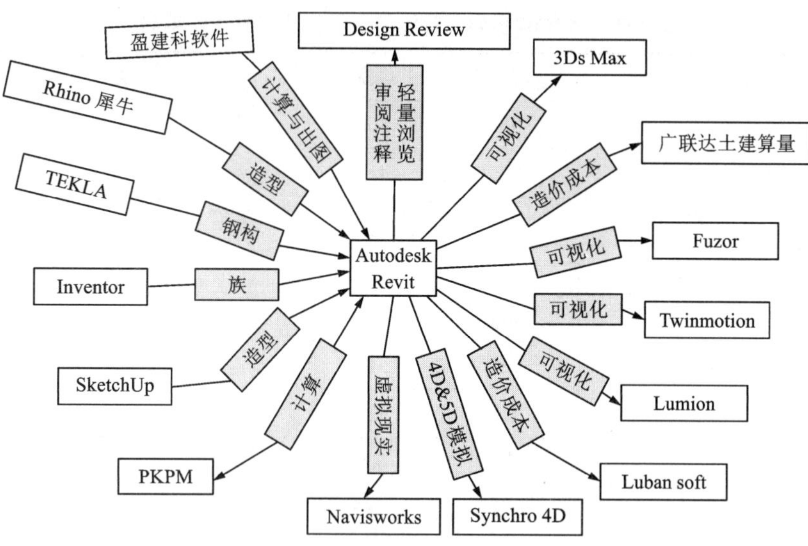

图 7-27　以 Autodesk Revit 为主的 BIM 技术

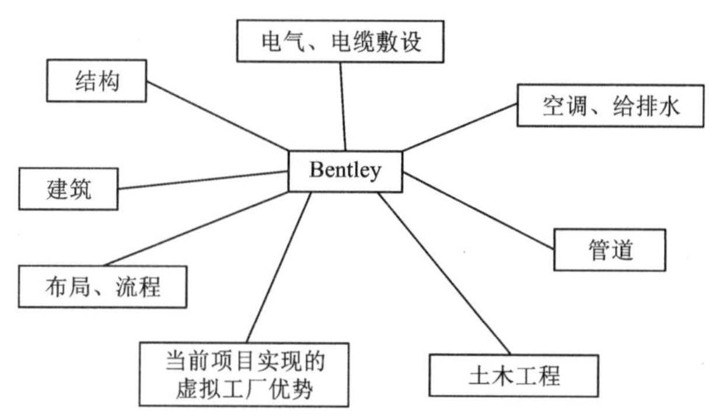

图 7-28　以 Bentley 为主的 BIM 技术

集输管道设计的 pipephase、pipesim(多相流稳态)、城市燃气管网、天然气长输管网模拟的 synergi gas 软件、模拟流体的 Fluent 和 Olga 软件、配管软件 PDMS、Autodesk 公司的 revitMEP 软件和 Bentley 公司的 building mechanical systems 等。以上软件功能不尽相同,数据格式各异,文件结构封闭。实现各软件的数据格式转换,能达到各软件地下管网数字模型信息共享,实现地下管网 BIM 建模。

在地下管网 BIM 建模过程中,为方便识别不同的管线,采用统一规则对管线进行标准化、规范化的分类编码和标识编码。目前有 4 位数字、6 位数字、7 位数字和 10 位数字编码方法,具体如下。

1)4 位数字编码方法

$$X.X.XX \tag{7-76}$$

式中:第 1 个 X 表示管线类别代码,用于表示管线种类,用一位数字表示,取值为 1~6;第 2 个 X 表示子类代码,用于表示管线种类中的小类,用一位数字表示;第 3~4 个 X 表示识别码,用于标识不同管系线点及管线设施类型,用两位数字表示。4 位数字编码管线类别代码及部分管线编码见表 7-29。

表 7-29　4 位数字编码管线类别代码及部分管线编码

管线名称		代号	编码	颜色	类别代码	子类代码
给水		JS	3000	天蓝	3	0
排水	污水	WS	4100	褐色	4	1
	雨水	YS	4000			0
	雨污合流	HS	4200			2
燃气	煤气	MQ	5000	粉红	5	0
	液化气	YH	5100			1
	天然气	TR	5200			2
热力	蒸汽	ZQ	6000	橘黄	6	0
	热水	RS	6100			1
电力	电力线	DL	1000	大红	1	0
	供电电缆	GD	1100			1
	路灯电缆	LD	1200			2
	交通信号电缆	XH	1300			3
	电车电缆	DC	1400			5
电信	电信电缆	DX	2000	绿色	2	0
	广播电缆	GB	2100			1

2)6 位数字编码方法

北京市地方标准 DB11/T 894.1—2012 规范采用 6 位数字来编码地下管线。

$$X.X.XX.XX \tag{7-77}$$

式中：第 1 个 X 为管线大类代码，取 1 或 2；第 2 个 X 为地下管线中类代码，取值为 1~8；第 3~4 个 X 为地下管线小类代码，取值为 01~99；第 5~6 个 X 为地下管线子类代码，取值为 01~99。6 位数字编码地下管线大中类代码见表 7-30。

表 7-30　6 位数字编码地下管线大中类代码表

管线大类	管线种类	中类代码	大类代码	管线大类	管线种类	中类代码	大类代码
长输管线	输电管线	1	1	城市管线	电力管线	1	2
	通信管线	2			电信管线	2	
	输水管线	3			给水管线	3	
	输油管线	4			排水管线	4	
	输气管线	5			燃气管线	5	
	—	—			热力管线	6	
	—	—			工业管线	7	
	—	—			综合管廊	8	

3)7 位数字编码方法

$$X.X.X.XX.XX \tag{7-78}$$

式中：第 1 个 X 为国家基础地理信息要素分类，取 5；第 2 个 X 为管线大类代码，取值为 1~4；第 3 个 X 为管线中类代码，取值为 1~7；第 4~5 个 X 为管线小类代码，取值为 00~99；第 6~7 个 X 为管线子类代码，取值为 00~99。7 位数字编码地下管线大中类代码表见表 7-31。

表 7-31 7 位数字编码地下管线大中类代码表

管线大类	管线种类	中类代码	大类代码	管线大类	管线种类	中类代码	大类代码
长输输电管线	高压输电线	1	1	城市管线	电力管线	1	4
	配电线	2			电信管线	2	
	长输输电管线附属设施	3			给水管线	3	
长输通信管线	陆地通信线	1	2		排水管线	4	
	海底光缆	2			燃气管线	5	
	长输通信管线附属设施	3			热力管线	6	
长输油气和水输送管道	油主管道	1	3		工业管线	7	
	天然气主管道	2		—	—	—	—
	水主管道	3					
	长输油气和水输送管道附属设施	4					

4)10 位数字编码方法

$$X.X.XX.XX.XXXX \tag{7-79}$$

式中：第 1 个 X 为国家基础地理信息要素分类，取 5；第 2 个 X 为地下管线类别代码，取值为 1~7；第 3~4 个 X 为地下管线子类代码，取值为 01~14；第 5~6 个 X 为管段或管线节点代码，取值为 00~03；第 7~10 个 X 为管线节点代码列号，取值为 0001~9999。10 位数字编码地下管线大类代码表见表 7-32。

表 7-32 10 位数字编码地下管线大类代码表

管线类别	给水	排水	燃气	热力	电力	通信	工业
代码	1	2	3	4	5	6	7

然而，BIM 技术注重工程自身的信息共享，缺少周围环境的信息。GIS 系统则致力于宏观地理环境的研究，同时具备处理和分析地球表层(包括大气层)的地理分布数据并对其进行采集、储存、管理、运算、分析、显示和描述，可较好地弥补 BIM 的不足。因此，可将 GIS 与 BIM 相结合，发展出城市地下管线网的 GIS+BIM 融合模型，即 BIM/GIS 集成系统，以实现地下管线及其周围环境的数据采集、集成和数据挖掘，为城市地下管网的管理提供决策支持。

城市地下管网的 BIM/GIS 集成系统通常包含设备执行层、传输层、数据层、应用层和展示层。

①设备执行层。设备执行层是系统架构的核心，主要负责信息采集。该层涵盖城市地下管网工程的工业环网及所有的监测和控制设备，包括各类传感器（如位移、气体、液位、温度、湿度、流量和压力传感器等）以及综合管廊内的设备（如通风机、水泵、摄像头、红外探测器、火灾探测器和供电设备等）。设备执行层对地下管网（包括综合管廊）进行全程监控，并将采集的信息通过传输层实时传输到监控中心的统一管理平台。

②传输层。传输层构成整个平台的网络基础设施，主要负责采用工业级的有线光纤网络或无线网络上传设备执行层采集的数据及下发应用层的数据。

③数据层。数据层主要负责采集和存储与城市地下管网相关的各类空间、环境、设备、人员和管理的实时数据及其处理结果。此外，数据层还需要实现各种软件及全部监测和控制设备的数据转换。

④应用层。应用层作为基础服务支撑平台，为整个系统应用提供 GIS 和协同管理的封装服务及组件。其主要任务是监控管廊内环境、设备、安全防护和通信等方面的实时状态。以软件和服务为核心，应用层基于各个业务子系统以及数据处理模块，通过相应的编程模型和 API 来处理和分析数据，并生成分析结果。同时，该层接收各类用户的操作指令，生成处理结果，最终构建各种功能，实现对物理世界的实时控制、精确管理和科学决策。

⑤展示层。展示层的功能是将应用层的处理结果呈现给关注这些数据和变化的工作人员。它依托地理信息系统（GIS）和建筑信息模型（BIM），构建融合二维、三维和全景的监测系统，实现二维平面图、三维动态模型和全景环境的相互补充，使环境监测信息、设备运行状态、安全防范及报警信息得以完整展示。工作人员可通过二维 GIS 获得管廊的全局概览，通过 BIM 三维建模，得到管廊、通道、管路、线路、设备的虚拟再现。检测数据则通过全景环境进行现场展示，并与控制系统联动。

城市地下管网（包括综合管廊）的 BIM/GIS 运维管理平台主要包括监控系统和管理系统。该平台旨在为管廊运维公司、权属单位和政府监管部门提供快速定位设施设备、生成维修计划、分析专业数据和生成图表报告等。

监控系统主要针对监控值班人员，重点在于实时监控设备状态和环境信息。管理系统则主要针对管理人员，提供包括出入廊管理、设备管理、巡检管理、系统管理和应急管理等在内的功能模块。此外，平台还开发了手机 App，以便用户随时随地查看和操作，提高运维效率。

①出入廊管理模块。该模块主要针对所有涉及城市地下管网（包括综合管廊）的相关人员。通过 BIM 和 GIS 的联动，这个模块可实现对参观者、检查人员等外来人员的行进路线，运维人员的操作及其作业路线的精确跟踪定位，并将操作全过程保存，确保人员和管线的安全。

②设备管理模块。该模块主要针对设备的实时监控和管理。通过 GIS 定位设备，用户可轻松获取管道及其附属设施的基础数据和实时运行状态，并进行控制操作，实现对管网的全生命周期管理。

③巡检管理模块。该模块主要关注城市地下管网的巡检任务分配和记录，能够优化巡检路线，提高巡检效率。

④系统管理模块。系统管理模块主要关注系统账号及登录管理、运维日志保存和报警信息汇总。运维日志保存是该模块的重要功能之一，包括管道及其附属设施的运行状态、控制方式和报警状态以及各种传感器数据。报警信息汇总功能则可将所有的报警信息进行整合，包括报警的日期、位置、分类、等级、对象、描述以及运维人员通过 BIM/GIS 对报警的操作反馈。

⑤应急管理模块。应急管理模块主要关注应急事件的处理和演练。城市地下管网(包括综合管廊)的 BIM/GIS 集成系统能够及时分析警情，实时控制管网设备，减少或防止警情的进一步发展。同时，警情会通过多种方式通知相关人员，使运维人员能够第一时间获取报警信号并采取相应的处置措施。应急管理模块支持模拟警情演练，帮助运维人员提高对应急事件的处理能力。此外，运维人员还可通过手机 APP 随时随地获取设备状态，处理报警信息，进行设备控制等操作，大大提高运维效率。

城市地下管网(包括综合管廊)BIM/GIS 运维管理平台运行模式图见图 7-29。

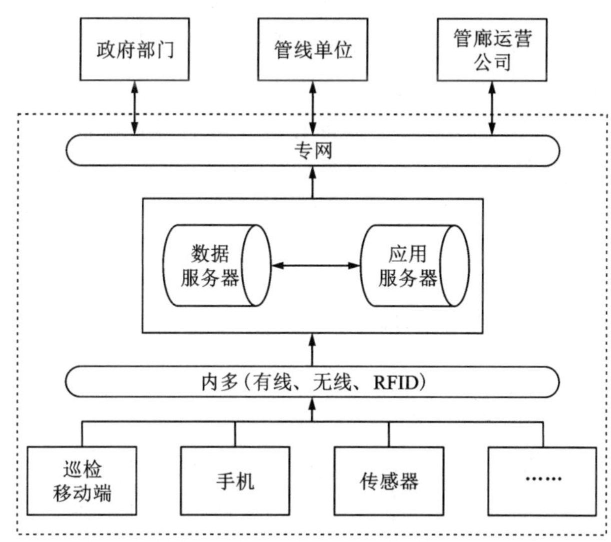

图 7-29 城市地下管网(包括综合管廊)BIM/GIS 运维管理平台运行模式图

7.3.3 城市地下管网工程数字孪生技术

目前在城市地下管网 BIM/GIS 集成技术的基础上，应进一步发展城市地下管网数字智能化技术。该技术核心是通过数字化的方式，建立一个与现实世界相一致的虚拟模型，然后通过物联网、移动互联网、5G、人工智能、3DGIS 等新技术，来实现对现实空间中设备和系统状态的实时感知及进行智能专家决策分析，辅助人工决策。

地下管网数字孪生管理系统架构包括基础设施层、数据层、服务层和应用层。

①基础设施层。该层主要包括算力设施、计算资源、渲染资源、网络资源和存储资源，以及由北斗定位、无人机、智能巡检机器人、探测仪、物联感知监测传感器和视频监控等组成的智能感知设施。基础设施层为地下管网数字孪生平台提供监测、检测和视频数据。

②数据层。数据层主要指基础设施层收集的如检测、感知、视频数据、管道网络建设数

据及相关的命令和审批数据等各类业务数据；此外，还包括地下管道网络的三维建模数据和电子地图等时空数据。

③服务层。由基础设施层采集的地下管道网络数据需要上传到服务层，而由服务层发出的命令数据则需反馈至基础设施层，才能使管道网络的物理状态发生变化。服务层支持多种类型管网多源异构数据的融合，整合遥感、无人机、视频、检测传感器及管网三维模型等数据；还能够进行地下管网的可视化渲染，支持大规模场景和大数据量的 BIM、视频等数据的一体化渲染，超精细地模拟现实场景中的地下管网，同时实时显示管网的埋深、管径和材质等信息。对于道路和管网的规划和智能巡检，服务层可进行空间分析计算，通过碰撞分析来得出优化的管网规划布局，确定机器人巡检的优化路径和管线风险点的位置。

④应用层。该层适用于地下管网的规划评估、升级改造、建设管理、巡查保养和应急保障等应用场景。

总体而言，地下管网数字孪生技术将地下管网数据进行统一可视化管理，构建一个能够实时再现并调控现实场景的数字化平台。该技术能实现地下管网的实时管理，快速精确地定位管道故障，提前预测管道问题，也能辅助地下管网规划，减少施工对相邻管线的影响。通过模拟和预测暴雨条件下的城市洪水淹没情况，为抢险救灾提供决策参考。此外，地下管网数字孪生技术能提升管网的规范化、作业标准化、技术差异化、管控信息化、监测立体化和运检智能化标准，有助于降低城市地下管网规划、设计、施工及管理成本。我国深圳、杭州、长沙和娄底等城市在地下管网数字孪生技术方面进行了有益的探索，并取得了一定的技术积累和良好的经验。

7.3.4 城市地下管网工程运维案例

1. 长沙市地下综合管廊运维管理模式

长沙市政府已经制定超过 400 km 的综合管廊建设规划，见图 7-30。该市的地下综合管廊采用的是政府特许运维管理模式，即市政府就资金或(和)地下空间资源和社会资本单位共同出资组建项目公司。在特许经营期内，项目公司负责综合管廊的投融资、建设及运营。地

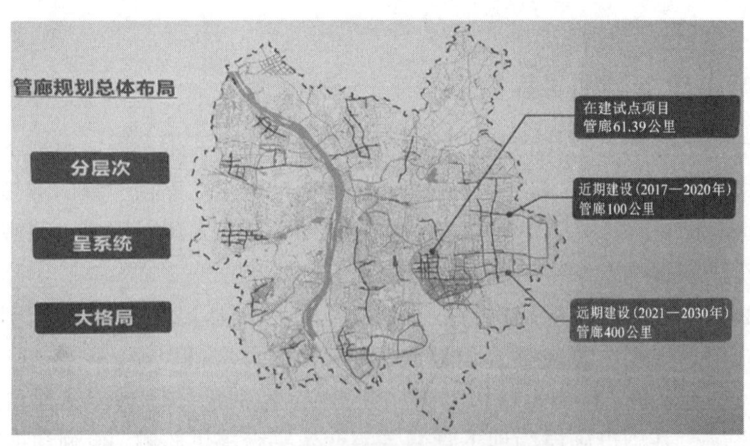

图 7-30　长沙市综合管廊规划布置图

下综合管廊的建设运营资金主要由地方和社会投入，政府财政资金主要用于项目公司运营阶段的可行性缺口补贴。特许期满后，项目公司将项目资产无偿移交给长沙市政府机构。长沙市政府拥有综合管廊的所有权。

根据管廊公司测算，长沙市综合管廊的运维管理成本为 71.71 万元/(km·年)，见表 7-33。其中，运维管理费用为 31.5 万元/(km·年)。

表 7-33　长沙综合管廊运维管理成本预估表

项目	费用/(万元·km^{-1}·年$^{-1}$)
运维管理	31.5
日常保养维护费用	19.4
设备动力成本	7.5
管廊本体结构及附属设施大中修成本	11.4
备检测及标定、云平台租赁、网络使用费、监控系统后续升级维护、项目垃圾集中清运等	7.31
合计	77.11

2. 长沙市地下综合管廊运维数字化技术

长沙市地下综合管廊项目公司开发基于数字孪生技术的地下综合管廊管理平台，实现智能化运维。该平台采用物联网、云计算、大数据、人工智能、信息技术、网络技术、传感器技术、过程自动化和 BIM/GIS 等多种新技术。

通过这个平台，项目公司构建可视化、数字化、虚拟化的管廊，能够感知管廊的运行状态，对相关管廊的运行数据进行分析，为城市应急预警提供相应的决策依据。

长沙市地下综合管廊智慧化管理平台的总体架构自下而上包括设备执行层、传输层、数据层、应用层和展示层。其中，设备执行层负责采集各类传感器、摄像头、安防设备、风机、阀门、变电箱等设备的实时数据；传输层通过采用新型分布式光纤传感技术构建千兆工业以太环网，实现数据的快速高效传输；数据层基于实时采集的设备数据，构建描述管线实时属性和空间关系的数据模型，为应用层提供数据支持；应用层根据数据层的信息，进行基础数据、图档信息、运行维护等管理工作；展示层通过二维 GIS 图、三维 BIM 等方式，直观地展示监测监控结果。

长沙市地下综合管廊智慧化管理平台综合集成各个子系统，包括环境监控、安防系统、火灾预警、可燃气体报警、语音通信、地理信息等，实现各监控系统之间的数据融合，见图 7-31～图 7-35。这种集成和融合方式使得平台能够提供各类联动报警、联动提示、智能健康监测等功能。

长沙市地下综合管廊管理平台采用智能巡检机器人巡检技术、数据光纤传感技术、BIM/GIS 可视化管控技术和大数据应用及辅助决策。其中，智能巡检机器人巡检技术是一种高效的管廊巡检方式，它使用集成高清摄像头、红外成像、无线传感器等多种设备的智能巡检机器人，将实时视频、管廊内温湿度、有毒气体浓度等数据实时传输到监控中心，见图 7-35。

通过智能机器人巡检，可减少工作人员出入管廊内的巡检时间，针对异常情况进行重点检查，准确找出异常原因，提高管廊安全性和运行效率，减少管廊灾害和事故的发生。数据光纤传感技术是一种新型的监控手段，可实现实时监控、声纹检测等功能。BIM/GIS 可视化管控技术和大数据应用及辅助决策则是通过集成和分析各种数据，为运维人员提供决策支持。

图 7-31　H_2S 监测系统

图 7-32　沉降监测系统

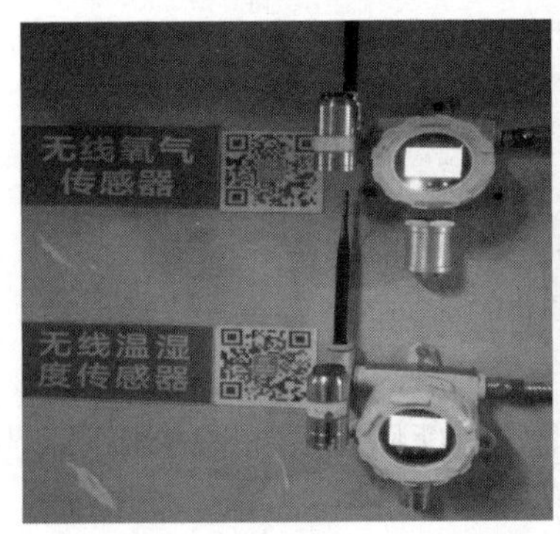

图 7-33　O_2 和温湿度监测系统

图 7-34　远程数据采集箱

图 7-35　机器人无线 App 主机

7.4　城市地下综合管廊管理

7.4.1　综合管廊管理

综合管廊管理包括日常管理和安全与应急管理。

日常管理主要包括对管廊土建结构、附属设施及入廊管线的日常巡检与监测、专业检测及维修保养等工作。日常管理工作中涉及的各种工作表格见附录。安全与应急管理则是为保障综合管廊的运维安全，及时有效地实施应急救援工作，尽可能减少人员伤亡和财产损失，维持正常的生产秩序。安全与应急管理的主要内容包括日常巡检与监测、维修保养、专业检测及大中修管理。

为实现运维管理的安全、满意度和品质目标，相关部门单位制定了一系列综合管廊维护管理的制度，形成了一套较为完整有效的综合管廊管理制度体系，包括综合管廊的日常维护、值班、安全检查、档案资料、安全等管理制度。

1. 日常维护管理制度

在综合管廊管理中，首先应尽量保持管廊内部清洁和通风良好。严格监督企业用户遵守相关的安全规程，并进行安全监控和巡查等安全保障工作。

施工过程中，严格监督综合管廊内管线和附属设施的施工单位执行相关的安全规程和经批准的安全施工措施方案。综合管廊管理还需要配合和协助管网企业用户进行巡查、养护和维修工作，对综合管廊的结构进行保护和维修，并对廊内公用设施设备进行养护和维修，保证设施设备的正常运转。

综合管廊内发生险情时，需要迅速采取紧急措施，并及时组织管网企业用户进行抢修。为此，需要事先制定并实施综合管廊应急预案，以便在应急情况下能够迅速、有效地应对。

2. 值班管理制度

值班工作是沟通上下、联系内外、协调左右的信息枢纽，在综合管廊的运维管理中起到至关重要的作用。值班人员需要及时传达上级的重要文件，处理运维公司内部的事务，确保公司的运行顺畅。

3. 安全检查管理制度

安全检查管理制度是综合管廊运维管理的重要环节，旨在及时发现和解决可能存在的安全隐患，保障各项工作的正常进行。安全检查主要分为日常检查、定期检查和特殊检查三类。日常检查以目测为主，每周不少于1次，主要检查管廊的基本情况，如设备的运行状态、环境的清洁程度以及工作人员的日常操作是否符合规定等。定期检查需要使用仪器和量具进行量测，每季度不少于1次。特殊检查则需要由专业机构根据实际情况进行。

此外，安全检查管理制度应建立应急联动机制，包含实施突发事件的应急处理及事故处理程序和安全责任制等内容。

4. 档案资料管理制度

档案资料管理制度要求运维部按规定的格式要求就运维服务事项备存记录，包括：项目设施状况(不含入廊管线、道路和景观工程，下同)、正常使用中及处在维修状态的项目设施种类及数目、维护维修计划、维护维修计划执行情况、维护维修计划变动情况、项目设施检查记录(包括日常检查、定期检查和专项检查)、项目设施状态评定记录、项目设施维修记录(包括日常维修、中修及大修；相关政府部门检查结果)、一切事故的详细记录和市建委合理要求的其他事项记录等。

5. 安全管理制度

综合管廊是城市公共安全管理的重要环节，其人员进出管理必须严格审批，确保人员和设施的安全。任何需要进入综合管廊的人员都必须提前向项目公司申请，并符合入廊管理制度的要求。同时，管廊管理公司需要派遣相应的人员陪同入廊，以保证现场的安全和有效管理。

对于入廊作业人员，需要实行实名登记，并发放作业证，并要求其在廊内随身携带。对于动火作业等特殊工种，还需要进行专项审批和重点监控。未经同意擅自进入综合管廊造成损害的，承担相应责任。

同时，为保证综合管廊的正常使用，必须坚持应修尽修、全面保养、及时维修的原则，保持管廊和附属用房的正常使用功能。根据实际情况，需要制定合理的大中修缮和日常小修计划，对所需的资源进行合理配置。既保证设施的正常运行，又可提高资源利用效率，降低运维成本。

7.4.2 综合管廊附属设施管理

综合管廊中的附属设施如通风系统、给排水系统、电力及照明系统、供配电系统及火灾报警系统的管理及运行规定至关重要。

①通风系统运行管理：指维持综合管廊内空气质量的排风机、消音箱、控制盘及其附属管线的维护、保养、清洁、操作、校正、调整等工作。确保各种控制模式（紧急控制模式、火灾控制模式、定时控制模式、气体控制模式及温度控制模式等）能自动运行。每月至少进行1次自动检查。

②给排水系统运行管理：指保持集水坑内正常水位以下的水泵、控制盘及其附属管线的维护、保养、操作工作。系统应随水位高低自动运行，两台水泵具有自动交互运转功能，不能同时停用。运转状态应在监控中心软件上显示，并能由监控中心操作开关，进行水泵强制开启或关闭停止运转。每月至少进行1次自动检查。

③电力及照明系统运行管理：指管廊内保持基本照明和应急照明设备的正常运行，并进行设备及其附属管线的维护、保养、清洁、操作工作。照明设备应无闪烁、两端发黑的情况。应急照明设备的蓄电池应能在停电后维持原有照明功能30 min以上。每月至少进行1次自动检查。

④供配电系统运行管理：指进行变压器、高低压配电箱盘、各种机电设备的巡检和设备的操作、运转、保养、清洁、故障排除及紧急处理等工作。应合理分配电力资源，确保各设备的正常供电。在设备故障或供电中断等紧急情况下，能够及时进行处理，恢复设备的正常运行。每月至少进行1次自动检查。

⑤火灾报警系统运行管理：指对火灾报警总机及各报警分机、光纤感温传感器、烟感器、火警指示灯、标识板、超细干粉灭火装置、手提灭火器等相关设施进行维护、保养、操作、故障排除等工作。系统应具有监视及记录所有设备动作状态及时间、自我侦查及测试功能，烟感探测器应保持自动检测功能，将警报信号传输至火灾报警分机，控制火警警示灯闪烁。每月至少检查1次灭火装置的有效期限。

制定详细的项目管理运行及维护标准（表7-34），能够及时发现问题解决问题，确保管廊运行顺利，实现对管廊运行期间的安全、质量、环保三位一体的全方位监控。

表 7-34　综合管廊维护标准

序号	类别	维护标准
1	管廊结构	综合管廊地面、设备间、风机房及人员出入口保持整洁；综合管廊顶板、侧墙、地面及伸缩缝无漏水；综合管廊集水井按时清掏无堵塞；投料口盖板及时关闭，人员出入口和风机室、设备间门及时锁闭
2	照明、风机及排水设施	照明灯具电压稳定、亮度正常、干净整洁；灯具安装无松动、脱落；风机现场手/自动操作无故障，运行状态良好；排水泵现场手/自动操作无故障，运行状态良好；配电柜箱体无杂物，标识牌齐全，指示灯完好无损；配电柜箱内接线端子、接头无松脱和异常声响或气味
3	供电设备	变压器温度正常；变压器运行无异常声音或气味；变压器接地、引线接头接触正常；高压柜箱体无杂物，指示灯完好无损；高压柜箱内接线端子、接头无松脱和异常声响或气味；高压柜断路器正常；低压柜箱内接线端子、接头无松脱，无异常声响或气味；低压柜电压、电流正常；PLC 柜箱体无杂物，标识牌齐全，指示灯完好无损；PLC 柜箱内接线端子、接头无松脱；PLC 柜无故障
4	监控设备	监控设备标识牌齐全，设备清洁干净，图像清晰，信号正常，视频完整；按监控中心管理规定上岗，进入监控中心有相关登记；室内卫生清洁干净，无灰尘或杂物；制定并实时监控设备保养计划，视频监控系统摄像机镜头经常清洁，保持清晰可见
5	消防设备	消防系统完好，运行正常；消防监控人员持资格证书，发现火警信号后及时派人前往检查，并熟悉火灾处理流程；制定防火门维护计划，并按计划实施；防火门正常开关，配件无损坏；应急灯、疏散指示灯正常发亮，表面玻璃无破损，安装牢固
6	人员进出及施工管理	进入综合管廊的巡检人员需有申请及审批；进入综合管廊的施工单位需递交施工申请；进入管廊的参观人员，需有专人陪同；管廊执行钥匙登记制度，由值班管理人员开启和关闭，核对进出人员；严控现场施工情况，对管廊气体检测、安全防护措施与设施、管廊施工进行跟踪监督，并进行管廊施工质量检测等；施工完毕后，施工单位对施工地段进行检查等
7	现场作业	制定巡检计划；巡检的人员按规定的时间、路线和检查项目，进行认真检查；对巡检发现的异常情况，立即分析判断，及时消除或采取相应的措施；高空作业时须系安全带，并有现场监护人；电气作业时，不得单独作业；电气作业，做好停电、验电、接地线和挂标识牌等安全措施（按需随时进行）等
8	档案管理	有完整的综合管廊技术档案，包括图纸、设备技术资料等；有完整的技术管理人员档案、岗位人员档案、安全用具档案、工器具档案等

为保障综合管廊及其附属系统的运行安全，确保管廊运营的质量及风险在可控制的范围内，需要对相关的管廊设施包括结构本体和附属系统的传感器等部件进行定期监测和检测。通过数据变化趋势来反映每个被监测对象的状态变化，为后续的运营维护措施提供有力的参考依据。需要检测监测的项目包括有结构沉降、混凝土碳化和传感器设备的标定等，见表 7-35。

表 7-35　检测监测标准

项目	检测监测内容	周期
结构沉降	在综合管廊外埋设水准检测基准标，数量根据不同测量方式确定，埋设深度大于管廊底板，位置须远离综合管廊并不受沉降影响，水准检测基准标采用一等精密水准检测精度进行联测。廊内按矩形段每管段四角各设 1 个观测点，竖井与管廊接合处等特殊部位布设测点等	新建管廊每半年 1 次，连续观测 2 年后为每年 1 次。若在单次检测中的沉降量大于前两次检测平均值 2 倍以上，增加检测频次
混凝土碳化	廊内定期进行碳化检测，以 pH 来确定其碳化深度，合格标准是 pH≥9	每 2 年进行 1 次检测。若混凝土表面有锈蚀且 pH 变小的情况下，增加检测频次
设备标定	通过对设备的标定，使校核后的测量精度与出厂时保持一致。定期标定的设备有：可燃气体浓度探测传感器、温湿度传感器、氧气浓度传感器等	每 1 年进行 1 次标定。若遇到燃气泄漏、廊体爆炸、火灾、廊体泡水等情况，须立即进行标定

在综合管廊投入运维后，运维分包单位项目部门将定期组织检测和评估，确保对管廊主体及其附属管线设施的运行状态进行全面的安全评估，并基于评估结果，组织相应的维护或修复工作，见表 7-36。

表 7-36　大、中修和例行维修工作内容表

类别	内容
大修工作	更换已经损坏的管段；修焊穿孔和裂缝，更换绝缘层；更换切断阀等干线阀门；检查和维修水下穿越管道；更换部分或全部通信线和电缆；修筑和加固穿越、跨越两岸的护坡、保坎、开挖排水沟等土建工程；成立专业的堵漏工作小组，负责管廊的日常防水及堵漏工作；管道的内涂工程等
中修工作	检修管道的微小渗漏(砂眼和裂缝)；检修管道阀门和其他附属设备；检修和刷新管道防腐措施；检修通信线路；清除管道防护地带的深根植物和杂草；进行洪水后的季节性维修工作；露天管道和设备涂漆；管廊内支架防锈涂漆等工作
例行维修工作内容	管廊的日常维护主要依据例行巡检中发现的各类问题，针对管廊本体、附属设施以及为管廊运行服务的设备、管线、线缆、开关、闸门等系统的故障进行及时的修复和保养。若在巡检过程中发现入廊管线及其构造设施存在的故障或问题，应立即反馈给入廊管线的产权单位进行维修。管廊的维护工作涵盖内外部修理，包括监控中心的运行监管、日常检查，综合管廊内外建筑物的保养与维修及综合管廊的消杀防治和清洁等工作

习　题

1. 城市地下管网工程运维管理模式有哪些，优缺点是什么？
2. 常见的管道缺陷有哪些，对应的检测和评估方法是什么？
3. 什么是地下管网(综合管廊)数字孪生技术？

附　录

附录 1　公共建筑生活用水定额及时变化系数

序号	类型		单位	生活用水定额/L		使用时数/h	最高日小时变化系数 K_h
				最高日	平均日		
1	宿舍	设卫生间	每人每日	150~200	130~160	24	3.0~2.5
		设公用盥洗卫生间					6.0~3.0
2	招待所、培训中心、普通旅馆	设公用卫生间、盥洗室	每人每日	50~1000	40~80	24	3.0~2.5
		设公用卫生间、盥洗室、淋浴室		80~130	70~100		
		设公用卫生间、盥洗室淋浴室、洗衣室		100~150	90~120		
		设单独卫生间、公用洗衣室		120~200	110~160		
3	酒店式公寓		每人每日	200~300	180~240	24	2.5~2.0
4	宾馆客房	旅客	每床位每日	250~400	220~320	24	2.5~2.0
		员工	每人每日	80~100	70~80	8~10	2.5~2.0
5	医院住院部	设公用卫生间、盥洗室	每床位每日	100~200	90~160	24	2.5~2.0
		设公用卫生间、盥洗室、淋浴室		150~250	130~200		
		设单独卫生间		250~400	220~320		
		医务人员	每人每班	150~250	130~200	8	2.0~1.5
	门诊部、诊疗所	病人	每人每次	10~15	6~12	8~12	1.5~1.2
		医务人员	每人每班	80~100	60~80	8	2.5~2.0
	疗养院、休养所住房部		每床位每日	200~300	180~240	24	2.0~1.5
6	养老院、托老所	全托	每人每日	100~150	90~120	24	2.5~2.0
		日托		50~80	40~60	10	2.0
7	幼儿园、托儿所	有住宿	每儿童每日	50~100	40~80	24	3.0~2.5
		无住宿		30~50	25~40	10	2.0

续附录1

序号	类型		单位	生活用水定额/L		使用时数/h	最高日小时变化系数 K_h
				最高日	平均日		
8	公共浴室	淋浴	每顾客每次	100	70~90	12	2.0~1.5
		浴盆、淋浴		120~150	120~150		
		桑拿浴(淋浴、按摩池)		150~200	130~160		
9	理发室、美容院		每顾客每次	40~100	35~80	12	2.0~1.5
10	洗衣房		每千克干衣	40~80	40~80	8	1.5~1.2
11	餐饮业	中餐酒楼	每顾客每次	40~60	35~50	10~12	1.5~1.2
		快餐店、职工及学生食堂		20~25	15~20	12~16	
		酒吧、咖啡馆、茶座、卡拉OK房		5~15	5~10	8~18	
12	商场	员工及顾客	每平方米营业厅面积每日	5~8	4~6	12	1.5~1.2
13	办公楼	坐班制办公楼	每人每班	30~50	25~40	8~10	1.5~1.2
		公寓式办公楼	每人每日	130~300	120~250	10~24	2.5~1.8
		酒店式办公楼		250~400	220~320	24	2.0
14	科研楼	化学	每工作人员每日	460	370	8~10	2.0~1.5
		生物		310	250		
		物理		125	100		
		药剂调制		310	250		
15	图书馆	阅览者	每座位每次	20~300	15~25	8~10	1.2~1.5
		员工	每人每日	50	40		
16	书店	顾客	每平方米营业厅每日	3~6	3~5	8~12	1.5~1.2
		员工	每人每班	30~50	27-40		
17	教学、实验楼	中小学校	每学生每日	20~40	15~35	8~9	1.5~1.2
		高等院校		10~50	35~10		
18	电影院、剧院	观众	每观众每场	3~5	3~5	3	1.5~1.2
		演职员	每人每场	40	35	4~6	2.5~2.0
19	健身中心		每人每次	30~50	25~10	8~12	1.5~1.2
20	体育场(馆)	运动员淋浴	每人每次	30~10	25~40	4	3.0~2.0
		观众	每人每场	3	3		1.2

续附录1

<table>
<tr><th rowspan="2">序号</th><th colspan="2" rowspan="2">类型</th><th rowspan="2">单位</th><th colspan="2">生活用水定额/L</th><th rowspan="2">使用时数/h</th><th rowspan="2">最高日小时变化系数 K_h</th></tr>
<tr><th>最高日</th><th>平均日</th></tr>
<tr><td>21</td><td colspan="2">会议厅</td><td>每座位每次</td><td>6~8</td><td>6~8</td><td>4</td><td>1.5~1.2</td></tr>
<tr><td rowspan="2">22</td><td rowspan="2">会展中心(展览馆、博物馆)</td><td>观众</td><td>每平方米展厅每日</td><td>3~6</td><td>3~5</td><td rowspan="2">8~16</td><td rowspan="2">1.5~1.2</td></tr>
<tr><td>员工</td><td>每人每班</td><td>30~50</td><td>27~40</td></tr>
<tr><td>23</td><td colspan="2">航站楼、客运站</td><td>每人次</td><td>3~6</td><td>3~6</td><td>8~16</td><td>1.5~1.2</td></tr>
<tr><td>24</td><td colspan="2">菜市场地面冲洗及保鲜用水</td><td>每平方米每日</td><td>10~20</td><td>8~15</td><td>8~10</td><td>2.5~2.0</td></tr>
<tr><td>25</td><td colspan="2">停车库地面冲洗水</td><td>每平方米每次</td><td>2~3</td><td>2~3</td><td>6~8</td><td>1.0</td></tr>
</table>

注：1. 中等院校、兵营等宿舍设置公用卫生间和盥洗室，当用水时段集中时，最高日小时变化系数 K 宜取高值 6.0~4.0；其他类型宿舍设置公用卫生间和盥洗室时，最高日小时变化系数 K 宜取低值 3.5~3.0。

2. 除注明外，均不含员工生活用水，员工最高日用水定额为每人每班 40~60 L，平均日用水定额为每人每班 30~45 L。

3. 大型超市的生鲜食品区按菜市场用水。

4. 医疗建筑用水中已含医疗用水。

5. 空调用水应另计。

附录 2 生活热水用水定额表

<table>
<tr><th rowspan="2">序号</th><th colspan="2" rowspan="2">建筑物名称</th><th colspan="2">用水定额/L</th><th rowspan="2">单位</th><th rowspan="2">使用时间/h</th></tr>
<tr><th>最高日</th><th>平均日</th></tr>
<tr><td rowspan="2">1</td><td rowspan="2">普通住宅</td><td>有热水器和沐浴设备</td><td>40~80</td><td>20~60</td><td>每人每日</td><td rowspan="2">24</td></tr>
<tr><td>有集中热水售应(或家用热水组)和沐浴设备</td><td>60~100</td><td>25~70</td><td>每人每日</td></tr>
<tr><td>2</td><td colspan="2">别墅</td><td>70~110</td><td>30~80</td><td>每人每日</td><td>24</td></tr>
<tr><td>3</td><td colspan="2">酒店式公寓</td><td>80~100</td><td>65~80</td><td>每人每日</td><td>24</td></tr>
<tr><td rowspan="2">4</td><td rowspan="2">宿舍</td><td>居室内设卫生间</td><td>70~100</td><td>40~55</td><td>每人每日</td><td rowspan="2">24</td></tr>
<tr><td>设公用盥洗卫生间</td><td>40~80</td><td>35~45</td><td>每人每日</td></tr>
<tr><td rowspan="4">5</td><td rowspan="4">招待所、培训中心、普通旅馆</td><td>设公用盥洗室</td><td>25~40</td><td>20~30</td><td>每人每日</td><td rowspan="4">24 或定时供应</td></tr>
<tr><td>设公用盥洗室、淋浴室</td><td>40~60</td><td>35~45</td><td>每人每日</td></tr>
<tr><td>设公用盥洗室、淋浴室、洗衣室</td><td>50~80</td><td>45~55</td><td>每人每日</td></tr>
<tr><td>设单独卫生间、公用洗衣室</td><td>60~100</td><td>50~70</td><td>每人每日</td></tr>
<tr><td rowspan="2">6</td><td rowspan="2">宾馆客房</td><td>旅馆</td><td>120~160</td><td>110~140</td><td>每人每日</td><td>24</td></tr>
<tr><td>员工</td><td>40~50</td><td>35~40</td><td>每人每日</td><td>8~10</td></tr>
</table>

续附录2

序号	建筑物名称		用水定额/L		单位	使用时间/h
			最高日	平均日		
7	医院住院部	公用盥洗室	60~100	10~70	每人每日	24
		公用盥洗室、淋浴室	70~130	65~90	每人每日	
		单独卫生间	10~200	110~140	每人每日	
		医务人员	70~130	65~100	每人每班	8
	门诊部、诊疗所	病人	7~15	3~5	年病人每次	8~12
		医务人员	40~60	30~50	每人每周	8
		疗养室、休养所住房部	100~160	80~110	每床每位每日	24
8	养老院、托老所	全托	50~70	15~55	每床位每日	24
		日托	25~40	15~20	每床位每日	10
9	幼儿园、托儿所	有住窗	25~50	20~40	每儿童每日	24
		无住窗	20~30	15~20	每儿童每日	10
10	公共浴室	淋浴	40~60	35~40	每顾客每次	12
		淋浴、浴盐	60~80	55~70	每顾客每次	
		桑拿浴(淋浴、按摩池)	70~100	60~70	每顾客每次	
11	理发室、美容院		20~45	20~35	每顾客每次	12
12	洗衣房		15~30	15~30	每公斤干衣	8
13	餐饮业	中餐酒楼	15~20	8~12	每顾客每次	10~12
		快餐店、职工及学生食常	10~12	7~10	每顾客每次	12~16
		酒吧、咖啡厅、茶座、卡拉 OK 房	3~8	3~5	每顾客每次	8~18
14	办公楼	坐班制办公楼	5~10	4~8	每人每班	8~10
		公寓式办公楼	60~100	25~70	每人每日	10~24
		酒店式办公楼	120~160	55~140	每人每日	24
15	健身中心		15~25	10~20	每人每次	8~12
16	体育场(馆)	运动员淋浴	17~26	15~20	每人每次	4
17	会议厅		2~3	2	每座位每次	4

附录3 夏季空调冷负荷指标统计值

建筑类型	房间名称	冷负荷指标 q_c/(W·m^{-2})
旅游旅馆	客房	70~100
	酒吧、咖啡厅	80~120
	西餐厅	100~160
	中餐厅、宴会厅	150~250
	商店、小卖部	80~110
	大堂、接待室	80~100
	中庭	100~180
	小会议室(少量人吸期)	140~250
	大会议室(不准吸烟)	100~200
	理发室、美容室	90~140
	健身房	100~160
	保龄球室	90~150
	弹子房	75~110
	室内游泳池	160~260
	交谊舞舞厅	180~220
	迪斯科舞厅	230~320
	卡拉 OK 厅	100~160
	棋牌室、办公室	70~120
	公共洗手间	80~100
餐馆	营业大厅	200~280
	包间	180~250
银行	营业大厅	120~160
	办公室	70~120
	计算机房	120~160
医院	高级病房	80~120
	一般病房	70~110
	诊断室、治疗室、注射室、办公室	75~140
	X 光室、CT 室、B 超室、核磁共振室	90~120
	一般手术室、分娩室	100~150
	洁净手术室	180~380
	大厅、挂号室	70~120

续附录3

建筑类型	房间名称	冷负荷指标 q_c/(W·m^{-2})
体育馆	比赛馆	100~140
	贵宾室	120~180
	观众休息厅(允许吸烟)	280~360
	观众休息厅(不准吸烟)	160~250
	教练、裁判、运动员休息厅	100~140
展览馆、陈列厅		150~200
会堂、报告厅		160~240
多功能厅		180~250
商场、百货大楼	营业厅(首层)	160~280
	营业厅(中间层)	150~200
	营业厅(顶层)	180~250
影剧院	观众厅	180~280
	休息厅(允许吸烟)	250~360
	化妆室	80~120
	大堂、卫生间	70~100
图书馆	阅览室	100~160
	大厅、借阅、登记	90~110
	书库	70~90
	特藏(善本)	100~150
写字楼	高级办公室	120~160
	一般办公室	90~120
	计算机房	100~140
	会议室	150~200
	会客室(允许吸烟)	180~260
	大厅、公共卫生间	70~110
住宅、公寓	多层建筑	88~150
	高层建筑	80~120
	别墅	150~220
超市	营业厅	160~220
	营业厅(鱼、肉、副食)	90~160

附录4 饱和蒸汽管道流量选型表

压力/bar	管道口径/mm													
	15	20	25	32	40	50	65	80	100	125	150	200	250	300
0.35	14	31	55	85	123	219	342	492	875	1367	1969	3500	5468	7874
0.50	15	33	59	92	132	235	366	528	938	1466	2111	3753	5864	8444
0.70	16	36	64	100	144	256	399	575	1023	1598	2301	4090	6391	9203
1.00	18	40	72	112	162	287	449	646	1149	1795	2585	4596	7182	10342
1.50	21	48	85	133	191	340	531	765	1360	2125	3060	5440	8500	12240
2.00	25	55	98	153	221	393	614	884	1571	2455	3535	6284	9818	14138
2.50	28	63	111	174	251	445	696	1002	1782	2784	4009	7127	11136	16036
3.00	31	70	125	195	280	498	778	1121	1993	3114	4484	7971	12455	17935
3.50	34	77	138	215	310	551	861	1240	2204	3443	4985	8815	13773	19833
4.00	38	85	151	236	340	604	943	1358	2415	3773	5433	9658	15091	21731
4.50	41	92	164	256	369	656	1026	1477	2625	4102	5907	10502	16409	23629
5.00	44	100	177	277	399	709	1108	1595	2836	4432	6382	11345	17727	25527
5.50	48	107	190	298	429	762	1190	1714	3047	4761	6856	12189	19045	27425
6.00	51	115	204	318	458	815	1273	1833	3258	5091	7331	13033	20364	27425
6.50	54	122	217	339	488	867	1355	1951	3469	5420	7805	13876	21682	29324
7.00	58	129	230	359	518	920	1438	2070	3680	5750	8280	14720	23000	31222
8.00	64	144	256	401	577	1025	1602	2307	4102	6409	9229	16407	25636	33120
9.00	71	159	283	442	636	1131	1767	2545	4524	7068	10178	18095	28273	36916
10.00	77	174	309	483	695	1236	1932	2782	4945	7727	11127	19782	30909	40713
11.00	84	189	335	524	755	1342	2097	3019	5367	8386	12076	21469	33545	44509
12.00	90	204	362	565	814	1447	2261	3256	5789	9045	13025	23156	36182	48305
13.00	97	218	388	607	873	1553	2426	3494	6211	9705	13975	24844	38818	52102
14.00	104	233	415	648	933	1658	2591	3731	6633	10364	14924	26531	41455	59695
15.00	110	248	441	689	992	1764	2756	3968	7055	11023	15873	28218	44091	63491
16.00	117	263	467	730	1051	1869	2920	4205	7476	11682	16822	29905	46727	67287
17.00	123	278	494	771	1111	1975	3085	4443	7898	12341	1771	31593	49346	71084
18.00	130	293	520	813	1170	2080	3250	4680	8320	13000	18720	33280	52000	74880
19.00	137	307	546	854	1229	2185	3415	4917	8742	13659	19669	34967	54636	78676
20.00	143	322	573	895	1289	2291	3580	5155	9164	14318	20618	36655	57273	82473

续附录4

压力/bar	管道口径/mm													
	15	20	25	32	40	50	65	80	100	125	150	200	250	300
21.00	150	337	599	936	1348	2396	3744	5392	9585	14977	21567	38342	59909	86269
22.00	156	352	625	977	1407	2502	3909	5629	10007	15636	22516	40029	62545	90065
23.00	163	367	652	1018	1467	2607	4074	5866	10429	16295	23465	41716	65182	93862
24.00	170	381	678	1060	1526	2713	4239	6104	10851	16955	24415	43404	67818	97658
25.00	176	396	705	1101	1585	2818	4403	6341	11273	17614	25364	45091	70455	101455
26.00	183	411	731	1142	1645	2924	4568	6578	11695	18273	26313	46778	73091	105251
27.00	189	426	757	1183	1704	3029	4733	6815	12116	18923	27262	48465	75727	109047
28.00	196	441	784	1224	1763	3135	4898	7053	12538	19591	28211	50153	78364	112844
29.00	203	456	810	1266	1823	3240	5063	7290	12960	20250	29160	51840	81000	116640
30.00	209	470	836	1307	1882	3345	5227	7527	13382	20909	30109	53527	83636	120436
40.00	275	619	100	1719	2475	4400	6875	9900	17600	27500	39600	70400	110000	158400
50.00	341	767	1364	2131	3068	5455	8523	12273	21818	34091	49041	87273	136364	196364
60.00	407	915	1627	2543	3661	6509	10170	14645	26036	40682	58582	104145	162727	234327
80.00	539	1212	2155	3366	4848	8618	13466	19391	34473	53864	77564	137891	215455	310255
90.00	605	1360	2418	3778	5441	9673	15114	21764	38691	60455	87055	154764	241818	348218
100.00	670	1509	2682	4190	6034	10727	16761	24136	42909	67045	96545	171636	268182	386182

附录5　变量符号汇总表

附录5-1　第3章变量符号

序号	变量符号及名称		
A	A：规划期内城市面积	A_s：广播电视需求建筑面积	A_{t1}：规划期限内预测区面积
	A_{r4}：冷负荷建筑面积	A_{r1}：采暖建筑物的建筑面积	A_d：规划期内规划单位建筑面积
	$A_{F,i}$：汇水面积上各类地面的面积	a_1：电话增长与国内生产总值增比系数	a_2：邮政年业务收入或通信总量增长态势系数
	A_F：全部汇水面积	A_{q4}：使用燃气采暖的建筑面积	A_g：规划期内城市面积
$C\sim F$	c：水的比热容	D_0：管段内径	f_i：各工业企业生产用水重复使用率
$G\sim I$	GDP：规划对象的人均国民生产总值	H_1：燃气低热值	I：电流大小

续附录5-1

<table>
<tr><th>序号</th><th colspan="3">变量符号及名称</th></tr>
<tr><td rowspan="5">$K\sim M$</td><td>K_d：日变化系数</td><td>K_h：时变化系数</td><td>K_z：总变化系数</td></tr>
<tr><td>K_{h2i}：各工业企业废水量的时变化系数</td><td>K_{h3a1}、K_{h3a2}：一般车间、高温车间职工生活污水时变化系数</td><td>K_{h4i}：各公共建筑污水量时变化系数</td></tr>
<tr><td>K_m：月变化系数</td><td>K_{sh}：同时工作系数</td><td>k：规划期国内生产总值平均增长速度</td></tr>
<tr><td>K_q：气化率</td><td>K：加热系数</td><td>$K_{r,4}$：建筑冷负荷指标修正系数</td></tr>
<tr><td>K_t：国家的电话机普及率</td><td>M_i：某一项工业产品的年产量</td><td>M：人数或床位数</td></tr>
<tr><td>$N\sim P$</td><td>N：规划期限内规划人口数</td><td>p：居民生活用气量占总用气量比例</td><td>P：城市电力负荷</td></tr>
<tr><td rowspan="19">Q</td><td>Q_g：规划期末城市总用水量</td><td>Q_{g1}：居民生活用水量</td><td>Q_{g2}：公共设施用水量</td></tr>
<tr><td>Q_{g3}：工业企业用水量</td><td>Q_{g4}：浇洒市政道路、广场和绿地用水</td><td>Q_{g5}：未预见用水量及给水管网漏失水量</td></tr>
<tr><td>q_{g1}：设计期限内采用的最高日用水定额</td><td>q_{g2}：公共建筑生活用水定额</td><td>$q_{g3,1}$：工业企业生活用水定额</td></tr>
<tr><td>$q_{g3,2}$：工业企业职工淋浴用水定额</td><td>q'_{g4}：绿地浇水用水定额</td><td>q_{g4}：市政道路和广场洒水用水定额</td></tr>
<tr><td>q_g：最高日人均综合用水量指标</td><td>$q_{g,d}$：单位建设用地综合用水量指标</td><td></td></tr>
<tr><td>Q_w：城市污水设计流量</td><td>Q_{w1}：居民生活污水设计流量</td><td>Q_{w2}：工业废水设计流量</td></tr>
<tr><td>Q_{w3}：工业企业生活污水和淋浴污水设计流量</td><td>Q_{w4}：公共建筑污水设计流量</td><td>q_{w1}：居民生活污水定额</td></tr>
<tr><td>$q_{w2,i}$：各工业企业废水量定额</td><td>$q_{w4,i}$：各公共建筑最高日污水流量</td><td>Q_{wd}：平均日平均时污水量</td></tr>
<tr><td>Q_y：雨水设计流量</td><td>q_y：设计暴雨强度</td><td></td></tr>
<tr><td>Q_q：燃气管道年用气量</td><td>Q_{q1}：居民生活年用气量</td><td>Q_{q2}：公共建筑年用气量</td></tr>
<tr><td>Q_{q3}：工业企业年用气量</td><td>Q_{q4}：建筑物采暖年用气量</td><td>Q_{q5}：未预见用气量</td></tr>
<tr><td>q_{q1}：居民生活用气定额</td><td>$q_{q2,i}$：第 i 种公共建筑的用气定额</td><td>$q_{q3,i}$：某一项工业产品用气量指标</td></tr>
<tr><td>q_{q4}：建筑物耗热指标</td><td>Q_{qd}：月平均日用气量</td><td>Q_{qh}：燃气的该日小时最大用气量</td></tr>
<tr><td>Q_r：城市设计热负荷</td><td>Q_{r1}：民用采暖热负荷</td><td>Q_{r2}：民用通风热负荷</td></tr>
<tr><td>Q_{r3}：生活热水热负荷</td><td>Q_{r4}：生活空调冷负荷</td><td>Q_{r5}：工业热负荷</td></tr>
<tr><td>Q_{r1}：采暖、通风和空调热力网设计流量</td><td>q_{r3}：生活热水用水定额</td><td>q_{r4}：空调冷负荷指标</td></tr>
</table>

续附录5-1

序号	变量符号及名称		
Q	q_{r5} 经核实的够工厂或车间的最大生产工艺热负荷	Q_s：有线电视网络端口数量	q_s：广播电视预测指标
	Q_t：规划期内电信用户数量	Q_{t1}：规划期内固定电话用户数量	Q_{t2}：规划期内宽带用户数量
	Q_{t3}：规划期内移动电话用户数量	q_{t1}：设计期限内采用的固定电话用户普及率预测指标	q_{t2}：设计期限内采用的宽带电话用户普及率预测指标
	q_{t3}：设计期限内采用的移动电话用户普及率预测指标	Q_{t0}：现状(起始年)邮政年业务收入或通信总量	q_d：规划单位建筑面积电负荷指标
	q：管段流量	Q_d：城市电力负荷	
R～V	r：用气压力下的蒸汽潜热	U：配电网电压等级	
T	T_i：各工业企业最高日生产小时数	T_{3ai}：每班工作时数	T_{4i}：各公共建筑最高日排水小时数
	t_1：采暖室内计算温度	t_3：采暖室外计算温度	t_2：采暖期室外平均气温
	t_1、t_{wo}：热力网供水温度、冷水计算温度	t_1、t_2：热力网供水温度、各种热负荷相应的热力网回水温度	t_r：生活热水计算温度
	t_1：冷水计算温度	T：热水用水时间	T：热力学温
	t：规划期内所需预测的年限数	t_z：采暖室内设计温度	t_w：采暖室外计算温度
V	V_r：采暖建筑物的外轮廓体积	v：经济流速	
ψ	cos φ：用电设备功率因子	ψ_i：相应于各类地面的径流系数	
η	η'：其他燃料燃烧设备热效率	η：燃气燃烧设备热效率	η_4：采暖系统热效率
ω	圆形管道面积		

附录 5-2　第 4 章变量符号

序号	变量符号及名称		
A～C	a：放热系数	C：谢才系数	C_w：海曾-威廉粗糙系数
	C_i：管段流量系数	c_p：气体质量定压热容	
D～E	D：管段公称直径	D_0：管道内径	D_1：管道外径
	D_i 焦耳汤姆逊系数	e：管壁当量粗糙度	ΔE：气体在 dt 时间内的储存能变化
H～K	h：水头	h_f：沿程水头损失	h_m：排水管网的局部压力损失
	K：总传热系数	H：管道内流体的焓	

续附录5-2

序号	变量符号及名称		
$L\sim N$	L：管道实际长度或管道长度	L：环数量	L_d：管道的当量长度
	$\sum L$：管线总长度	M：管段数量	M：质量流量
	n_M：曼宁公式粗糙系数	n_B：巴甫洛夫斯基公式粗糙系数	N：节点数量
P	p：气体的绝对压强	P：流体压力	P_{ml}：燃气管道沿程水头损失
	Δp_z：管线总压降	Δp：计算管段的总压降	ΔP：燃气管道局部压力降
	Δp_j：热水管网的局部压力损失		
Q	q：流量	q_s：比流量	q_1：沿线流量
	q_i：节点流量	q_t：传输流量	q：管道流量
	Q：单位质量气体向外界放出的热量	ΔQ：在 $d\tau$ 时间内从长度 dx 管段上热损	Q：管段的热媒流量
R	R：气体常数	R：过水断面水力半径	R_m：单位长度摩擦阻力
	R_{pj}：管线平均比摩阻	Re：雷诺系数	R：热水、燃气管道比摩阻
S	s_m：局部阻力系数		
T	T_0：土层或大气温度	T_y：管道内部温度	T_{cp}：平均温度
	T：距起点 x m 处温度	T_0：管道埋深处地温	T_Q：起点温度
	T_{bi}、$T_{b(i+1)}$：钢管、沥青绝缘层及保温层内外壁温度		T：燃气绝对温度
V	v：流体速度，m/s	v：过水断面平均流速	v：燃气在管道中的流速
α	α_1、α_2：管内壁的放热系数，管外壁至土层的放热系数	α：局部阻力与沿程阻力的比值	α_j：局部阻力的当量长度百分数
$\delta\sim\rho$	δ_i：第 i 保温层厚度	λ_i：导热系数	ξ：管段中总的局部阻力系数
	$\Sigma\xi$：计算管段中局部阻力系数的总和	ρ：燃气、热媒、气体的密度	

附录 5-3　第 5 章变量符号

序号	变量符号及名称		
A	A_0：计算截面的换算截面积	a：单个车轮的着地分布长度	A_{sv}：箍筋横截面面积
	A_s、A_s'：正截面承载力受压区和受压区纵筋配筋面积	A_b、A_{ln}：局部受压面积、局部受压计算面积	a：腐蚀附加厚度

续附录5-3

序号	变量符号及名称		
$B\sim C$	b_0：管壁计算宽度	b_i：车轮净距	b_t：单个车轮的着地分布宽度
	B：管片宽度	B_d：B-封顶块拼装搭接长度	b、h_0：构件截面宽度和有效高度
	B_c：衬砌环在隧道中心轴线水平投影位置平均环宽	b_{ij}：单位力作用下考虑弹性地基梁模型底板在切口处 xi 方向位移	C：管道壁厚附加值
$D\sim E$	D_L：管道变形滞后效应系数	D_1：钢管外径	D_m：钢管平均直径
	D_0：管道内径	D_F：工作温度下的压力折减系数	D_w：管道外径
	d_{eq}：受拉区纵向钢筋的等效直径	E_s：钢材弹性模量	E_d：钢管管侧土的综合变形模量或土体变形模量
F	f_k：普氏系数	$F_{wd,k}$：压力管道内设计内水压力标准值	F_{wd}：压力管道内设计内水压力值
	f_y：钢质管道钢材或钢筋强度设计值	$F_{cr,k}$：管壁稳定临界应力	$f_{t,k}$：构件混凝土的抗拉强度标准值
	$F_{sv,k}$：管内真空压力标准值	F：管道或隧道变形	f：应力范围减小系数
	f_c：混凝土受压强度设计值	f_t：混凝土受拉强度设计值	f_{tk}：混凝土抗拉强度标准值
	f_{tkl}：预制构件的混凝土抗拉强度标准值	$f_{d,max}$：管道在准永久组合作用下的最大变形竖向位移	
H	h：拼缝截面高度	h：挡土墙的高度	h_1：压力拱高度
	H：压力拱拱顶产生的水平推力	H：单个车轮着地面至管顶的深度	
I	I_p：钢管管壁纵向截面单位长度的截面惯性矩	I：单位管长截面惯性矩	i_M：应力增加系数
$K\sim L$	K_a：库仑、朗肯主动土压力系数	K_p：库仑、朗肯被动土压力系数	k_{mi}：弯矩系数
	k_{ni}：环力内力系数	K：安全系数	K：基床系数
	K_s：稳定性抗力系数	K_b：柔性管的竖向变形系数	K：旋转弹簧常数
	K_f：抗浮稳定安全系数	K：围岩弹性抗力系数	l_0：计算跨度
	[L]：供热管道活动支座的允许间距		

续附录5-3

序号	变量符号及名称		
M~N	M_k：管壁上环向截面的弯矩标准值或预制拼装综合管廊拼缝截面弯矩标准值	M_c：按全补偿值和钢材在20 ℃时的弹性模量计算热胀引起的弯矩	M_j、M_z：预制拼装综合管廊节段横向拼缝接头处、整体浇筑部位弯矩设计值
	M_i：最不利截面上设计弯矩	N_i：最不利截面上设计轴力	MOP：最大工作压力，MPa，以20 ℃为参考工作温度
	Q_i：最不利截面上设计剪力	M_k：荷载标准组合作用下，叠合构件计算截面弯矩值	MRS：最小要求强度
	M_A：自重和其他持续外荷载作用在管横截面弯	M_1、V_1：第一阶段预制构件按简支构件计算最不利截面处弯矩设计值和剪切设计值	M_{1G}、V_{1G}：预制构件本身及相连的预制构件自重、叠合层自重等恒载产生弯矩和剪力
	M_{1Q}、V_{1Q}：第一阶段施工活荷产生的弯矩和剪力	M_{2G}和V_{2G}：第二阶段面层、吊顶等自重作用下最不利截面弯矩设计值和剪力设计值	M_{2Q}和V_{2Q}：第二阶段可变荷载作用下，最不利截面弯矩设计值和剪力设计值
	M_{2Q}和V_{2Q}：第二阶段施工活荷载和使用阶段可变荷载作用下，最不利截面的弯矩设计	M_{2k}：第二阶段荷载标准组合作用下，计算截面弯矩值	M_{1Qk}、M_{1Gk}：预制构件自重、预制楼板自重和叠合层自重标准组合作用下、第一阶段施工活荷载标准值作用下，计算截面弯矩值
	M_{1k}：第一阶段荷载标准组合作用下，计算截面弯矩值	M_q：荷载准永久组合作用下，叠合构件计算截面弯矩值	M_{2Gk}、M_{2Qk}：面层、吊顶等自重标准组合作用下、使用阶段可变荷载标准组合作用下，计算截面弯矩值
	M_{2q}：荷载准永久组合作用下，计算截面弯矩值	N_k：管壁上环向截面的轴力标准值	N_k：标准组合作用下计算截面上的轴向力
	N_j、N_z：预制拼装综合管廊节段横向拼缝接头处、整体浇筑部位轴力设计值	N_p：静载引起的设计轴力	n：屈曲波数
P	P_a：主动土压力	P_{RCP}：耐快速裂纹扩展临界压	P：管内流体设计压力
	P_{cr}：管壁外压稳定性承载力	P_{max}：最大允许工作压力	P_p：被动土压力
	P_0：静止侧土压力		
Q	q：作用在地下结构上的垂直围岩压力	q_k：轮压传递到管顶处的竖向压力标准值	Q_k：地面车辆单个轮压标准值
	Q_{ik}：地面车辆荷载	q：管道上线荷载	q_{i-1}：$i-1$铰处的土层抗力
	q_i：i铰处的土层抗力		
R	R：结构抗力	r_0：圆管的计算半径	R：最小曲线半径

续附录5-3

序号	变量符号及名称		
S	S：荷载作用效应	s：箍筋间距	S_G 和 S_Q：永久荷载和可变荷载作用效应
	SDR：标准尺寸比，构件的公称外径与公称壁厚的比值		
T	t_{q1}、t_{q2}：管道下沟回填时温度、管道工作温度	t_{r1}：供热管道的最高温度	t_{r2}：供热管道的安装温度
W	W_s、W_a：隧道结构自重、隧道覆盖层的有效压重	W：管截面抗弯模量	W_0、W_{01}：叠合构件、预制构件换算截面受拉边缘的弹性抵抗矩
Z	Z：状态功能函数		
α	α：钢管管材线膨胀系数	α：弹性地基梁特征值	α_i：以 q_{i-1} 为基轴的截面位置
	α_{ct}：混凝土拉应力限制系数	α_E 钢筋弹性模量 E_s 与叠合层混凝土弹性模量 E_{c2} 的比值	α：静止土压力计算经验系数
β	β_c：混凝土强度影响系数	β_l：混凝土局部受压时的强度提高系数	
γ/u	γ_0：结构重要性系数	γ_G：永久荷载分项系数	γ_Q：可变荷载分项系数
	γ：土体的重量	γ_w：地下水重度	γ_f：受拉翼缘截面面积与腹板有效截面面积的比值
	γ_s：聚乙烯管道输送不同种类燃气设计系数	γ_J：千斤顶顶推力分项系数	γ_s：钢管强度设计系数
	u_d：动力系数		
δ	δ：管壁厚度	δ_n：钢管公称壁厚	δ_{ij}：单位力作用下框架基本结构位移(不包括地板)
	Δ'_{ip}：外荷载作用下框架基本结构产生的位移	Δ：预制拼装综合管廊拼缝外缘张开量	δ_{11}、δ_{22}：柔度系数
	Δ_{max}：拼缝外缘最大张开量限值	Δ：计算平均楔形量	δ_i：衬砌朝围岩方向的变位值
	$\sigma\Delta$：地基不均匀沉降引起的纵向应	ΔT：钢管管道的闭合温差	Δ_{1p}、Δ_{2p}：分别为外荷载产生的位移
	δn：管道公称壁厚	Δx：钢管径向水平方向最大变形量	
θ	θ：预制拼装综合管廊拼缝相对转角	θ：荷载长期作用下挠度增大系数	θ_i：i 铰与垂直轴的夹角
ζ	ζ：拼缝接头弯矩影响系数	ξ：截面受压区相对高度	ξ：弯矩提高率

续附录5-3

序号	变量符号及名称		
$\eta \sim \rho$	η：容许应力修正系数，无缝钢管	η：引入弯曲刚度有效率	η_t：温度折减系数
	η：纵向焊缝减弱系数	ρ_{tel}、ρ_{te} 分别为预制构件、叠合构件的有效受拉混凝土截面面积计算的纵向受拉钢筋配筋率	
σ	σ_i：弹性抗力	σ_θ：管壁环向应力	σ_x：管壁纵向应力
	σ_x：总轴向应力	σ_x^t：温升引起的轴向热胀压应力	σ_x^v：内压产生的轴向泊松拉应力
	σ_T：管道热胀应力	σ_e：当量应力	σ_{s2}：钢筋应力
	σ_θ：内压作用在管壁内壁边上的环向应力	σ_{ck}：荷载标准组合下，混凝土构件边缘拉应力	σ_{s_q}：荷载准永久组合下，构件纵向受力钢筋应力
	$[\sigma]$：钢材基本容许应力	$[\sigma]^{20}$：钢材在 20 ℃下的容许应力	$[\sigma]_j^{20}$、$[\sigma]_j^t$：钢材在 20 ℃、计算温度下的基本许用应力
	σ_s：管道最低屈服强度	$[\sigma]$：允许应力	
φ	φ_q：准永久值组合系数	φ_{ci}：可变荷载组合值系数	φ'：土的有效内摩擦角
	φ：焊缝系数	φ：弯矩折减系数	φ：管道横向焊缝系数
	φ：钢管管道在准永久组合作用下最大竖向变形百分数		
$\Phi \sim \omega$	Φ：焊缝系数，考虑焊缝强度降低	ψ：裂缝间纵向受拉普通钢筋应变不均匀系数	ψ_c：可变作用的组合系数
	ω_{lim}：接缝张开量限制	Ω：管道或隧道接缝张开量	

附录 5-4 第 6 章变量符号

序号	变量符号及名称		
$A \sim B$	b：管两侧的操作空间	b：盾构两侧的操作空间	B：盾构两侧的操作空间
C	c：撑板的厚度		
D	D、d：盾构直径和千斤顶直径	D：钻杆直径	D_k：终孔直径
	D_1：待铺管、顶进管、盾构的外径		
F	F 和 q：摩阻力和约束力	F_x、F_y：导向钻头水平方向和竖直方向合力分量	F：液压千斤顶的顶进力
	F_f：顶管侧壁总摩擦阻力	F_N：顶管迎阻力	F_3：开挖面正面阻力
	F_4：曲线施工、纠偏时的变向阻力	F_1：盾构壳体与地层间的摩擦力或黏结力	F_2：切口环切入土层产生的贯入阻力
	F_5：盾尾板与衬砌间的摩擦阻力	F_6：盾构后面平台车的牵引阻力	F_e：所需装备推力

续附录5-4

序号	变量符号及名称		
H	h：轨迹深度	ΔH_i：第一造斜段、第二造斜段中单根钻杆深度改变量	H_1、H_2：工作井深度和接收井深度
	h_1：地面至管道底部外缘的深度	h_2：管道外缘底部至导轨底面的高度	h_3：基础及其垫层的厚底
	H_0：盾构隧道底埋深	H：工作井埋深	
K	K：安全系数	k_2：顶管侧壁摩擦阻力系数	k_1：顶管正阻力系数
	K_1：动载系数		
L	L：钻头长度	L：直孔钻进段长度	l：顶管长度，随管节数量增加而增加
	L：工作井长度	$L1$、$L2$：管节长度和千斤顶长度	$L3$：后座墙厚度
	$L4$：前一节已顶进管节留在导轨上的最小长度	$L5$：管尾出土所留的工作长度	$L6$：调头顶进时的附加长度
	L：工作井长度	$L1$：盾构长度	$L2$：所有负管节长度
	$L3$：后背墙设置长度	$L4$：前施工车架长度	$L5$：垂测量及直运输长度
N	N_x、N_y：钻头斜面受到的土体反作用力水平和竖向方向分量	N_i：造斜段钻杆数量	
P	P：钻头受顶推力	P：单台千斤顶推力	
Q	Q：吊装载荷		
R	R_1：第一段造斜段钻杆管道曲率半径	R_2：第二段造斜段钻杆管道曲率半径	R_0：钻杆最小曲率半径
S	S：钻杆单根长度	S：钻杆单根长度	
T-V	T_r：盾构机刀盘实际有效扭矩	T_1：刀盘正面与土体之间的摩擦阻力扭矩	T_2：刀盘背面与压力舱内的土体摩擦阻力扭矩
	T_3：刀盘侧面与土体之间的摩擦阻力扭矩	T_4：刀具切削土体时的地层抗力产生的扭矩	V：单位长度顶管泥浆注入量
α-ξ	α：单根长度内钻孔改变角度	ξ_1、ξ_2 分别为索具重、钩头重量	

附录 5-5　第 7 章变量符号

序号	变量符号及名称		
A	A：单位供水量管长	A_0：管材环向最小截面面积	
B	B：磁感应强度	B'：经验弹性常数	

续附录5-5

序号	变量符号及名称		
C	$C(N)$：拟分摊的费用现值	C：管道和周围土层的横向电容	c_1：第一辐射常数
	c_2：第二辐射常数	C：常数，取值 2897.8 um · K	C_f：失效后果严重性分值
	C：椭圆管道修正系数	C_f、C_b 和 C_{sc}：摩擦力，爆破力和土层压力修正系数	C：原有管道椭圆度折减系数
	c_j：第 j 个底层失效后果严重性影响因素总分值	c：光速	D：电位移
$D\sim E$	D：内插管道公称直径或计算直径	D_1：喷涂内衬管道外径	D_0：管道内径
	DS：最大断面尺寸/1000	D_{min}：管道最小半径	SDR：管道标准尺寸比
	D_E：原有管道平均外径	E：电场强度	E：管道重要性参数
	E：管材短期弹性模量	E_d：管壁外侧相邻土体的弹性模量	E_L：管道长期弹性模量
$F\sim G$	f_n：管线 n 的分摊因子	F：计算管段结构性缺陷参数	F_{max}：最大抗拉力
	f_y：拉伸屈服设计常数	f_t：拉伸状态下时间常数	f：变形协调系数
	f_y：管道的拉伸屈服强度	F'_{max}：最大顶推力	FS：管井内方向数量
	F_p：碎裂管所需总拉力	f_{np}：管片破碎系数	f_{bl}：经验破管长度因子
	f_n：管材的纵向抗压强度设计值	F_p：碎裂管施工的摩擦力	F_{bp}：碎裂力平行于管道方向的分力
	F_{scp}：土层压力平行于管道方向的分力	F_{scp}：土层压力平行于管道方向的分力	Φ_p：拉力降低因子
	$[F]$：静拉破裂管管材容许顶力	f_{scl}：土体压缩受限因子	G：管道和周围土层的横向电导
H	H：磁场强度	h：普朗克常数	H：翻转压力所需的水头高度
$I\sim K$	I：激励线圈电流密度幅值	k：玻尔兹曼常数	K_0：管外土体对管道圆周支持系数
	K：地区重要性参数	J_s：源电流密度	J：传递电流密度
L	L：纵向电感	L_{i_1}：纵向净距大于 1.5 m 的结构性缺陷长度	L：管段长度
	L_{i_2}：纵向净距大于 1.0 m 且不大于 1.5 m 的结构性缺陷长度	L_{j_1}：纵向净距大于 1.5 m 的功能性缺陷长度	L_{j_2}：纵向净距大于 1.0 m 且不大于 1.5 m 的功能性缺陷长度
	L_1：两座检查井间的中心距离	L_2：两端端部的所需长度	

续附录5-5

序号	变量符号及名称		
M	m_w：排水管段的功能性缺陷数量	m_1：排水管段纵向净距大于1.5 m的缺陷数量	m_2：排水管段纵向净距大于1.0 m且不大于1.5 m的缺陷数量
	m_d：管井隐患个数，不包含两端管井隐患	m_q：第 i 个中间层影响因素数量	M_{wi}：管段养护指数
	$M_{b\lambda}$、$M_{b\upsilon}$：黑体光谱辐射度		
N~O	n：费用分摊主体个数	n_w：管段的结构性缺陷数量	n_1：纵向净距大于1.5 m的缺陷数量
	n：第 j 个底层影响因素数量	n_2：纵向净距大于1.0 m且不大于1.5 m的缺陷数量	OD：管道外径
	$[N]$：静压破裂管法管材容许顶力		
P	P_{i_1}：排水管道纵向净距大于1.5 m的结构性缺陷分值	P_{i_2}：排水管道纵向净距大于1.0 m且不大于1.5 m结构性缺陷分值	P_{j1}：排水管道纵向净距大于1.5 m的功能性缺陷分值
	P_{j2}：排水管道纵向净距大于1.0 m且不大于1.5 m的功能性缺陷分值	p_{rj}：热力管道第 j 个底层失效可能性影响因素总分值	P：喷涂内衬管的管顶地下水压力和管内真空压力之和
	P_{dj}：电力管道或管井第 j 个隐患的分值	P_w：管道施工时外部水压力	$[P]$：允许最大压应力
	P_t：作用在管道上的总荷载	P^f：失效可能性分值	P_h：土层压力
Q	Q_s：供水总量	Q_a：注册用户水量	Q_{r1}、Q_{r2}、Q_{r3}、Q_{r4} 分别：明漏水量、暗漏水量、水箱、水池的渗漏和溢流水量，万 m^3
	Q_{dj}：电力管道或管井第 j 个隐患的等级	q_r 为热力管道第 j 个底层影响因素调查项目数量	q：管道单位长度重度
R	R：管道和周围土层的纵向电阻	R_{WL}：漏损率	R_{RL}：漏失率
	R：相对风险率	R_1：第三方破坏风险评分指标	R_2：腐蚀评分指标
	R_3：设计风险评分指标	R_4：误操作风险评分指标	R_5：泄漏系数
	R_I：管段修复指数	R_3：年平均出厂压力的修正值	R_4：最大冻土深度的修正值
	R_0：基本漏损率	R_n：修改后的漏损率标准	R_1：居民抄表到户水量修正值
	r：居民抄表到户水量占总供水量比例	R_2：单位供水量管长的修正值	RS：管段隐患程度
	R_W：浮力常数	RP：线路隐患密度	RC：线路重大隐患密度
	RJ：管段隐患程度	R_e：曲率半径	

续附录5-5

序号	变量符号及名称		
S	S：隐患长度	S_{rl}^{j}：第 j 个底层影响因素第 l 个调查项目分值	S：管道的内、外壁厚之和
T	T：绝对温度	TS：管段恢复指数	T：土质影响参数
	TJ：管井恢复指数	TP：线路恢复指数	
X	X_i：参与主体需分摊的费用现值		
Y	Y_M：功能性缺陷密度	u：位移矢量	
V	V：检漏电压		
α	α：衰减系数	α：结构性缺陷影响系数，与缺陷间距有关	α_i^p：第 i 个调整后的中间层失效可能性影响因素权重
	α_i^c：第 i 个调整后的中间层失效后果严重性影响因素权重	α_k：荷载不确定因子	$\alpha(\lambda, T)$：物体的吸收率
β	β：相移系数	β_j^c：第 j 个调整后的底层失效后果严重性影响因素权重	β_j^p：第 j 个调整后的底层失效可能性影响因素权重
	β：功能性缺陷影响系数，与缺陷间距有关	γ_{pr}：新管道容重	
δ	δ：管道壁厚	δ_1：管道外壁厚	δ_0：喷涂内衬厚度
	Δf：管道偏斜度	δ_0：缺陷处涂层厚度	
$\varepsilon \sim \eta$	ε：介电常数	ξ_s：允许轴线应变	η：不同管材的折减系数
λ	λ、μ：Lame 常数	λ：波长	
μ	μ：磁导率	μ：摩擦系数	μ_{sp}：管道外壁与土的摩擦系数
ν	ν：频率	ν：泊松比	
ρ	ρ：电荷密度	ρ：密度	
σ	σ：电导率	σ_{1e}：原管道材料强度	σ：斯蒂芬-玻尔兹曼常数
ω	ω：电流角频率		

注：表中符号依据行业规划所引用，存在部分符号相同，代表意义不同的情况。

参考文献

[1] 古丽夏提，哈力克. 吐鲁番盆地土地利用时空变化对坎儿井的影响研究[D]. 乌鲁木齐：新疆师范大学，2017.

[2] 龚嘉荣. 赣州福寿沟排水系统研究[D]. 郑州：郑州大学，2019.

[3] 城市地下物流发展报告[C]//2022 年中国仓储配送行业发展报告. 上海市政工程设计研究总院(集团)有限公司，上海海事大学地下物流技术研究中心，中国岩石力学与工程学会地下物流专业委员会，2022：14.

[4] 李鹏，朱合华，王璇，等. 地下物流系统对城市可持续发展的作用探讨[J]. 工程学报，2007，3(1)：4.

[5] 中华人民共和国住房和城乡建设部. 建筑给水排水设计标准(GB 50015—2019)[S]. 北京：中国计划出版社，2019.

[6] 中华人民共和国住房和城乡建设部. 混凝土结构设计标准 GB/T 50010—2010(2024 版)[S]. 北京：中国建筑工业出版社，2011.

[7] 中国工程建设标准化协会. 给水排水工程埋地预制混凝土圆形管管道结构设计标准(T/CECS 143—2022)[S]. 北京：中国计划出版社，2022.